NEUKIRCHENER

CALVIN-STUDIENAUSGABE

Herausgegeben von
Eberhard Busch, Matthias Freudenberg,
Alasdair Heron, Christian Link, Peter Opitz,
Ernst Saxer, Hans Scholl

Calvin-Studienausgabe

Band 5.1
Der Brief an die Römer

Ein Kommentar

Neukirchener

Neukirchener Verlag
Verlagsgesellschaft des Erziehungsvereins mbH,
Neukirchen-Vluyn

Umschlaggestaltung: Hartmut Namislow
Satz und Druckvorlage: Nathanael Busch
Gesamtherstellung: Breklumer Druckerei Manfred Siegel KG
Printed in Germany
ISBN 3-7887-2100-6

Bibliographische Information Der Deutschen Bibliothek

Die Deutsche Bibliothek verzeichnet diese Publikation in der Deutschen Nationalbibliographie; detaillierte bibliographische Daten sind im Internet abrufbar über http://dnb.ddb.de.

Vorwort

Mit dem vorliegenden 5. Band der Studienausgabe[1] soll das umfangreiche Kommentarwerk Calvins exemplarisch dokumentiert werden. Unseren ursprünglichen Plan einer repräsentativen Auswahl haben wir nach eingehender Diskussion im Herausgeberkreis aufgegeben. Denn was in einer solchen Auswahl hätte berücksichtigt werden müssen – und was eben nicht! –: dafür hätten sich am Ende nur inhaltlich-systematische Gesichtspunkte anführen lassen, etwa das Interesse an Calvins Anthropologie in der Hiob-Auslegung oder an seiner politischen Ethik und seiner Geschichtsschau im Daniel-Kommentar, nicht aber das, was dieses Kommentarwerk zum unverzichtbaren Bestandteil, um nicht zu sagen: zur Basis, des reformatorischen Aufbruchs gemacht hat, dass wir es hier mit dem »zu Unrecht vernachlässigten Herz« von Calvins theologischem Oeuvre zu tun haben.[2] Erst in der neueren Forschung wird die Frage wieder ernsthaft gestellt, ob man Calvin vielleicht eher und besser von den Entscheidungen seiner exegetischen Arbeiten und Predigten her zu verstehen habe als von den Weichenstellungen seiner systematischen Schriften und Traktate. Aus diesem Grund schien es uns nicht nur vertretbar, sondern sachlich geboten zu sein, einen der großen Kommentare in voller Länge zu präsentieren (was hier aus rein technischen Erwägungen in zwei Teilbänden geschieht). Dass unsere Wahl auf die Auslegung des Römerbriefs fiel, den überhaupt ersten, 1540 in Straßburg erschienenen und in zwei weiteren Auflagen (1551 und 1556) nicht unerheblich überarbeiteten Kommentar, hat mit dem reformatorischen Profil und den gerade hier besonders klar erkennbaren methodischen Entscheidungen des Exegeten Calvin zu tun. Zudem hat dieser Kommentar eine nicht unbedeutende Spur in der neueren Forschungsgeschichte hinterlassen.

Evangelische Theologie ist von ihren Ursprüngen her Theologie des Römerbriefs. Am Römerbrief ist sie gewachsen, am Römerbrief hat sie sich erneuert. Auch wenn man von Luthers erst Ende des 19. Jahrhunderts wieder entdeckten Römerbriefvorlesung absehen wollte, haben die im Widmungsschreiben an Grynäus erwähnten Kommentare von Melanchthon, Bucer und Bullinger das Zentrum der Reformation, die Rechtfertigung »allein aus Glauben«, der theologisch gebildeten Welt eindrucksvoll vor Augen gestellt. Calvin baut diesen obligatorischen Bezugspunkt des Protestantismus in einer unerreicht prägnanten Form aus, so dass auch die markanteste Erneuerungsbewegung des 20. Jahr-

1 Band 5 der Calvin-Studienausgabe erscheint in zwei Teilbänden; am Schluss von Band 5.2 erscheint das Gesamtregister der Bibelstellen und Namen.

2 T.H.L. Parker, Calvin's New Testament Commentaries, London 1971, VII.

hunderts, die dialektische Theologie, sich gegen den Historismus der Zeit ausdrücklich auf ihn berufen hat: »Wie energisch geht Calvin zu Werk, seinen Text, nachdem auch er gewissenhaft festgestellt hat, ›was da steht‹, *nach* zu denken, d.h. sich solange mit ihm auseinander zu setzten, bis die Mauer zwischen dem 1. und 16. Jahrhundert *transparent* wird, bis Paulus dort *redet* und der Mensch des 16. Jahrhunderts hier *hört*, bis das Gespräch zwischen Urkunde und Leser ganz auf die *Sache* (die hier und dort keine verschiedene sein *kann*!) konzentriert ist. Wahrhaftig, wer die Methode Calvins … meint erledigen zu können, der beweist nur, dass er in dieser Richtung noch nie wirklich gearbeitet hat.«[3]

Es ist in der Tat nicht zuletzt die *Methode*, die diesen Kommentar, wie Calvin selbst ausspricht, auch von den zeitgenössischen »modernen« Auslegungen unterscheidet. Hier kommt das in der Renaissance neu erwachte Interesse an der antiken Rhetorik voll zum Zuge.[4] Denn jeder Ausleger steht vor einem zweifachen Problem: Wie kommt man zu einem angemessenen Verständnis des Textes, das dessen Skopus und Kontext, vor allem aber die Beziehung jedes einzelnen Teilstücks zum Zentrum des Ganzen, im Blick behält? Und wie wird das so gewonnene Verständnis dem Leser erschlossen? Hier haben Melanchthon und Bullinger, aber auch Calvin selbst in seinem Seneca-Kommentar (1529) wichtige Vorarbeit geleistet. Sie wird vielleicht am deutlichsten in dem von Melanchthon gewählten Verfahren sichtbar, den biblischen Text auf kirchlich-verbindliche Lehre, sogenannte »Loci«, abzufragen.[5]

Was Calvin von diesen reformatorischen Vorbildern unterscheidet, ist ein noch schärfer ausgeprägtes Bewusstsein für die hermeneutischen Probleme der Schriftauslegung, etwa die Frage nach dem *Verhältnis* der kirchlichen Lehrtradition zur Schrift, das Bewusstsein für Nähe und Fremdheit des biblischen Textes zur eigenen Gegenwart oder die energisch weiterentwickelte Maxime Luthers, in der Bibel selbst den Maßstab ihrer Auslegung zu finden[6]: »Epistola tota … methodica est«. Der Brief als ganzer ist Leitfaden der Methode. Man muss – so das Herzstück der Rhetorik – die Regeln der Alltagssprache auf ihn anwenden, sich insbesondere an Denkbewegung und Absicht seines Autors halten, um ihn zu verstehen. Diese hier konsequent unter Beweis gestellten Grundsätze machen die auch heute noch unverbrauchte Lebendigkeit der Schriftauslegung Calvins aus.

3 K. Barth, Der Römerbrief (1922), Vorwort zur zweiten Auflage, 13. Aufl., Zürich 1984, XI.

4 T.H.L./D.C. Parker (Ed.), Iohannis Calvini Commentarius in Epistolam Pauli ad Romanos, Genf 1999, LIff.

5 Dazu: N. Kuropka, Calvins Römerbriefwidmung und der *Consensus Piorum*, in: P. Opitz (Hg.), Calvin im Kontext der Schweizer Reformation. Historische und theologische Beiträge zur Calvinforschung, Zürich 2003, 147–168, hier 152ff.

6 A. Ganoczy, Calvin als paulinischer Theologe. Ein Forschungsansatz zur Hermeneutik Calvins, in: W.H. Neuser (Hg.), Calvinus Theologus. Referate des Europäischen Kongresses für Calvinforschung (Amsterdam 1974), Neukirchen-Vluyn 1976, 39–69, hier bes. 47ff.

Man muss sich darüber hinaus noch zweierlei vergegenwärtigen, um den besonderen Stellenwert dieses Kommentars zu würdigen, *einmal* seinen besonderen historischen Ort, *sodann* seinen anerkannt großen Einfluss auf die Neubearbeitung der Institutio. Die Abfassung des Widmungsschreibens (18. Oktober 1539) fällt – kaum mehr als einen Monat getrennt – in die Zeit der großen literarischen Auseinandersetzung mit Kardinal Sadolet.[7] Hier wie dort steht die Frage der Schriftgemäßheit der Lehre im Zentrum, an der sich – so das leidenschaftliche Plädoyer Calvins – wahre und falsche Kirche scheiden. Stellt man die skizzierten methodischen Entscheidungen in den Zusammenhang dieser Kontroverse, dann gewinnen Absicht und Ausführung des Kommentars, nicht zuletzt die neue exegetische Traditionslinie von Melanchthon über Bucer zu Bullinger, eine deutlich profilierte ekklesiologische Zuspitzung. Die jetzt auf dem Spiel stehende Einheit der Kirche hängt daran, dass sich die Pfeiler der Lehre, der Sakramente und der Kirchenverfassung auf ein biblisches Fundament stützten können.

Dieser exegetische Klärungsprozess hat die Institutio, deren zweite stark erweiterte Auflage im Herbst 1539 in Straßburg erscheint, nachhaltig beeinflusst. Aus dem dogmatischen Kompendium ist ein hermeneutischer Leitfaden für Lektüre und Studium der Schrift geworden. Umgekehrt hat man den Römerbrief »eine Art innerbiblische Institutio« genannt.[8] Was Calvin den Lesern der Institutio verspricht, sie werde ein »Schlüssel sein, um allen Kindern Gottes den Zugang zum rechten Verständnis der Heiligen Schrift zu öffnen«[9], das schreibt er mit nahezu gleichen Worten dem von ihm bearbeiteten Römerbrief zu: Wer »den wahren Sinn [seiner Aussagen] verstanden hat, [wird] die Türen zum Zugang selbst zu den verborgensten Schätzen der Schrift offen finde[n]«.[10] Man wird die theologischen Motive für die Umarbeitung der Institutio in Calvins Römerbriefauslegung suchen müssen.[11] Dieser werkimmanente Zusammenhang rechtfertigt ihre Aufnahme in eine Studienausgabe, die ihren Namen verdient.

Die textphilologischen Probleme sind uns für dieses Mal abgenommen worden. Statt die ältesten Straßburger Drucke zu konsultieren, haben wir uns der von T.H.L. und D.C. Parker besorgten kritischen Edition (1999) im Rahmen der neuen Genfer Werksausgabe angeschlossen. Wir danken Max Engammare (Librairie Droz) für seine Bereitschaft, uns diesen Text zur Verfügung zu stellen. Unser Dank gilt sodann Nicole Kuropka (Düsseldorf) und Georg Plasger (Siegen), die sich

7 Vgl. hierzu die Einleitung in das Antwortschreiben an Kardinal Sadolet, in: CStA 1.2,337–344.

8 I. Werner, Calvin und Schleiermacher im Gespräch mit der Weltweisheit, Neukirchen-Vluyn 1999, 73.

9 Vorwort zur französischen Ausgabe (1542), in: Edition Critique par J.-D. Benoit, Vol. I, Paris 1957, 25.

10 Siehe unten, 27 (CO 49,1; Parker, 7).

11 Auf den inneren Zusammenhang des Römerbriefkommentars und der zweiten Auflage der Institutio hat bereits P. Barth, Fünfundzwanzig Jahre Calvinforschung, in: ThR 6 (1934), 64, hingewiesen. Vgl. neuerdings die detaillierten Nachweise von I. Werner, a.a.O. (Anm. 8), 73ff.

zur Mitarbeit an diesem Band bereit erklärt haben, ferner Antonia Renner (Erlangen) für Korrekturarbeiten und nicht zuletzt wieder Nathanael Busch, der mit gewohnter Sorgfalt und Hingabe die gesamte Druckvorlage erstellt hat. Ekkehard Starke vom Neukirchener Verlag ist erneut ein zuverlässiger Anwalt und Begleiter unseres Projektes gewesen. Neben der Evangelisch-reformierten Kirche in Bayern hat sich insbesondere die Berner Stiftung für historische und ökumenische Theologie – ungeachtet der finanziellen Krise, die inzwischen gerade ›geisteswissenschaftliche‹ Unternehmungen zu lähmen droht – als ein Fels in der Brandung erwiesen. Wir wissen dankbar zu schätzen, was diese Treue bedeutet.

Zum Schluss sei an dieser Stelle mitgeteilt, dass der Herausgeberkreis die Abkürzung CStA für die vorliegende Calvin-Studienausgabe verabredet hat.

Bochum, im April 2005 Im Namen der Herausgeber

Christian Link

INHALTSVERZEICHNIS

Verzeichnis der Abkürzungen

Für die Zeitschriften, Sammelwerke und biblische Schriften werden die Abkürzungen der Theologischen Realenzyklopädie (TRE), 2. Aufl., Berlin – New York 1994 verwendet.

1) Barth	= K. Barth, Die Theologie Calvins 1922. Vorlesung Göttingen, hg. v. H. Scholl, Zürich 1993
2) Cadier	= J. Cadier, Calvin. Der Mann, den Gott bezwungen hat (frz. Original: Calvin – L'homme que Dieu a dompté), Zollikon 1959
3) CStA	= Calvin-Studienausgabe, hg. v. E. Busch/M. Freudenberg/A. Heron/C. Link/P. Opitz/E. Saxer/H. Scholl, Neukirchen-Vluyn 1994ff.
4) CO	= Joannis Calvini Opera quae supersunt omnia, ed. G. Baum/E. Kunitz/E. Reuss, Braunschweig 1887ff. (Corpus Reformatorum, Bd. 29–88)
5) Cottret	= B. Cottret, Calvin. Eine Biographie (frz. Original: Calvin. Biographie, Paris 1995), Stuttgart 1998
6) Doumergue	= E. Doumergue, Jean Calvin, les hommes et les choses de son temps, 7 Bde., Lausanne 1899ff., Neuilly 1926
7) Herminjard	= A.L. Herminjard, Correspondance des réformateurs dans les pays de langue française, 9 Bde., Genève/Paris 1866–1897 (Neudruck Nieuwkoop 1865/1966)
8) Inst.	= Institutio Christianae religionis, letzte Ausg. 1559 (dt. Übersetzung v. O. Weber: »Unterricht in der christlichen Religion«, 2. Aufl., Neukirchen 1963)
9) Niesel	= W. Niesel, Die Theologie Calvins, München 1938
10) OS	= Joannis Calvini Opera Selecta, ed. P. Barth / W. Niesel, München 1926ff.
11) Parker	= Iohannis Calvini, Commentarius in Epistolam Pauli ad Romanos, edd. T.H. Parker/D.C. Parker (Ioannis Calvini Opera Omnia [...] Series II: Opera Exegetica Veteris et Novi Testamenti, Vol. XIII), Genf 1999.
12) Peter/Gilmont	= R. Peter/J.F. Gilmont, Bibliotheca Calviniana. Les œuvres de Jean Calvin publiées au XVI siècle. I. Ecrits théologiques, littéraires et juridiques, 1532–1554, Genève 1991
13) Schwarz	= R. Schwarz (Hg.), Johannes Calvins Lebenswerk in seinen Briefen, 3 Bde., Neukirchen 1961ff.
14) Wendel	= F. Wendel, Calvin. Ursprung und Entwicklung seiner Theologie (frz. Original: Calvin, Sources et évolution de sa pensée religieuse), Neukirchen 1968

Der Brief an die Römer
Ein Kommentar (1540)

Calvins Römerbriefauslegung kann mit Recht eine Schlüsselstellung in seiner literarischen, theologischen und insbesondere exegetischen Arbeit beanspruchen. Die Erstausgabe, nach der Widmung an Simon Grynäus schon im Oktober 1539 fertig gestellt, aber erst 1540 in Straßburg veröffentlicht, war sein erster Kommentar, der den Anspruch einer durchgehenden Auslegung eines ganzen Buches der Heiligen Schrift erfüllte. Die Grundlage lieferten vermutlich Vorlesungen, die Calvin in den vergangenen Jahren gehalten hatte, wahrscheinlich schon in seiner ersten Genfer Zeit (1536–1538).[1]

Das Werk entstand zu einer Wendezeit in Calvins Werdegang. Nach dem ersten Genfer Aufenthalt, der nach seiner eigenen wie nach der allgemeinen Beurteilung kläglich gescheitert war, und den darauf folgenden Wandermonaten ließ er sich im Herbst 1538 in Straßburg nieder. Hier musste er sein Leben und seine Tätigkeit neu gestalten. Die Turbulenzen der Genfer Zeit lagen nun in der Vergangenheit; damit konnte sich Calvin – trotz neuer Aufgaben, die er sowohl in seiner Straßburger Gemeinde wie auch an der Seite von Martin Bucer in der reformatorischen Diplomatie im Rahmen der deutschen Reichspolitik wahrzunehmen hatte[2] – seiner literarisch-theologischen Arbeit widmen, wohl bewusst im Blick auf ein weiteres und größeres Publikum, das er zu erreichen hoffte.

1. Der Römerbrief und die Institutio von 1539[3]

Neben seinem immer umfassender werdenden Briefwechsel und seiner energischen Verteidigung der Reformation – insbesondere in dem von

1 Die Vermutung ist zwar nicht bewiesen, passt aber zu dem, was wir in späteren Jahren über den Zusammenhang zwischen Calvins Vorlesungen und Kommentaren wissen. Vgl. dazu T.H.L. Parker/D.C. Parker (Ed.), Iohannis Calvini Commentarius in Epistolam Pauli ad Romanos, Genf 1999, XI–XV.XLVII–LI (Einleitung).

2 Zu Calvins drei Jahren in Straßburg (1538–1541): C. Augustijn, Calvin in Strasbourg, in: Calvinus Sacrae Scripturae Professor. Calvin as Confessor of Holy Scripture, hg. v. W.H. Neuser, Grand Rapids 1994, 166–177; W. van't Spijker, Calvin. Biographie und Theologie, in: Die Kirche in ihrer Geschichte. Ein Handbuch, hg. v. B. Moeller, Bd. III, Lieferung J2, Göttingen 2001, 142–155.

3 Zur Beziehung zwischen der Institutio von 1539 und dem Römerbriefkommentar vgl. I. Werner, Calvin und Schleiermacher im Gespräch mit der Weltweisheit, Neukirchen-Vluyn 1999, 71–81.

katholischer Seite heiß umworbenen Genf[4] – markiert der Römerbriefkommentar zusammen mit der zweiten Ausgabe der Christianae Religionis Institutio (1539) eine neue Aufgabenteilung und Organisation in Calvins theologischer Schriftstellerei: Einerseits setzte er die Arbeit an der systematischen Darstellung der »sapientia Christiana« (= Institutio) fort, andererseits begann er mit der fortlaufenden Exegese biblischer Schriften nach dem Modell der humanistischen und besonders der reformatorischen Bibelauslegung, die im 16. Jahrhundert neue Wege der rhetorischen Hermeneutik eingeschlagen hatte. Calvin selbst erklärt den Unterschied zwischen beiden theologisch-literarischen Gattungen in seinem Brief an die Leser der Institutio von 1539 so:

Porro hoc mihi in isto labore propositum fuit, sacrae Theologiae candidatos ad divini verbi lectionem ita praeparare et instruere, ut et facilem ad eam aditum habere, et inoffenso in ea gradu pergere queant; siquidem religionis summam omnibus partibus sic mihi complexus esse videor, et eo quoque ordine digesisse, ut siquis eam recte tenuerit, ei non sit difficile statuere et quid potissimum quaerere in Scriptura, et quem in scopum quicquid in ea continetur referre debeat. Itaque, hac veluti strata via, siquas posthac Scripturae enarrationes edidero, quia non necesse habebo de dogmatibus longas disputationes instituere, et in locos communes evagari: eas compendio semper astringam. Ea ratione, magna molestia et fastidio pius lector sublevabitur: modo praesentis operis cognitione, quasi necessario instrumento, praemunitus accedat. Sed quia huius instituti specimen	Weiterhin war es meine Absicht in dieser Arbeit, Kandidaten der heiligen Theologie so auf die Lektüre des göttlichen Wortes vorzubereiten und zu unterrichten, dass sie einen leichten Zugang dazu haben und sicheren Fußes in ihr fortschreiten könnten. Denn ich glaube, die Summe der Religion in all ihren Teilen so zusammengefasst und in solcher Ordnung dargestellt zu haben, dass wenn einer sich richtig daran hält, es ihm nicht schwer fallen wird festzustellen, was in der Schrift vornehmlich zu suchen ist und auf welches Ziel ihre Inhalte zu beziehen sind. Also: dieser Weg ist etabliert, wenn ich nachher Schriftauslegungen herausgebe, werde ich es nicht nötig haben, lange Ausführungen zu dogmatischen Fragen anzustellen oder in Gemeinplätze auszuufern, und mich dazu nur kurz fassen. Auf diese Weise wird dem frommen Leser viel Mühe und Anstrengung erspart bleiben, sofern er mit der Kenntnis dieser Arbeit als einem notwendigen Werkzeug ausgestattet an seine Aufgaben herangeht. Weil aber der Kommentar zum Römerbrief ein Beispiel dieses

4 Vgl hierzu die ebenfalls 1539 verfasste Antwort an Kardinal Sadolet (CStA 1.2,337–429).

praebebunt commentarii in Epistolam ad Romanos, re ipsa malo declarare quale sit, quam verbis praedicare.[5]

Vorhabens liefern wird, möchte ich lieber die Sache für sich selbst sprechen lassen, als sie in Worten anzupreisen.

Nach der Erstausgabe von 1540 hat Calvin das Werk noch zweimal 1551 und 1556 mit erheblichen Erweiterungen sowie mit zahlreichen, allerdings meist kleineren Änderungen veröffentlicht, beide Male zusammen mit Kommentaren zu den anderen paulinischen Briefen. Die Änderungen von der ersten bis zur dritten Ausgabe werden von T.H.L. Parker in der kritischen Gesamtausgabe der Opera Omnia Calvini im Detail vermerkt und in seiner Einleitung ausführlich besprochen und ausgewertet.[6] Seine Analyse bestätigt die ohnehin nahe liegende Schlussfolgerung, dass die dritte Auflage Calvins reifste Fassung des Werkes ist, weswegen auch für diese Studienausgabe der Text der dritten Auflage in Parkers Bearbeitung gewählt wurde.

Wir gehen hier nicht näher auf die Detailunterschiede zur ersten und zweiten Ausgabe ein. Diese werfen zwar recht interessante und aufschlussreiche Fragen zu Calvins Absichten und Arbeitsweise bei den Überarbeitungen sowie eventuell auch zu denen seiner Buchdrucker oder seiner Mitarbeiter auf. Diese z.T. nur technischen Fragen, die sich keineswegs immer endgültig beantworten lassen, müssen jedoch für eine Studienausgabe nicht an erster Stelle stehen. Dafür verweisen wir auf Parkers Analyse.[7]

2. Der Widmungsbrief und die exegetische Methode

Calvin pflegte seine Bibelkommentare mit Widmungen zu versehen[8] – manchmal an Freunde, später auch häufig an Fürsten, die mit der

5 OS III,6f. Dieser Brief ist auf den 1.8.1539 datiert, knapp drei Monate vor der Widmung des Römerbriefkommentars an Grynäus. Wie Calvin hier im Rahmen der Institutio den Römerbriefkommentar erwähnt, kann er auch im Kommentar auf die Institutio verweisen (vgl. zu Röm 3,21).

6 Iohannis Calvini Commentarius in Epistolam Pauli ad Romanos, ed. T.H.L. PARKER/D.C. PARKER (Ioannis Calvini Opera Omnia [...] Series II: Opera Exegetica Veteris et Novi Testamenti, Vol. XIII), Genf 1999. Diese Ausgabe gibt den Text wieder, den T.H.L. PARKER schon fast zwanzig Jahre früher veröffentlicht hatte (Iohannis Calvini Commentarius in Epistulam Pauli ad Romanos, ed. T.H.L. PARKER [Studies in the History of Christian Thought, Vol. XXII], Leiden 1981), bietet aber eine viel umfassendere Einleitung (XII–LXXXII). Diese Einleitung überholt in einigen Fragen auch PARKERS Studie: Commentaries on Romans 1532–1542, Edinburgh 1986.

7 Vgl. vor allem in PARKERS Einleitung: 2. The Development of the Commentary (XVI–XXI); 3. The Early French Translations (XXI–XXXI); 4. Calvin's Biblical Text (XXXII–LI).

8 A.I.C. HERON, Die Widmungen der neutestamentlichen Kommentare Johannes Calvins, in: In der Wahrheit bleiben. FS für R. SLENCZKA, hg. v. M. SEITZ/K. LEHMKÜHLER, Göttingen 1996, 72–78. Die Adressaten werden auch in CO 49,III aufgelistet.

Reformation sympathisierten oder bei denen er solche Sympathie zu erwecken hoffte. So hatte er bereits 1535 die Erstausgabe der Institutio mit einer Widmung an König Franz I. von Frankreich versehen. Empfänger des Römerbriefkommentars war der bekannte Humanist Simon Grynäus in Basel, mit dem Calvin schon seit einigen Jahren freundschaftlich verbunden war. Dieses Schreiben wirft viel Licht auf Calvins Vorhaben und ist zugleich ein programmatischer Entwurf für seine weiteren Bibelauslegungen, mit denen er im Laufe der Jahre fast alle neutestamentlichen wie auch viele alttestamentliche Schriften kommentierte.[9] Die wesentlichen Punkte lassen sich folgendermaßen zusammenfassen:

1. Calvin und Grynäus stimmen darin überein, dass ein Kommentar in durchsichtiger Kürze *(perspicua brevitas)* den Sinn des Textes und die Absicht des Verfassers *(mens scriptoris)* erschließen soll.
2. Es gibt schon bedeutende Römerbriefauslegungen, nämlich von Philipp Melanchthon, Heinrich Bullinger und Martin Bucer.
3. Bei Melanchthon werden jedoch vor allem bestimmte zentrale dogmatische *loci* behandelt, mit der Folge, dass andere wesentliche Inhalte des Römerbriefs nicht berücksichtigt werden.
4. Bucer dagegen bespricht so viele Einzelheiten, dass seine Ausführungen ins Uferlose geraten und den Leser damit zu ermüden drohen.

Der Vergleich mit den Werken von Melanchthon und Bucer gibt Calvins eigenem Vorgehen ein klares Profil und unterstreicht noch einmal, was er im August 1539 zur Absicht und zum Ziel der Institutio gesagt hatte. Er will in seinem Römerbriefkommentar in erster Linie nicht nur Gemeinplätze der Dogmatik berücksichtigen, wie es Melanchthon tat, und alles andere unter den Tisch fallen lassen. Er will aber auch nicht, wie es Bucer tat, die Auslegung mit allzu ausführlichen Diskussionen über Detailfragen belasten, die eher in der Institutio am Platze sind. In beiden Hinsichten wird seine Intention deutlich erkennbar, den Text des Römerbriefs in den Mittelpunkt zu stellen und eben diesen Text erklärend auszulegen.

Bei diesem Vergleich fällt auf, dass Calvin keine Kritik an Bullingers Bemühungen übt, und in der Tat scheint eher Bullingers Methode sein Vorbild gewesen zu sein.[10] Worin aber besteht diese Methode? Allge-

9 Neben den Kommentaren, die – soweit wir wissen – auf Grundlage von gehaltenen Vorlesungen verfasst wurden, sind auch Calvins zahlreiche unveröffentlichte und veröffentliche Predigten zu ganzen biblischen Büchern nach dem Modell der *lectio continua* von großer Bedeutung. Vgl. dazu T.H.L. Parker, Calvin's Preaching, Edinburgh 1992, sowie der knappe Überblick bei W. de Greef, The Writings of John Calvin. An Introductory Guide, transl. by L.D. Bierma, Grand Rapids 1993, 110–117.

10 Weiteres dazu in Parkers Einleitung: 5. The Commentator's Method (LI–LV). Zu Bullinger vgl. S. Hausammann, Römerbriefauslegung zwischen Humanismus und Reformation. Eine Studie zu Heinrich Bullingers Römerbriefvorlesung von 1525, Zürich 1970; F. Büsser, Bullinger as Calvin's Model in Biblical Exposition. An Examination of Calvin's Preface to the Epistle to the Romans, in: In Honor of John Calvin 1509–1564. Papers from the 1986 International Calvin Symposium, hg. v. E.J. Furcha, Montreal 1987, 64–95; J.E. Kok,

mein gesprochen geht es darum, einerseits einen Text richtig, d.h. in seinem Sachzusammenhang genau zu verstehen, andererseits seinen Sinn für die Leser des Kommentars zu erschließen. Natürlich ist das immer die Absicht der Bibelauslegung sowohl in der Alten Kirche wie auch im Mittelalter gewesen. Diese Absicht fand ihren Ausdruck in der mittelalterlichen Lehre vom »vierfachen Schriftsinn«: jedes Wort, jeder Satz oder jede Geschichte der Heiligen Schrift dürfte neben seiner freilich grundlegenden Literalbedeutung auch noch dogmatisch, ethisch und eschatologisch verstanden und ausgelegt werden, was einerseits zu einer akribischen Beschäftigung mit einzelnen Worten der Schrift führte, gleichzeitig aber zu einer Deutungspraxis, die recht weit vom Literalsinn wegführen konnte.
In der Renaissance hat der Geist des Humanismus einen neuen, kritischen Zugang zu überlieferten Dokumenten und Interpretationstraditionen gefunden. Das markanteste Beispiel ist wohl Lorenzo Vallas Entlarvung der sog. »Konstantinischen Schenkung«, die die weltlichen Herrschaftsansprüche des Papstes legitimieren sollte, als plumpe Fälschung.[11] Es ging dem Humanismus jedoch nicht nur um Entlarvung von angeblich originalen Zeugnissen, sondern auch und vielmehr um die Wiederentdeckung des eigentlichen Sinnes antiker Dokumente. In diesem Zusammenhang wurden die alten Prinzipien der klassischen Rhetorik, der »Lehre von der Redekunst«, wieder entdeckt und für Schriftdeutung und Interpretation fruchtbar gemacht.
Im heutigen Sprachgebrauch klingt das Wort »Rhetorik« meist eher negativ: Aus der »Kunst des Redens« ist »eine gekünstelte Rede« geworden. Diese Umdeutung ist aber eine Sinnverdrehung, wie verständlich auch immer ihre Entstehung sein mag. Ursprünglich hat es die Rhetorik mit der Kunst des Redens im Sinne des gelungenen prägnanten Sprechens zu tun. Diese Kunst hat vor allem zwei Aspekte zu berücksichtigen: *Was* wird gesagt? Und: *Wie* wird es gesagt? Im Blick auf die biblischen Schriften führte dies in der evangelischen Schriftauslegung zu zwei Anwendungen der rhetorischen Methode, die Parker als die primäre und sekundäre bezeichnet. Die erste hat zum Ziel, durch Berücksichtigung der Sprache, der Bedeutung(en) von Worten, der Prinzipien und Regeln der Rhetorik, der Situation, der Thematik, der hier verhandelten Sache des Textes und schließlich seiner Interpretationsgeschichte zu einem zuverlässigen Verständnis zu gelangen. Die

Heinrich Bullinger's Exegetical Method: The Model for Calvin?, in: Biblical Interpretation in the Era of the Reformation. FS für D.C. STEINMETZ, hg. v. R.A. MULLER/J.L. THOMPSON, Grand Rapids 1997, 241–254. Zu Calvins persönlicher Beziehung zu Bullinger in diesem Zeitraum vgl. A.I.C. HERON, Calvin an Bullinger 1536–1549, in: Profile des reformierten Protestantismus aus vier Jahrhunderten (EBzrP 1), hg. v. M. FREUDENBERG, Wuppertal 1999, 49–69.

11 Wobei freilich Valla nicht der erste war, der hier Zweifel anmeldete. Zur Geschichte und Wirkung von Vallas 1440 verfassten, von Hutten zwischen 1518 und 1520 wieder veröffentlichten und von Luther 1537 übersetzten Schrift *De falso credita et ementita Constantini donatione* vgl. H. FUHRMANN, Art. Constitutum Constantini, in: TRE 8 (1981), 196–202.

zweite Anwendung setzt diese Methode voraus, konzentriert sich dann aber in der Auslegung lediglich auf eine Wiedergabe der wesentlichen Ergebnisse oder Inhalte des Werkes.
Parker findet in Melanchthons Römerbriefauslegungen[12] fast nur die »sekundäre Anwendung« der Rhetorik, obwohl Melanchthon sonst auch die »primäre« durchaus kennt und gebraucht, während Bullinger und Bucer in ihrer Arbeit am Römerbrief durchweg mit der »primären Anwendung« beschäftigt sind, »aber jeder in seiner Art«.[13] Bucers Kommentar enthält »nicht nur detaillierte Exegese und Deutungsgeschichte, sondern auch, neben ausführlichen *loci* oder *quaestiones*, eine Paraphrase (deswegen die Überschrift *Metaphrases*) von jedem Abschnitt des Briefes, eine *expositio* [...] und *interpretatio* [...] und *observationes*, die für die weniger gelehrten Leser bestimmt sind.«[14] Bullingers *Commentarii* dagegen sind »insgesamt eher konventionell, mit Exegese, Geschichte der Interpretation, Erklärung und *loci* oder *quaestiones*«.[15]
Aufschlussreich in diesem Zusammenhang ist auch Bullingers Erklärung und Verteidigung der rhetorischen Methode im Sinne der »primären Anwendung«: Bullingers »*ratio studiorum*, die auf Erasmus' *Methodus* basiert, erklärt, wie jedes Dokument zu verstehen ist. Wer Interpret werden will, muss die Sprache kennen, in der es geschrieben ist; er muss den *scopus* des Buches herausfinden; und er muss den Regeln folgen, die die Rhetoriker festgelegt haben. Jeder Abschnitt muss in seinem eigenen Zusammenhang verstanden werden, unter Berücksichtigung der Umstände, der allgemeinen und speziellen Bedeutung von Worten und vor allem seiner Beziehung zum Kern – *summa*, *caput* oder *cardo* – der Sache. In seinen eigenen Kommentaren ist er dieser Methode gefolgt, hielt zugleich die *loci* in Grenzen und vermied so Bucers Weitschweifigkeit.«[16]
Diese Hinweise bei Parker verdeutlichen, was Calvin mit seinen Bemerkungen an Grynäus gemeint und wie er nun selbst sein eigenes Unternehmen verstanden und gestaltet hat. Von den vier Elementen, die Parker bei Bullinger notiert, entfallen bei Calvin die *loci* bzw. *quaestiones*. Der Text wird mit Hilfe philologisch-rhetorischer Exegese fortlaufend kommentiert, und der Kommentar schließt auch gelegentliche Auseinandersetzungen mit verschiedenen Deutungen sowie besondere Erklärungen zum Sinn des Textes und zur Absicht des Verfassers ein.

12 PARKER nennt hier die *Annotationes* von 1522, die *Dispositio* von 1529 und die *Commentarii* von 1532 (revidiert 1540) und bemerkt dazu, dass Melanchthon fast ausschließlich die *loci* auslegt, die er aus dem Römerbrief exzerpiert hat, etwa Gnade, Gesetz, Evangelium, Glaube, Rechtfertigung, gute Werke: »He seems to have been alone among Evangelical commentators in his almost total ignoring of exegesis.« (Einleitung, LI).

13 PARKER, LII (Einleitung). Im Blick sind hier Bucers *Metaphrases* (1536) und Bullingers *Commentarii* (1533).

14 Ebd.

15 Ebd.

16 Ebd..

Die fortlaufende Auslegung wird jeweils nach einigen Versen durch *lemmata* unterbrochen, die den nächstfolgenden Abschnitt zuerst vollständig zitieren, bevor sich dann die Exegese mit dem Inhalt des jeweiligen *lemma* beschäftigt. Nicht jedes Wort oder jeder Ausdruck wird kommentiert, wohl aber alles, was in Calvins Augen wesentlich ist, um den Text und seine Botschaft zu profilieren und verständlich zu machen.[17]

3. Vergleich mit dem Kommentar zu Senecas »De Clementia«

Der Römerbriefkommentar war freilich nicht Calvins erster Versuch auf dem Feld der Auslegung. Schon 1532 hatte er sein Erstlingswerk, eine kommentierte Ausgabe von Senecas *De Clementia*, vorgelegt. Dies war allerdings ein rein literarisches Werk, mit dem der gerade qualifizierte Jurist eine humanistische Karriere anzufangen hoffte.[18] Es zeigt indessen deutlich, dass Calvin schon vor Beginn seiner theologischen und reformatorischen Tätigkeit das Arsenal der humanistischen Auslegungsmethode beherrschte und insofern ausgezeichnet vorbereitet und geeignet war, nun im Sinne des reformatorischen Schriftprinzips die »primäre Anwendung« der Rhetorik in der biblischen Exegese

17 Vgl. N. Kuropka, Calvins Römerbriefwidmung und der *Consensus Piorum*, in: P. Opitz, Calvin im Kontext der Schweizer Reformation. Historische und theologische Beiträge zur Calvinforschung, Zürich 2003, 147–167, die die These vertritt, Parker habe hier den positiven Einfluss Melanchthons auf Calvins Römerbriefkommentar eher unterschätzt. Im Blick auf Calvins methodisches Vorgehen bei der Planung und Komposition des Kommentars ist aber Parkers Darstellung und Einschätzung nicht so leicht zu widerlegen. Parker stellt auch keineswegs in Abrede, dass Calvin Melanchthon hoch geschätzt hat, und zeigt an mehreren Stellen, wie sich Calvins Ausführungen auf Melanchthon oder auch auf Bullinger und Bucer beziehen. Dies geschieht, wie Kuropka selbst bemerkt, fast immer ohne explizite Namensnennung; im Gegensatz dazu wird Erasmus im Laufe des Kommentars mehrfach namentlich erwähnt. Insbesondere Melanchthons von Kuropka eigens hervorgehobene Auslegung des Römerbriefs aus dem Jahr 1532 trägt genau die Züge, die Parker beschreibt: Die rhetorische Methode wird angewandt, um (a) den Römerbrief als einen strukturierten dogmatischen Traktat zu profilieren sowie (b) die Auslegung dementsprechend als Behandlung seiner zentralen dogmatischen *loci* zu gestalten. Von einer fortlaufenden Exegese im Stil Bullingers und Calvins kann hier keine Rede sein; vgl. Melanchthons Werke in Auswahl, Studienausgabe Bd. V, hg. v. R. Schäfer, Gütersloh 1965. Worin freilich Kuropka Recht hat, ist ihre Betonung der besonderen Bedeutung Melanchthons für die Entwicklung der rhetorischen Exegese im Allgemeinen, was dem Leser bei einer isolierten Betrachtung allein von Parkers Ausführungen leicht entgehen könnte. Auch Bullinger hat viel von Melanchthon gelernt. Insofern ist Parkers Hervorhebung von Bullinger im Vergleich mit Calvin und zu Ungunsten von Melanchthon potenziell irreführend, aber nicht im Blick auf die Frage, wie man einen Römerbriefkommentar gestaltet.

18 Calvin's Commentary on Seneca's *De Clementia*, transl. and ed. by F.L. Battles/A.M. Hugo, Leiden 1969; vgl. besonders die Einleitung: IV. Calvin as Literary Critic and Rhetorician.

zum Zuge zu bringen.[19] Sein Kommentar will die Leser durch den Römerbrief führen und die Werkzeuge und Stilmittel der rhetorischen Hermeneutik sozusagen am Brief entlang unter Beweis stellen, um den Sinn des Textes zu erschließen. Tatsächlich fällt dem aufmerksamen Leser auf Schritt und Tritt auf, wie häufig Calvin im Kommentar diese Mittel verwendet – etwa mit Worterklärungen, Diskussionen über Lesarten, Hinweisen auf bestimmte Redefiguren und ihre technischen Namen, aber auch durch sorgfältiges Eingehen auf Fragen wie diese: Wen oder was hat Paulus hier im Blick und wie ist dann seine Aussage entsprechend zu verstehen? Im Römerbrief scheint dieser Aspekt noch deutlicher ausgeprägt zu sein, als dies sonst bei Calvins Schriftauslegungen der Fall ist – vielleicht, weil er diese erste Bibelauslegung besonders sorgfältig vorbereitet hat, vielleicht aber auch, weil er die Gelegenheit hatte, sie zweimal zu revidieren.

Darüber hinaus gibt es zwei weitere wichtige Unterschiede zwischen dem Erstlingswerk und dem Römerbrief sowie auch den folgenden biblischen Kommentaren.

Erstens war Calvins Seneca eine kommentierte kritische Textausgabe. Die Römerbriefauslegung dagegen bringt keine eigene Edition des Textes. Nicht allein das: Es ist nicht einmal klar auszumachen, welche uns bekannte Edition des lateinischen Neuen Testaments Calvin gebraucht hat. Manchmal stimmt sogar die Textfassung der *lemmata*, in der ein Abschnitt zuerst als Ganzes zitiert wird, mit der Fassung in der folgenden fortlaufenden Kommentierung nicht überein. Nicht als ob für Calvin die Frage nach dem korrekten Text unwichtig gewesen wäre; das aber beträfe ohnehin den griechischen bzw. für das Alte Testament den hebräischen Text, auf den er gelegentlich bei Deutungsfragen hinweist. Doch ist auch hier ebenfalls nicht eindeutig klar, ob er das griechische Neue Testament von Erasmus (1527) oder von Colinaeus (1534) oder beide benutzt hat. Diese Fragen hängen sowohl mit dem Problem der uns weitgehend unbekannten Entstehungsgeschichte der ersten Fassung wie auch mit der Entwicklungsgeschichte des

19 Vgl. dazu P. Opitz, Calvins theologische Hermeneutik, Neukirchen-Vluyn 1994, 47–98 (Calvins methodischer Gebrauch der humanistischen bonae artes). Wie schon die Überschrift dieser Abhandlung zeigt, leitet die Frage der Anwendung der Rhetorik zwangsläufig über zu den Fragen seiner Hermeneutik insgesamt und ihrer Verwurzelung in der Denkwelt des späten Mittelalters, der Renaissance und der Reformation. Vgl. dazu A. Ganoczy/S. Scheld, Die Hermeneutik Calvins. Geistesgeschichtliche Voraussetzungen und Grundzüge, Wiesbaden 1983; T.F Torrance, The Hermeneutics of John Calvin, Edinburgh 1988; O. Millet, Calvin et la dynamique de la parole. Etude de rhétorique réformée, Paris 1992; A.N.S. Lane, John Calvin: Student of the Church Fathers, Edinburgh 1999. Bei solchen Untersuchungen sind selbstverständlich nicht allein Calvins Kommentare in Blick, sondern auch z.B. seine Predigt, seine Polemik und die *Institutio*. Vgl. zu diesen drei Gebieten R. Stauffer, Dieu, la création et la Providence dans la prédication de Calvin, Bern 1978; F. Higman, The Style of John Calvin in His French Polemical Treatises, Cambridge 1967; S. Jones, Calvin and the Rhetoric of Piety, Louisville 1995.

Textes von der ersten zur dritten Ausgabe zusammen.[20] Jedenfalls ist deutlich: Calvin ging es hier nicht um eine Textausgabe mit gelehrtem Kommentar, sondern um eine Textauslegung.
Zweitens bleibt nach wie vor ungewiss, ob Calvin mit dem Seneca-Kommentar auch ein verstecktes theologisches oder politisches Interesse hatte – etwa zugunsten der schon seit etwa zehn Jahren immer wieder verfolgten »Protestanten« (luthériens) Frankreichs. Auf alle Fälle tritt ein solches Ziel im Buch selbst nicht offen in Erscheinung. Beim Römerbrief ist es anders. Calvins Auslegung ist durchaus theologisch motiviert und spiegelt aufs Deutlichste auch sein Bewusstsein und seine Verantwortung als reformatorischer Prediger und Lehrer wider. Wie seine drei großen Vorgänger in der evangelischen Römerbriefauslegung versteht er den Brief als eine zusammenhängende theologische Botschaft, in der es um die zentralen Themen des wiederentdeckten Evangeliums geht. Obwohl sein Kommentar nicht wie der Melanchthons zu einer eher dogmatischen Darstellung dieser *loci* werden, sondern am Text entlang gehen, die Gestaltung des Textverlaufs berücksichtigen und seiner Dynamik folgen sollte, ist es nichtsdestoweniger ein durch und durch theologisches, ja ein kerygmatisches Werk. Das passt übrigens gut zur Vermutung, Calvin habe hier schon gehaltene Vorlesungen bearbeitet, denn bei ihm sind die Gattungen der Vorlesung und der Predigt eng verwandt.

4. Thema und Plan der Römerbriefauslegung

Bevor Calvin mit der Auslegung beginnt, bietet er den Lesern eine summarische Zusammenfassung des gesamten Römerbriefs, ein *Argumentum*, das allerdings nicht zu ausführlich werden noch mit eigenen Bemerkungen den Brief verdunkeln darf. Denn der Brief selbst, sagt er, stelle sich viel besser vor, als er das könne. Gleichwohl soll das Thema kurz umrissen werden, zeigt es doch deutlich, dass ein wahres Verständnis dieses Briefes die Tür zu allen Schätzen der Heiligen Schrift öffnet. Das ist nicht bloß rhetorische Bescheidenheit. Calvin will den Römerbrief selbst in seiner Ganzheit zu Wort kommen lassen. Denn: »Epistola tota ... methodica est«, der ganze Brief ist planmäßig zusammengefügt, was sich sowohl in gelegentlich zu beobachtenden Details wie auch im Blick auf sein zentrales Thema zeigt. Seine *quaestio principalis* lautet: »Fide nos iustificari«, wir werden im Glauben gerechtfertigt. Dieses Thema beschäftigt Paulus in den ersten fünf Kapiteln, deren Inhalt zunächst in überschaubarer Kürze skizziert wird. Für die dann folgenden Kapitel stellt Calvin als leitende Gesichtspunkte heraus:

20 Zu diesen ganzen Fragen vgl. PARKERS Einleitung: 4. Calvin's Biblical Text (XXXII–LI).

6	Die Heiligung
7	Das Gesetz
8	Die Gewissheit angesichts der Anfechtung
9–11	Die Juden
12	Allgemeine Regeln für das christliche Leben
13	Die weltliche Obrigkeit
14	Mosaische Zeremonien und christliche Freiheit
15	Wiederholung des Hauptarguments
16	Grüße und Gebet

Calvin betrachtet den ganzen Römerbrief als eine sorgfältig komponierte Einheit und legt ihn entsprechend aus. In seinem *Argumentum* finden sich sowohl Ähnlichkeiten wie auch Unterschiede zu den Analysen des Römerbriefs bei Melanchthon, Bucer und Bullinger.[21] Es kann keine Rede davon sein, dass Calvin von seinen Vorgängern abgeschrieben hätte. Er argumentiert und formuliert durchaus selbständig, und zwar in seinem ganzen Kommentar. Damit erhebt sich die Frage: Hat er überhaupt diese anderen Kommentare im strengen Sinne des Wortes *als Vorlagen* für die eigene Arbeit benutzt? Das ist eher unwahrscheinlich, was sehr gut zur Hypothese passen würde, dass seine Vorarbeiten im Wesentlichen aus eigenen Vorlesungen bestanden haben. Calvin dürfte *keine* anderen unmittelbaren Vorlagen als sein eigenes enzyklopädisches Gedächtnis verwendet haben. Er hätte dann diese und andere Arbeiten schon zur Kenntnis genommen, sie aber weder kopiert noch sich nach ihnen gerichtet.

Calvin hat namentlich wohl nur Melanchthon, Bullinger und Bucer im Schreiben an Grynaeus erwähnt, weil sie die drei schon erschienenen reformatorischen Römerbriefkommentare verfasst und veröffentlicht und insofern die Maßstäbe gesetzt hatten, die sein neuer Versuch zu beachten, aber eventuell auch zu überwinden hatte. Diese Deutung liegt ganz auf der Linie dessen, was Calvin selbst an Grynäus schreibt, selbst wenn er nur begrenzten Gebrauch von deren Arbeiten gemacht hat. Aber können eventuell noch andere Gründe bei der Nennung gerade dieser drei »Vorgänger« eine Rolle gespielt haben?

21 Parker gibt in seiner Einleitung, LVII, einen knappen Überblick über die Strukturierung des Römerbriefs bei allen vier Reformatoren. Kuropka, a.a.O. (Anm. 17), 152–160 geht sehr viel detaillierter auf alle vier Reformatoren ein, besonders auf Calvin und Melanchthon. Sie findet zwar viele Ähnlichkeiten zwischen diesen beiden, attestiert Calvin aber gleichzeitig eine große Selbständigkeit: »Calvin wird aller Wahrscheinlichkeit nach Melanchthons Kommentar von 1529/30 bei seiner Arbeit als Vorlage verwendet haben, dafür sprechen die Übereinstimmungen in der Gliederung und in der Verwendung dialektisch-rhetorischer Begriffe. Dennoch hat Calvin *keine* wortwörtliche Übernahme vollzogen, die sich strikt an Melanchthons Analyse hält. Im Einzelnen greift sich Calvin in der rhetorischen Analyse einiges von Melanchthons Kommentar heraus und geht an einigen Stellen eigene Wege, die sich von Melanchthons Untersuchung zuweilen deutlich unterscheiden.« (156f.).

5. Der Zusatz »excusatio« zur Widmung

»Warum hat Calvin nun gerade diese drei Exegeten für seine Widmung herausgegriffen, wo er sich doch von ihnen bewusst abgrenzt und andere Autoren wie Desiderius Erasmus, Augustin oder Origenes als Einzelne in seinem Kommentar explizit und ausgiebiger nutzt als Melanchthon, Bucer und Bullinger zusammen?«, fragt Nicole Kuropka.[22] Sie sucht eine Antwort in dem historischen Kontext des Jahres 1539.[23] Gegen Sadolet hatte Calvin die Freilegung des Wortes Gottes in seiner Bedeutung für die Existenz der authentischen Kirche betont, womit auch seine Schriftauslegung in einer ekklesiologischen Perspektive zu stehen kommt. So »stellt sich Calvin mit seiner Widmung in eine Reihe von Theologen, die sich von den Banden der kirchlichen Tradition befreit allein dem Worte Gottes zugewendet haben«.[24] Mehr noch: Mit »Melanchthon, Bullinger und Bucer benennt Calvin nicht nur wichtige Kommentatoren des Römerbriefes, sondern auch wichtige – wenn nicht gar die wichtigsten – protestantischen Zentren seiner Zeit: nämlich Wittenberg (für Melanchthon), Zürich (für Bullinger), Straßburg (für Bucer) und sogar Basel, bezieht man den Adressaten der Widmung, Simon Grynäus, mit ein«.[25] So stellt Kuropka die These auf, das Widmungsschreiben Calvins sei »Ausdruck der zerstreuten Kirche basierend auf der rechten Schriftauslegung«.[26]

Indessen ist im Blick auf das Widmungsschreiben an Grynäus eine weitere Überlegung von Bedeutung. Es geht dabei um einen von Calvin geplanten, aber dann doch nicht eingefügten Zusatz zur Widmung. Besonders brennend war zu dieser Zeit die Frage der innerprotestantischen Einheit, die sich am Abendmahlsverständnis entscheiden sollte. Nun hatte ausgerechnet Luther im Herbst 1539 anlässlich des Sadolet-Briefes sich ausgesprochen freundlich über Calvin geäußert, worüber dieser fast euphorisch an Farel schreibt und erklärt, er habe als *satisfactio* für Luther einen Zusatz zur Widmung des noch nicht erschienenen Römerbriefkommentars geschrieben. Dieser Zusatz, die so genannte *excusatio*, wurde dann aber doch nicht eingefügt, weil Melanchthon im Januar 1540 dringend davon abgeraten hat.[27] »Was als gut gemeinter Schritt gedacht war, erwies sich letztendlich als ein scharfer Angriff auf Luthers Abendmahlsverständnis. Die *excusatio* wurde nicht gedruckt. Teile davon fanden später Einzug in Calvins überarbeitete Institutio.«[28] Doch auch abgesehen davon, ob Calvin mit dem ursprünglichen Entwurf der Widmung auch einen Beitrag zur Versöhnung zwischen Luther und den Oberdeutschen liefern wollte, hat er jedenfalls bald danach im »Kleinen Abendmahlstraktat« (1541)

22 Ebd., 160.
23 Ebd., 161–167.
24 Ebd., 162f.
25 Ebd., 163.
26 Ebd.
27 Nähere Details und Quellenbelege ebd., 163–166.
28 Ebd., 165f.

diese Absicht formuliert[29] und damit dokumentiert, wie sehr er seine exegetische Arbeit im Dienst der Reformation und der Erneuerung der Kirche sah.

6. Wirkung

Wir wissen relativ wenig über die Wirkung der Erstausgabe des Römerbriefkommentars. Schon 1543 erschien eine vereinfachte Fassung, die *Expositio*, auf Französisch; das *Argument et Sommaire* folgte 1545. Die Fakultät in Paris zeigte die zu erwartende Reaktion: Erstausgabe und *Expositio* wurden 1543 in den *Index des Livres Interdits* eingetragen, das *Argument et Sommaire* folgte 1547. Auf alle Fälle erreichte die Erstausgabe nicht die Beliebtheit von Melanchthons Kommentar.[30] Das änderte sich freilich im Laufe der Zeit mit dem wachsenden Ruf und Einfluss Calvins. Schon im 16. Jahrhundert wurden seine Pauluskommentare in Latein und Französisch mehrfach nachgedruckt; es erschienen auch Übersetzungen auf Englisch und Niederländisch.[31] Aus dem Abstand unserer Zeit lässt sich sagen, dass Calvins Römerbriefkommentar zu den bedeutendsten Schriften der Reformationszeit überhaupt gehört, nicht zuletzt wegen Calvins Fähigkeit, die Mittel der rhetorischen Exegese in den Dienst eines ebenso lebendigen wie energischen Eindringens in die Botschaft des Textes zu stellen. Karl Barth hat in seiner Vorlesung über die Theologie Calvins (1922) von der *Aktualität* dieser Exegese gesprochen: »Sie fällt bei Calvin umso mehr auf, weil seine Objektivität oft fast bis an die Grenze des bekannten Historismus geht [...]. Er, der wie kein anderer reformatorischer Schriftforscher das So oder So jeder einzelnen Stelle in seiner Eigenart gelten lässt, der mehr als alle Anderen wirklich als Forscher, als Gelehrter an die Bibel herantritt, er weiß dann wieder den Stoff so zu bewegen, dass man so wenig als bei einem der Anderen auf den Gedanken kommen kann, hier wurde nur Geschichte getrieben. Ja, hier wird Geschichte getrieben, aber zugleich Geschichte *gemacht*. Es brauchte die häufigen Wendungen wie »Unde discimus«, »Unde monemur« gar nicht, [...] um dem Leser klar zu machen, dass dieser Kommentar etwas *will*, dass in diesem Kommentar etwas *geschieht*, dass hier wirklich ein lebendiges und fruchtbares Gespräch geführt wird über die Kluft der Jahrhunderte hinweg. Man ist im 1. und 16. Jahrhundert zugleich: Man

29 CStA 1.2,431–493; vgl. A.I.C. HERON, »Wenn Luther uns mit unserem Bekenntnis annehmen will«. Luther und die Abendmahlsfrage in den Briefen Calvins bis 1546, in: Frömmigkeit – Theologie – Frömmigkeitstheologie. FS für B. HAMM, hg. v. G. LITZ/H. MUNZERT/R. LIEBENBERG, Leiden 2005, 395–409.

30 Vgl. PARKERS Einleitung, XV; dort steht auch folgende trockene Bemerkung: »The fact that after nearly ten years it was still possible for the printer to send fifty copies for export to Venice (where, with certain other of Calvin's books it was intended to help Baldassare Altieri in spreading the Reformed faith in that city) suggests that sales had been far from brisk.”

31 Ebd., LXIX–LXXIII.

hört Paulus, *und* man hört Calvin. Die Stimmen klingen ineinander bis zur Ununterscheidbarkeit, und man ahnt etwas von der Wahrheit jener Worte: »*Idem* spiritus qui per os prophetarum locutus est, in corda nostra penetret necesse est.« (Inst. I,7,4: Derselbe Geist, der durch die Propheten gesprochen hat, muß in unsere Herzen eindringen). Dieses Aktuelle in der calvinischen Auslegung, ganz abgesehen von den einzelnen Anwendungen, ist ihr heute noch Ansprechendes, Belehrendes und Überzeugendes.«[32]
In der Hoffnung, dass sich diese heimliche Aktualität den Leserinnen und Lesern der Calvin-Studienausgabe erschließt, bringen wir Calvins Römerbriefauslegung erneut auf den Weg.

Ausgaben

1. Die drei ersten Ausgaben von 1540, 1551 und 1556[33]

Ioannis Calvini Commentarij in Epistolam Pauli ad Romanos. Argentorati per Vuendelinum Rihelium. Mense Martio. Anno M.D.XL.
In Epistolam Pavli ad Romanos Ioannis Calvini Commentaria. In: Ioannis Calvini in omnes D. Pauli epistolas, atque etiam in epistolam ad Hebraeos commentaria luculentissima. Ex postremo authoris recognitione. [...] Genevae. Apud Ioannem Gerardum. M.D.LI.
In Epistolam Pauli ad Romanos Iohan. Calvini Commentarius. In: In Omnes Pauli Apostoli Epistolas, atque etiam in Epistolam ad Hebraeos, item in Canonicas Petri, Iohannis, Iacobi & Judae, quae etiam Catholicae vocantur, Ioh. Calvini Commentarii. Hanc Commentarium postremam esse recognitionem, ex lectione atque collatione cum prioribus, deprehendet lector. Oliua Roberti Stephani. M.D.LVI.

2. Spätere Editionen

CO 49,1–292.
Iohannis Calvini Commentarius in Epistulam Pauli ad Romanos, ed. T.H.L. Parker (Studies in the History of Christian Thought, Vol. XXII), Leiden 1981.
Iohannis Calvini Commentarius in Epistolam Pauli ad Romanos, ed. T.H.L. Parker/D.C. Parker (Ioannis Calvini Opera Omnia [...] Series II: Opera Exegetica Veteris et Novi Testamenti, Vol. XIII), Genf 1999.

32 K. Barth, Die Theologie Calvins. Vorlesung Göttingen Sommersemester 1922, hg. v. H. Scholl, in: Karl Barth-Gesamtausgabe, Abt. II, Zürich 1993, 530.

33 Eine ausführlichere Auflistung von Editionen und Übersetzungen bietet Parker in seiner Einleitung, LXIX–LXXIII. Vgl. auch M. Bihary, Bibliographia Calviniana. Calvins Werke und ihre Übersetzungen [...] 1850–1997, 3. Aufl. Prag 2000.

Übersetzungen

Deutsch
Auslegung des Briefes an die Römer, aus dem lat. übers. v. E.W. KRUMMACHER/L. BENDER, Frankfurt a.M. 1836.
Auslegung der H. Schrift in deutscher Übersetzung, hg. v. E.F.K. MÜLLER 1901–1921, Bd. 12: Die Briefe [...] an die Römer und Korinther, Neukirchen 1903 (2. Aufl. 1937).
Auslegung der H. Schrift. Neue Reihe, hg. v. O. WEBER, Bd. 16: Der Römer- und die Korintherbriefe, übers. v. H. GRAFFMAN/H.J. HAARBECK/O. WEBER, Neukirchen 1960.

Englisch
Commentaries on the Epistle of Paul the Apostle to the Romans. By John Calvin, transl. and ed. by J. OWEN, Edinburgh 1849 (reprinted Grand Rapids 1979/1981/1984/1993).
Epistles of Paul the Apostle to the Romans and to the Thessalonians, transl. by R. MACKENZIE, Edinburgh 1961/1973/1980.

Französisch
Epître aux Romains. Texte établi par J-M. NICOLE, Genf 1960.

Niederländisch
Johannes Calvijn, Verklarung van de Bijbel. Uitlegging op de Zendbrieven [...], Bd. 1: Zendbriev v. Paulus aan de Romeinen, Amsterdam 1950 (3. Aufl. 1979).

Japanisch
Epistle to the Romans, Japan Calvin Translation Society, Tokyo 1959.

Spanisch
La epistola del apostel Pablo a los Romanos. Traducción al Castellano de la version Francesa por C.G. MARIN, Grand Rapids 1960 (reprinted 1977/1982/1988/1995).

Ungarisch
Commentarius in Epistolam ad Romanos, übers. v. B. NAGY, Budapest 1954.

Literatur

F.L. BATTLES/A.H. HUGO, Calvin's Commentary on Seneca's *De Clementia*, Leiden 1969.
A. GANOCZY/S. SCHELD, Die Hermeneutik Calvins. Geistesgeschichtliche Voraussetzungen und Grundzüge, Wiesbaden 1983.
W. DE GREEF, The Writings of John Calvin. An Introductory Guide, transl. by L.D. BIERMA, Grand Rapids 1993.
A.I.C. HERON, Die Widmungen der neutestamentlichen Kommentare Johannes Calvins, in: In der Wahrheit bleiben. FS für R. SLENCZKA, hg. v. M. SEITZ/K. LEHMKÜHLER, Göttingen 1996, 72–78.
S. JONES, Calvin and the Rhetoric of Piety, Louisville 1995.
J.E. KOK, Heinrich Bullinger's Exegetical Method: The Model for Calvin?, in: Biblical Interpretation in the Era of the Reformation. FS für D.C. STEINMETZ, hg. v. R.A. MULLER/J.L. THOMSON, Grand Rapids 1997, 241–254.
N. KUROPKA, Calvins Römerbriefwidmung und der *Consensus Piorum*, in: P. OPITZ, Calvin im Kontext der Schweizer Reformation. Historische und theologische Beiträge zur Calvinforschung, Zürich 2003, 147–167.
O. MILLET, Calvin et la dynamique de la parole. Etude de rhétorique réformée, Paris 1992.
P. OPITZ, Calvins theologische Hermeneutik, Neukirchen-Vluyn 1994.
T.H.L. PARKER, Commentaries on Romans 1532–1542, Edinburgh 1986.
T.H.L. PARKER, Calvin's Old Testament Commentaries, Edinburgh 1986.
T.H.L. PARKER, Calvin's Preaching, Edinburgh 1992.
T.H.L. PARKER, Calvin's New Testament Commentaries, Edinburgh 1971 (2. Aufl. 1993).
T.F. TORRANCE, The Hermeneutics of John Calvin, Edinburgh 1988.

IOHANNES CALVINUS SIMONI GRYNAEO VIRO ORNATISSIMO S.D.

PARKER 3 ⟨CO 10b,402⟩ Memini, quum ante triennium de optimo enarrandae Scripturae genere inter nos familiariter commentaremur, eam quae plurimum tibi placebat, rationem mihi quoque prae aliis probatam tunc fuisse. Sentiebat enim uterque nostrum, praecipuam interpretis virtutem in perspicua brevitate esse ⟨403⟩ positam. Et sane quum hoc sit prope unicum illius officium, mentem scriptoris, quem explicandum sumpsit, patefacere. Quantum ab ea lectores abducit, tantundem a scopo suo aberrat, vel certe a suis finibus quodammodo evagatur. Itaque cupiebamus ex eorum numero, quibus in hoc laboris genere theologiam iuvare hodie propositum est, unum aliquem extare qui et facilitati studeret, et simul daret operam ne prolixis commentariis studiosos ultra modum detineret. Quanquam autem scio sententiam hanc non apud

Johannes Calvin grüßt den hoch geschätzten Herrn Simon Grynäus[1]

Als wir uns vor drei Jahren vertraulich über die beste Weise der Schriftauslegung unterhalten haben[2], hat dir, wenn ich mich recht erinnere, die Methode am meisten zugesagt, die damals auch mir gegenüber den anderen geeignet erschien.[3] Denn wir beide hielten die klare Bündigkeit[4] für die vorzügliche Tugend des Auslegers, zumal es nahezu seine einzige Pflicht ist, den Gedanken des Schriftstellers, dessen Erklärung er sich vorgenommen hat, offen zu legen. Je mehr er die Leser [von dem Gedanken des Schriftstellers] ablenkt, desto weiter entfernt er sich von seinem eigenen Vorhaben und schweift in gewisser Weise von seiner Aufgabe ab. Darum wünschten wir, dass es unter der Zahl derer, denen heute daran gelegen ist, die Theologie auf diesem Arbeitsgebiet zu fördern, einen geben möge, der sich um die Verständlichkeit bemühte und zugleich seine Anstrengung darauf richtete, die Studierenden nicht mit weitschweifigen Erklärungen über die Maßen in Anspruch zu nehmen.

1 Simon Grynäus (Griner) wurde 1493/94 in Veringendorf bei Sigmaringen geboren und starb am 1.8.1541 in Basel. Als in Wien ausgebildeter Humanist wurde er 1524 auf den Lehrstuhl für Griechisch nach Heidelberg und 1529 durch Johannes Oekolampad an die Universität Basel berufen. Theologisch von Zwinglis Reformation geprägt, suchte er nach Wegen der Verständigung innerhalb des Protestantismus und war an der Abfassung des zweiten Basler Bekenntnisses (1536), an den Schweizer Verhandlungen über die Annahme der Wittenberger Konkordie (1536) sowie am Religionsgespräch in Worms (1540/41) beteiligt. Calvin fand 1538 nach seiner Ausweisung aus Genf für drei Monate Aufnahme bei Grynäus in Basel; den frühen Tod seines Freundes bedauerte Calvin als »Unglück in der Basler Kirche« (Brief vom 15.10.1541 an M. Bucer, in: Schwarz, Bd. 3, 208); vgl. K.-H. Bokeloh, Art. Grynaeus (Griner), Simon, in: RGG, 4. Aufl., Bd. 3, Sp. 1320.

2 Die Gespräche dürften im Rahmen von Calvins Basler Aufenthalt 1536 stattgefunden haben.

3 Zu Calvins Exegese vgl. H.-J. Kraus, Calvin's Exegetical Principles, Interpretation 31 (1977), 8–18; T.H.L. Parker, Calvin's New Testament Commentaries, 2. Aufl., Grand Rapids/MI 1993, 49–68; ders., Calvin the Exegete. Change and Development, in: Calvinus ecclesiae doctor, hg. v. W.H. Neuser, Kampen 1980, 33–46.

4 In dem Terminus »perspicua brevitas« bündelt Calvin in programmatischer Weise seine Methode der Schriftauslegung; vgl. bereits den Einleitungssatz der Psychopannychia (CO 5,177): »simplicissima perspicuitate« sowie später Inst. III,6,1 (OS IV,147,1–10): »amo natura brevitatem«. Das Postulat der Klarheit und Kürze entnimmt er der klassischen rhetorischen Tradition; vgl. Quintillian, Institutionis oratoriae libri XXII, hier v.a. Inst. orat. 4,2,36–52; 8,2,22; 8,3,61. Zu Calvins Maxime der Klarheit und Kürze in der Darstellung vgl. P. Opitz, Calvins theologische Hermeneutik, Neukirchen-Vluyn 1994, 94–98.

omnes receptam esse, et eos qui non recipiunt, nonnullis quoque argumentis adduci ut ita iudicent, ego tamen dimoveri non possum ab amore compendii. Verum quum ita ferat ea quae hominum ingeniis insita est varietas, ut alia aliis magis arrideant; fruatur hic sane quisque suo iudicio, modo nequis omnes alios sub leges suas redigere velit. Ita fiet ut neque nos, quibus magis placet brevitas, eorum labores vel respuamus, vel contemnamus qui in Sacris libris enarrandis copiosiores sunt ac fusiores; et illi vicissim nos ferant, etiamsi putent nimis pressos ac concisos. Ego certe mihi temperare non potui quin experirer ecquid posset hic Ecclesiae Dei mea opera commodare. Neque vero aut me assequutum nunc confido illud quod tunc nobis videbatur esse optimum, aut assequi me posse speravi, quum inciperem; verum ita stylum temperare conatus sum, ut videri possem animum intendisse ad illud exemplar. Quantum profecerim, quia meum non est iudicare, tibi tuique similibus relinquo aestimandum. Enimvero quod periculum in hac potissimum Pauli epistola facere ausus sum, consilium meum obnoxium fore video multorum reprehensioni. Nam quum tot excellentis doctrinae viri antehac in eius explicatione elaborarint, credibile est nullum aliis melius aliquid afferendi relictum esse locum. Ego vero fateor, tam-
4 etsi mihi aliquod operae meae pretium | pollicebar, hac tamen cogitatione fuisse me initio deterritum, quod verebar, ne incurrerem in famam temeritatis, si post tot egregios artifices manum huic operi admoverem. Extant in istam epistolam multi veterum, multi recentiorum commentarii. Et sane nusquam melius collocare suam operam poterant; quando

Obwohl ich nun weiß, dass diese Ansicht nicht bei allen Anklang findet und auch die Gegner aus guten Gründen zu ihrem Urteil gelangt sind, lass ich mich dennoch nicht von meiner Vorliebe einer knappen Darstellung abbringen. Da es die dem menschlichen Geist innewohnende Verschiedenheit mit sich bringt, dass dem einen dies und dem anderen jenes besser gefällt, soll nun jeder bei seinem Urteil bleiben, solange er nicht alle anderen zu seiner Ansicht zwingen will. So geschieht es, dass wir, die wir für die Kürze eintreten, die Arbeit derer nicht verschmähen oder geringachten, die die Heilige Schrift ausführlicher und weitschweifiger auslegen. Und umgekehrt mögen jene uns ertragen, auch wenn sie unsere Methode für allzu kurz und knapp halten.[5]
Ich konnte mich nicht zurückhalten zu erproben, ob mein Werk der Kirche Gottes helfen könne. Aber ich habe weder das Vertrauen, jetzt das damals von uns angestrebte Ideal erreicht zu haben, noch begab ich mich mit der Hoffnung an die Arbeit, es [jemals] erreichen zu können. Dennoch habe ich versucht, meinen Schreibstil so zu gestalten, dass mein Streben nach jenem Vorbild zumindest erkennbar ist. In wieweit ich dieses erreicht habe, möchte ich nicht bewerten und überlasse das Urteil dir und deinesgleichen. Dass ich es allerdings gewagt habe, mich der Gefahr ausgerechnet bei diesem Brief des Paulus auszusetzen, dürfte meinem Entschluss die Kritik vieler Leute einbringen. Weil nämlich schon so viele hervorragende gelehrte Männer Mühe auf seine Erklärung verwandt haben, scheint es unwahrscheinlich, dass andere noch etwas Besseres beisteuern könnten. Ich aber gestehe, dass mich trotz der Erwartung, dass meine Arbeit einigen Lohn verdient, am Anfang die Überlegung abgeschreckt hat, in den Ruf der Anmaßung zu geraten, wenn ich im Anschluss an so viele hervorragende Meister auch noch Hand an dieses Werk anlegen würde. Denn es liegen zu diesem Brief viele Auslegungen der Alten[6] und viele von zeitgenössischen Gelehrten[7] vor. Gewiss vermochten sie ihr Können an keinem Gegen-

5 Die besondere Methodik von Calvins Schriftauslegung hat Karl Barth in seiner Calvin-Vorlesung von 1922 treffend herausgearbeitet und theologisch gedeutet: »Exegese als Stück der Wahrheitsbegründung bedarf dieser Kürze.« (Barth, 522–532, hier 531). Nach eigenem Bekunden hat Barth im Rahmen seiner Römerbriefauslegung Calvins Kommentar zu Rate gezogen und dessen Verbindung von historischer und pneumatischer Exegese hervorgehoben (Barth, 531; vgl. ders., Vorwort zu: Der Römerbrief. Zweite Auflage in neuer Bearbeitung, 15. Aufl., Zürich 1989, XVIIf.).

6 Origenes, Commentaria in Epistolam B. Pauli ad Romanos (PG 14,831–1294); Johannes Chrysostomus, Commentarius in Epistolam ad Romanos (PG 60,385–682); Ambrosiaster, In Epistolam ad Romanos (PL 17,47–192); Augustin, Expositio quarundam propositionum ex epistola ad Romanos (PL 35,2061–2088); ders., Epistolae ad Romanos inchoata expositio (PL 35,2087–2106); vgl. zu den altkirchlichen Römerbriefauslegungen K.H. Schelkle, Paulus Lehrer der Väter. Die altkirchliche Auslegung von Röm 1–11, 2. Aufl., Düsseldorf 1959.

7 Hinweis auf die Römerbriefauslegungen von Philipp Melanchthon, Heinrich Bullinger und Martin Bucer, siehe unten Anm. 9–11; vgl. zu den Übereinstimmungen und Unterschieden in der Exegese F. Büsser, Bullinger as Calvin's Model in Biblical Exposition. An Examination of Calvin's Preface to the Epistle to

siquis eam intelligat, aditum sibi quendam patefactum habet ad totius Scripturae intelligentiam. De veteribus sileo; quibus pietas, eruditio, sanctimonia, aetas denique tantum authoritatis fecit, ut nihil quod ab ipsis profectum sit, contemnere debeamus. Ac eos etiam qui hodie vivunt, nominatim omnes commemorare nihil attinet. De iis qui praecipuam operam navarunt, dicam quod sentio. Philippus Melanchthon pro singulari et doctrina, et industria, et dexteritate qua in omni disciplinarum genere pollet, prae iis qui ante ipsum ⟨404⟩ in publicum prodierant, multum lucis intulit. Sed quia illi propositum modo fuisse apparet, quae in primis essent animadversione digna, excutere, in iis dum immoratur, multa consulto praeterit quae vulgare ingenium fatigare nonnihil possint. Sequutus est Bullingerus, qui et ipse magnam suo merito laudem adeptus est. Habuit enim coniunctam cum doctrina facilitatem, qua se magnopere approbavit. Tandem Bucerus, lucubrationibus suis emissis, veluti colophonem imposuit. Siquidem vir ille (ut nosti) praeter reconditam eruditionem, copiosamque multarum rerum scientiam, praeter ingenii perspicaciam, multam lectionem, aliasque multas ac varias virtutes quibus a nemine fere hodie vincitur, cum paucis est conferendus, plurimos antecellit. Hanc sibi propriam laudem habet, quod

stand besser anzuwenden. Wer nämlich diesen [Brief] versteht, dem ist der Zugang zum Verständnis der ganzen Schrift eröffnet.[8]

Von den Alten will ich schweigen. Ihnen verliehen ihre Gewissenhaftigkeit, Gelehrsamkeit, Ehrwürdigkeit und schließlich ihr Alter ein solches Ansehen, dass wir nichts, was sie hervorgebracht haben, verachten dürfen. Aber auch alle heute Lebenden mit Namen aufzuzählen ist überflüssig. Über die jedoch, denen eine hervorragende Leistung gelungen ist, werde ich meine Gedanken darlegen.

Philipp Melanchthon hat aufgrund seiner einzigartigen Gelehrsamkeit, seines Fleißes und seiner Gewandtheit, mit denen er auf jedem Arbeitsgebiet hervorsticht, vor all denen, die vor ihm an die Öffentlichkeit getreten sind, [den Gegenstand] in ein helles Licht gesetzt.[9] Weil er sich aber offenbar vorgenommen hat, [nur das] zu untersuchen, was in besonderer Weise Aufmerksamkeit verdient, hat er im Verlauf seiner Erklärung mit Absicht vieles übergangen, was den Geist der Leute einigermaßen ermüden könnte. Auf ihn folgte Bullinger, dem zu Recht große Anerkennung zuteil wurde.[10] Denn er hat mit der Gelehrsamkeit die Verständlichkeit verbunden und sich darin sehr bewährt. Bucer hat schließlich durch die Herausgabe seiner Studien gleichsam den Schlussstein gesetzt.[11] Dieser Mann ist, wie du weißt, abgesehen von seiner tiefen Bildung, seiner reichen Kenntnis auf verschiedenen Wissensgebieten, seinem scharfsinnigen Geist, seiner umfassenden Literaturkenntnis und seinen vielen anderen unterschiedlichen Leistungen, in denen ihn heute kaum jemand übertrifft, mit ganz wenigen zu vergleichen und überragt die meisten. Er kann das Lob für sich verbuchen,

the Romans, in: E.J. Furcha (Hg.), In Honor of John Calvin 1509–1564, Montreal 1987, 64–95.

8 Vgl. M. Luther, Vorrede auf die Epistel S. Pauli an die Römer (1522/46), WA Bibel 7,2f.26f.

9 Ph. Melanchthon, Dispositio orationis in epistolam ad Romanos (1529), in: Flugschriften des frühen 16. Jahrhunderts auf Microfiche, hg. v. H.-J. Köhler, Zug 1979–1987, Fiche 1753 (Nr. 4546); ders., Dispositio orationis in epistolam ad Romanos (1530), CR 15,472–492; Commentarii in epistolam Pauli ad Romanos recens scripti (1532), hg. v. R. Schäfer, in: Melanchthons Werke in Auswahl, hg. v. R. Stupperich, Bd. 5, Gütersloh 1965; vgl. R. Schäfer, Melanchthons Hermeneutik im Römerbriefkommentar von 1532, in: ZThK 60 (1963), 216–235. Der in CR 15,493–796 abgedruckte Text gibt die stark überarbeitete Fassung von 1540 wieder, die Calvin zur Entstehungszeit seines Kommentars noch nicht kennen konnte.

10 H. Bullinger, In sanctissimam Pauli ad Romanos epistolam (1532); ders., In Omnes Apostolicas Epistolas … Commentarii (1539); vgl. S. Hausammann, Römerbriefauslegung zwischen Humanismus und Reformation. Eine Studie zu Heinrich Bullingers Römerbriefvorlesung von 1525, Zürich 1970; J.E. Kok, Heinrich Bullinger's Exegetical Method. The Model for Calvin?, in: R.A. Muller/J.L. Thompson (Hgg.), Biblical Interpretation in the Era of the Reformation, Grand Rapids/MI 1997, 241–254.

11 M. Bucer, Divi Pauli Apostoli, quibus singulatim Apostoli omnia, cum argumenta, tum sententiae et verba, ad autoritatem divinae scripturae … (1536); vgl. J.E. Kok, The Influence of Martin Bucer on John Calvin's Interpretation of Romans. A Comparative Case Study, Diss. Duke Univ. 1993.

nullus hac memoria exactiore diligentia in Scripturae interpretatione versatus est. Cum talibus ergo viris velle contendere, ut nimis improbae aemulationis esse confiteor, ita mihi nunquam in mentem venit, vel minimam laudis partem illis praeripere. Maneat illis salva et gratia, et authoritas, quam sunt bonorum omnium confessione promeriti. Hoc tamen mihi (ut spero) concedetur, nihil unquam fuisse inter homines tam absolutum, in quo vel expoliendo, vel ornando, vel illustrando non fieret locus sequentium industriae. De me nihil praedicare audeo, nisi quod iudicavi non inutilem fore hanc operam; ad quam suscipiendam nulla me unquam alia ratio, quam publicum Ecclesiae bonum induxisset. Ad haec, sperabam fore ut in diverso scribendi genere nulla aemulationis invidia premerer, quae mihi in primis timenda erat. Philippus enim quod voluit adeptus est, ut maxime necessaria capita illustraret. Multa quae negligenda non sunt, dum in illis primis occupatus praeter-
5 misit, noluit alios impedire quin ea | quoque excuterent. Bucerus et prolixior est quam ut ab hominibus aliis occupationibus districtis raptim legi, et sublimior quam ab humilibus et non valde attentis intelligi facile queat. Nam ad cuiuscunque argumenti tractationem se contulit, tam multa illi ad manum suggeruntur ab incredibili, qua pollet, ingenii foecunditate, ut manum de tabula tollere nesciat. Quum ergo alter non omnia sit persequutus, alter fusius sit persequutus quam ut exiguo tempore perlegi possint, nullam aemulationis speciem habere institutum meum mihi videbatur. Dubitavi tamen aliquandiu, praestaretne quasdam veluti racemationes post ipsos, aliosque facere, quibus ea colligerem in quibus iuvare me posse mediocria ingenia arbitrabar; an perpetuum commentarium texere, in quo multa repetere necesse foret quae aut ab illis omnibus, aut aliquo saltem illorum prius essent dicta. Verum ⟨405⟩ quia illi non raro inter se variant, atque ea res multam praebet difficultatem lectoribus parum acutis, dum haesitant cuius sententiae potius debeant assentiri, putavi hunc quoque laborem non poenitendum fore, si optimam interpretationem indicando, sublevarem eos a iudicandi molestia, quibus non satis firmum est a seipsis iudicium. Praesertim quum ita omnia succincte perstringere instituerem, ut non magnam temporis iacturam facturi essent lectores, apud me legendo quae in aliis habentur. In summa, dedi operam nequis iure conqueratur multa hic supervacua esse. De utilitate nihil dico. Cuius tamen plus se hinc cepisse fatebuntur forte non maligni homines ubi legerint,

dass keiner zu unserer Zeit eine ausgeprägtere Sorgfalt auf die Auslegung der Schrift verwandt hat.

Mit solchen Männern wetteifern zu wollen wäre, ich gestehe es offen ein, einerseits ein Zuviel an kühnem Nacheifern. Andererseits ist es mir niemals in den Sinn gekommen, ihnen nur den geringsten Teil ihres Ruhmes nehmen zu wollen. Ihnen soll die Gunst und das Ansehen, das sie nach der Überzeugung aller rechtschaffenen Leute verdient haben, uneingeschränkt erhalten bleiben. Dennoch wird mir hoffentlich zugestanden, dass nichts unter den Menschen jemals so vollkommen gewesen ist, um nicht der Anstrengung der Späteren in der Ausarbeitung, Ausschmückung oder Erläuterung noch Raum zu lassen. Über mich wage ich allenfalls zu sagen, dass ich meiner Ansicht nach eine keineswegs nutzlose Arbeit getan habe, zu deren Aufnahme mich niemals ein anderer Gedanke als das Wohl der Kirche bewogen hat.

Weiterhin hoffte ich darauf, dass ich mich bei meiner eigenen Methode des Schreibens nicht dem Vorwurf des Nacheiferns, vor dem ich mich in besonderer Weise fürchten musste, aussetzen würde. Philipp [Melanchthon] hat sein Ziel der Erklärung der wichtigsten Kapitel erreicht. Während er mit diesen Hauptstücken beschäftigt war, hat er vieles, was nicht vernachlässigt werden darf, übergangen und wollte dabei anderen bei ihrer Untersuchung nicht im Wege stehen. Bucer ist zu ausführlich, um von Menschen, die mit weiteren Aufgaben beschäftigt sind, zügig gelesen, und zu anspruchsvoll, um von einfachen und nicht besonders aufmerksamen [Leuten] leicht verstanden werden zu können. Denn bei jedem Gegenstand, den er behandeln wollte, drängte sich ihm aus seiner unglaublichen und hervorragenden Geistesgewandtheit eine solche Fülle von Inhalten auf, dass er vom Schreiben nicht ablassen konnte. Da also der eine [sc. Melanchthon] nicht alles behandelt und der andere [sc. Bucer] es zu ausführlich dargestellt hat, um es in kurzer Zeit lesen zu können, hielt ich mein Vorhaben nicht für ein Nacheifern. Dennoch trug ich eine Zeit lang Zweifel, ob es nicht besser sei, gleichsam eine Nachlese im Anschluss an jene und alle anderen vorzunehmen, um das zu sammeln, was nach meinem Eindruck für mäßig Begabte hilfreich sein könnte, oder ob ich eine fortlaufende Auslegung schreiben sollte, in der ich zwangsläufig vieles wiederholen müsste, was sie alle oder wenigstens einzelne von ihnen schon gesagt haben. Da sie sich aber nicht selten voneinander unterscheiden und dies den weniger scharfsinnigen Lesern viel Mühe bereitet, weil sie unschlüssig sind, welcher Ansicht sie zustimmen sollen, hielt ich es für der Mühe wert, unter Hinweis auf die beste Auslegung denen die Last der Entscheidung zu nehmen, die sich ihres eigenen Urteils nicht sicher genug sind. Insbesondere nahm ich mir vor, alles so knapp anzusprechen, dass die Leser ohne großen Zeitverlust bei mir lesen könnten, was bei den anderen enthalten ist.

Kurzum, ich gab mir Mühe, dass sich niemand zu Recht darüber beschweren kann, es sei in diesem [Buch] viel Überflüssiges enthalten. Über den Nutzen will ich nichts sagen. Doch werden gutwillige Leute nach der Lektüre vielleicht einräumen, dass sie mehr daraus entnom-

quam ego verbis verecunde spondere ausim. Iam quod ab aliis interdum dissentio, vel certe nonnihil diversus sum, in eo me excusatum haberi aequum est. Tantam quidem apud nos venerationem habere debet verbum Domini, ut interpretationum varietate quam minimum a nobis distrahatur. Sic enim eius maiestati nescio quo modo derogatur, praecipue si non magno delectu magnaque adhibita sobrietate id fiat. Atqui si contaminari nefas ducitur quicquid est Deo dedicatum, ferendus certe non est ille qui rem omnium, quae in terris sunt, sacratissimam, impuris, aut etiam non rite praeparatis manibus attrectet. Proinde affinis sacrilegio audacia est, Scripturas temere huc illuc versare, et quasi in re lusoria lascivire; quod a multis iam olim factitatum est. Verum animadvertere semper licuit, illos ipsos quibus nec pietatis studium deesset, nec in tractandis Dei mysteriis religio ac sobrietas, nequaquam ubique inter se consensisse. Nunquam enim tanto beneficio servos suos dignatus est Deus, ut singuli plena perfectaque omni ex parte intelligentia praediti essent. Nec dubium quin eo consilio, ut nos in humilitate primum, deinde communicationis fraternae studio retine-
6 ret. Ergo quum sperandum in praesenti vita non sit, quod maxime | alioqui optandum esset, ut in locis Scripturae intelligendis perpetua sit inter nos consensio, danda est opera ut nulla novandi libidine incitati, nulla suggillandi alios cupiditate impulsi, nullo instigati odio, nulla ambitione titillati, sed sola necessitate coacti, nec aliud quaerentes quam prodesse, a superiorum sententiis discedamus. Deinde ut id fiat in Scripturae expositione; in religionis autem dogmatibus, in quibus praecipue voluit Dominus consentaneas esse suorum mentes, minus sumatur libertatis. Utriusque studium mihi fuisse, facile deprehendent lectores. Sed quoniam de me vel statuere vel pronuntiare meipsum non decet, libenter hanc censuram tibi permitto; cuius iudicio si omnes plurimum iure deferunt, ego nihil non deferre debeo; quo scilicet propius mihi ex familiari consuetudine perspectus es, quae cum aliorum existimationem aliquid minuere soleat, tuam quae ⟨406⟩ alias apud omnes doctos praeclara est, non parum auget. Vale. Argentinae XV. Calend. Novemb. M.D. XXXIX.

men haben als ich mit Worten bescheiden zu versprechen wage. Dass ich gelegentlich von anderen abweiche oder mich nicht unwesentlich unterscheide, mag mir billigerweise zugestanden werden. Das Wort Gottes muss nämlich bei uns in solcher Geltung stehen, dass es von uns aus durch die unterschiedliche Auslegung möglichst wenig in Stücke gerissen wird. Denn dadurch wird seine Majestät in bestimmter Weise gemindert, besonders wenn es nicht mit großer Vorsicht und unter Anwendung großer Besonnenheit geschieht. Wie es ja als Sünde angesehen wird, etwas Gottgeweihtes zu verunreinigen, so ist einer, der die allerheiligste Sache auf Erden mit unreinen oder nicht sorgsam geschulten Händen antastet, gewiss nicht zu ertragen.
Darum ist es eine an Heiligtumsschändung grenzende Dreistigkeit, die Schrift mutwillig hierhin und dorthin zu drehen und sich [an ihr] wie an einem Spielzeug ausgelassen zu gebärden, was viele schon von alters her getan haben. Auch muss man immer wieder wahrnehmen, dass selbst die Leute, denen weder frommer Eifer noch Gewissenhaftigkeit und Besonnenheit bei der Behandlung der Geheimnisse Gottes fehlten, keineswegs gänzlich miteinander übereinstimmten. Denn niemals hat Gott seine Diener mit einer solchen Wohltat beschenkt, einen einzelnen mit umfassender und vollkommener Einsicht in alle Dinge zu begaben. Und das ohne Zweifel in der Absicht, uns erstens in der Demut und zweitens im gemeinschaftlichen brüderlichen Streben festzuhalten. Da wir also in diesem Leben das höchst Wünschenswerte nicht erhoffen dürfen, im Verständnis der Schriftstellen über eine dauerhafte Übereinstimmung untereinander zu verfügen, so müssen wir uns bemühen, uns nicht von der Sucht nach Neuerungen reizen, uns nicht zur Lust auf verleumderische Polemik hinreißen, uns von keiner Gehässigkeit aufstacheln und uns von keinem Ehrgeiz kitzeln zu lassen. Vielmehr sollen wir nur dann, wenn es die Notwendigkeit erfordert, und nur mit dem Ziel, einen Nutzen zu erzielen, von den Ansichten der früheren Ausleger abweichen. So jedenfalls soll in der Schriftauslegung verfahren werden. In der Dogmatik hingegen, in der der Herr in besonderer Weise die Übereinstimmung der Seinen gewünscht hat, sollen wir uns weniger Freiheit nehmen. Dass ich mich um beides bemüht habe, werden die Leser leicht feststellen. Da es mir selbst aber nicht zusteht, über mich ein Urteil zu fällen und dies kundzutun, überlasse ich gerne dir den Urteilsspruch. Wenn alle deinem Urteil zu Recht ein hohes Vertrauen schenken, muss auch ich ihm nicht wenig zutrauen. Dabei bist du mir freilich durch den freundschaftlichen Umgang bestens bekannt, was gewöhnlich die Meinung über den anderen leicht mindert, die [Meinung] über dich aber, die auch sonst bei allen Gelehrten hervorragend ist, erheblich erhöht.

Lebe wohl.

Straßburg, 18. Oktober 1539

ARGUMENTUM IN EPISTOLAM AD ROMANOS

7 ⟨CO 49,1⟩ In praedicanda Epistolae huius utilitate, nescio an operaepretium sit diutius immorari, tum quod vereor ne meis elogiis haud dubie infra eius magnitudinem longe subsidentibus, nihil quam obscuretur; tum etiam quod multo magis ipsa primo statim aspectu se proferat, et vera specie melius se explicet, quam ullis verbis enarrari queat. Ergo iam ad argumentum ipsum transire satius fuerit; unde citra controversiam protinus constabit, praeter plurimas alias, et eas eximias dotes, hanc ei proprie competere, quae nunquam pro dignitate satis aestimetur; quod siquis veram eius intelligentiam sit assequutus, ad reconditissimos quosque Scripturae thesauros adeundos habeat apertas fores.

Epistola tota sic methodica est, ut ipsum quoque exordium ad rationem artis compositum sit. Artificium quum in multis apparet, quae suis locis observabuntur, tum in eo maxime quod inde argumentum principale deducitur. Nam Apostolatus sui approbationem exorsus, ex ea in Euangelii commendationem incidit; quae quum necessario secum trahat disputationem de fide, ad eam quasi verborum contextu manu ducente, delabitur. Atque ita ingreditur principalem totius epistolae quaestionem, Fide nos iustificari. In qua tractanda versatur usque ad finem quinti capitis. Sit ergo nobis istorum capitum proposita thesis, Unicam esse hominibus iustitiam, Dei misericordiam in Christo, dum per Euangelium oblata, fide apprehenditur. Verum quia homines suis vitiis indormiunt et blandiuntur, et falsa iustitiae opinione se deludunt,

Einführung zum Römerbrief

Lange beim Lobe des Nutzens dieses Briefs zu verweilen, lohnt wohl kaum die Mühe. Einerseits befürchte ich, dass meine Lobreden zweifellos seiner Bedeutung längst nicht gerecht werden, sondern sie nur verdunkeln. Anderseits eröffnet er sich beim ersten Hinschauen schon viel besser und zeigt seinen wahren Inhalt viel deutlicher, als mit noch so viel weiteren Worten ausgeführt werden könnte. Daher ist es zweckdienlicher, sich sofort seinem Inhalt selbst zuzuwenden. So ist es auch völlig unbestritten, dass er nebst sehr vielen anderen ausgezeichneten Eigenschaften noch diesen ihm eigenen Vorzug besitzt, der gar nicht hoch genug geschätzt werden kann: dass jeder, der seinen wahren Sinn verstanden hat, die Türen zum Zugang selbst zu den verborgensten Schätzen der Schrift offen findet.[1]

Der ganze Brief ist so durchdacht aufgebaut, dass schon der Eingang ein Kunstwerk für sich ist.[2] Der kunstvolle Aufbau wird noch in vielem deutlich werden, das an seiner Stelle beachtet werden wird, vor allem aber darin, wie zum Hauptthema des Briefes hingeführt wird. Nachdem [Paulus] mit der Begründung seines Apostelamtes begonnen hat, gelangt er von daher ganz selbstverständlich zur Würdigung des Evangeliums. Dies zieht notwendiger Weise eine Erörterung über den Glauben nach sich, wozu er gelangt wie vom Zusammenhang des Textes an der Hand geführt. Und damit kommt er zum Hauptthema des ganzen Briefes: Wir werden durch den Glauben gerechtfertigt. Dies behandelt er dann bis zum Ende des fünften Kapitels. Wir möchten diese Kapitel so zusammenfassen: Es gibt für die Menschen nur eine Gerechtigkeit, die Barmherzigkeit Gottes in Christus, insofern sie vom Evangelium angeboten und durch den Glauben ergriffen wird. Aber weil die Menschen in ihren Lastern sich einlullen und schmeicheln, betrügen sie sich mit einem falschen Anschein von Gerechtigkeit, hal-

1 Calvin interpretiert die ganze Bibel von der Theologie des Römerbriefes her. S. dazu A. Ganoczy / S. Scheld, Die Hermeneutik Calvins. Geistesgeschichtliche Voraussetzungen und Grundzüge. Veröffentlichungen des Instituts für europäische Geschichte Mainz, Abt. für abendländische Religionsgeschichte, Bd. 114, Wiesbaden 1983, v.a. 174–175.

2 Ein Vergleich von Calvins Unterteilung des Römerbriefs mit den entsprechenden Schemata bei Bullinger, Melanchthon und Bucer (diese Kommentare werden von Calvin im Widmungsschreiben erwähnt, vgl. in diesem Band S. 21, Anm. 9–11) findet sich bei Parker (= Commentarius in Epistolam Pauli ad Romanos, ed. T.H.L. Parker und D.C. Parker, XIII, Genf 1999), LVII. Der Aufbau der Einführung und die Briefgliederung aufgrund rhetorischer Schemata werden dargestellt bei B. Girardin, Rhétorique et théologique. Calvin. Le commentaire de l'Epître aux Romains, Théologie historique 54, Paris 1979, 207–214 resp. 369–387.

ut se indigere fidei iustitia non putent, nisi iam omni confidentia deiecti. Rursum libidinum dulcedine inebriati, atque in alta securitate demersi sunt, ut non facile excitentur ad quaerendam iustitiam, nisi Divini iudicii terrore perculsi. Utrunque exequitur, ut suae iniquitatis eos convincat, et torporem convictis excutiat. Principio ab ipsa mundi compositione damnat ingratitudinis universum hominum genus, quod in tanta operum excellentia Opificem non recognoscant; imo quum agnoscere cogantur, non eo quo ⟨2⟩ decet honore prosequantur eius maiestatem, sed sua vanitate profanent ac violent. Ita omnes rei peraguntur impietatis, qua nullum est magis detestandum flagitium. Ac quo magis eluceat, omnes defecisse a Domino, recenset foeda et horrenda
8 facinora, quibus passim | sunt homines obnoxii. Quod manifesto argumento est, a Deo degenerasse; quandoquidem illa Divinae irae signa sunt, quae nonnisi in impiis extarent. Quoniam autem Iudaei et ex Gentibus quidam, dum externae sanctimoniae velo internam nequitiam obtegebant, minime videbantur horum facinorum arguendi, ideoque communi damnatione eximendi putabantur; in illam fictam sanctitatem stylum dirigit Apostolus. Et quoniam sanctulis illis larva detrahi coram hominibus non poterat, eos ad Dei iudicium revocat, cuius oculos neque latentes cupiditates fallunt.

Postea facta partitione, seorsum Iudaeos et Gentes ad tribunal Dei sistit. Gentibus excusationem, quam praetendebant ab ignorantia, praecidit; quod conscientia vice Legis illis foret, a qua satis superque arguebantur. Iudaeos, unde defensionem captabant, urget maxime (nempe a Lege scripta, cuius quum transgressores ostenderentur, iniquitatem inficiari non poterant) quando ipso Dei ore adversus eos iam pronuntiata erat sententia. Simul obiectionem excipit, quae ab ipsis facere videri poterat; nempe quod Dei foederi quod eis erat sanctificationis nota, iniuria fiebat, nisi ab aliis discernerentur. Hic primum docet, iure foederis nihil eos praecellere aliis, quando sua perfidia ab eo desciverint. Deinde nequid Divinae promissionis constantiae derogetur, concedit eis aliquam ex foedere praerogativam; sed quae in Dei misericordia, non ipsorum merito sita sit. Ideo quod ad proprias dotes attinet, manere Gentibus aequales. Tum Iudaeos et Gentes esse omnes peccatores confirmat ab authoritate Scripturae, ubi etiam nonnihil attingit de Legis usu.

ten sie sich der Gerechtigkeit des Glaubens nicht für bedürftig, wenn ihnen nicht alles Selbstvertrauen zerstört wird. Anderseits sind sie trunken von der Süßigkeit ihrer Laster und in tiefe Sicherheit versunken, dass sie nur schwer dazu angetrieben werden können, nach [Gottes] Gerechtigkeit zu fragen, wenn sie nicht vom Schrecken des göttlichen Gerichtes erschüttert werden. Aus beidem folgt, dass [Paulus] sie von ihrer Unwürdigkeit überzeugen und die Trägheit von den Überführten abschütteln will. Zunächst verdammt er die seit der Erschaffung der Welt [bestehende] Undankbarkeit des ganzen Menschengeschlechts, das trotz der Herrlichkeit der Schöpfungswerke den Schöpfer nicht erkennt, ja sogar zu dieser Erkenntnis gezwungen nicht seiner Majestät die geziemende Ehre erweist, sondern in seinem Wahn entweiht und schändet. So werden alle der Gottlosigkeit überführt, der verabscheuungswürdigsten aller Schandtaten. Und damit dieser Abfall aller von Gott in noch deutlicherem Licht erscheint, nennt [Paulus] scheußliche und erschreckende Untaten, derer die Menschen überall schuldig sind. Dies ist ein handfester Beweis für den Abfall von Gott, da dies eben Zeichen des göttlichen Zorns sind und sich nirgends als bei Gottlosen finden. Da nun aber die Juden und manche Heiden ihre innere Verdorbenheit unter dem Schleier äußerer Heiligkeit verbargen, schienen sie von der Anklage wegen solcher Untaten und der allgemeinen Verdammung ausgenommen. Der Apostel wendet sich nun gegen diese geheuchelte Heiligkeit. Da er aber jenen armseligen Heiligen die Maske nicht vor den Augen der Menschen abreißen konnte, verweist er sie auf das Gericht Gottes, dessen Augen auch von verborgenen Begierden nicht getäuscht werden.

Nach dieser Einteilung stellt er nun Juden und Heiden gesondert vor Gottes Richterstuhl. Den Heiden nimmt er die Entschuldigung ihrer vorgeschobenen Unwissenheit; denn an Stelle des Gesetzes ist bei ihnen das Gewissen getreten, von welchem sie mehr als genug angeklagt wurden. Die Juden bedrängt er gerade damit am meisten, woher sie ihre Verteidigung zu gewinnen suchten, nämlich mit dem geschriebenen Gesetz: sobald ihnen dessen Übertretung nachgewiesen werden konnte, war es ihnen nicht mehr möglich, ihre Schuldhaftigkeit zu bestreiten, da ja durch Gottes eigenen Mund das Urteil gegen sie schon ausgesprochen war. Zugleich nimmt er einen von ihrer Seite möglicherweise vorgebrachten Einwand auf, man tue dem Bund Gottes, der sie heiligenden Auszeichnung, Unrecht, wenn man sie nicht von den anderen unterscheide. Dazu sagt Paulus als erstes, nach dem Gesetz des Bundes zeichne sie nichts vor anderen aus, wenn sie in ihrer Treulosigkeit von ihm abgefallen seien. Danach räumt er ihnen einen gewissen Vorzug auf Grund des Bundes ein, weil ja sonst die Zuverlässigkeit der göttlichen Verheißung entkräftet würde; diese gründet aber in Gottes Barmherzigkeit, nicht in der Menschen Verdienst. Was also die persönlichen Eigenschaften betrifft, sind [Juden und] Heiden einander gleichgestellt. Juden und Heiden sind also allesamt Sünder – das wird durch die Autorität der Schrift bestätigt. Dabei wird auch manches in Bezug auf den Gebrauch des Gesetzes erwähnt.

Ubi plane humanum genus spoliavit et virtutis suae fiducia, et iustitiae gloria, Divinique iudicii ⟨3⟩ severitate consternavit. Redit iam ad id quod proposuerat, ›Fide nos iustificari‹, exponens quae sit illa fides, et qualiter per eam nobis acquiratur Christi iustitia. His subiicit ad finem capitis tertii insigne epiphonema, ad retundendam humani supercilii ferociam, ne audeat adversus Dei gratiam se efferre. Et ne Iudaei tantam Dei gratiam in gente sua concluderent, eam Gentibus quoque obiter vendicat.

Capite quarto ab exemplo argumentatur, quod illustre, ideoque cavillis nequaquam obnoxium, proponit; in Abraham scilicet, qui quum sit pater fidelium, instar regulae et generalis cuiusdam exemplaris esse debet. Illum ergo ubi fide iustificatum esse probavit, nobis eandem esse tenendam viam docet. Atque hic inserit, ex contrariorum comparatione sequi, operum iustitiam evanescere, ubi fidei iustificationi locus datur.
9 | Quod Davidis sententia confirmat, qui quum hominis beatitudinem in Dei misericordia reponat, operibus hoc adimit, ne beatum hominem reddant. Tum quod ante breviter attigerat, fusius prosequitur, nihil esse cur Iudaei prae Gentibus se attollant, quibuscum sit ex aequo haec illis communis foelicitas, quando iustitiam Abrahae in praeputio contigisse Scriptura narrat. Quo loco nonnihil per occasionem de usu Circuncisionis annectit. Postea subiicit, sola Dei bonitate niti salutis promissionem; quia si in Legem recumbat, nec quietem allatura sit conscientiis in quibus ipsam oportet stabiliri, nec ad suum complementum unquam perventura. Proinde ut firma sit ac certa, oportere nos in ipsa amplexanda solam Dei veritatem intueri, non nos ipsos; idque imitatione Abrahae, qui aversam a seipso considerationem in Dei potentiam intendit. In fine capitis, quo propius exemplum illud adductum applicet ad universalem causam, quae sunt utrinque similia comparat.

Quintum caput post delibatum iustitiae fidei fructum et effectum, totum fere in amplificationibus absumitur, ad rem melius illustrandam. Argumento enim a maiori ducto, ostendit quantum iam redempti et reconciliati Deo, expectare ab eius charitate debeamus, quae tam effusa in peccatores ac perditos fuit, ut impertierit nobis unigenitum atque unice dilectum Filium. Postea comparationes habet peccati cum gratuita iustitia, Christi cum Adam, mortis cum vita, Legis cum gratia; unde constat infinita Dei bonitate mala nostra, quanvis ingentia, absorberi.

Nachdem [Paulus] das Menschengeschlecht allen Vertrauens auf eigene Leistung und allen Ruhmes der Gerechtigkeit beraubt hat, schreckt er sie nun mit der Strenge des göttlichen Gerichts. Er kehrt zu dem bereits aufgestellten Grundsatz »Wir werden durch den Glauben gerechtfertigt« zurück und erklärt, was dieser Glaube ist und wie durch ihn die Gerechtigkeit Christi erworben wird. Diesem lässt er am Ende des dritten Kapitels einen großartigen Ausspruch folgen, um den unbändigen menschlichen Hochmut nieder zu werfen, damit er nicht wage, sich gegen Gottes Gnade zu erheben. Und damit die Juden nicht meinen, eine solche Gnade Gottes gelte nur ihrem Volk, nimmt [Paulus] sie im Vorbeigehen noch einmal ausdrücklich für die Heiden in Anspruch.

Im vierten Kapitel führt er ein einleuchtendes, allen Einwänden standhaltendes Beispiel an, nämlich Abraham, der als Vater der Gläubigen Abbild, Norm und gewissermaßen allgemeines Vorbild [des Glaubens] sein muss. Indem also [Paulus] zeigt, wie dieser durch den Glauben gerechtfertigt wurde, lehrt er uns denselben Weg einzuhalten. Und er schiebt an dieser Stelle ein, daraus folge in einer Gegenüberstellung, dass die Gerechtigkeit aus Werken verschwindet, wo der Gerechtigkeit aus Glauben Raum gegeben wird.

Dies bestätigt auch ein Ausspruch Davids, der die Seligkeit des Menschen auf Gottes Erbarmen gründet und den Werken abspricht, dass sie einen Menschen selig machen könnten. Darauf verfolgt er nun ausführlicher, was er vorher kurz berührt hat, es gebe keinen Grund für die Juden, sich über die Heiden zu stellen. Sie haben eine gemeinsame Grundlage der Seligkeit, da ja die Schrift berichtet, Abraham sei die Gerechtigkeit [Gottes] in unbeschnittenem Zustand zuteil geworden. An diesem Ort führt [Paulus] dann einiges über die Beschneidung an. Danach stellt er fest, dass sich die Verheißung des Heils allein auf Gottes Güte stützt; denn wenn sie auf dem [Gehorsam gegen das] Gesetz beruhte, brächte sie den Gewissen keine Ruhe und würde nie ihr Ziel erreichen, diese zu festigen, wie es nötig ist. Damit wir sie also sicher und zuverlässig erfassen, müssen wir nicht auf uns selbst, sondern allein auf Gottes Wahrheit schauen, und so Abraham nachfolgen, der von sich abgewandt sein Trachten allein auf Gottes Macht richtete. Damit das angeführte Beispiel besser auf alle angewendet werden könne, stellt [Paulus] am Ende des Kapitels zusammen, was beiderseits [bei Abraham und uns] ähnlich ist.

Das fünfte Kapitel dient fast vollständig der besseren Erklärung der Glaubensgerechtigkeit, von deren Frucht und Wirkung schon eine Kostprobe gegeben wurde. Die Beweisführung schließt vom größeren auf das geringere: Wenn Gott schon [uns als] Sündern und Verlorenen eine derartige Gnade erwies, dass er uns seinen eingeborenen und einziggeliebten Sohn dahingab, was dürfen wir dann erst als Erlöste und mit Gott Versöhnte von seiner Liebe erwarten! Danach vergleicht [Paulus] in Gegenüberstellungen Sünde mit geschenkter Gerechtigkeit, Adam mit Christus, Tod mit Leben, Gesetz mit Gnade. Damit steht dann fest, dass unsere Übel, wie groß sie auch seien, von Gottes unendlicher Güte ausgetilgt werden.

Sexto capite descendit ad sanctificationem quam in Christo obtinemus. Siquidem carni proclive est, simul ac levem gratiae huius gustum usurpavit, vitiis ac libidinibus suis placide indulgere, quasi iam defuncta foret. Paulus vero contra hic contendit, non posse nos iustitiam in Christo percipere, quin simul sanctificationem apprehendamus. Argumentatur a Baptismo, per quem in Christi participationem ⟨4⟩ initiamur. Illic Christo consepelimur, ut nobis emortui, per eius vitam suscitemur in vitae novitatem. Sequitur ergo, sine regeneratione neminem posse induere ipsius iustitiam. Inde exhortationes ad vitae puritatem ac sanctimoniam deducit, quae necessario in iis apparere debent qui a regno peccati in regnum iustitiae traducti sunt, repudiata impia carnis indulgentia, quae solutiorem peccandi licentiam in Christo quaerit. Brevem quoque mentionem interserit Legis abrogatae, in qua abrogatione elucet Novum testamentum, ubi cum peccatorum oblivione, Spiritus sanctus promittitur.

10 | Capite septimo ingreditur iustam disputationem de Legis usu, quem velut digito prius demonstrarat, quasi aliud agens; rationem assignans cur a Lege soluti simus, quia nonnisi ad condemnationem per se valebat. Quod ne in Legis contumeliam vergeret, fortiter ab omni calumnia ipsam asserit. Docet enim nostra culpa factum ut in mortis materiam cederet quae in vitam data erat. Simul exponit quo modo per eam peccatum augeatur. Exin transit ad describendam Spiritus et carnis luctam, quam in se filii Dei sentiunt quandiu carcere mortalis corporis circundantur. Ferunt enim concupiscentiae reliquias, quibus assidue a Legis obsequio ex parte retrahuntur.

Caput octavum plenum est consolationibus, ne audita inobedientia, quam prius arguerat, seu potius imperfecta obedientia, perterritae fidelium conscientiae deiiciantur. Verum ne inde sibi impii blandiantur, primum testatur beneficium hoc nonnisi ad regeneratos pertinere, in quibus Dei Spiritus vivit ac viget. Explicat igitur duo: Omnes qui Domino Christo per eius Spiritum sunt inserti, extra damnationis periculum et aleam esse, utcunque onerati sint adhuc peccatis. Deinde, Omnes qui in carne manent, expertes sanctificationis Spiritus, nequaquam esse tanti boni participes. Tum postea explicat quanta sit fiduciae nostrae certitudo, quandoquidem Spiritus Dei suo testimonio dubitationem ac trepidationem omnem abigit. Ad haec, per anticipationem commonstrat,

Im sechsten Kapitel kommt [Paulus] auf die Heiligung zu sprechen, die wir in Christus erhalten. Das Fleisch neigt ja dazu, sobald es nur einen leichten Geschmack von Gnade sich angeeignet hat, seinen Lastern und Begierden bereitwillig den Lauf zu lassen, wie wenn nun alles schon abgetan wäre. Paulus behauptet dagegen aber nachdrücklich, wir könnten die Gerechtigkeit in Christus nicht erlangen, ohne zugleich die Heiligung uns anzueignen. Er beweist dies mit der Taufe, durch welche wir in die Gemeinschaft mit Christus versetzt worden sind. Darin werden wir mit Christus begraben, damit wir, uns selbst abgestorben, durch sein Leben zu neuem Leben erweckt werden. Daraus folgt, dass niemand ohne solche Wiedergeburt die Gerechtigkeit Christi anziehen kann. Davon leitet [Paulus] nun auch die Ermahnungen zur Reinheit und Heiligkeit des Lebens ab. Das muss sich notwendiger Weise bei jenen zeigen, die aus dem Reich der Sünde in das Reich der Gerechtigkeit versetzt worden sind, und so jene gottlose Nachgiebigkeit gegenüber dem Fleisch von sich weisen, die bei Christus eine ungebundenere Freiheit zum Sündigen sucht. In einem kurzen Einschub spricht [Paulus] dann von der Aufhebung des Gesetzes, worin der neue Bund aufscheint, in welchem mit der Vergebung der Sünden der Heilige Geist verheißen wird.

Im siebten Kapitel beginnt [Paulus] nun mit der eigentlichen Erörterung des Gebrauchs des Gesetzes, worauf er als ein weiteres Thema früher schon wie mit dem Finger hingewiesen hat. Er zeigt den Grund, warum wir vom Gesetz befreit sind, weil es für sich genommen nur Verdammung bewirken konnte. Dies darf aber nicht zu einer Schmähung des Gesetzes dienen. Vor jeder solchen Verleumdung schützt es Paulus mit Nachdruck. Er lehrt uns nämlich, dass durch unsere Schuld das Gesetz, das zum Leben gegeben war, zur Ursache des Todes geworden ist. Zugleich legt er dar, wie durch es die Sünde vermehrt wird. Von da geht er weiter zur Beschreibung des Kampfes zwischen Geist und Fleisch, den die Kinder Gottes in sich spüren, solange sie noch im Kerker des sterblichen Körpers gefangen sind. Sie tragen nämlich Reste der Begierde in sich, die sie ständig davon abbringen, das Gesetz ganz zu befolgen.

Das achte Kapitel ist voller Tröstungen, damit die Gewissen der Gläubigen nicht niedergedrückt werden, wenn sie erschrecken, weil sie ihres Ungehorsams – von dem vorher die Rede war – oder besser ihres unvollkommenen Gehorsams gewahr werden. Damit sich aber die Gottlosen nicht damit besänftigen, bezeugt [Paulus] als erstes, dass diese Wohltat nur den Wiedergeborenen zukommt, in welchen Gottes Geist lebt und wirkt. Er erklärt also zweierlei: Alle, die dem Herrn Christus durch seinen Geist eingepflanzt sind, sind frei von der Gefahr möglicher Verdammung, wie sehr auch sie bis jetzt noch mit Sünden beladen sind. Hingegen haben alle, die im Fleisch verharren, ohne Heiligung des Geistes nicht den geringsten Anteil an einem solchen Gut. Daraufhin erklärt [Paulus], wie groß unsere Glaubensgewissheit ist, weil ja der Geist Gottes durch sein Zeugnis allen Zweifel und alle Ängstlichkeit vertreibt. In diesem Zusammenhang zeigt [Paulus], Spä-

non posse aeternae vitae securitatem interpellari aut conturbari praesentibus miseriis, quibus haec mortalis vita obnoxios nos tenet; quin potius talibus exercitiis salutem nostram promoveri, ad cuius excellentiam si conferantur omnes praesentes miseriae, nihili reputabuntur. Id Christi exemplo confirmat, qui ut primogenitus est, principatum tenens in Dei familia. Ita prototypus est, cui nos omnes decet conformari. Proinde quasi securis rebus optimam gloriationem attexit, qua Satanae potentiae et machinamentis animose insultat.

Quando vero plerique permovebantur quum viderent Iudaeos foederis primarios custodes atque haeredes, a Christo abhorrere; quia scilicet inde colligebant aut translatum esse foedus ab Abrahae ⟨5⟩ posteritate quae foederis complementum aspernaretur; aut hunc non esse illum redemptorem promissum, qui genti Israeliticae non melius consuleret. Huic quaestioni ab initio noni capitis obviare incipit. Praefatus ergo de sua erga populares dilectione, nequid ex odio loqui videatur, simul benigne commemoratis quibus praestabant ornamentis, ad tollendum quod ex eorum caecitate oriebatur offendiculum, molliter delabitur. Ac facit quidem duplex genus filiorum Abrahae, ut ostendat non omnes
11 qui ex eo secundum carnem descenderunt, cen-|seri in semine ad participandam foederis gratiam. Contra, extraneos, si per fidem inserantur, filiorum haberi loco. Cuius rei exemplum in Jacob et Esau profertur. Proinde hic nos ad electionem Dei revocat, unde totum negotium dependere necessario reputandum est. Porro quum haec electio sola Dei misericordia nitatur, frustra eius causa quaeritur in hominum dignitate. Ex adverso est reiectio, cuius tametsi certa est iustitia, causa tamen Dei voluntate superior non extat. Circiter finem capitis, tum vocationem Gentium, tum Iudaeorum reprobationem, Prophetarum vaticiniis testatam commonstrat.

Capite decimo, rursum a testificatione sui erga Iudaeos amoris exorsus, exprimit inanem operum fiduciam illis exitii causam esse. Et ne Legem obtenderent, contra occurrit, Lege quoque nos ad fidei iustitiam manu duci. Subiungit hanc iustitiam, Dei benignitate promiscue nationibus omnibus offerri; sed ab iis demum apprehendi quos Dominus speciali gratia illuminarit. Quod autem plures ex Gentibus quam ex Iudaeis id boni assequuti forent, id quoque a Mose et Iesaia praedictum comme-

teres vorwegnehmend, die sichere Zuversicht ewigen Lebens könne nicht durch die gegenwärtigen Leiden, denen wir in diesem vergänglichen Leben unterworfen sind, zerstört oder verwirrt werden. Viel eher werden wir durch solche Erprobungen unserem Heil näher gebracht. Im Vergleich zu dessen Herrlichkeit wiegen alle gegenwärtigen Leiden nichts. Dies bestätigt er durch das Beispiel Christi, der als der Erstgeborene das Oberhaupt der Hausgenossen Gottes ist. Er ist das Urbild, dem wir alle gleichgestaltet werden sollen. Mit dieser festen Grundlage stimmt [Paulus] nun jenen herrlichen Lobpreis an, mit welchem er die Macht und die Machenschaften Satans voller Mut verhöhnt.

Viele wurden nun sehr in Unruhe versetzt, als sie sahen, wie die Juden, als ursprüngliche Hüter und Erben des Bundes, sich von Christus abwandten. Denn sie schlossen daraus: Entweder sei der Bund von Abrahams Nachkommen weggenommen worden, weil diese die Erfüllung des Bundes [in Christus] verschmähten, oder aber Christus sei nicht der ihnen verheißene Erlöser, weil er dem israelitischen Volk nicht besser geholfen habe. Paulus fängt nun mit Beginn des neunten Kapitels an, sich dieser Frage zuzuwenden. Zuerst drückt er seine Liebe zu seinen Volksgenossen aus, damit es nicht so aussieht, als spreche er aus Hass. Ebenso erwähnt er anerkennend die besonderen Auszeichnungen, mit denen [Israel] eine Vorzugsstellung besaß. Und erst dann geht er behutsam dazu über, den Schaden zu beheben, der aus ihrer Blindheit entstanden war. Er spricht von einer doppelten Nachkommenschaft Abrahams, um damit aufzuzeigen, dass nicht alle, die von ihm nach dem Fleisch abstammen, deswegen schon zum Bund der Gnade gerechnet werden können. Außenstehende hingegen [die nicht im fleischlichen Sinne von Abraham abstammen] werden zu seinen Kindern gerechnet, weil sie durch den Glauben eingepflanzt worden sind. Als Beispiel führt [Paulus] Jakob und Esau an. Dies führt uns zu[m Thema von] Gottes Erwählung, und zur Betrachtung, dass von ihr alles Geschehen notwendiger Weise abhängt. Da diese Erwählung jedoch allein auf Gottes Barmherzigkeit beruht, sucht man ihren Grund vergeblich in der Würdigkeit der Menschen. Demgegenüber steht die Verwerfung, die zwar zweifellos gerecht ist, aber für die es ebenfalls keinen höheren Grund als den Willen Gottes gibt. Gegen Ende des Kapitels zeigt [Paulus], dass sowohl die Berufung der Heiden wie auch die Verwerfung der Juden in den Weissagungen der Propheten bezeugt sind.

Im zehnten Kapitel, wiederum ausgehend von dem Ausdruck seiner Liebe gegenüber den Juden, führt er aus, dass der Grund ihres Verderbens das vergebliche Vertrauen auf Werke sei. Und damit sie sich nun nicht auf das Gesetz versteifen, hält er ihnen entgegen, dass wir gerade durch das Gesetz zur Gerechtigkeit des Glaubens hingeführt würden. Er fügt an, dass diese Gerechtigkeit durch die Güte Gottes unterschiedslos allen Völkern angeboten werde; letztlich werde sie aber nur von denen angenommen, welche der Herr durch [seine] spezielle Gnade erleuchtet. Dass aber mehr Heiden als Juden dieses Gut erhalten würden, das sei schon, so ruft [Paulus] in Erinnerung, von Mose und

morat; quorum alter de Gentium vocatione, alter de Iudaeorum induratione aperte vaticinatus est.

Haerebat adhuc tamen quaestio, An non inter Abrahae semen et alias nationes ex Domini foedere aliquid esset discriminis. Hanc dum vult solvere, primum admonet, ne opus Domini ad oculi aspectum limitetur; quando saepe notitiam nostram electi praetereunt. Quemadmodum falsus olim fuit Elias, quum putaret religionem inter Israelitas interiisse, superstitibus adhuc septem millibus. Deinde, ne conturbemur incredulorum multitudine, quos videmus Euangelium abominari. Demum asseverat, in carnali etiam Abrahae posteritate residere Domini foedus; sed penes eos quos Dominus libera electione praedestinavit. Tum sermonem ad Gentes convertit, ne sua adoptione nimium ferocientes, illis tanquam reiectis insultent, quando nulla re illos excellant, nisi dignatione Domini, quae magis humilitatis materia illis esse debet. Quin nec illam a semine Abrahae recessisse, quia Gentium fide tandem ⟨6⟩ provocandi sint Iudaei ad aemulationem, ut ita Dominus totum Israelem suum recolligat.

Tria quae sequuntur capita, paraenetica sunt, sed varie distincta. Duodecimum generalibus praeceptis Christianam vitam informat. Decimum tertium bona ex parte in asserendo magistratuum iure versatur. Unde non dubia coniectura colligimus fuisse tum quosdam inquietos, qui libertatem Christianam stare non putarent nisi deturbata civili potestate. Verum nequid videretur imponere Ecclesiae Paulus praeter of-
12 ficia charitatis, hanc quoque obedientiam sub chari-|tate contineri indicat. Postea subnectit, quae nondum recensuerat, ad instruendam vitam praecepta. Proximo capite exhortationem suscipit, eo seculo in primis necessariam. Nam quum essent qui superstitione obstinatiori insisterent observationibus Mosaicis, earum neglectum ferre non poterant sine gravissima offensione. Qui in earum abrogatione confirmati erant, ad convellendam superstitionem, data opera prae se ferebant earum contemptum. Utrique intemperie delinquebant. Nam superstitiosi alios condemnabant, ceu Divinae Legis contemptores; hi vicissim intempestive illorum simplicitatem illudebant. Ergo convenientem utrisque moderationem Apostolus adhibet, arcens hos quidem a fastu et insultatione, illos a morositate nimia. Simul optimam rationem praescribit libertatis Christianae, ut intra charitatis et aedificationis terminos consistat; et imbecillis probe consulit, dum vetat quidpiam attentare reluctante conscientia.

Jesaja vorausgesagt worden. Vom einen sei die Berufung der Heiden, vom anderen die Verstockung der Juden klar vorausgesagt worden. Dennoch ist die Frage noch nicht beantwortet, ob nicht zwischen den Nachkommen Abrahams und den übrigen Völkern aufgrund des Gottesbundes doch irgendein Unterschied besteht. [Paulus] will dies so beantworten: Zunächst warnt er davor, Gottes Werk nach unserem Augenschein zu beurteilen, denn oft sehen wir nicht, wen Gott wirklich erwählt hat. So irrte einst Elias, als er glaubte, die Gottesfurcht sei in Israel erloschen; dabei waren noch 7000 [Fromme] übrig geblieben. Weiter sollen wir nicht dadurch irre gemacht werden, dass wir eine große Menge Ungläubiger das Evangelium verschmähen sehen. Schließlich versichert [Paulus], auch für die leibliche Nachkommenschaft Abrahams bleibe der Gottesbund gültig, aber eben nur für jene, die Gott in freier Erwählung dazu vorherbestimmt hat. Darauf richtet [Paulus] seine Ausführungen an die Heiden. Sie sollen ja nicht aufgrund ihrer Aufnahme zu übermütig werden und jene Verworfenen verspotten, welche sie ja in keiner Weise überragen, außer durch Gottes gnädige Würdigung, was für sie vielmehr ein Grund zur Demut sein sollte. Schließlich sei jene [Gnade Gottes] auch nicht von Abrahams Nachkommen gewichen, weil durch den Glauben der Heiden die Juden zur Nachahmung gereizt werden sollten, und Gott auf diesen Weise schließlich sein ganzes Volk sammle.

Die drei folgenden Kapitel enthalten die verschiedensten Ermahnungen. Das zwölfte umfasst allgemeine Gebote für das christliche Leben. Das dreizehnte behandelt zu einem guten Teil Anspruch und Recht der Obrigkeit. Wir schließen daraus mit Gewissheit, dass es damals gewisse Unruhestifter gab, die das Bestehen christlicher Freiheit nur unter Abschaffung der bürgerlichen Ordnung für möglich hielten. Damit es nicht so aussieht, als werde hier der Kirche etwas dem Liebesgebot Fremdes auferlegt, zeigt Paulus, dass auch der Gehorsam [gegenüber den staatlichen Organen] dazu gehört. Danach fügt er einige weitere bisher nicht erwähnte Vorschriften für das Leben [der Christen] an. Im nächsten Kapitel lässt er dann eine Ermahnung folgen, die zu jener Zeit in erster Linie nötig war. Es gab nämlich Leute, die in allzu hartnäckigem Aberlauben auf dem Einhalten der mosaischen [Speise-] Gebote bestanden und glaubten, es sei ein schweres Vergehen, sie nicht zu beachten. Andere waren von deren Abschaffung überzeugt und trugen ihre Verachtung offen zur Schau, um dadurch diesen Aberglauben zu bekämpfen. Beide Seiten sündigten durch ihr Ungestüm. Die Abergläubischen verdammten die anderen als Verächter des göttlichen Gesetzes, diese ihrerseits verspotteten in übler Weise die Einfältigkeit der anderen. Daher hält der Apostel beide Seiten zur Mäßigung an. Er verwehrt den einen ihren beleidigenden Dünkel, den anderen ihre allzu große Bedenklichkeit. Damit beschreibt er zugleich die christliche Freiheit in ihrer schönsten Gestalt: Sie hält sich an die Grenzen von Nächstenliebe und aufbauendem Wesen. Den Schwachen rät er dabei zutreffend, wenn er ihnen verbietet, etwas ihrem Gewissen Widersprechendes anzufangen.

Decimum quintum incipit a repetitione generalis sententiae, veluti totius disputationis clausula, ut fortiores robur suum conferant ad confirmandos imbecilles. Quoniam autem ex ceremoniis Mosaicis perpetuum dissidium inter Iudaeos ac Gentes serebatur, componit omnem inter eos aemulationem, sublata superbiendi materia. Docet enim utrisque constare salutem sola Dei misericordia; qua subnixi, omnem altitudinem deponere; qua inter se coniuncti in spe unius haereditatis, ultro citroque se amplexari debeant. Postremo in Apostolatus sui commendationem digredi volens, quae non parum authoritatis eius doctrinae conciliabat, occasionem sumit ab excusatione et deprecatione temeritatis, quod sibi tam confidenter locum doctoris sumpsisset inter eos. Praeterea spem adventus sui nonnullam facit, quam se hactenus frustra expetiisse et tentasse, in exordio meminerat. Idque facit addita ratione quae ipsum in praesens remoretur; nempe quia sibi ab Ecclesiis Macedonicis et Achaicis cura demandata erat perferendae Ierosolymam eleemosynae, quam ad sublevandam fidelium qui illic erant egestatem contulerant. Postremum caput totum fere salutationibus absumitur; nisi quod praeceptis quibusdam non contemnendis aspersum egregia precatione clauditur.

Das fünfzehnte Kapitel beginnt mit der Wiederholung des Grundsatzes, der sich aus der ganzen Erörterung ergeben hat, dass die Starken ihre Stärke zur Stärkung der Schwachen einsetzen sollen. Da aber die Uneinigkeit betreffend der Zeremonialvorschriften des mosaischen [Gesetzes] Juden und Heiden ständig entzweite, legt [Paulus] diesen Streit bei, indem er den Anlass zur [gegenseitigen] Überheblichkeit beseitigt. Er lehrt nämlich, dass das Heil für beide Teile allein in der Barmherzigkeit Gottes ruht; darauf angewiesen müssen beide allen Hochmut ablegen und unter sich in der gemeinsamen Hoffnung auf das [himmlische] Erbe verbunden sich gegenseitig liebevoll annehmen. Mit dem Hinweis auf sein apostolisches Amt, das seiner Lehre genügend Autorität verschaffe, entschuldigt sich [Paulus] bei dieser Gelegenheit für die Kühnheit, mit der er so ohne weiteres die Stellung eines Lehrers bei ihnen eingenommen habe. Schließlich lässt er sie seinen baldigen Besuch erhoffen, den sie, wie der Anfang des Briefes zeigt, schon bisher gewünscht und erwartet hatten. Er gibt auch den Grund an, der ihn gegenwärtig davon abhält: Ihm wurde von den Gemeinden in Mazedonien und Achaia[3] die Aufgabe anvertraut, den Kollektenbetrag nach Jerusalem zu bringen, den sie zur Behebung der Notlage der dortigen Gläubigen zusammengelegt hatten. Das letzte Kapitel besteht fast nur aus Grüßen, wobei einige nicht unwichtige Gebote eingestreut sind, und schließt mit einem herrlichen Gebet.

3 Mazedonien und Achaia sind die Namen der römischen Provinzen von Nord- resp. Südgriechenland.

CAPUT I

13 ⟨7⟩ 1 *Paulus servus Iesu Christi, vocatus Apostolus, selectus in Euangelium Dei*
2 *Quod ante promiserat per Prophetas suos in Scripturis sanctis*
3 *De Filio suo, qui factus est e semine David secundum carnem,*
4 *Declaratus Filius Dei in potentia, per Spiritum sanctificationis, ex resurrectione mortuorum, Iesu Christo Domino nostro:*
5 *Per quem accepimus gratiam et Apostolatum in obedientiam fidei inter omnes Gentes, pro nomine ipsius,*
6 *Inter quas estis etiam vos, vocati Iesu Christi:*
7 *Omnibus qui Romae estis, dilectis Deo, vocatis sanctis: gratia vobis, et pax a Deo Patre nostro, et Domino Iesu Christo.*

IOHANNIS CALVINI COMMENTARIUS

1 *Paulus*. De nomine Pauli subticerem prorsus, quando res non eius est momenti quae diu nos morari debeat; et nihil afferri potest quod non sit apud alios interpretes decantatum, nisi et levi opera satisfacere aliis liceret, sine magno aliorum fastidio. Brevibus enim perstringetur haec quaestio. Qui nomen hoc Apostolum sibi ascivisse putant tanquam trophaeum subiugati Christo Sergii proconsulis, a Luca ipso confutantur, qui ante illud tempus ita fuisse vocatum ostendit. Nec mihi fit verisimile, fuisse illi inditum ex quo Christo nomen dedit. Quod Augustino placuisse hoc tantum nomine puto, ut argute philosophandi occasionem arriperet, dum ex superbo Saule, parvulum Christi discipulum factum disserit. Probabilior Origenis sententia, qui binomium fuisse iudicat. Non enim a specie veri abhorret, nomen Saulis gentilitium illi a parentibus fuisse impositum quod religionem et genus indicaret; su-

Kapitel 1[1]

1 *Paulus, Knecht Jesu Christi, zum Apostel berufen, auserwählt [zur Verkündigung] des Evangeliums Gottes –*
2 *welches er zuvor durch seine Propheten in den heiligen Schriften verheißen hat –*
3 *von seinem Sohn, der nach dem Fleisch aus Davids Samen geschaffen,*
4 *als Sohn Gottes eingesetzt in Macht durch den heiligenden Geist aufgrund der Auferstehung von den Toten: von Jesus Christus, unserem Herrn.*
5 *Durch ihn haben wir Gnade und Apostelamt empfangen, um in seinem Namen den Gehorsam des Glaubens unter allen Völkern[2] [aufzurichten],*
6 *worunter auch ihr seid als von Jesus Christus Berufene:*
7 *Allen Geliebten Gottes, den berufenen Heiligen in Rom: Gnade euch und Friede von Gott, unserem Vater, und dem Herrn Jesus Christus!*

1 *Paulus.* Vom Namen Paulus würde ich am liebsten gar nicht reden, denn es lohnt sich nicht, dass wir uns länger dabei aufhalten müssten. Man kann nichts dazu beitragen, was nicht schon von anderen Auslegern behandelt worden wäre, außer mit wenig Aufwand die einen zufrieden zu stellen, ohne die anderen überdrüssig zu machen. Die Frage kann nämlich kurz behandelt werden. Einige meinen, der Apostel habe sich den Namen Paulus als Siegeszeichen für die Bekehrung des Prokonsuls Sergius zu Christus zugelegt [Apg 13,9]. Sie werden von Lukas selbst widerlegt, der zeigt, dass Paulus schon früher so genannt wurde. Für mich ist es auch höchst unwahrscheinlich, ihm sei [dieser] Name gegeben worden, weil er Christ wurde. Augustin hat diese Namensdeutung meiner Meinung nach nur gefallen, um darin die Gelegenheit zur Betrachtung zu finden, wie aus dem stolzen Saul ein geringer Jünger Christi geworden sei. Wahrscheinlicher ist die Ansicht des Origenes, [Paulus] habe zwei Namen gehabt. Er schreckt nicht vor der offensichtlichen Wahrheit zurück, den familiären Namen Saul hätten ihm die Eltern gegeben und damit die Zugehörigkeit zu Volk und

1 Als Verständnis- und Übersetzungshilfe für Bibeltext und Kommentierung in exegetischen Fragen wurde v.a. benutzt: U. WILCKENS, Der Brief an die Römer, EKK VI/1, Zürich/Einsiedeln/Köln/Neukirchen-Vluyn 1978.

2 »Völker« ist hier und im folgenden zu verstehen als Gegensatz zu den Juden. Dafür steht traditionellerweise der Begriff »Heiden«. Paulus wird auch weiterhin als Heidenapostel bezeichnet, so z.B. bei WILCKENS, a.a.O. (Anm. 1), 66 zu Röm 1,5.

peradditum alterum Pauli, quod ius Romanae civitatis testaretur, quod scilicet neque hunc honorem, qui tunc magno aestimabatur, obscurari in ipso vellent, neque tanti ducerent ut Israelitici generis notam induceret. Pauli vero nomen frequentius in Epistolis ideo forte usurpavit,
14 quod apud Ecclesias quibus scribebat, | magis erat celebre et usitatum, magis gratiosum in Romano imperio, in eius cognatione minus cognitum. Neque enim illi negligendum fuit, ut supervacuam suspicionem fugeret et odium, quo tunc Iudaicum nomen laborabat apud Romanos et provinciales; atque a rabie suorum inflammanda abstineret, sibique caveret.

⟨8⟩ *Servus Iesu, etc.* His titulis se insignit, quo doctrinae authoritatem conciliet. Idque facit bifariam: Primo, dum vocationem suam in Apostolatum asserit; deinde ubi eam ab Ecclesia Romana non alienam docet. Utrunque enim magni referebat, ut Dei vocatione Apostolus haberetur, ut sciretur Ecclesiae quoque Romanae destinatus. Ministrum ergo Christi, et ad munus Apostoli vocatum se dicit; quo significet, non temere se illuc irrupisse. Continuo post ›selectum‹ se dicit. Quo melius confirmet, non se quemlibet esse ex populo, sed eximium Domini Apostolum. Quo etiam sensu a genere ad speciem inferiorem prius descenderat; quandoquidem Apostolatus, ministerii est species. Nam quisquis docendi munus sustinet, inter Christi servos censetur, sed Apostoli, gradu honoris inter alios omnes longe excellunt. Selectio autem ista quam deinde commemorat, finem simul et usum Apostolatus exprimit. Voluit enim breviter indicare quorsum vocatus ad istam functionem foret. Ergo quod se praedicat ›servum Christi‹, hoc habuit cum universis doctoribus commune. Apostoli titulum sibi vendicando, aliis se anteponit; sed quia nihil authoritatis meretur qui sponte se ingeret, se a Deo institutum admonet. Ita sensus erit: Paulum esse Christi ministrum, nec quemlibet, sed Apostolum, idque Dei vocatione, non temerario conatu. Tum sequetur clarior explicatio muneris Apostolici, nempe quod ordinatus sit in Euangelii praeconium. Neque enim iis assentior qui eam de qua loquitur, vocationem ad aeternam Dei electionem referunt. Segregationem intelligunt, vel illam ab utero matris, de qua meminit ad Galatas, vel qua Gentibus esse destinatum refert Lucas. Simpliciter enim se Deum habere authorem gloriatur, nequis eum privata audacia sibi honorem sumere putet. Hic observandum, non omnes esse verbi ministerio idoneos, in quo requiritur specialis vocatio. Imo eis qui sibi maxime idonei videntur, curandum ne sine

Religion angezeigt, und den zweiten Namen Paulus dazu gefügt, damit das römische Bürgerrecht bezeugt werde. Sie wollten nämlich weder diese Auszeichnung, die damals hoch geschätzt wurde, an ihm verborgen bleiben lassen, noch es dazu bringen, dass das Zeichen der israelitischen Abstammung verschwände. Er hat den Namen Paulus in seinen Briefen deshalb sehr häufig verwendet, weil dieser bei den Gemeinden, denen er schrieb, sehr bekannt und in Gebrauch war und im Römerreich beliebter, in seiner Verwandtschaft dagegen weniger bekannt. Und Paulus musste auch darauf achten, nicht den unnötigen Verdacht und Hass zu erregen, den ein jüdischer Name damals bei Römern und Provinzbewohnern erregte; und [anderseits] sich davon fernhalten und hüten, den Hass seiner [Volksgenossen] zu erregen.

Knecht Jesu ... Mit diesen Titeln macht er deutlich, womit er seiner Lehre Autorität verschafft. Er tut dies auf doppelte Weise: Zuerst nimmt er für sich die Berufung zum Apostelamt in Anspruch, [und] darauf erklärt er, sie erstrecke sich auch auf die römische Gemeinde. An beidem lag ihm sehr viel: dass man ihn für einen von Gott berufenen Apostel hielt und wusste, dass er auch für die römische Gemeinde [dazu] bestimmt war. Er bezeichnet sich als Knecht Christi und zum Apostelamt berufen, womit er klar macht, dass er sich nicht willkürlich dazu gedrängt hat. Unmittelbar darauf nennt er sich »auserwählt«. Damit bestätigt er noch deutlicher, er sei nicht irgendeiner aus dem Volke, sondern ein ausgezeichneter Apostel des Herrn. In ähnlicher Weise war er schon früher vom allgemeinen zum speziellen Begriff fortgeschritten; Apostel ist ja eine spezielle Art des Dienstes. Denn jeder, der ein Lehramt inne hat, ist ein Knecht Christi; Apostel aber ragen in Bezug auf ihr Ansehen weit über die anderen empor. Die Erwählung, von der er dann spricht, umfasst zugleich Bestimmung und Ausübung des Apostelamtes. [Paulus] wollte nämlich nur in Kürze andeuten, zu welchem Zweck er in diese [seine] Aufgabe berufen wurde. Wenn er sich also »Knecht Christi« nennt, hat er dies mit allen Lehrern gemeinsam. Wenn er sich aber den Titel Apostel zuspricht, stellt er sich über die anderen. Weil aber niemand Autorität beanspruchen darf, der sich [sie] aus eigenem Antrieb anmaßt, weist [Paulus] darauf hin, dass er von Gott eingesetzt worden ist. Das ist also der Inhalt: Paulus ist kein beliebiger Diener Christi, sondern Apostel, und dies durch Gottes Berufung, nicht willkürlich angemaßt. Dann folgt eine deutlichere Beschreibung des Amtes eines Apostels: Er ist bestimmt zur Verkündigung des Evangeliums. Ich stimme nämlich jenen nicht zu, die diese Berufung, von der er spricht, auf die ewige Erwählung Gottes beziehen. Sie verstehen darunter eine Aussonderung, etwa jene von Mutterleib an, von der er zu den Galatern spricht [Gal 1,15], oder jene, wodurch er nach dem Zeugnis des Lukas [als Apostel] für die Völker bestimmt worden sei [Apg 9,15]. [Paulus] rühmt sich aber ganz einfach der Urheberschaft Gottes [in Bezug auf sein Apostelamt], damit niemand glaube, er habe sich dieses durch persönlichen Ehrgeiz angeeignet. An dieser Stelle gilt es also zu beachten, dass nicht alle zum Dienst der Verkündigung geeignet sind. Dazu braucht es eine spezielle Berufung. Gerade jenen, die

15 voca-|tione se proripiant. Porro qualis sit Apostolorum vocatio, qualis episcoporum, alibi videbitur. Notandum etiam, ⟨9⟩ officium Apostoli esse Euangelii praedicationem. Unde apparet quam ridiculi sint isti canes muti, qui cum mitra tantum et lituo, ac eiusmodi larvis sint conspicui, se tamen Apostolorum successores iactant.

›Servi‹ nomen nihil aliud quam ministrum significat, nam ad officium refertur. Quod ideo dico, ut tollatur eorum hallucinatio qui in vocabulo ›servi‹ sine causa philosophantur, dum antithesin subesse putant inter Mosis et Christi servitutem.

2 *Quod ante promiserat, etc.* Quia multum decedit doctrinae quae suspecta est novitatis, fidem Euangelii stabilit ex vetustate; acsi diceret, Christum non in terras subitum decidisse, aut novum doctrinae genus et prius inauditum importasse; siquidem ipse cum suo Euangelio promissus ab exordio mundi fuit, et semper expectatus. Iam quia fabulosa est saepe antiquitas, adiungit testes, et eos quidem classicos, ad suspicionem omnem eximendam; nempe Dei Prophetas. Tertio addit, eorum testimonia rite esse consignata, nempe in Scripturis sanctis. Ex hoc loco licet colligere quid sit Euangelium; quod non a Prophetis promulgatum fuisse, sed promissum tantum, docet. Ergo si Prophetae Euangelium promittebant, sequitur, manifestato demum in carne Domino, exhibitum fuisse. Falluntur ergo qui promissiones cum Euangelio confundunt; quum proprie Euangelium sit solenne pracconium manifestati Christi, in quo promissiones ipsae exhibentur.

3 *De Filio suo, etc.* Insignis locus, quo docemur totum Euangelium in Christo contineri; ut quisquis a Christo pedem unum dimoverit, ab Euangelio se subducat. Nam quum ipse viva sit et expressa imago Patris, non mirum est, eum solum nobis proponi ad quem se tota fides nostra applicet, et in quo consistat. Est igitur quaedam Euangelii descriptio, qua designat, Paulus quid in ipso summatim comprehendatur.

sich dafür als besonders geeignet ansehen, ist zu raten, sich nicht ohne eine Berufung dazu zu drängen. Welches die Berufung eines Apostels, welches die eines Bischofs sei, wird anderswo sichtbar werden. Es ist aber festzuhalten, dass das apostolische Amt ein Amt der Verkündigung ist. Daraus wird klar, wie lächerlich jene stummen Hunde sind, die sich [nur] durch Mitra, Krummstab und entsprechende Verkleidung hervortun und dennoch damit prahlen, Nachfolger der Apostel zu sein.[3] »Knecht« bedeutet hier nichts anderes als Diener, denn es bezieht sich auf das Amt [der Verkündigung]. Ich sage das, um die Hirngespinste jener zu beseitigen, die ohne Berechtigung an dem Begriff »Knecht« herumdeuteln, weil sie glaubten, es stecke dahinter ein Gegensatz zwischen dem Gehorsam gegenüber Mose bzw. gegenüber Christus.[4]

2 *Welches er zuvor verheißen hat ...* Weil eine als Neuerung verdächtigte Lehre sich oft nicht behaupten kann, stützt [Paulus] die Zuverlässigkeit des Evangeliums mit dem Hinweis auf dessen Alter; wie wenn er sagen wollte, Christus sei nicht plötzlich vom Himmel gefallen oder habe eine neue und vorher nie gehörte Art von Lehre eingeführt. Er ist ja mit seinem Evangelium von Anfang der Welt an verheißen und erwartet worden. Weil aber [angebliches] hohes Alter oft nur eine Erdichtung ist, fügt [Paulus] Zeugen an, und zwar allgemein bekannte, um jeden Verdacht auszuschließen, nämlich Gottes Propheten. Drittens fügt er hinzu, deren Zeugnisse seien zuverlässig verbrieft, nämlich in den Heiligen Schriften. Aus dieser Stelle kann man schließen, was das Evangelium ist. [Paulus] lehrt, es sei durch die Propheten noch nicht bekannt gemacht, sondern erst verheißen worden. Wenn also die Propheten das Evangelium verheißen haben, folgt daraus, dass es erst durch den fleischgewordenen Herrn offenbart und geschenkt worden ist. Wer die Verheißungen und das Evangelium durcheinander bringt, geht irre[5], denn genau genommen ist das Evangelium die feierliche Predigt von dem geoffenbarten Christus, in welchem die Verheißungen erfüllt sind.

3 *Von seinem Sohn ...* Eine höchst wichtige Stelle, durch die wir belehrt werden, dass das ganze Evangelium in Christus besteht, so dass jeder, der auch nur einen Schritt von Christus abweicht, sich vom Evangelium entfernt. Da dieser selbst das lebendige und Gestalt gewordene Bild des Vaters ist, erstaunt es nicht, dass er allein uns vorgestellt wird als der, auf welchen sich unser ganzer Glaube richtet und in dem er besteht. Wir finden hier gleichsam eine Beschreibung des Evangeliums, in welcher Paulus angibt, was in ihm hauptsächlich enthalten ist.

3 Über die rechtmässige Berufung, Apostel- und Bischofsamt vgl. Inst. IV,3, besonders IV,3,10. Calvin polemisiert hier gegen die Amtsträger der römisch-katholischen Kirche und vorher gegen die Prediger täuferisch-radikaler Herkunft. Zu diesen s. W. Balke, Calvin en de doperse radikalen, Amsterdam 1973, v.a. 160–164.

4 Calvin bezieht sich nach Parker, 15, Anm. 10 auf die Auslegung des Erasmus.

5 Calvin bezieht sich nach Parker, 15, Anm. 11 auf den Kommentar Konrad Pellikans zu den Paulusbriefen.

In eodem casu reddidi voces quae sequuntur, *Iesu Christo etc.* quod hic contextus magis congruere mihi videbatur. Unde constituendum est, eum qui in Christi cognitione rite profecit, quicquid ex Euangelio disci potest, consequutum esse. Sicut econverso, qui extra Christum sapere appetunt, non desipiunt modo, sed penitus insaniunt.

Qui factus est, etc. Duo sunt in Christo quaerenda, quo salutem in ipso
16 reperiamus: Divinitas, et humanitas. Divinitas in se continet | potentiam, iustitiam, vitam, quae per humanitatem nobis communicantur. Quare utrunque in Euangelii summa nominatim posuit Apostolus, quod exhibitus in carne Christus fuit, et in ea Filium se esse Dei declaravit. Quemadmodum et Iohannes, postquam Sermonem factum esse carnem dixerat, subiungit extitisse gloriam quasi unigeniti Filii Dei in carne ipsa. Quod genus et originem Christi a ⟨10⟩ Davide atavo specialiter notat, non est supervacuum. Hac enim particula nos revocat ad promissionem, ne dubitemus hunc ipsum esse qui promissus olim fuit. Adeo celebris erat promissio facta Davidi, ut constet usu receptum fuisse inter Iudaeos, Messiam filium Davidis nuncupari. Hoc ergo ad certitudinem fidei nostrae spectat, Christum a Davide esse ortum.

Addit *secundum carnem*, ut intelligamus ipsum habere aliquid carne superius quod attulerit e caelo, non autem a Davide sumpserit, nempe quod mox subiicit de gloria Deitatis. Porro his verbis non modo veram carnis essentiam Christo asserit Paulus, sed humanam in eo naturam a Divina clare distinguit. Atque ita refutat impium Serveti delirium, qui carnem affinxit Christo ex tribus increatis elementis compositam.

4 *Declaratus Filius Dei, etc.* Si mavis, *definitus*, acsi diceret virtutem resurrectionis esse instar decreti quo sit pronuntiatus Dei Filius; sicuti habetur Psal. 2. 7, ›Ego hodie genui te.‹ Nam genitura illa ad notitiam refertur. Quanquam autem seorsum tria hic specimina Divini-

Ebenfalls habe ich die später folgenden Ausdrücke *Jesus Christus [unseren Herrn]* [zur Behandlung] an diese Stelle gerückt, weil sie mir hier besser in den Zusammenhang zu passen scheinen. Von daher lässt sich feststellen: Wer in der Erkenntnis Christi recht fortschreitet, hat alles erreicht, was er aus dem Evangelium lernen kann. Ebenso [gilt] das Umgekehrte: Wer außerhalb Christi weise sein will, ist nicht nur töricht, sondern völlig von Sinnen.

Der geschaffen ist ... Beide, Gottheit und Menschheit müssen wir in Christus suchen; durch sie finden wir in ihm das Heil. Die Gottheit umfasst Macht, Gerechtigkeit [und] Leben, was uns durch die Menschheit zuteil wird.[6] Darum nennt der Apostel ausdrücklich beides als Zusammenfassung des Evangeliums: Christus ist im Fleisch erschienen und hat sich in dieser Gestalt als Sohn Gottes offenbart. So fügt auch Johannes hinzu, nachdem er von der Fleischwerdung gesprochen hat, gerade im Fleisch sei [Christi] Herrlichkeit als die des eingeborenen Sohnes Gottes erschienen [Joh 1,14]. Dass Paulus Herkunft und Abstammung [Christi] von dessen Ahnherrn David besonders festhält, ist nicht überflüssig. Mit dieser Bemerkung ruft er uns die Verheißung in Erinnerung, damit wir nicht daran zweifeln, dass [Christus] eben der längst verheißene [Erlöser] ist. Die an David ergangene Verheißung war so bedeutend, dass es bei den Juden zum feststehenden Brauch geworden war, den Erlöser Davids Sohn zu nennen. Die Abstammung Christi von David trägt also zur Zuverlässigkeit unseres Glaubens bei. Paulus fügt dann *nach dem Fleisch* an, damit wir verstehen: Christus besitzt etwas dem Fleisch Überlegenes, das er aus dem Himmel mitgebracht und nicht von David empfangen hat, wovon Paulus gleich danach als von der Herrlichkeit der Gottheit spricht. Mit diesen Worten bezeugt Paulus nicht nur die wahre Fleischesnatur Christi, sondern unterscheidet in ihm klar die menschliche Natur von der göttlichen.[7] Er widerlegt damit den gottlosen Wahnsinn Servets, der Christus eine aus drei ungeschaffenen Bestandteilen zusammengesetzte Fleischesnatur andichtete.[8]

4 *Als Sohn Gottes eingesetzt* ... Vielleicht eher *bestimmt*, da [Paulus] offenbar meint, das Ereignis der Auferstehung sei wie ein göttlicher Beschluss, durch welchen [Christus] zum Sohn Gottes erklärt wurde, so wie es Ps 2,7 heißt: »Heute habe ich dich gezeugt.« Jene Zeugung bezieht sich auf diese Bekanntmachung.[9] Freilich nennen hier nun ei-

6 Für Calvins Verständnis des Heilswirkens Christi ist die Auffassung Christi als des Mittlers grundlegend. Vgl. dazu u.a. Inst. II,12,1–3, weitere Stellen in CStA 2,29 Anm. 11 (zur Frage 43 des Genfer Katechismus von 1545), sowie Wendel, 197–204.

7 Calvin folgt hier den Bestimmungen über die beiden Naturen Christi, wie sie im Bekenntnis von Chalcedon 451 festgelegt wurden (DH 300–303). S. dazu Inst. II,14.

8 S. dazu Inst. II,14,5 und die Darstellung der Auseinandersetzung Calvins mit Servet durch P. Opitz, Die Verteidigung der »orthodoxen« Trinitätslehre gegen Servet (1554), CStA 4,151–164 mit Lit.

9 Calvin wendet also Ps 2,7 auf die Auferstehung Jesu an. Bei der Auslegung der Erzählung von der Taufe Jesu bezieht sich Calvin hingegen nicht auf Ps 2,7.

tatis Christi quidam faciunt; per virtutem miracula intelligentes, deinde testimonium Spiritus, postremo resurrectionem mortuorum. Ego simul coniungere malo, et ad unum haec tria referre, hoc modo: Christum esse definitum Filium Dei exerta palam vere caelesti et eadem Spiritus potentia, quum a mortuis resurrexit; sed eam potentiam comprehendi dum cordibus obsignatur per eundem Spiritum. Cui interpretationi bene suffragatur Apostoli phrasis. Dicit enim declaratum fuisse in potentia, quod scilicet potentia in eo refulserit quae esset Dei propria, ipsumque esse Deum indubie probaret. Ipsa vero enituit quidem in illius resurrectione. Sicut alibi idem Paulus, ubi in morte carnis infirmitatem
17 apparuisse confessus est, virtutem | Spiritus in resurrectione commendat (2 Cor. 13. 4). Nobis tamen non innotescit illa gloria, donec eam cordibus nostris idem Spiritus obsignat. Quod autem Paulus una cum admirabili Spiritus efficacia, quam Christus a morte resurgendo ostendit, testimonium quoque quod singuli fideles in cordibus suis sentiunt, comprehendat, vel ex eo patet, quod sanctificationem nominatim exprimit. Acsi diceret, Spiritum quatenus sanctificat, sancire, ratumque facere illud virtutis suae documentum quod semel edidit. Scriptura enim Spiritum Dei epithetis notare saepe solet, praesenti argumento accommodatis. Sic vocatur a Domino Spiritus veritatis, ab effectu de quo illic loquebatur. Porro Divina potentia ideo in Christi resurrectione effulsisse dicitur, quod suapte virtute ⟨11⟩ resurrexit, ut testatus est aliquoties, ›Solvite templum hoc, et in triduo suscitabo illud‹. ›Nemo tollit animam meam a meipso‹, etc. Nam de morte (cui pro carnis infirmitate cesserat) victoriam non precario auxilio, sed caelesti Spiritus sui operatione adeptus est.

[5] *Per quem accepimus, etc.* Post finitam Euangelii descriptionem, (quam pro muneris sui commendatione interseruit) nunc redit ad vocationem suam asserendam, quam magnopere referebat testatam esse

nige[10] im Besonderen drei Eigenschaften der Gottheit Christi und verstehen darunter zunächst die Kraft der Wunder, dann das Zeugnis des Geistes und schließlich die Auferstehung von den Toten. Ich will diese drei aber lieber auf folgende Weise zu einer Einheit zusammenfassen: Christus ist zum Sohn Gottes erklärt worden durch das öffentliche Hervortreten der himmlischen Macht eben dieses Geistes in seiner Auferstehung von den Toten.[11] Und diese Macht wird erfasst dadurch, dass sie durch eben denselben Geist in unseren Herzen versiegelt wird.[12] Diese Auslegung wird durch den Satz des Apostels gestützt. Er sagt nämlich, [Christus] sei zum Sohn Gottes *in Macht* eingesetzt worden. Das heißt doch, dass es Gottes eigene Macht war, die in ihm erstrahlte, und er selbst sich damit unzweifelhaft als Gott erwies. Diese [Macht] zeigte sich in der Tat in seiner Auferstehung. So hebt derselbe Paulus an anderer Stelle, wo er bekennt, im Tode [Christi] sei die Schwachheit des Fleisches offenbar geworden, die Kraft des Geistes in der Auferstehung hervor (II Kor 13,4). Uns aber wird jene Herrlichkeit nicht erkennbar, bis derselbe Geist sie in unseren Herzen versiegelt. Ebenso fasst Paulus sowohl [die Macht], die sich in Christi Auferstehung zeigt, wie auch das Zeugnis, das die einzelnen Gläubigen in ihren Herzen fühlen, als ein und dieselbe wunderbare Wirkung des Geistes zusammen. Dies geht unstreitig daraus hervor, dass er die *Heiligung* ausdrücklich anführt, als wollte er [damit] sagen: Indem der Geist heiligt, bekräftigt und beweist er jenes Zeugnis seiner Kraft, das er einmal [in der Auferstehung Christi] gegeben hat. Die Schrift beschreibt den Heiligen Geist eben oft mit Bezeichnungen, die dem jeweiligen Zusammenhang angepasst sind. So wird er vom Herrn [Christus] wegen der Wirkung, von der er an jener Stelle spricht, Geist der Wahrheit genannt [Joh 14,17]. Die göttliche Macht ist, sagt [Paulus], so in Christus zutage getreten, dass er aus eigener Kraft auferstanden ist, wie er anderswo bezeugt: »Zerstört diesen Tempel, und in drei Tagen werde ich ihn neu errichten« [Joh 2,19], »Niemand nimmt mein Leben von mir.« [Joh 10,18] und weiteres. Denn den Sieg über den Tod, dem er wegen der Schwäche des Fleisches unterworfen war, hat er nicht mit Erbitten [fremder] Hilfe, sondern durch die Wirksamkeit seines eigenen himmlischen Geistes errungen.

5 *Durch ihn haben wir …* Nachdem die Beschreibung des Evangeliums beendet ist, die Paulus zur Erklärung seines Amtes eingeschoben hat, kehrt er nun wieder zur Darstellung seiner eigenen Berufung zu-

S. dazu den Kommentar Calvins zur Tauferzählung Mt 3,17 par in CO 45, 124–127.

10 Nach PARKER, 16 Anm. 16 sind dies Haimo und Bucer. – Unter dem Namen Haimos existieren verschiedene Bibelkommentare des 9. Jhdts. Haimo wird traditionell als Haimo von Halberstadt, heute neu als Haimo von Auxerre identifiziert, so W. HARTMANN, Art. Haimo, RGG, 4. Aufl., Bd. 3, 1383–1384.

11 Über die Zeugnisse für die Gottheit Christi handelt Calvin in Inst. I,13,9–13.

12 Zum Begriff des »Versiegelns« s. E. SAXER, »Siegel« und »Versiegeln« in der calvinisch-reformierten Sakramentstheologie des 16. Jhdts, in: Zwingliana XIV (1977), 397–430, sowie W. KRUSCHE, Das Wirken des Heiligen Geistes nach Calvin, Göttingen 1957, 256–263.

Romanis. Quod autem gratiam et Apostolatum seorsum nominat, est hypallage pro ›gratuito Apostolatu‹, seu ›gratia Apostolatus‹. Quo significat, id totum Divinae esse beneficentiae, non suae dignitatis, quod cooptatus sit in tantum ordinem. Nam etsi coram mundo nihil fere habet praeter discrimina, labores, odia, infamiam; apud Deum tamen et sanctos eius non est vulgaris nec modicae dignitatis. Merito igitur gratiae loco habetur. Si mavis dicere, ›Accepi gratiam ut essem Apostolus‹, idem erit.

Quod dicitur, *pro nomine*, Ambrosius exponit, quod vice Christi constitutus fuerit ad Euangelium publicandum, secundum illud, ›Pro Christo legatione fungimur‹. Sanior tamen videtur eorum opinio qui ›nomen‹ accipiunt pro notitia, quia in hoc praedicatur Euangelium ut credamus in nomen Filii Dei. Et Paulus ipse dicitur organum electum, ut nomen Christi portet inter Gentes. ›Pro nomine‹ ergo, tantundem valet acsi dixisset, ut manifestem qualis sit Christus.

In obedientiam fidei, etc. Hoc est, accepimus mandatum Euangelii ad omnes Gentes perferendi, cui illae per fidem obediant. A fine suae vo-
18 cationis, Romanos vicissim officii admonet; acsi diceret, ›Meum | quidem est exequi munus mihi demandatum, quod est verbum annuntiare; vestrae autem partes, auscultare verbo cum omni obedientia, nisi vultis irritam facere vocationem quam Dominus mihi imposuit‹. Unde colligimus, Dei imperio contumaciter resistere ac pervertere totum eius ordinem, qui Euangelii praedicationem irreverenter et contemptim respuunt, cuius finis est nos in obsequium Dei cogere. Hic quoque observanda est fidei natura, quae nomine obedientiae ideo insignitur, quod Dominus per Euangelium nos vocat; nos vocanti, per fidem respondemus. Sicuti contra, omnis adversus Deum contumaciae caput, est infidelitas. ›In obedientiam‹ fidei malui reddere, quam ›ad obediendum‹ quod posterius, nisi improprie et figurate, dici non potest; quanquam semel in Actis legitur. Fides enim proprie est per quam obeditur Euangelio.

rück, denn es war ihm sehr daran gelegen, die Römer davon zu überzeugen. Wenn er nun Gnade und Apostelamt getrennt anführt, meint er damit Sache und Eigenschaft[13], und zwar das »gnadenhaft gegebene Apostelamt« oder die »Gnade des Apostelamtes«. Damit gibt er an, dass er allein durch einen göttlichen Gnadenerweis und nicht aus eigener Würdigkeit in diesen Kreis [der Apostel] mit aufgenommen worden sei. Denn wenn er auch in den Augen der Welt nichts davon hat als Bedrohungen, Mühen, Hass und Verachtung, ist es bei Gott und seinen Heiligen keine gewöhnliche oder geringe Würde. Mit Recht wird sie darum für eine Gnade angesehen. Wenn man es lieber so ausdrücken will: »Ich habe die Gnade empfangen, Apostel zu sein«, dann läuft es auf dasselbe hinaus.

Die Wendung *in seinem Namen* erklärt Ambrosius[14] so: [Paulus] sei an Christi Statt zur Verkündigung des Evangeliums eingesetzt worden, entsprechend seiner [Aussage]: »Wir wirken als Gesandtschaft an Christi Statt« [II Kor 5,20]. Zutreffender erscheint die Auffassung jener, die »Namen« als Kenntnisnahme verstehen, denn dazu wird ja das Evangelium gepredigt, dass wir an den Namen des Sohnes Gottes glauben [I Joh 3,23]. Und Paulus selbst wird ein Werkzeug genannt, das zur Ausbreitung des Namens Gottes unter den Völkern erwählt ist [Apg 9,15]. »In seinem Namen« bedeutet also dasselbe, wie wenn er gesagt hätte: um offenbar zu machen, wer Christus ist.

Gehorsam des Glaubens … Damit wird gesagt: Wir haben den Auftrag empfangen, das Evangelium unter allen Völkern auszubreiten, damit sie ihm im Glauben gehorsam seien. Indem [Paulus] vom Ziel seiner Berufung spricht, erinnert er wiederum die Römer an ihre Pflicht, wie wenn er sagte: »Ich muss das mir übertragene Amt der Verkündigung des Wortes ausüben, ihr eurerseits sollt das Wort in allem Gehorsam aufnehmen, wenn ihr nicht die Berufung zunichte machen wollt, die der Herr mir auferlegt hat.« Daraus folgern wir: Alle, die die Predigt des Evangeliums – deren Ziel es ist, uns unter Gottes Gehorsam zu sammeln – unehrerbietig und verächtlich zurückweisen, widerstehen trotzig Gottes Herrschaftsanspruch und stürzen seine Ordnung um. Hier muss beachtet werden, wie [Paulus] die Natur des Glaubens als Gehorsam bezeichnet, weil der Herr uns durch das Evangelium ruft; wir aber antworten dem Rufenden durch den Glauben. Umgekehrt ist der Unglaube der Inbegriff aller Widerspenstigkeit gegen Gott. Ich übersetze hier lieber »Gehorsam des Glaubens« als »[dem Glauben] gehorsam«[15], welch letzteres nur uneigentlich und formelhaft gesagt werden kann, obschon es auch einmal in der Apostelgeschichte vorkommt [Apg 6,7]. Denn es ist ja der Glaube, mit welchem man dem Evangelium gehorcht.

13 Zu dem hier von Calvin verwendeten rhetorischen Begriff der Hypallage s. H. LAUSBERG, Handbuch der literarischen Rhetorik. Eine Grundlegung der Literaturwissenschaft, 3. Aufl., Stuttgart, 1990, 292. Zur Rhetorik als exegetischer Methode bei Calvin s. nebst B. GIRARDIN, a.a.O., v.a. P. OPITZ, Calvins theologische Hermeneutik, Neukirchen-Vluyn 1994, 60–87.

14 »Ambrosius« = Ambrosiaster (PL 17,51). S. dazu PARKER, 17, Anm. 21.

15 So die Vulgata, nach PARKER, 18, Anm. 25; dort weitere Übersetzungsvarianten.

[6] *Inter omnes gentes, in quibus, etc.* Non satis erat designatum esse Apostolum, nisi eius ministerium discipulos respiceret. Ideo adiungit, patere ⟨12⟩ suum Apostolatum ad omnes Gentes. Mox apertius Romanorum Apostolum se vocat, quum ait, comprehendi et ipsos in numero Gentium quibus datus sit minister. Porro commune habent mandatum Apostoli de praedicando Euangelio per universum orbem, neque certis Ecclesiis ut pastores et Episcopi praeficiuntur. Paulus autem praeter generalem Apostolicae functionis provinciam, Euangelii inter Gentes promulgandi minister fuit speciali iure constitutus. Nec obest quod vetitus est transire per Macedoniam, et loqui verbum in Mysia. Quod factum est, non ut illi certi fines limitarentur, sed quia pro tempore alio properandum erat; illic autem nondum maturuerat messis.

6 *Vocati Iesu Christi.* Propiorem rationem assignat: quia scilicet Dominus iam ediderit in eis specimen, quo declaravit se ad Euangelii communicationem ipsos vocare. Unde sequebatur, si vocationem suam stare vellent, non repudiandum eis esse ministerium Pauli, qui eadem Domini electione assumptus fuerat. Itaque hanc particulam, ›vocati Iesu Christi‹, per declarationem accipio, acsi intercederet dictio ›nempe‹. Significat vero esse Christi participes per vocationem. Nam et in Christo a Patre caelesti eliguntur in filios, qui futuri sunt aeternae vitae haeredes; et electi in eius tanquam pastoris, custodiam ac fidem committuntur.

19 | [7] *Omnibus qui estis Romae.* Pulchro ordine demonstrat quid sit in nobis commendatione dignum. Primum quod nos Dominus sua benignitate susceperit in gratiam ac dilectionem. Deinde quod vocaverit. Tertio quod vocaverit ad sanctitatem. Quae demum commendatio locum habet, si vocationi nostrae non desumus. Hic vero nobis suggeritur uberrima doctrina, quam ego breviter perstringens singulis meditandam relinquo. Certe penes nos salutis nostrae laudem non statuit Paulus, sed ex fonte gratuitae Dei et paternae erga nos dilectionis totam derivat. Hoc enim principium facit, quod nos Deus amet. Quae porro illi amoris causa, nisi mera sua bonitas? Hinc et vocatio dependet, qua suam adoptionem in iis quos prius gratis elegit, suo tempore obsignat.

6 *Unter allen Völkern, worunter [auch ihr seid]* ... Die Berufung zum Apostelamt allein genügt nicht, wenn dieser Dienst nicht auf Schüler ausgerichtet wäre. Darum fügt [Paulus] hinzu, sein Apostelamt erstrecke sich auf alle Völker. Bald erklärt er sich auch deutlicher als Apostel der Römer, wenn er sagt, auch sie gehörten zum Kreis der Völker, für die sein Dienst bestimmt sei. Alle Apostel haben nämlich den Auftrag, das Evangelium auf dem ganzen Erdkreis zu predigen, nicht nur wie Hirten und Bischöfe bestimmten Gemeinden, denen sie vorstehen. Paulus aber war nebst dem allgemeinen apostolischen Auftrag durch besonderen Beschluss [Gottes] als Diener zur Verkündigung des Evangeliums unter [allen] Völkern bestimmt. Dem steht nicht entgegen, dass ihm verboten wurde, durch Mazedonien zu ziehen und in Mysien zu predigen [Apg 16,6–8].[16] Dies geschah nicht deshalb, um ihm feste Grenzen zu setzen, sondern weil er zu dieser Zeit sich dringend anderswohin begeben sollte; dort war die Ernte noch nicht gereift [Mt 9,37f.].

6 *Von Jesus Christus Berufene.* [Paulus] fügt noch eine weitere Begründung [für seine Anerkennung als Apostel] an. Der Herr hatte ja ihnen bereits ein erstes Zeichen gegeben, worin er ihnen ihre Berufung zum Evangelium eröffnete. Daraus folgte, dass sie den Dienst des Paulus nicht zurückweisen durften, wenn sie in ihrer Berufung verharren wollten, der ja durch dieselbe Berufung des Herrn angenommen worden war. Ich erkläre deshalb diese Wendung »von Jesus Christus Berufene« so, wie wenn ihr der Ausdruck »ja doch« voranginge. Es bedeutet dann: Ihr habt wirklich durch [eure] Berufung teil an Christus. Denn in Christus sind vom himmlischen Vater diejenigen zu Söhnen erwählt, die das ewige Leben erben; und die Erwählten sind seiner Aufsicht und Treue wie der eines Hirten anvertraut [Joh 10,14].

7 *Allen in Rom.* Schön geordnet stellt Paulus dar, was es an uns Rühmenswertes gibt: Erstens, dass Gott uns in seiner Güte in [seine] Gnade und Liebe angenommen hat; dann, dass er uns berufen hat; drittens, dass er uns zur Heiligkeit berufen hat, was allerdings nur dann rühmenswert ist, wenn wir uns unserer Berufung nicht entziehen. Hier wird uns wahrhaftig eine überaus inhaltsreiche Lehre vorgetragen, die ich nur kurz zusammenfassen kann und dann dem Nachdenken jedes Einzelnen überlassen muss. In jedem Fall stellt Paulus bei uns nichts zum Lobe unseres Heils fest, sondern leitet alles aus dem Quell der geschenkten und väterlichen Liebe Gottes gegenüber uns her. Damit nämlich macht er den Anfang, dass Gott uns liebt. Was anderes aber könnte der Grund für die Liebe sein außer allein seine Güte? Von ihr hängt auch die Berufung ab, wodurch er in jenen, die er zuvor aus Gnade erwählt hat, zu seiner Zeit ihr Angenommensein besiegelt. Im

16 Mysien lieg im Norden der Provinz Asia. Vgl. zu Apg 16 R. Pesch, Die Apostelgeschichte, EKK V/2, Zürich/Einsiedeln/Köln/Neukirchen-Vluyn 1986, 100f. Calvin verwechselt hier die Namen, wenn er davon spricht, Paulus sei verwehrt worden, durch Mazedonien zu ziehen. Nach Apg 16,6 gilt dies für Asia. Nach Mazedonien wurde Paulus ausdrücklich berufen (Apg 16,9) und wirkte dort an verschiedenen Orten.

Caeterum et hinc colligimus, nullos se rite fidelium numero aggregare, quin Dominum sibi benevolum esse certo confidant, licet immeritis ac miseris peccatoribus; et eius bonitate excitati aspirent ad sanctitatem. ›Non enim ad immunditiam nos vocavit, sed in sanctificationem, etc.‹ Quum Graeca reddi per secundam personam possent, non vidi rationem mutandae personae.

⟨13⟩ *Gratia et pax.* Nihil prius optandum quam ut Deum propitium habeamus; quod designatur per ›gratiam‹. Deinde ut ab eo prosperitas et successus omnium rerum fluat, qui significatur ›pacis‹ vocabulo. Nam utcunque videantur arridere omnia, si infensus est Deus benedictio etiam ipsa in maledictionem vertitur. Unicum igitur foelicitatis nostrae fundamentum Dei benevolentia, qua fit ut vera solidaque fruamur prosperitate, et ipsis quoque adversis rebus salus nostra provehatur. Deinde ex eo quod pacem a Domino precatur intelligimus, quicquid boni obvenit nobis, Divinae beneficentiae fructum esse. Neque omittendum, quod simul a Domino Iesu haec bona comprecatur. Merito enim ei redditur hic honor, qui non modo paternae erga nos benignitatis est administer et dispensator, sed omnia cum eo in commune operatur. Proprie tamen voluit notare Apostolus, omnia Dei beneficia per ipsum ad nos pervenire. Sunt qui per ›pacis‹ vocabulum, conscientiae tranquillitatem intelligere malunt. Quam significationem interdum ei competere non nego; sed quum certum sit, Apostolum summam bonorum

Übrigen schließen wir daraus auch, niemand dürfe sich tatsächlich zur Zahl der Gläubigen rechnen, wenn er nicht sicher darauf vertraut, dass der Herr ihm gnädig gesinnt sei als einem verdienstlosen und armseligen Sünder, und von Gottes Güte angetrieben nach Heiligkeit trachtet.[17] »Nicht zur Unreinheit hat er uns berufen, sondern zur Heiligung« [I Thess 4,7]. – Da der griechische [Text] in der zweiten Person wiedergegeben werden kann, fahre ich in dieser Weise fort.

Gnade und Friede. Nichts ist mehr zu wünschen als einen gnädigen Gott zu haben. Dies ist mit dem Wort »Gnade« gemeint. Dann soll aus Gott Segen und Gelingen in allen Dingen fließen. Dies bezeichnet das Wort »Frieden«. Denn mögen unsere Aussichten auch noch so günstig erscheinen – wenn Gott [uns] zürnt, so wendet sich sein Segen zum Fluch. Das einzige sichere Fundament unserer Glückseligkeit ist darum Gottes Wohlwollen, wodurch wir wahren und beständigen Segen genießen und unser Heil selbst durch widrige Erfahrungen noch gefördert wird [Röm 8,28]. Daraus, dass [auch] der Friede von Gott erbeten wird, ersehen wir: Alles Gute, das uns zufällt, ist eine Frucht göttlicher Wohltat. Man soll auch nicht vergessen, diese Güter zugleich auch von dem Herrn Jesus zu erbitten. Diese Ehre wird ihm nämlich aus gutem Grunde erwiesen, da er nicht nur die väterliche Gnade uns gegenüber verwaltet und austeilt, sondern alles gemeinsam mit ihm wirkt.[18] Im Grunde wollte der Apostel einfach festhalten, dass alle Wohltaten Gottes durch ihn [Christus] zu uns gelangen. Manche wollen das Wort »Frieden« lieber als »Ruhe des Gewissens« verstehen. Ich will nicht bestreiten, dass diese Bedeutung manchmal möglich ist.

17 Calvin berührt hier das schwierige Thema der Erwählungsgewissheit. Hier nennt er als Grundlagen das zuversichtliche Vertrauen des Glaubens und den Drang zur Heiligung. Umstritten ist die Frage, wie weit schon für Calvin auch die guten Werke des Menschen eine Stütze dieser Gewissheit sind. S. dazu u.a. NIESEL, 172–182, und WENDEL, 243f. In späteren Bekenntnissen wird dann immer mehr Gewicht darauf gelegt, sich der Erwählung auch aufgrund der Früchte des Glaubens zu vergewissern. S. dazu J. ROHLS, Theologie reformierter Bekenntnisschriften, Göttingen 1987, 196–197. Z.B. ermahnt die Westminster Confession von 1647, die Gläubigen sollen sich ihrer Erwählung u.a. auch versichern »in actibus observantiae robore et alacritate dilatatum« (E.F.K. MÜLLER, Die Bekenntnisschriften der reformierten Kirche, Leipzig 1903, 580, 18f.). Darauf bezieht sich dann die These M. WEBERS vom Geist des Kapitalismus auf der Grundlage calvinischer Frömmigkeit. S. dazu A. MCGRATH, Johann Calvin. Eine Biographie, Zürich 1991, Kap. 11: Hinwendung zur Welt: Calvinismus, Arbeit und Kapitalismus, 281–314.

18 Calvin betont sehr stark die Wesen- und Wirkeinheit des dreieinigen Gottes. S. dazu WENDEL, 143f. Man konnte deshalb seine Gotteslehre in die Nähe des Modalismus rücken. S. dazu den Aufsatz von H.H. ESSER, Hat Calvin eine ›leise modalisierende Trinitätslehre‹?, in: CALVINUS THEOLOGUS. Die Referate des Europäischen Kongresses für Calvinforschung … 1974 in Amsterdam, hg. v. W.H. NEUSER, Neukirchen-Vluyn 1976, 113–128; und zu Calvins Trinitätslehre u.a. B.J. ENGELBRECHT, The Problem of the concept of the ›personality‹ of the Holy Spirit according to Calvin, in: CALVINUS REFORMATOR. His contribution to Theology, Church and Society, Potchefstroom University for Christian Higher Education 1982, Nr. 18, 201–216.

voluisse hic perstringere, prior illa interpretatio quae affertur a Bucero, multo est convenientior. Ergo summam foelicitatis piis volens optare,
20 ad fontem ipsum, sicuti nuper, | se confert, nempe Dei gratiam, quae una non modo aeternam beatitudinem nobis affert, sed omnium in hac vita bonorum causa est.

8 *Primum quidem gratias ago Deo meo per Iesum Christum super vobis omnibus, quia fides vestra praedicatur in universo mundo.*
9 *Testis enim mihi est Deus, quem colo in spiritu meo in Euangelio Filii ipsius, ut continenter memoriam vestri faciam,*
10 *Semper in orationibus meis: rogans siquomodo prosperum iter aliquando mihi obtingat per voluntatem Dei, veniendi ad vos.*
11 *Desidero enim videre vos, ut aliquod impertiar vobis donum spirituale ad vos confirmandos:*
12 *Hoc est ad cohortationem mutuo percipiendam in vobis per mutuam fidem, vestram atque meam.*

8 *Primum q*. Hic exordium incipit, aptissimum ad causam. Siquidem rationibus tam a sua, quam eorum persona sumptis, eos ad docilitatem opportune praeparat. Ex eorum persona ratio est, quod celebritatem fidei eorum commemorat. Innuit enim publico Ecclesiarum praeconio esse oneratos, ut respuere nequeant Apostolum Domini, quin praesumptam ab omnibus de se opinionem fallant; quod inhumanum, et quodammodo perfidiae propinquum habetur. Hoc igitur testimonium ut merito inducere Apostolum debuerat, quo securitate obedientiae concepta, Romanos pro officio docendos et instituendos susciperet. Ita Romanos ipsos vicissim obligatos tenebat ne eius authoritatem spernerent. A sua ⟨14⟩ ipsius persona ipsos ad docilitatem inclinat testificatione syncerae suae dilectionis. Nihil autem consultori efficacius ad faciendam fidem, quam si opinionem hanc sit adeptus, ut putetur nobis ex animo studere ac prospicere. Primum hoc animadversione dignum, quod eorum fidem sic laudat, ut tamen Deo ferat acceptam. Quo docemur, fidem esse donum Dei. Nam si gratiarum actio beneficii agnitio est, fidem esse a Deo fatetur qui de ipsa gratias Deo agit. Quando autem videmus Apostolum suas gratulationes semper a gratiarum actione ordiri, sciamus nos admoneri, bona omnia nostra Dei esse beneficia. Quinetiam talibus loquendi formulis assuescere expediat, quibus nos semper acrius extimulemus ad agnoscendum Deum bonorum omnium

Aber an dieser Stelle wollte der Apostel sicherlich die Summe [aller] Güter zusammenfassen; darum ist die zuerst vorgebrachte von Bucer übernommene Deutung wesentlich passender.[19] Paulus will also den Frommen [in Rom] die Fülle der Glückseligkeit wünschen und bezieht sich dafür wie schon vorhin auf deren Quelle selbst, nämlich auf die Gnade Gottes, die uns nicht nur die eine ewige Seligkeit bringt, sondern die Ursache alles Guten in diesem Leben ist.

8 *Als erstes danke ich meinem Gott durch Jesus Christus für euch alle, weil euer Glaube in der ganzen Welt verkündet wird.*
9 *Mein Zeuge ist ja Gott, dem ich in meinem Geiste zur Verkündigung des Evangeliums seines Sohnes diene, dass ich euer ständig gedenke;*
10 *immer flehe ich in meinen Gebeten, ob mir nicht nach Gottes Willen [endlich] einmal ein günstiger Weg eröffnet würde, um zu euch zu kommen.*
11 *Ich möchte euch gerne sehen, um euch etwas an geistlicher Gabe zu eurer Stärkung zukommen zu lassen,*
12 *und meine damit den Empfang gegenseitigen Zuspruchs unter euch durch den gemeinsamen Glauben, euren und meinen.*

Als erstes. Hier beginnt Paulus eine zu seinem Anliegen sehr gut passende Einleitung. Mit Gründen, die sich sowohl auf seine wie auch auf ihre Person beziehen, macht er sie auf gute Art bereit zur Gelehrigkeit. Bei ihnen liegt der Grund darin, dass er erwähnt, wie bekannt ihr herausragender Glaube ist. Er führt nämlich an, sie seien durch das öffentliche Lob der Gemeinden so verpflichtet, dass sie den Apostel des Herrn nicht zurückweisen könnten, ohne die gute Meinung, die alle von ihnen hätten, Lügen zu strafen; das aber wäre unmenschlich und grenzte an Verrat [am Glauben]. Dieses Zeugnis musste den Apostel aus gutem Grund einführen, damit er, ihres Gehörs versichert, die Römer für seinen Auftrag des Lehrens und Unterrichtens gewinnen konnte. So waren die Römer ihm gegenüber in Pflicht genommen, seine Autorität nicht zu verachten. Zur Gelehrigkeit seiner Person selbst gegenüber macht er sie durch das Zeugnis seiner aufrichtigen Liebe geneigt. Nichts macht nämlich mehr dazu bereit, einem Berater Vertrauen zu verschaffen, als wenn man zur Überzeugung gekommen ist, dass sein Rat und seine Mühe von Herzen kommen. Zuerst ist nun dies der Aufmerksamkeit wert, dass er ihren Glauben lobt und ihn dennoch als Geschenk Gottes betrachtet. Daraus lernen wir, dass der Glaube eine Gabe Gottes ist. Denn wenn Danken die Anerkennung einer Wohltat bedeutet, so gesteht jemand, dass der Glaube von Gott kommt, wenn er ihm dafür dankt. Wenn wir nun sehen, dass der Apostel seine Lobsprüche immer mit einem Dank beginnt, sollen wir damit ermahnt werden, dass alles Gute, das wir haben, Gottes Wohltat ist. Mit einer solchen [festen] Redeweise möchte er uns daran gewöhnen,

19 Gemeint ist der Römerbriefkommentar Bucers von 1536. S. PARKER z. St., 19, Anm. 34.

largitorem; aliosque una ad eandem cogitationem erigamus. Id si in minutulis benedictionibus observare convenit, multo magis in fide, quae nec mediocris, nec promiscua est Dei gratia. Praeterea hic habemus exemplum, quomodo per Christum agendae sunt gratiae, secundum
21 Apostoli praeceptum, | ad Heb. 13, 15; quemadmodum in ipsius nomine misericordiam a Patre et petimus et obtinemus.

Postremo *Deum suum* nuncupat. Specialis haec fidelium praerogativa, quibus solis id honoris Deus defert. Subest enim mutua relatio, quae in promissione exprimitur, ›Ero illis in Deum; ipsi erunt mihi in populum‹. Quanquam ad personam, quam sustinebat Paulus, restringere malo; ut sit approbatio eius obsequii quod Domino praestat in Euangelii praedicatione. Sic Ezechias Deum vocat Iesaiae Deum, quum veri et fidelis Prophetae testimonium illi reddere vult (Iesa. 37, 4). Sic et Danielis vocatur Deus per excellentiam, quia Daniel purum eius cultum asseruerat.

Ab universo mundo. Proborum hominum praeconium erat Paulo instar universi orbis in aestimanda Romanorum fide. Neque enim syncerum vel probabile de ea testimonium reddere poterant infideles, quibus execrationi potius erat. Praedicatam ergo in toto orbe fidem Romanorum intelligamus omnium fidelium ore, qui de ipsa recte et sentire et pronuntiare poterant. Quod impiis ne Romae quidem noscitabatur haec exigua et ignobilis hominum manus, nihil id retulit; quando eorum iudicium, tanquam nihili, non morabatur Paulus.

9 *Testis enim mihi est Deus.* Charitatem suam ostendit ab effectis. Nisi enim vehementer eos amasset, non ita solicite commendasset eorum salutem Domino, praesertim vero sua opera eandem promovere non tam ardenter desiderasset. Illa igitur ⟨15⟩ solicitudo, illud desiderium, certa sunt dilectionis signa; quia nisi ab eo oriantur, esse nunquam possunt. Quoniam autem expedire noverat ad stabiliendam praedicationi suae fidem, Romanos de sua synceritate bene esse persuasos; iuramentum adhibuit, necessarium remedium quoties oratio quam firmam ac indubitatam esse operaepretium est, incertitudine vacillat. Nam si iuramentum nihil aliud est quam Dei attestatio ad sermonis nostri confirmationem, stultissime quis inficietur iurasse Apostolum. Neque tamen Christi interdictum transgressus est. Unde constat non fuisse

dass wir so immer mehr dazu gebracht werden, Gott als den Spender alles Guten anzuerkennen und andere zur selben Betrachtung zu ermutigen. Wenn dies schon bei den Gaben beachtet werden soll, dann umso mehr beim Glauben, der keine unbedeutende oder gewöhnliche Gnade Gottes ist. Im Übrigen haben wir hier ein Beispiel, auf welche Weise wir durch Christus Dank sagen sollen gemäß der Vorschrift des Apostels in Hebr 13,15[20], weil wir ja auch in dessen Namen vom Vater Barmherzigkeit erbitten und erhalten.

Im folgenden spricht er von *seinem Gott*. Dies ist ein spezielles Vorrecht der Gläubigen; allein ihnen verleiht Gott diese Ehre. Es besteht nämlich eine Wechselbeziehung, die in der Verheißung ausgedrückt wird: »Ich werde ihr Gott sein und sie werden mein Volk sein« [Jer 30,22]. Trotzdem möchte ich diese [Wendung] lieber auf die Rolle, die Paulus hier übernommen hat, beziehen; damit ist sie eine Bestätigung des Gehorsams, den Paulus dem Herrn mit der Predigt des Evangeliums leistet. So nennt Hiskia Gott den Gott Jesajas [Jes 37,4], weil er ihm damit das Zeugnis eines wahren und treuen Propheten geben will. So wird Gott auch im Besonderen Gott Daniels genannt, weil Daniel ihm unverfälschte Verehrung entgegenbrachte [Dan 6,20].

In der ganzen Welt. Das Lob [im Glauben] bewährter Menschen bedeutete für Paulus so viel, wie dass der Glaube der Römer in der ganzen Welt verkündet werde. Es konnten ja nicht Ungläubige ein wahrhaftiges und zuverlässiges Zeugnis darüber abgeben; von ihnen war vielmehr dessen Verfluchung [zu erwarten]. Dass der Glaube der Römer in der ganzen Welt verkündet wird, bedeutet, dass er im Munde aller Gläubigen war, die darüber richtig denken und urteilen konnten. Dass dieses geringe und verächtliche Häuflein von Menschen nicht einmal in Rom selbst bei den Gottlosen bekannt war, macht das Urteil des Paulus nicht ungültig, da er von deren Meinung ohnehin nichts hielt.

9 *Mein Zeuge ist ja Gott*. [Paulus] beweist seine Liebe an ihren Auswirkungen. Wenn er sie nicht so heftig liebte, hätte er ihr Heil nicht so eifrig dem Herrn anbefohlen und schon gar nicht so brennend gewünscht, seine Mühen auf dessen Förderung zu verwenden. Dieser Eifer, dieser Wunsch sind zuverlässige Zeichen der Liebe; wären sie nicht daraus entsprungen, gäbe es sie nicht. Da [Paulus] wusste, dass zur Festigung des Vertrauens in seine Predigt die Römer von seiner Aufrichtigkeit völlig überzeugt sein mussten, fügt er einen Eid an. Dieser ist ein notwendiges Mittel, so oft eine Aussage, die unbedingt sicher und unbezweifelbar sein muss, durch irgendeine Ungewissheit in Zweifel gezogen wird. Denn wenn der Eid nichts anderes ist als Gottes Beistand zur Bestätigung unserer Aussage, ist es vollkommen töricht, wenn jemand die Tatsache verdunkelt, dass der Apostel hier einen Eid geschworen hat. Er hat damit auch nicht das Gebot Christi übertreten [Mt 5,34–37]. Von daher steht fest, dass Christus nicht geboten hat, den

20 Calvin scheint hier Paulus für den Verfasser des Hebräerbriefs zu halten, was er aber im Kommentar zum Hebräerbrief abweist. S. dazu T.H.L. PARKER, XIV–XV, und E. GRÄSSER, An die Hebräer, EKK XVII/1, Zürich u.a. 1990, 19–22.

Christi consilium (ut superstitiosuli Anabaptistae somniant) abolere in totum iuramenta, sed potius ad veram Legis observationem revocare. Lex autem, permisso iuramento, periurium modo et supervacuum iusiurandum damnat. Ergo si volumus rite iurare, iusiurandi sobrietatem ac religionem quae in Apostolis apparet, imitemur. Quo autem formulam
22 istam intelligas, scito Deum ita | appellari testem, ut simul ultor advocetur si fallimus. Quod alibi Paulus exprimit his verbis, ›Testis mihi Deus in animam meam‹.

Quem colo in spiritu meo. Quia profanis hominibus qui Deo illudunt, eius nomen non minus secure quam temere obtendere moris est, hic suam pietatem commendat Paulus ut fidem sibi conciliet. Nam apud quos viget Dei timor et reverentia, hi falso iurare horrebunt. Porro spiritum suum opponit externae larvae. Nam quia multi se falso venditant pro Dei cultoribus, et tales in speciem apparent, testatur se ex animo Deum colere. Forte etiam ad veteres ceremonias respexit, quibus solis Dei cultum aestimabant Iudaei. Significat ergo, etiamsi exercitium illud non habeat, se nihilominus integrum esse Dei cultorem; sicut ad Philip. 3. 3, ›Nos sumus vera Circuncisio qui spiritu Deo servimus, et non gloriamur in carne.‹ Itaque se gloriatur Deum colere syncera animi pietate, quae vera est religio cultusque legitimus. Referebat autem (ut nuper dixi) quo maiorem haberet certitudinem iusiurandum, ut Paulus suam in Deum religionem testaretur. Impiis enim periurium lusus est, quod pii gravius mille mortibus exhorrent. Fieri enim nequit quin ubi est serius Dei timor, talis quoque sit nominis eius reverentia. Ergo perinde est acsi diceret Paulus, scire se quanta sit iurisiurandi sanctitas et religio, nec se temere, ut profani homines solent, Deum advocare testem. Atque ita suo exemplo docet, quoties iuramus, talem pietatis signi-

Eid völlig abzuschaffen (wie die buchstabengläubigen Wiedertäufer faseln), sondern eher zur rechten Beachtung des Gesetzes zurückführen wollte.[21] Das Gesetz aber erlaubt den Eid und verurteilt nur den Meineid und das überflüssige Schwören. Wenn wir also recht schwören wollen, sollen wir beim Eid die Besonnenheit und heilige Scheu übernehmen, die sich bei den Aposteln zeigt. Damit man aber diese Eidesformel [des Paulus] versteht, soll man wissen, dass Gott derart als Zeuge angerufen wird, dass er auch als Rächer heraufbeschworen wird, wenn wir lügen. Das spricht Paulus anderswo mit dem Satz aus: »Gott ist mein Zeuge für meine Seele« [II Kor 1,22].

Dem ich in meinem Geiste diene. Weil es bei Menschen ohne Frömmigkeit, die Gott nicht ernst nehmen, üblich ist, den Namen Gottes so unbekümmert wie frech zu gebrauchen, hebt Paulus hier seine Frömmigkeit hervor, um sich Vertrauen zu verschaffen. Denn die [Menschen], bei denen Furcht und Verehrung Gottes lebendig sind, schrecken vor einem falschen Eid zurück. Im weiteren stellt [Paulus den Dienst] *in seinem Geiste* dem äußeren Anschein gegenüber. Weil eben viele sich fälschlicherweise als Gottes Diener ausgeben und äußerlich so scheinen, bezeugt [Paulus], er diene Gott von ganzem Herzen. Vielleicht denkt er dabei auch an die Zeremonien des alten [Bundes], in welchen allein die Juden Gott recht zu dienen glaubten. Dann zeigt er damit, dass er auch ohne deren Beachtung dennoch ein wahrhafter Diener Gottes sei, so wie in Phil 3,3: »Wir sind die wahre Beschneidung, die im Geiste Gott dienen und nicht auf Fleisch bauen.« Er rühmt sich also, Gott mit aufrichtiger Frömmigkeit des Herzens zu dienen, was die wahre Frömmigkeit und die rechte Gottesverehrung ist.[22] Dass Paulus aber seine Gottesfurcht bezeugte, bezog sich (wie oben gesagt) darauf, dass damit [sein] Eid umso größere Zuverlässigkeit besitzt. Für Gottlose ist der Meineid ja ein Leichtes, während die Frommen davor mehr als vor tausend Toden zurückschrecken. Solche Hochachtung seines Namens kann jedoch nur dort stattfinden, wo eine wirkliche Gottesfurcht herrscht. Es ist also so, wie wenn Paulus sagte, er wisse, wie groß die Heiligkeit und das Gewicht des Eides seien, und rufe darum nicht leichtfertig Gott zum Zeugen an, wie dies Menschen ohne Frömmigkeit gewohnt seien. So lehrt er uns durch sein Beispiel,

21 Calvin behandelt die Frage des Eides im Zusammenhang mit dem dritten Gebot Inst. II,8,22–27 und lehnt dort wie hier die Auffassung der Täufer ab. Das Eidverbot ist im grundlegenden Täuferbekenntnis der Confessio Schlattensis Art. 7 formuliert, mit der sich Calvin in einer eigenen Schrift auseinandergesetzt hat, der Briève Instruction … contre les erreurs … des Anabaptistes, Genf 1544, CO 7,45–142. S. dazu R. Stauffer, Zwingli et Calvin, critiques de la Confession de Schleitheim, in: Théologie historique 57. Interprètes de la Bible. Etudes sur les Réformateurs du XVIe siècle, Paris 1980, 103–128, bes. 123–125; sowie H. Scholl, Gegen die Irrtümer der Anabaptisten. Einleitung, in: CStA 3,259–278.

22 Die wahre Gottesverehrung ist ein Hauptthema des Lebens und Denkens Calvins. S. dazu E. Saxer, Aberglaube, Heuchelei und Frömmigkeit. Eine Untersuchung zu Calvins reformatorischer Eigenart, SDSTh 28, Zürich 1970, bes. 21–23 und 120–121.

ficationem dandam a nobis esse, ut Dei nomen quod dictis nostris interponimus, suum pondus habeat. Deinde a signo probat quomodo Deum non ficte colat, nempe ministerio suo. Erat enim amplissimum ⟨16⟩ illud specimen, esse hominem Dei gloriae deditum qui abnegato seipso, quaslibet difficultates ignominiae, egestatis, mortis, odiorum obire non dubitaret pro exaltando Dei regno. Quidam accipiunt hanc particulam, quasi voluerit Paulus cultum illum quo se prosequi Deum dixerat, ex eo commendare, quod Euangelii praescripto respondeat. Certum est autem spiritualem Dei cultum in Euangelio nobis praecipi. Sed prior interpretatio longe melius quadrat, nempe quod suum Deo obsequium addicat in Euangelii praedicatione. Distinguit se tamen interim ab hypocritis, quibus aliud est propositum quam Deo servire; ut plerosque ambitio aut aliquid tale impellit, multumque abest ut omnes ex animo
23 et fideliter in eo munere se gerant. Summa | est, quod syncere Paulus in docendi officio versatur; quia circunstantia, quod de sua pietate dixit, ad praesentem causam accommodat. Sed hinc colligimus utilem doctrinam, quae Euangelii ministris non parum animi addere debet, quum audiunt se cultum Deo gratum et pretiosum impendere, Euangelium praedicando. Quid enim est quod eos impediat, ubi Deo sciunt laborem suum placere et probari, ut eximius etiam cultus censeatur? Porro Euangelium Filii Dei vocat quo Christus illustratur, signatus in hoc a Patre, ut dum ipse glorificatur, Patrem vicissim glorificet.

Ut continenter. Maiorem exprimit adhuc amoris vehementiam ex ipsa orandi assiduitate. Magnum enim erat, nullas preces ad Dominum fundere ubi non faceret eorum mentionem. Quo autem clariorem habeamus sensum, ego vocem πάντοτε vice nominis accipio. Acsi dictum foret, ›In omnibus meis orationibus (seu quoties precibus) Deum appello, adiungo vestri mentionem‹. Loquitur autem non de qualibet Dei invocatione, sed de precationibus illis, quibus dum sancti vacare volunt, sepositis curis omnibus, in eas totum studium intendunt. Saepe enim potuit in hoc aut illud votum subito erumpere, ut tamen Romani in memoriam illi non venirent; sed quoties ex professo et quasi meditatus Deum orabat, illorum quoque habebat rationem inter alios. De precationibus ergo peculiariter loquitur, ad quas sancti destinato se componunt; quemadmodum videmus Dominum ipsum

bei jedem unserer Eide der Frömmigkeit so Beachtung zu schenken, dass der Name Gottes, den wir bei unseren Worten benutzen, sein Gewicht besitzt. Dann beweist er durch ein Zeichen, wie er Gott nicht nur scheinbar dient, nämlich durch seinen Dienst. Es war nämlich der beste Beweis dafür, dass ein Mensch [sein Leben] ganz für die Ehre Gottes einsetzte, wenn er unter Verleugnung seiner selbst nicht zögerte, alle möglichen Mühsale, Schande, Entbehrung, Tod und Hass auf sich zu nehmen, um Gottes Herrschaft zu preisen. Manche verstehen diese Wendung [in meinem Geiste] so, als wolle Paulus seine Art der Nachfolge Gottes als einen Gottesdienst empfehlen, der auch dem Gebot des Evangeliums entspricht.[23] Gewiss wird uns im Evangelium ein geistlicher Gottesdienst vorgeschrieben. Aber die erstere Interpretation passt weit besser, dass eben für Paulus sein Gehorsam gegen Gott mit der Predigt des Evangeliums zusammengehört. Er unterscheidet sich aber bei alledem von den Heuchlern, die ganz anderes vorhaben als Gott zu dienen; die meisten treibt der Ehrgeiz oder etwas dergleichen an, und es fehlt viel daran, dass alle von Herzen und treu dieses Amt ausüben. Zusammenfassend heißt dies: Paulus ist aufrichtig in [seinem] Amt des Lehrens tätig, weil er alles, was er über seine Frömmigkeit sagt, auf die gegenwärtige Situation hin ausrichtet. All dies verschafft uns die nützliche Lehre, dass nichts anderes den Dienern des Evangeliums mehr Mut geben kann als wenn sie hören, dass sie mit der Predigt des Evangeliums Gott in willkommener und wertvoller Weise dienen. Was soll sie noch [daran] hindern, wo sie doch wissen, dass Gott an ihrer Tätigkeit Gefallen hat und sie anerkennt, ihren Dienst als eine Auszeichnung anzusehen? Schließlich spricht [Paulus] vom Evangelium des Sohnes Gottes, womit Christus verherrlicht wird. Er ist dazu vom Vater bestimmt worden, dass er, indem er selbst verherrlicht wird, seinerseits den Vater verherrlicht.[24]

Ständig [gedenken]. Mit dieser Beständigkeit seines Betens drückt [Paulus] erst recht seine inständige Liebe [zu den Römern] aus. Es war nichts Geringes, ihrer bei jedem an Gott gerichteten Gebet zu gedenken. Damit der Sinn besser verständlich wird, nehme ich das Wort *immer* [aus dem nächsten Vers] zur Erklärung mit hinzu, wie wenn gesagt würde: »In allen meinen Gebeten (oder: so oft ich bete) rufe ich Gott an und gedenke dabei auch euer.« [Paulus] spricht dabei nicht von einer beliebigen Anrufung Gottes, sondern von jenen Gebeten, wozu die Heiligen sich frei machen, ihre eigenen Sorgen beiseite legen und ihren ganzen Eifer daran wenden. [Paulus] konnte ja oft plötzlich diese oder jene Bitte aussprechen, wobei ihm die Römer nicht in den Sinn kamen. Aber so oft er bewusst und gleichsam geplant Gott anrief, erwähnte er unter anderen auch sie. Er spricht also im Besonderen von den Bitten, zu welchen die Heiligen sich mit einem bestimmten Vorsatz zurecht-

23 Parker, 22, Anm. 42 weist auf eine Auslegungstradition von der Alten Kirche bis zu Bucer hin, die diesen Vers des Paulus in Anlehnung an Joh 4,23–25 versteht.

24 Anspielung auf Worte aus dem Johannesevangelium, z.B. 13,31–32 und 17,1.

talibus secessum quaesiisse. Simul tamen innuit quam frequens, vel potius continuus, in illis fuerit, dum ait indesinenter se incubuisse.

10 *Postulans si quo modo.* Quia verisimile non est, eius bonis ex animo nos studere quem non simus parati nostra quoque opera adiuvare. Postquam suam in commendanda eorum salute solicitudinem praedicavit, nunc addit se alio quoque argumento suum amorem coram Deo testari, postulando scilicet ut usui esse possit. Quare ut habeas plenum sensum, lege haec verba perinde acsi interposita esset dictio ›etiam‹, *postulans etiam si* ⟨17⟩ *quo modo, etc.*

Quum autem dicit *prosperum iter in voluntate Domini*, declarat non tantum se expectare a Domini gratia prosperitatem viae, sed inde aestimare prosperum iter si Domino probatur. Ad quam regulam debent esse composita omnium vota.

11 *Desidero enim videre vos, etc.* Poterat, utcunque absens, eorum fidem confirmare sua doctrina. Sed quoniam ex re praesenti consilium
24 semper melius capitur, ideo cupiebat potius coram. Finem autem | consilii exponit, ut significet, non suo sed eorum commodo, profectionis molestiam velle suscipere.

Charismata spiritualia vocat quas habuit vel doctrinae, vel exhortationis, vel prophetiae dotes, quas sibi ex Dei gratia provenisse noverat. Hic eorum donorum legitimum usum scite notavit sub ›communicationis‹ verbo. Ideo enim peculiariter unicuique diversa dona distribuuntur, ut inter se benigne omnes mutuo conferant, et alii in alios transfundant quae apud singulos sunt deposita. Infra 12. 3, et 1. Corinth. 12. 11.

Ad confirmandos vos. Temperat id quod de communicatione dixerat, ne videatur tales eos ducere qui sint adhuc primis elementis instituendi, acsi nondum Christo rite initiati essent. Dicit ergo se in ea parte cupere illis commodare suam operam, ubi iuvandi sunt adhuc qui maxime profecerunt. Confirmatione enim indigemus omnes donec in nobis Christus solide adoleverit, Ephe. 4. 13. Nec contentus hac modestia subiicit praeterea epanorthosin ceu correctionem, qua ostendit, se sibi non ita docendi locum usurpare quin mutuo ab illis discere cupiat; acsi diceret, ›Sic studeo vos confirmare secundum gratiae modum mihi collatum, ut fidei etiam alacritatem exemplo vestro capiam, atque ita vicissim inter nos proficiamus‹. Vide in quantam moderationem se submittat pium

machen; wir wissen, dass der Herr selbst zu solchen [Gebeten] die Abgeschiedenheit gesucht hat. Zugleich deutet [Paulus] an, wie oft oder eben beständig er in solchen [Gebeten] war, wenn er sagt, er habe sich ihnen ohne Unterlass hingegeben.

10 *Ich bete darum, ob.* Es ist ja höchst unglaubhaft, dass wir uns mit ganzem Herzen um eine Sache bemühen, für die wir nicht auch bereit sind, mit der Tat einzustehen. Nachdem [Paulus] seinen Eifer um das Heil der Römer beteuert hat, fügt er nun hinzu, er bezeuge vor Gott noch auf andere Weise seine Liebe, indem er darum bittet, dass er ihnen nützlich sein könne. Damit man dies ganz versteht, soll man diesen Satz so lesen, wie wenn das Wort »auch« eingeschoben wäre, nämlich *ich bete auch darum, ob mir nicht nach Gottes Willen …*

Dass er aber sagt *ein günstiger Weg nach Gottes Willen* macht klar, dass er nicht nur von Gott die Gnade einer günstigen Reise erwartet, sondern sieht dann darin eine günstige Reise, wenn sie von Gott gebilligt wird. Nach dieser Regel sollen alle Gebete gehalten werden.[25]

11 *Ich möchte euch gerne sehen …* [Paulus] konnte zwar, obschon abwesend, den Glauben der Römer durch seine Lehre stärken. Da aber ein Ratschlag bei einer Verhandlung in seiner Gegenwart besser angenommen wird, wollte er lieber anwesend sein. So gibt er als seinen Beweggrund an, er wolle die Mühe der Reise nicht seinetwegen, sondern zu ihrem Nutzen auf sich nehmen.

Geistliche Gaben. In seinem Besitz nennt er die Gaben der Lehre, der Ermahnung und der Prophetie, die er, wie er wohl wusste, aus Gottes Gnade empfangen hatte. Hier bezeichnet er deren rechtmäßigen Gebrauch durch das Wort »Mitteilen«. Es sind ja deshalb einem jeden verschiedene Gaben zugeteilt, damit sie unter sich in Güte alles gegenseitig austauschen und alle einander zukommen lassen, was den Einzelnen anvertraut ist. So [steht] es Röm 12,3 und I Kor 12,11.

Zu eurer Stärkung. Mit diesen Worten rückt Paulus ins richtige Licht, was er über das Mitteilen gesagt hat, damit es nicht aussieht, als halte er sie für solche, die noch in den ersten Anfängen [des Glaubens] unterrichtet werden müssten oder noch nicht wirklich zu Christus gebracht worden wären. Er sagt darum, er wolle ihnen seine Mühe in Bezug auf jenen Teil [des Glaubens] zuwenden, wo sie noch Hilfe benötigen, damit sie so am meisten Fortschritte machten. Wir bedürfen alle der Stärkung, bis Christus in uns erstarkt ist, nach Eph 4,13. Und noch nicht zufrieden mit dieser Selbstbescheidung, fügt Paulus noch eine Richtigstellung oder Korrektur an, worin er darlegt, er wolle den Platz des Lehrers nur so bei ihnen einnehmen, dass er auch von ihnen zu lernen wünscht; wie wenn er sagte: »Ich möchte euch nach dem Maß der mir verliehenen Gnade so lehren, dass ich die Freude des Glaubens auch an eurem Beispiel empfange und wir so in gegenseitig[er Hilfe] miteinander Fortschritte machen.« Sieh, welche Zurückhaltung sich

25 Vgl. dazu Calvins Auslegung des Unser Vater Inst. III,20,34 und 43, sowie die Aussagen zum Gebet nach Gottes Willen im Genfer Katechismus von 1545, Frage 173. S. dazu CStA 2,101.

pectus, quod non recusat a rudibus tirunculis confirmationem petere. Neque tamen simulanter loquitur. Siquidem nemo est adeo inops in Ecclesia Christi, qui non possit aliquid in profectum nostrum momenti adferre. Sed impedimur malignitate ac superbia quo minus talem ultro citroque fructum colligamus. Is est noster fastus, ea stolidae gloriae ebrietas, ut aliis despectis ac valere iussis, sibi quisque abunde sufficere se putet.
[12] Ego cum Bucero *cohortationem* potius lego quam ›consolationem‹, quia melius cum superioribus cohaeret.

13 *Nolo vero vos ignorare, fratres, quod saepe proposui venire ad vos, et impeditus sum hactenus: ut fructum aliquem haberem in vobis sicut et in reliquis gentibus.*
14 *Et Graecis et Barbaris, et sapientibus et stultis debitor sum.*
15 *Itaque, quantum in me est, paratus sum vobis quoque qui Romae estis, euangelizare.*

⟨18⟩ 13 *Nolo vos ignorare.* Quod hactenus testatus fuerat, se assidue postulare a Domino, ut eos aliquando invisere liceret, id quia vanum
25 videri poterat, nisi oblatas occasiones arriperet, eius nunc fidem facit. | Dicit enim, conatum non defuisse, sed facultatem; quia a captato saepe consilio impeditus fuerit. Unde discimus Dominum evertere frequenter sanctorum consilia, quo ipsos humiliet, ac tali humiliatione exerceat ad providentiam suam respiciendam, ut ex ea pendeant. Quanquam non proprie depelluntur sancti suis consiliis, qui nihil sine Domini voluntate deliberant. Est enim illa impietatis audacia, praeterito Deo, de futuris constituere, perinde acsi in nostra potestate forent, quam aspere castigat Iacobus (4. 13).
Quod se *prohibitum* dicit, non aliter accipias nisi quia Dominus urgentiora negotia illi obiiciebat, quae omittere non poterat sine Ecclesiae iactura. Sic piorum et infidelium impedimenta differunt: quod hi se tum

diese fromme Seele auferlegt, dass sie es nicht ablehnt, selbst von unerfahrenen Neulingen Glaubensstärkung zu erbitten! Und [Paulus] spricht dabei ganz aufrichtig. Denn kein [Glied] der Kirche Christi ist derart gering, dass es nicht etwas Brauchbares zu unserem Fortschritt beitragen könnte. Aber unsere Missgunst und unser Hochmut hindern uns daran, von überall her solche Frucht zu sammeln. Ebenso ist es unsere Einbildung, dass jeder, vom Selbstruhm trunken, die anderen verachtet und verabschiedet und sich selbst völlig zu genügen meint.

12 Ich lese wie Bucer[26] hier lieber *Zuspruch* als »Trost«, weil es besser in den vorhergehenden Zusammenhang passt.

13 *Ich will euch aber nicht [darüber] in Unkenntnis lassen, Brüder, dass ich mir schon oft vorgenommen habe, zu euch zu kommen – und bis heute daran verhindert war –, um auch bei euch einige Frucht zu haben wie schon bei anderen Völkern.*

14 *Das schulde ich Griechen und Nichtgriechen, Weisen und Unweisen.*

15 *So bin ich bereit, soweit es mich betrifft, auch euch in Rom das Evangelium zu predigen.*

13 *Ich will euch nicht [darüber] in Unkenntnis lassen.* [Paulus] hatte bis dahin bezeugt, dass er Gott beständig gebeten habe, er möge ihm erlauben, sie einmal zu besuchen. Dies könnte als leere [Beteuerung] erscheinen, wenn er mögliche Gelegenheiten nicht ergriffen hätte. Nun schafft er dafür Vertrauen. Er sagt nämlich, es habe nicht am Versuch gefehlt, sondern an der Gelegenheit, weil er immer wieder daran gehindert worden sei, seinen Vorsatz auszuführen. Daraus lernen wir, dass der Herr oft die Pläne der Heiligen umstößt, wodurch er sie demütigt und mit solchen Demütigungen dazu erzieht, die Abhängigkeit von seiner Vorsehung zu beachten.[27] Dennoch werden die Heiligen in Wirklichkeit nicht von ihren Plänen abgebracht, weil sie ja keinen Entschluss ohne den Willen Gottes fassen. Dies nämlich ist die gottlose Überheblichkeit, über zukünftige Dinge zu verfügen unter Missachtung des Willens Gottes, wie wenn dies in unserer Macht stünde, was Jakobus hart tadelt (Jak 4,13).

Wenn [Paulus] von *Verhinderung* spricht, kann man dies nur so verstehen, dass der Herr ihm dringendere Aufgaben übertragen hatte, die er nicht ohne Schaden für die Kirche beiseite lassen konnte. So

26 Parker, 24, Anm. 45 gibt die Parallelen aus dem Text von Erasmus resp. Bucer.

27 Das Wirken von Gottes Vorsehung im Weltganzen und besonders im Leben der Christen ist ein Thema, das Calvin in seiner Theologie und in der Betrachtung seines eigenen Lebensganges zentral beschäftigt. S. dazu u.a. C.B. Partee, Calvin and Classical Philosophy, Studies in the history of christian thought 14, Leiden 1977, 116–132; E. Saxer, Vorsehung und Verheissung. Vier theologische Modelle (Calvin, Schleiermacher, Barth, Sölle) und ein systematischer Versuch, SDGSTh 34, Zürich 1980, 25–48; P.C. Potgieter, The Providence of God in Calvin's Correspondance, in: Calvin. Erbe und Auftrag, Festschrift für Wilhelm Neuser, hg. v. W. van't Spijker, Kampen 1991, 85–94.

impediri demum sentiunt quando violenta Domini manu constringuntur ne commovere se queant; illi ad impedimentum contenti sunt legitima ratione, nec aliquid tentare sibi permittunt aut praeter officium, aut contra aedificationem.

Ut *fructum aliquem hab.* Nimirum de eo fructu loquitur ad quem colligendum Apostolos mittebat Dominus; ›Elegi vos, ut eatis, et fructum afferatis, et fructus vester maneat‹ (Iohan. 15. 16). Eum quanquam sibi non colligebat sed Domino, suum tamen vocat; quia nihil piorum magis proprium quam quod Domini gloriam promovet, cum qua coniuncta est tota eorum beatitudo. Sibi autem contigisse inter caeteras gentes commemorat, quo spem concipiant Romani, adventum eius sibi non fore otiosum, quem tot gentes fructuosum expertae essent.

14 *Graecis et Barbaris et sap.* Quos per Graecos et Barbaros intelligat, ostendit exegesi, ubi nominat eosdem aliis epithetis *sapientes et stultos*; pro quibus non male vertit Erasmus, ›eruditos et rudes‹. Sed ego ipsa Pauli verba retinere malui. Ab officio itaque suo argumentatur, non esse sibi arrogantiae dandum quod aliquid docendis Romanis se valere confideret, utcunque et eruditione et prudentia et peritia rerum egregie excellerent; quoniam Domino visum esset ipsum sapientibus quoque obligare. Duo hic sunt consideranda: sapientibus caelesti mandato destinari et offerri Euangelium quo sibi omnem huius mundi sapientiam subiiciat Dominus, ac omne acumen, quodvis scientiae genus et artium omnium sublimitatem, huius doctrinae simplicitati cedere faciat; atque eo magis quod illi in ordinem cum idiotis rediguntur ac sic mansuefiunt ut eos ferant condiscipulos sub magistro Christo, quos antea habere discipulos non essent dignati. ⟨19⟩ Deinde rudes minime aut
26 esse arcendos ab hac schola, aut ipsos | inani formidine debere refugere. Nam si illis debuit Paulus, ac optimae fidei debitor fuisse credendus est, persolvit nimirum quod debebat. Quare hic reperient cuius fruendi capaces erunt. Habent et hic regulam omnes doctores quam sequantur, hoc est ut rudibus quoque et idiotis modeste se et comiter attemperent. Hinc fiet ut aequiore animo perferant plurimas ineptias, et innumera prope fastidia devorent, quibus alioqui possent succumbere. Sic tamen meminerint se stultis esse obstrictos, ut eorum stultitiam immodica indulgentia non foveant.

15 *Ita quantum in me est.* Concludit quod hactenus dixerat de suo desiderio. Quoniam officii sui esse videret, inter eos Euangelium spargere

unterscheiden sich die Hinderungsgründe der Frommen und der Gottlosen: diese fühlen sich erst dann gehindert, wenn Gottes gewaltige Hand ihnen jede Bewegungsfreiheit raubt; jene sehen bereits darin ein begründetes Hindernis, sich etwas zu erlauben, was nicht im Rahmen ihrer Pflichten liegt oder mit der Erbauung [der Gläubigen] unvereinbar ist.

Um einige Frucht zu haben. [Paulus] spricht natürlich von jener Frucht, zu deren Einsammeln der Herr die Apostel ausgesandt hat: »Ich habe euch erwählt, damit ihr hingeht und Frucht bringt und eure Frucht bleibe« (Joh 15,16). Obschon er diese nicht für sich, sondern für den Herrn sammelt, spricht er dennoch von seiner [Frucht]; weil den Frommen an nichts mehr gelegen ist, als die Ehre des Herrn zu fördern, womit ihre ganze Seligkeit verbunden ist. Dass er schon bei den übrigen Völkern Erfolg hatte, erwähnt er, damit die Römer Hoffnung bekämen, sein Kommen werde für sie nicht nutzlos sein, wenn es so viele Völker als fruchtbringend erfahren hätten.

14 *Griechen und Nichtgriechen, Weisen [und Unweisen].* Wen er mit Griechen und Nichtgriechen meint, zeigt er in der Fortsetzung, wo er sie mit anderen Bezeichnungen *»weise und unweise«* nennt. Erasmus sagt dafür nicht übel »Gebildete und Ungebildete«. Ich möchte aber doch lieber bei den Ausdrücken des Paulus bleiben. Von seiner Aufgabe her kann man es ihm deshalb nicht als Hochmut ankreiden, weil er sich zutraut, die Römer noch etwas zu lehren, obwohl diese eine hervorragende Bildung, Klugheit und Erfahrung aufweisen konnten. Der Herr wollte nun eben, dass [Paulus] die Pflicht habe, auch die Weisen zu lehren. Hier müssen zwei Dinge bedacht werden. Den Weisen ist auf himmlischen Beschluss das Evangelium bestimmt und dargeboten, wodurch der Herr sich alle Weisheit dieser Welt unterwirft und allen Scharfsinn, jede Art von Wissenschaft und die Erhabenheit aller Künste vor dieser einfachen Lehre zurücktreten lässt; ja noch mehr, [die Weisen] auf dieselbe Stufe wie die Unweisen zurückgestellt werden und so daran gewöhnt, gemeinsam mit jenen Schüler des Lehrers Christus zu werden, die sie vorher nicht einmal für würdig gehalten hätten, ihre Schüler zu sein. Im weiteren dürfen die Ungebildeten auf keinen Fall von dieser Schule [Christi] ferngehalten werden noch aus unnötiger Angst davor fliehen müssen. Denn wenn Paulus auch ihr Schuldner war und man ja glauben darf ein alles Vertrauens werter Schuldner, dann löste er auch ein, was er schuldete. So werden sie hier finden, was sie brauchen können. Alle Lehrer finden hier eine Regel, die sie befolgen sollten, nämlich sich den Ungebildeten und Törichten bescheiden und freundlich anzupassen. Dann können sie auch die meisten Dummheiten mit mehr Gleichmut ertragen und den ungezählten Ärger herunterschlucken, dem sie sonst zum Opfer fallen würden. Sie sollen aber daran denken, dass sie es mit [dummen] Menschen zu tun haben, damit sie nicht mit unangemessener Nachsicht deren Dummheit noch unterstützen.

15 *Soweit es mich betrifft.* [Paulus] schließt damit ab, was er bis dahin über sein Anliegen gesagt hat: Er sah es als seine Aufgabe an,

ad fructum Domino colligendum; cupere se Dei vocationi satisfacere quatenus a Domino permitteretur.

16 *Non enim pudet me Euangelii Christi: quandoquidem potentia est Dei, in salutem omni credenti: Iudaeo primum, deinde Graeco.*
17 *Nam iustitia Dei in eo revelatur ex fide in fidem, sicut scriptum est, Iustus ex fide sua vivet.*

16 *Non me pudet.* Prolepsis est, qua ludibria impiorum se non morari praedicit; in qua tamen obiter transitum sibi facit ad commendandam Euangelii dignitatem, ne contemptibile Romanis foret. Innuit quidem ipsum coram mundo esse contemptibile, dum ait se non pudefieri. Atque ita iam eos praeparat ad ferendam crucis Christi contumeliam, ne minoris aestiment Euangelium dum sannis et opprobriis impiorum obnoxium videbunt. Sed ex adverso demonstrat quantum habeat excellentiae apud fideles. Primum si magnifieri debet a nobis Dei potentia, ea elucet in Euangelio. Si bonitas digna est quae expetatur et ametur, Euangelium est eius bonitatis instrumentum. Merito ergo et colendum, et honorandum est, si quidem potentiae Dei debetur veneratio; quatenus vero saluti nostrae servit, amabile nobis esse oportet. Observa autem quantum verbi ministerio tribuat Paulus quum testatur Deum illic suam ad salvandum virtutem exerere. Non enim de arcana aliqua revelatione, sed vocali praedicatione hic loquitur. Unde sequitur, eos quasi data opera respuere Dei virtutem, et liberatricem eius manum procul a se repellere, qui se a praedicationis auditu subducunt.
Verum quia non operatur in omnibus efficaciter, sed tantum ubi Spiritus interior magister cordibus illucet; ideo subiicit *omni credenti.*
27 | Offertur quidem Euangelium omnibus in salutem, sed non ubique apparet eius potentia. Quod autem impiis est odor mortis, id non tam ab eius natura ⟨20⟩ provenit, quam eorum malitia. Salutem unam de-

unter [den Römern] das Evangelium zu verbreiten, um für den Herrn Frucht zu sammeln; und er wollte dieser Berufung Gottes Genüge tun, insoweit es der Herr ihm gestattete.

16 *Ich schäme mich des Evangeliums Christi nicht; denn es ist eine Kraft Gottes zum Heil für jeden, der glaubt; für den Juden zuerst, dann für den Griechen.*
17 *Denn die Gerechtigkeit Gottes wird in ihm offenbart aus Glauben zu Glauben, so wie geschrieben steht: »Der Gerechte wird aus seinem Glauben leben«* [Hab 2,4].

16 *Ich schäme mich nicht.* Damit nimmt [Paulus] vorweg, dass er sich mit dem Gespött der Gottlosen nicht aufhalten will. So schafft er auch nebenbei einen Übergang zur Empfehlung der Würde des Evangeliums, damit die Römer es nicht verachten. Er deutet an, dass er selbst vor der Welt verächtlich sei, wenn er sagt, er schäme sich nicht. So bereitet er sie schon darauf vor, die Schande des Kreuzes Christi zu tragen, damit sie das Evangelium nicht weniger schätzen, wenn sie sehen, wie es den Grimassen und Schmähungen der Gottlosen preisgegeben ist. Er beweist im Gegenteil, welch hohen Rang es bei den Gläubigen hat. Wenn wir Gottes Macht preisen sollen, so leuchtet sie im Evangelium hervor. Wenn [Gottes] Güte erbeten und geliebt werden soll, so ist das Evangelium das Werkzeug seiner Güte. Es verdient unseren Dienst und unsere Ehrerbietung, wenn anders der Macht Gottes Verehrung geschuldet wird. Da es ja in Wahrheit unserem Heil dient, muss es uns liebenswert sein. Beachte darum, wie viel Paulus dem Dienst [der Verkündigung] des Wortes zuschreibt, wenn er bezeugt, dass Gott darin seine rettende Kraft offenbar macht. Er spricht hier nicht von irgendeiner geheimen Offenbarung, sondern von der mündlichen Predigt.[28] Daraus folgt, dass diejenigen, welche sich vom Hören der Predigt fernhalten, Gottes [rettende] Kraft gleichsam vorsätzlich verschmähen und seine befreiende Hand weit von sich weisen.
Weil nun eben [diese Kraft] nicht in allen wirksam wird, sondern nur dort, wo der Geist als Lehrer die Herzen innerlich erleuchtet[29], fügt [Paulus] an *für jeden, der glaubt*. Das Evangelium wird zwar allen zum Heil angeboten, aber seine Macht wird nicht überall sichtbar. Was für die Gottlosen ein Geruch des Todes ist [II Kor 2,16], liegt nicht an der Beschaffenheit [des Evangeliums], sondern an ihrer eigenen Bosheit.[30]

28 Calvin polemisiert hier gegen die spiritualistische Auffassung, es gebe neben der Schrift eine direkte göttliche Offenbarung. S. zu diesem Thema NIESEL 35–38.184f. und WENDEL, 133f. und Calvins Ausführungen in Inst. I,9.

29 Zum Thema der inneren Erleuchtung durch den Heiligen Geist s. NIESEL, 122–125 und W.H. NEUSER, Theologie des Wortes – Schrift, Verheissung und Evangelium bei Calvin, in: CALVINUS THEOLOGUS, a.a.O. (Anm. 18), 17–37; sowie im Blick auf moderne Fragestellungen G.W. LOCHER, Testimonium internum. Calvins Lehre vom Heiligen Geist und das hermeneutische Problem, ThSt 81, Zürich 1964.

30 So argumentiert Calvin seit der Vorrede zur Olivetanbibel 1535; CStA 1.1,53; CO 9,813. In anderen Zusammenhängen muss Calvin aber das universale Gna-

monstrando, omnem aliam fiduciam praecidit. Ab unica salute illi dum se subducunt, quandam sui interitus manifestationem in Euangelio habent. Ergo quum Euangelium omnes ad salutem indifferenter invitet, proprie vocatur ›salutis doctrina‹. Christus enim illic offertur, cuius proprium munus est servare quod perierat. Qui autem servari ab eo recusant, iudicem experiuntur. Caeterum passim in Scripturis, ›salutis‹ vocabulum simpliciter opponitur ›exitio‹. Itaque dum nominatur, qua de re agatur videndum est. Quum ergo Euangelium liberet a ruina et maledictione aeternae mortis, salus eius est vita aeterna.

Iudaeo primum et Graeco. Sub Graecorum nomine Gentiles omnes nunc comprehendit, quemadmodum ex comparatione liquet, in qua sub duobus membris universos homines voluit complecti. Hanc vero gentem verisimile est potissimum delegisse ad alias nationes designandas, quia prima post Iudaeos in Euangelici foederis communionem ascita fuerat; deinde quia propter viciniam, et linguae celebritatem, Iudaeis notiores erant Graeci. Est ergo synecdoche qua generaliter Gentes coniungit Iudaeis in Euangelii participatione; neque tamen Iudaeos gradu et ordine suo depellit, quando erant primi in promissione et vocatione. Ideo suam illis praerogativam servat. Sed Gentiles continuo, licet inferiore gradu, consortes adiungit.

17 *Iustitia enim Dei.* Explicatio est et confirmatio superioris sententiae, Euangelium scilicet esse Dei potentiam in salutem. Si enim salutem quaerimus, hoc est vitam apud Deum, quaerenda primum est iustitia per quam illi reconciliati, vitam quae in sola eius benevolentia consistit, eo propitio obtineamus. Nam ut a Deo amemur, prius iustos esse necesse est, quum iniustitiam odio habeat. Significat igitur, non aliunde nos salutem quam ex Euangelio consequi; quoniam non alibi suam nobis iustitiam Deus patefacit, quae sola nos ab interitu liberat. Haec autem iustitia quae fundamentum est salutis revelatur in Euangelio; unde Euangelium dicitur ›potentia Dei in salutem‹. Ita a causa ad effectum ratiocinatur. Rursum nota, quam rarum et pretiosum thesaurum in Euangelio nobis Dominus conferat, nempe iustitiae suae
28 communicationem. Iustitiam Dei accipio, quae apud Dei | tribunal

Indem das Evangelium das eine Heil aufzeigt, verwirft es alles anderswohin gerichtetes Vertrauen. Wer sich dem einen Heil entzieht, hat im Evangelium ein Zeugnis seines gewissen Untergangs. Weil also das Evangelium alle ohne Unterschied zum Heil einlädt, wird es zu Recht »Heilslehre« genannt. In ihm wird ja Christus dargeboten, und dessen Amt ist es, selig zu machen, was verloren war. Wer aber von ihm nicht gerettet werden will, wird ihn als Richter erfahren. Im Übrigen werden in der Bibel oft einfach die Begriffe »Heil« und »Verderben« gegenübergestellt. Daher muss man beachten, worum es bei der hier genannten Sache geht: Das Evangelium befreit von dem Untergang und dem Fluch des ewigen Todes, und sein Heil besteht im ewigen Leben.

Für den Juden zuerst und den Griechen. Unter dem Namen »Griechen« fasst [Paulus] jetzt alle Völker zusammen, so dass es aus dieser Zusammenstellung klar wird, in welche zwei Gruppen er alle Menschen zusammenfassen wollte. Wahrscheinlich hat er gerade diesem Volk die Bezeichnung aller anderern Nationen übertragen, weil es als erstes nach den Juden in die Gemeinschaft des Evangeliumsbundes aufgenommen worden war; und dann auch, weil die Griechen wegen der Nachbarschaft und der Berühmtheit der Sprache den Juden bekannter waren [als andere Völker]. In dieser Redewendung[31] verbindet Paulus die [anderen] Völker mit den Juden in der Teilhabe am Evangelium. Dennoch nimmt er den Juden damit nicht ihre besondere Stellung weg, da sie ja in Bezug auf Verheißung und Berufung die ersten waren. So bewahrt er ihnen ihren Vorrang, fügt aber die anderen Völker, wenn auch in zweiter Linie, sogleich als Bundesgenossen hinzu.

17 *Denn die Gerechtigkeit Gottes.* Dies ist eine Erklärung und Bestärkung des vorhergehenden Satzes, das Evangelium sei *eine Kraft Gottes zum Heil.* Wenn wir nämlich das Heil, das Leben bei Gott, suchen, müssen wir zuerst die Gerechtigkeit suchen, durch welche wir, mit ihm versöhnt, das Leben, das allein in seinem Wohlwollen besteht, durch seine gnädige Zuwendung erhalten. Denn damit wir von Gott geliebt werden, müssen wir zuerst gerecht sein, weil er die Ungerechtigkeit hasst. Das bedeutet: Wir erlangen das Heil nicht anderswoher als aus dem Evangelium, da uns ja Gott nur hier seine Gerechtigkeit, die uns allein vom Untergang befreit, zugänglich macht. Diese Gerechtigkeit aber, die Grundlage unseres Heils, wird im Evangelium offenbart, weshalb nun eben das Evangelium »eine Kraft Gottes zum Heil« genannt wird. So schließt [Paulus] von der Ursache [unseres Heils] auf die Verwirklichung [im Evangelium]. Wiederum sollst du erkennen, welchen seltenen und kostbaren Schatz Gott uns mit dem Evangelium zukommen lässt, nämlich die Gewährung seiner Gerech-

denangebot mit einem nur partikularen Heilswillen Gottes, entsprechend seiner Erwählungslehre, in Verbindung bringen – was ein dauerndes Problem bleibt. Kritik an Calvin in diesem Punkt üben A. GANOCZY / S. SCHELD, a.a.O., 188–193.

31 Synekdoche ist eine rhetorische Figur, bei der z.B. wie hier die Vielheit durch ein Einzelnes ersetzt wird, d.h. »der Jude/Grieche« für »die Juden/Griechen«. S. dazu H. LAUSBERG, a.a.O., 295f.

approbetur. Quemadmodum contra, ›hominum iustitiam‹ vocare solet, quae hominum opinione habetur et censetur iustitia, licet fumus tantum sit. Non tamen dubito quin Paulus ad multa vaticinia alludat, ubi passim iustitiam Dei in futuro Christi regno Spiritus ⟨21⟩ celebrat. Alii exponunt, ›Quae a Deo nobis donatur‹. Et certe fateor hunc inesse verbis sensum, quia nos per Euangelium iustificat Deus, ideo servat. Illa tamen prior notatio videtur mihi magis convenire. Quanquam de ea re non admodum contendo. Plus in eo momenti est, quod iustitiam hanc non in gratuita modo peccatorum remissione sitam esse quidam putant, sed partim quoque in regenerationis gratia. Ego autem nos ideo in vitam restitui interpretor, quia nos sibi gratis reconciliat Deus, quemadmodum postea fusius tractabimus suo loco.

Pro eo vero quod ante dixerat, *omni credenti*, nunc ait, *ex fide*. Offertur enim iustitia per Euangelium, et fide percipitur. Et subiungit, *in fidem*, quia quantum progreditur fides nostra, quantumque in hac cognitione proficitur, simul augescit in nobis Dei iustitia, et quodammodo sancitur eius possessio. Quum initio gustamus Euangelium, laetam quidem et exporrectam nobis cernimus Dei frontem, sed eminus; quo magis augescit pietatis eruditio, velut propiore accessu clarius ac magis familiariter Dei gratiam perspicimus. Quod nonnulli Veteris ac Novi testamenti tacitam collationem subesse putant, magis argutum est quam firmum. Neque enim Patres qui sub Lege vixerunt hic nobis comparat Paulus, sed quotidianum in singulis fidelibus progressum notat.

tigkeit. Darunter verstehe ich [jene] Gerechtigkeit, die vor Gottes Gericht bestehen soll. Dagegen versteht man unter der »Gerechtigkeit der Menschen« üblicherweise, was nach deren Meinung als Gerechtigkeit gilt und beurteilt wird, auch wenn es vielleicht nur leerer Dunst ist. Ich zweifle jedoch nicht daran, dass Paulus hier auf viele Weissagungen anspielt, in welchen der Geist die Gerechtigkeit Gottes im kommenden Reich Christi preist.[32] Andere legen [den Begriff Gerechtigkeit Gottes] aus als »von Gott uns geschenkte Gerechtigkeit«.[33] Ich gestehe wohl, dass auch dieser Sinn in den Worten liegt, weil Gott uns ja durch das Evangelium rechtfertigt und so rettet. Dennoch scheint mir das erstere Verständnis angemessener; ich will aber über diesen Punkt nicht allzu sehr streiten. Wichtiger ist schon die Überzeugung mancher, dass diese Gerechtigkeit nicht nur aus der in freier Gnade gewährten Vergebung der Sünden bestehe, sondern teils auch in der Gnade der Wiedergeburt.[34] Ich verstehe es so: Weil Gott uns umsonst mit sich versöhnt, werden wir gerade deswegen zum Leben erneuert.[35] Wir werden [diese Frage] später an passender Stelle noch ausführlicher behandeln.[36]

An Stelle der im vorhergehenden [Vers] gebrauchten Wendung *für jeden, der glaubt* sagt [Paulus] nun *aus Glauben*. Die Gerechtigkeit wird nämlich durch das Evangelium angeboten und durch den Glauben ergriffen. Und er fügt an *zu Glauben*, denn in dem Maße, wie unser Glaube vorwärts schreitet und in jener Erkenntnis weiter kommt, wächst auch in uns zugleich die Gerechtigkeit Gottes und wird in gewisser Weise unser Eigentum. Wenn wir das Evangelium kennen lernen, merken wir zwar, wie Gottes Angesicht uns freundlich zugekehrt ist, aber nur wie aus der Ferne. Je mehr aber die Ausbildung der Frömmigkeit fortschreitet, desto klarer und vertrauter schauen wir Gottes Gnade wie aus größerer Nähe.[37] Ziemlich viele [Ausleger] sehen [in der Wendung aus Glauben – zu Glauben] eine versteckte Gegenüberstellung von Altem und Neuem Testament[38], was wohl scharfsinnig, aber recht unsicher ist. Paulus vergleicht hier ja nicht die Väter, die unter dem Gesetz gelebt haben, mit uns, sondern spricht vom täglichen Fortschritt im Glauben bei den einzelnen Christen.

32 Man beachte hier die ausgeführte trinitarische Formulierung des Wirkens Gottes.

33 So Bucer nach Parker, 28, Anm. 51.

34 So Bucer und Sadolet nach Parker, 28, Anm. 52.

35 Calvin geht es hier darum, dass Gottes Gerechtigkeit in Christus alle seine Gaben umfasst, d.h. nicht nur – in einem verengten lutherischen Verständnis – auf die geschenkte Gerechtigkeit der Vergebung resp. Rechtfertigung beschränkt werden darf. S. dazu Niesel, 133–138.

36 Entsprechende Ausführungen finden sich z.B. in Calvins Auslegung von Röm 8,4.

37 Calvin bedient sich hier derselben Terminologie wie in der Darstellung seiner eigenen Wende zum Evangelium im Vorwort zum Psalmenkommentar von 1557, CO 31,21. S. dazu E. Saxer, a.a.O. (Anm. 22), v.a. 270–273, und O. Millet, Calvin et la dynamique de la parole. Etude de rhétorique réformée, Paris 1992, 522–525.

38 Dies betrifft zahlreiche Exegeten des Mittelalters, Erasmus und die Reformation (genaue Angaben bei Parker, 28, Anm. 53).

Sicut scriptum est. Authoritate Prophetae Habacuc probat istam fidei iustitiam. Nam ille, ubi de superborum eversione vaticinatur, simul addit, iustorum vitam in fide consistere. Non vivimus autem coram Deo nisi iustitia. Sequitur ergo, institiam quoque nostram in fide positam esse. Ac futurum verbum designat eius vitae de qua loquitur, solidam perpetuitatem; acsi dixisset, non fore momentaneam, sed perpetuo constaturam. Nam impii quoque falsa vitae opinione turgent. ›Sed quum dicunt, »Pax et securitas«, repentinus adest interitus‹. Umbra igitur est, quae nonnisi ad momentum durat. Fides autem sola est quae vitae per-
29 petuitatem affert. Unde id, nisi quia nos | ad Deum traducit nostramque in eo vitam collocat? Neque enim congruenter citaret Paulus hoc testimonium, nisi haec mens Prophetae esset, tunc nos demum stare ubi in Deum fide recumbimus. Et certe vitam piorum, fidei non adscripsit, nisi quatenus damnata mundi superbia, se ad unius Dei praesidium colligunt. Non tractat quidem hanc causam ex professo; ideoque nullam gratuitae iustitiae mentionem facit; sed ex fidei natura satis constat rite hoc testimonium praesenti causae aptari. Praeterea ex hac ratiocinatione necessario colligimus mutuam fidei et Euangelii relationem. Quia enim dicitur iustus fide victurus, infert vitam istam per Euangelium percipi. Iam habemus statum, seu cardinem ⟨22⟩ principalem huius primae partis Epistolae, ›Sola Dei misericordia per fidem nos iustificari‹. Nondum quidem hoc sigillatim expressum habemus Pauli verbis; sed ex contextu post facile patebit, iustitiam quae in fide est fundata totam Dei misericordiae inniti.

18 *Revelatur enim ira Dei e caelo, super omnem impietatem et iniustitiam hominum, veritatem Dei iniuste continentium:*
19 *Quia quod cognoscitur de Deo, manifestum est in ipsis. Deus enim illis manifestavit.*
20 *Siquidem invisibilia ipsius, ex creatione mundi, operibus intellecta, conspiciuntur: aeterna quoque eius potentia et Divinitas: ut sint inexcusabiles.*

So wie geschrieben steht. Mit dem gewichtigen Zeugnis des Propheten Habakuk belegt hier Paulus diese Glaubensgerechtigkeit. Denn dieser fügt dort, wo er über die Vernichtung den Hochmütigen weissagt, zugleich hinzu, dass das Leben der Gerechten im Glauben bestehe [Hab 2,4]. Wir leben aber vor Gott nur in Gerechtigkeit. Daraus ergibt sich, dass unsere Gerechtigkeit eben im Glauben liegt. Dass es [bei Paulus] heißt: *Er wird leben*, bedeutet: Das Leben, von dem er spricht, ist von beständiger Dauer, wie wenn er gesagt hätte, es bestehe nicht nur gegenwärtig, sondern auch in [alle] Zukunft. Die Gottlosen blähen sich ja auf mit ihrer falschen Auffassung vom Leben. »Aber während sie sich noch in Frieden und Sicherheit wähnen, ist plötzlich der Untergang da« [I Thess 5,3a]. Ihr Leben ist darum ein Schatten, der nur einen Augenblick lang bleibt.[39] Der Glaube allein bringt uns unvergängliches Leben. Woher sollte dies kommen, wenn nicht dadurch, dass er uns zu Gott hinführt und unser Leben in ihm gründet? Paulus könnte dieses Zitat gar nicht zu Recht anführen, wenn es nicht die Meinung des Propheten wäre, dass wir erst dann Bestand haben, wenn wir im Glauben in Gott ruhen werden. Und gewiss hat er das Leben der Frommen dem Glauben nur insofern zugeschrieben, als sie den Hochmut der Welt verdammen und sich unter der Herrschaft des einen Gottes sammeln. Allerdings behandelt er dieses Thema nicht ausdrücklich und erwähnt auch die aus Gnaden geschenkte Gerechtigkeit nicht; aber aus dem Wesen des Glaubens geht zur Genüge hervor, dass [Paulus] dieses Zitat zu Recht bei diesem Thema anführt. Überdies schließen wir aus dieser Argumentation notwendigerweise auf eine Wechselbeziehung zwischen Glaube und Evangelium. Weil ja gesagt wird, der Gerechte werde im Glauben leben, so folgt daraus, dass dieses Leben durch das Evangelium aufgenommen wird. Damit kennen wir bereits das Thema oder den hauptsächlichen Angelpunkt des ersten Briefteils: »Aus Gottes Barmherzigkeit werden wir durch den Glauben gerechtfertigt.« Wir haben dies noch nicht ausdrücklich in den Worten des Paulus, aber aus dem Zusammenhang wird danach klar werden, dass die Gerechtigkeit, die im Glauben begründet ist, ganz auf dem Erbarmen Gottes beruht.

18 *Denn Gottes Zorn wird vom Himmel her offenbart über alle Gottlosigkeit und Ungerechtigkeit der Menschen, die die Wahrheit Gottes unrechtmäßig gefangen halten.*
19 *Denn was von Gott erkannt werden kann, ist unter ihnen offenkundig; Gott hat es ihnen nämlich kundgetan.*
20 *Denn sein [an sich] unsichtbares Wesen, nämlich seine ewige Macht und Gottheit, kann von der Erschaffung der Welt an in [seinen] Werken wahrnehmbar erblickt werden, so dass sie unentschuldbar sind.*

39 Calvin nimmt hier einen Satz antiker und humanistischer Lebensweisheit auf, der auf Pindar zurückgeht, und vertieft ihn im Sinne der christlichen Erkenntnis von wahrem Leben in Christus. S. dazu Inst. III,9,2 (und 4) und die Belege in OS 4, 172, Anm. 1. Zu diesem ganzen Themenkomplex vgl. C.B. PARTEE, a.a.O. (Anm. 27), Kap. II: Calvins description of Christian Philosophy, 13–22.

21 *Quoniam quum Deum cognovissent, non tanquam Deo gloriam dederunt, aut grati fuerunt, sed exinaniti sunt in cogitationibus suis, et obtenebratum est stultum cor eorum.*
22 *Quum se putarent sapientes, stulti facti sunt:*
23 *Et mutaverunt gloriam incorruptibilis Dei, similitudine imaginis, corruptibilis hominis, et volucrum, et quadrupedum, et serpentum.*

18 *Revelatur*. Iam ex comparatione contrariorum argumentatur, quo probet iustitiam nonnisi per Euangelium conferri vel obtingere. Nam extra hoc, omnes damnatos ostendit. In ipso igitur solo reperietur salus. Ac primum quidem damnationis argumentum adducit, quod quum structura mundi, et haec pulcherrima elementorum compositio debuerit hominem instigare ad Deum glorificandum, nemo est qui officio suo fungatur. Unde constat omnes reos esse sacrilegii, et impiae, scelerataeque ingratitudinis. Quibusdam videtur hic esse prima propositio: ut
30 Paulus a poenitentia concionem deducat. Sed | ego arbitror hic conflictationem incipere; statum causae iam fuisse in propositione superiori. Consilium enim Pauli est docere ubinam quaerenda sit salus. Pronuntiavit non aliter nos eam consequi quam per Euangelium. Quia autem non libenter hucusque se humiliat caro, ut soli Dei gratiae laudem salutis assignet, universum mundum Paulus reum facit aeternae mortis. Unde sequitur recuperandam aliunde vitam, quum in nobis simus omnes perditi.

Caeterum particulae bene expensae, multum ad summam sententiae intelligendam facient. Inter ›impietatem‹ et ›iniustitiam‹ ita nonnulli distinguunt, quod putant priore vocabulo violatum Dei cultum notari, altero aequitatem in homines. Sed quia statim iniustitiam illam Apostolus ad religionis neglectum refert, nos utrunque de eodem interpretabimur.

Deinde, *omnis hominum impietas*, per hypallagen, pro ›omnium hominum‹ sive, ›cuius convicti tenentur omnes‹. Duplici autem nomine res una, hoc est adversus Deum ingratitudo notatur; quia peccatur in

21 *Denn obwohl sie Gott erkannt haben, haben sie Gott nicht die Ehre gegeben oder waren [ihm] dankbar, sondern sind in ihren Gedanken der Nichtigkeit verfallen, und ihr unverständiges Herz ist verfinstert worden.*
22 *Indem sie sich für Weise hielten, sind sie zu Toren geworden*
23 *und haben die Herrlichkeit des unvergänglichen Gottes vertauscht mit der Ähnlichkeit eines Bildes des verderblichen Menschen oder von Vögeln, vierfüßigen und kriechenden [Tieren].*

18 *[Gottes Zorn] wird offenbart.* In einen Vergleich mit dem Gegenteil beweist [Paulus], dass die Gerechtigkeit nur durch das Evangelium dargeboten und erhalten werden kann. Ohne dieses, so zeigt er auf, sind alle verdammt. In ihm allein wird daher das Heil gefunden. Als ersten Beweis für die Verdammnis führt er an, dass zwar der Bau der Welt und die wunderschöne Ordnung aller Teile den Menschen zur Verherrlichung Gottes hätten antreiben müssen, aber niemand erfülle [diese] seine Pflicht. Daher steht fest, dass alle der Gotteslästerung und der gottlosen, verbrecherischen Undankbarkeit schuldig sind.[40] Manchen [Auslegern][41] scheint es, als ob hier Paulus sein Thema angebe, um im Folgenden von der Buße her zu argumentieren. Aber ich bin der Meinung, dass hier die Erörterung des Grundsatzes beginnt, den er schon vorher aufgestellt hat. Es geht Paulus nämlich darum, zu lehren, wo das Heil zu suchen ist. Er hat es schon ausgesprochen, dass wir es nicht anders erfassen als durch das Evangelium. Weil aber das Fleisch sich nicht freiwillig derart [tief] demütigt, dass es einzig der Gnade Gottes den Lobpreis für sein Heil zukommen lässt, muss Paulus die ganze Welt des ewigen Todes schuldig erklären. Daraus folgt, dass wir das Heil anderswoher wiedererlangen müssen, da wir in uns selbst alle verloren sind.

Wenn wir im Übrigen die einzelnen Aussagen recht beurteilen, so tragen sie viel zum Gesamtverständnis des Satzes bei. So unterscheiden recht viele [Ausleger][42] zwischen »Gottlosigkeit« und »Ungerechtigkeit«, weil sie glauben, ersteres beziehe sich auf die Verletzung der Gottesverehrung, das andere auf die Gerechtigkeit unter den Menschen. Aber weil Paulus gleich darauf auch die Ungerechtigkeit auf die Vernachlässigung der Gottesfurcht bezieht, legen wir beides im selben Sinne aus.

Mit *alle Gottlosigkeit der Menschen* ist »die Gottlosigkeit aller Menschen«[43] gemeint, »derer sie also alle schuldig sind«. Mit zwei Begriffen wird nun ein und dieselbe Sache, nämlich die Undankbarkeit gegen Gott, ausgedrückt, weil durch sie in doppelter Weise gesündigt wird.

40 In diesem Satz ist in aller Kürze eine Grundthese Calvins zusammengefasst, die er aufgrund das Römerbriefes seit der Vorrede zur Olivetanbibel 1535 (CStA 1.1,35–37) und später in der Institutio konsequent durchhält.

41 So Melanchthon und Bucer nach PARKER, 29, Anm. 56

42 So Origenes, Thomas, Dionysius, Melanchthon und Bucer nach PARKER, 30, Anm. 57.

43 Zum rhetorischen Begriff der Hypallage s. Anm. 13.

ea bifariam. Ἀσέβεια, dicitur quasi Dei inhonoratio; ἀδικία, quoniam homo, ad se transferendo quod Dei erat, honorem Dei inique praeripuit. ›Ira‹, ἀνθρωποπαθῶς, more Scripturae, pro ultione Dei. Quia Deus puniens, praesefert (nostra opinione) irascentis faciem. Nullum ergo motum in Deo significat, sed tantum ad sensum peccatoris, qui plectitur, relationem habet. Eam ubi dicit e *caelo revelari*, quanquam particula ›e caelo‹ vice epitheti a quibusdam accipitur, acsi diceretur, ›caelestis Dei‹. Ego tamen existimo plus subesse efficaciae, in hunc sensum, ›Quacunque circunspectet homo, nihil salutis reperiet; quia quam longe lateque caelum patet, effusa est ira Dei in orbem universum‹.

Veritas Dei veram Dei notitiam significat. Eam continere est supprimere, seu obscurare; unde veluti furti subarguuntur.

Ubi vertimus *iniuste*, habet Paulus, ›in iniustitia‹, quae Hebraica phrasis idem valet; sed nos studuimus perspicuitati.

19 *Quia quod notum est Dei.* Sic appellat quod de Deo cognoscere fas est, vel expedit. Intelligit autem id totum quod pertinet ad gloriam Domini illustrandam, vel (quod idem est) quicquid nos movere excitareque debet ad Deum glorificandum. Quo verbo significat Deum quantus est minime posse mente nostra capi. Sed aliquem esse modum intra
31 quem se cohibere debeant homines; sicuti Deus ad modulum | nostrum attemperat quicquid de se testatur. Delirant ergo quicunque scire appetunt quid sit Deus; quia Spiritus perfectae sapientiae doctor, ad τὸ γνωστὸν nos non frustra revocat. Quomodo autem sit cognitum, mox subiiciet.

Atque ›*in ipsis*‹, dixit magis quam simpliciter ›ipsis‹, ad maiorem energiam. Tametsi enim Hebraicae linguae phrases passim usurpat Apostolus, in qua ב Beth saepius redundat. Hic tamen videtur voluisse indicare manifestationem qua propius urgeantur quam ut refugere queant; ut certe eam cordi suo insculptam quisque nostrum sentit.

Gottlosigkeit ist es, weil Gott die [ihm gebührende] Ehre nicht gegeben wird, Ungerechtigkeit, weil der Mensch das, was Gott zukam, ihm in unbilliger Weise entriss und auf sich selbst übertrug. Von Gottes »Zorn« spricht die Bibel nach menschlicher Art als von [seiner] Vergeltung, weil Gott, wenn er straft, nach unserer Meinung ein zorniges Antlitz zeigt. Damit ist aber keine Erregung in Gott gemeint, es bezieht sich nur auf das Gefühl des Sünders, der geschlagen wird.[44] Die Wendung *vom Himmel her offenbart* verstehen manche[45] einfach als ein Beiwort, wie wenn es hieße »der himmlische Gott«. Ich messe dem allerdings mehr Gewicht bei, in folgendem Sinne: »Wohin auch der Mensch schauen mag, er wird kein Heil finden, denn so weit der Himmel sich erstreckt, ist Gottes Zorn über die ganze Welt ausgegossen.«

Wahrheit Gottes meint die wahre Kenntnis Gottes. Sie gefangen halten bedeutet sie zu unterdrücken oder zu verdunkeln; damit werden [die Menschen] gleichsam des Diebstahls beschuldigt.

Wo wir lesen *unrechtmäßig* steht bei Paulus »in Ungerechtigkeit«. Dies entspricht hebräischer Redeweise, uns kommt es aber auf Klarheit an.

19 *Denn was von Gott bekannt ist.* So nennt [Paulus] das, was von Gott zu wissen recht und hilfreich ist. Er meint damit alles, was dazu beiträgt, die Ehre des Herrn zu verherrlichen oder, was dasselbe ist, [alles] was uns zum Lobpreis Gottes bewegen und antreiben soll. Damit zeigt er auch, dass Gott, so wie er ist, mit unserem Verstand nicht im Geringsten zu erfassen ist. Aber es gibt ein Maß, an welches die Menschen sich halten sollen, so wie Gott sich unserem geringen Fassungsvermögen anpasst bei allem, was er von sich bezeugt.[46] Wer aber wissen will, was Gott an sich ist, hat den Verstand verloren; der [Heilige] Geist, der Lehrer vollkommener Weisheit, ruft uns nicht umsonst zu dem, was [von Gott] erkennbar ist.[47] Auf welche Weise dies zu erkennen ist, wird [Paulus] bald angeben.

Er sagt auch *unter ihnen [offenbar]* statt bloß »ihnen«, um [dieser Aussage] mehr Nachdruck [zu verleihen]. Allerdings gebraucht der Apostel oft hebräische Satzbildungen, in welchen dieses [hier unnötige] »in« oft wiederkehrt. Hier aber wollte er offenbar auf eine Bekundung Gottes hinweisen, die [die Menschen] so in die Enge treibt, dass sie ihr nicht entrinnen können; jeder von uns verspürt sie so ganz gewiss wie in seinem Herzen eingegraben.[48]

44 Zu der Unterscheidung von Gottes Eigenschaften und seinem unwandelbaren Wesen s. Inst. I,10,2. Weiteres bei P. Opitz, a.a.O. (Anm. 13), 171, Anm. 399.

45 So Dionysius nach Parker, 30, Anm. 58.

46 Zu dem für Calvins Offenbarungsverständnis zentralen Begriff der attemperatio oder accommodatio Gottes s. P. Opitz, a.a.O. (Anm. 13), 108–112.

47 Zur Polemik gegen die Spiritualisten s. Anm. 28. Calvin behandelt dieses Thema u.a. in Inst. I,9.

48 Calvin spricht in diesem Zusammenhang in Inst. I,3,3 von dem semen religionis, der den Menschen eingepflanzt ist, und beruft sich dafür auf Ciceros »De natura Deorum« (OS III,37–40 mit Belegen). S. dazu E. Grislis, Calvin's Use of Cicero in the Institutes I,1,5 – A Case Study in Theological Method, in: ARG 62 (1971), 5–37.

Quod dicit, *Deum manifestasse*, sensus est, ideo conditum esse hominem ut spectator sit fabricae mundi, ideo datos ei oculos, ut intuitu tam pulchrae imaginis, ad authorem ipsum feratur.

20 *Invisibilia enim ipsius*. Deum per se invisibilis est. Sed quia elucet eius maiestas in operibus et creaturis universis, debuerunt illinc homines agnoscere, nam artificem suum perspicue declarant. Qua ratione Apostolus ad Hebraeos, secula dicit esse specula, seu spectacula rerum invisibilium. Non recenset autem sigillatim quae in Deo considerari possunt; sed docet ad aeternam usque eius potentiam et Divinitatem perveniri. Nam qui omnium est author, eum oportet sine initio esse et a ⟨24⟩ seipso. Ubi eo ventum est, iam se profert Divinitas, quae nisi cum singulis Dei virtutibus nequit consistere, quando sub ea omnes continentur.

In hoc ut sint inexcusabiles. Hinc facile constat, quantum ex hac demonstratione homines consequantur; nempe ut nullam possint afferre defensionem in iudicium Dei quin iure sint damnabiles. Sit ergo haec distinctio: Demonstrationem Dei qua gloriam suam in creaturis perspicuam facit, esse, quantum ad lucem suam, satis evidentem; quantum ad nostram caecitatem non adeo sufficere. Caeterum non ita caeci sumus, ut ignorantiam possimus praetexere quin perversitatis arguamur. Concipimus Divinitatem. Deinde eam quaecunque est, colendam esse ratiocinamur. Sed hic deficit sensus noster, antequam assequatur aut quis, aut qualis sit Deus. Quare Apostolus ad Hebraeos fidei tribuit istud lumen, ut in mundi creatione vere proficiat. Neque abs re. Caecitate enim impedimur ne pertingamus ad scopum. Videmus eatenus

Gott hat es kundgetan bedeutet, dass der Mensch dazu geschaffen ist, den Bau der Welt zu betrachten und ihm dazu Augen gegeben sind, um beim Anschauen eines solch schönen Bildes zu dessen Urheber selbst geführt zu werden.

20 *Sein unsichtbares Wesen.* Gott ist an sich unsichtbar. Aber seine Erhabenheit leuchtet aus all seinen Werken und Geschöpfen, so dass [ihn] die Menschen daraus hätten erkennen müssen, denn sie weisen klar auf ihren Werkmeister hin. Deshalb sagt der Apostel im Hebräerbrief [Hebr 11,3][49], die Welt sei ein Spiegel, ein Abbild der unsichtbaren Dinge.[50] Er zählt nicht im Einzelnen auf, was an Gott betrachtet werden kann, sondern lehrt, man müsse bis zu *seiner ewigen Macht und Gottheit* hindurch dringen. Denn er, der Urheber aller [Dinge], muss ohne Anfang und aus sich selbst sein. Sobald man dorthin gelangt ist, zeigt sich auch die Gottheit, die ja nur mit den einzelnen Ausübungen ihrer Macht bestehen kann, weil sie alle in der Gottheit inbegriffen sind.[51]
Darin sind sie unentschuldbar. Daraus ergibt sich unschwer, was für die Menschen aus dieser Kundgebung [Gottes] folgt. Sie können vor Gottes Gericht keine Verteidigung vorbringen, sondern sind vielmehr mit Recht zu verdammen. Man muss also [genau] unterscheiden: Die Kundgebung Gottes, mit welcher er seine Herrlichkeit in den Geschöpfen sichtbar macht, ist zwar im Blick auf ihr eigenes Licht einsichtig genug, aber im Blick auf unsere Blindheit reicht sie nicht bis dahin aus. Im Übrigen sind wir nicht so blind, dass wir Nichtwissen vorschützen könnten, wenn wir unserer Verkehrtheit angeklagt werden. Wir erfassen die Gottheit. Wir folgern daraus auch, dass ihr, was sie auch sei, Verehrung gebühre. Aber dann versagt unser Verstand, bevor er begreift, wer oder wie Gott ist. Darum schreibt der Apostel im Hebräerbrief [Hebr 11,3] diese Einsicht dem Glauben zu, der [allein] in Bezug auf die Schöpfung der Welt wirklich etwas erreicht. Und dies nicht ohne Grund, denn unsere Blindheit hindert uns, ans Ziel zu gelangen. Wir sehen gerade so weit, dass wir keine Ausflüchte machen können.[52]

49 Zu Calvins Auffassung über den Autor des Hebräerbriefs s. Anm. 20.

50 Calvin bewegt sich hier in der Linie einer Tradition, die seit der alten Kirche neben dem Buch der Schrift auch vom Buch der Natur spricht, aus welchem Gott erkannt werden kann. Am klarsten tut dies das Werk des Raimund von Sabunde »Theologia naturalis seu liber creaturarum«. S. dazu E. SAXER (Anm. 22), a.a.O., 230–232. Weitere Belege aus der gesamten Kirchengeschichte bei F. BÜSSER, Das Buch der Natur. Vom Lob des Schöpfers zum Schutz der Schöpfung. Große Theologen über Schöpfung und Natur, Stäfa 1990. Bei Calvin finden sich Stellen, wo dieser Lobpreis Gottes in der Natur in geradezu hymnischer Weise entfaltet wird, so in der Vorrede zur Olivetanbibel 1535 (CStA 1.1,37,22–44) oder in einer Predigt vom 30.9.1554 über Psalm 148, in: Johannes Calvin. Psalmpedigten, Passions-, Oster- und Pfingstpredigten. Supplementa Calviniana, Sermons inédits VII hg. v. E. MÜLHAUPT, Neukirchen-Vluyn 1981, 17f.; schon vorher übersetzt in: E. MÜLHAUPT, Der Psalter auf der Kanzel Calvins, Neukirchen 1959, 113. Die Frage nach der Offenbarung Gottes in der Natur behandelt Calvin in Inst. I,5.

51 Zum Gottesbegriff Calvins vgl. Anm. 18.

52 Diese ganze Argumentation fasst die Stellungnahme Calvins in der Frage der »natürlichen Gotteserkenntnis« zusammen. Sie ist vor allem durch die Aus-

nequid iam possimus tergiversari. Utrunque eleganter demonstrat Pau-
32 lus (Act. 14. 17), quum dicit, ›Dominum in praete-|ritis generationibus reliquisse Gentes in ignorantia; neque tamen se reliquisse ἀμάρτυρον, quoniam dedit pluvias et ubertatem e caelo‹. Multum itaque haec Dei notitia, quae tantum ad tollendam excusationem valet, a salvifica illa differt cuius meminit Christus Iohan. 17. 3, et in qua gloriandum esse docet Ieremias, cap. 9. 24.

21 *Quia quum Deum cognovissent.* Hic aperte testatur, Deum omnium mentibus sui cognitionem insinuasse; hoc est, sic se demonstrasse per opera, ut illi necessario conspicerent quod sponte non quaerunt, esse scilicet aliquem Deum; quia neque fortuito extitit mundus, nec a se prodiit. Sed notandum semper in quo notitiae gradu haeserint, sicuti nunc sequitur.

Non ut Deum glorificaverunt. Concipi Deus non potest sine sua aeternitate, potentia, sapientia, bonitate, veritate, iustitia, misericordia. Aeternitas ex eo liquet, quod author est omnium. Potentia, quod tenet omnia in sua manu, facitque ut in se consistant. Sapientia, ex ordinatissima dispositione. Bonitas, quia nihil causae erat cur conderet omnia, neque alia ratione moveri potest ut conservet quam ob illam ipsam. Iustitia, in administratione; quia sontes punit, innocentes vindicat. Misericordia, quod tanta patientia tolerat hominum perversitatem. Veritas,

Beides hat Paulus vorzüglich beschrieben (Apg 14,17), wenn er sagt: »Gott hat die Völker in früheren Zeiten in Ungewissheit gelassen, aber er habe sich doch nicht unbezeugt gelassen, indem er ihnen Regen und Feuchtigkeit vom Himmel gab.« Diese Erkenntnis Gottes, die nur dazu dient, [unsere] Entschuldigung zu beseitigen, ist daher weit von jener heilbringenden entfernt, die Christus erwähnt (Joh 17,3) und derer wir uns rühmen sollen, wie Jeremia lehrt (Jer 9,24).

21 *Da sie Gott erkannt hatten.* Hier bezeugt [Paulus] offen, dass Gott seine Erkenntnis dem Geist aller eingepflanzt hat; er habe sich durch [seine] Werke so gezeigt, dass die Menschen gezwungenermaßen einsehen mussten, was sie von sich aus nicht anstrebten: es sei ein Gott, weil die Welt weder nur zufällig entstanden noch aus sich selbst hervorgegangen ist.[53] Man muss aber immer feststellen, auf welcher Stufe der Erkenntnis [die Menschen] dann stecken geblieben sind, was sogleich folgt.

Sie haben Gott nicht die Ehre gegeben. Gott kann nicht ohne seine Ewigkeit, Macht, Weisheit, Güte, Wahrheit, Gerechtigkeit [und] Barmherzigkeit gedacht werden. Die Ewigkeit ergibt sich daraus, dass er der Urheber von allem ist; die Macht, weil er alle [Dinge] in seiner Hand hält und ihnen durch sich Bestand schafft; die Weisheit aus der vollkommenen Weltordnung; die Güte, weil es [sonst] keinen Grund gab, warum er alles geschaffen hat oder zu dessen Erhaltung bewegt werden kann als um ihretwillen; die Gerechtigkeit aus seinem Regieren, weil er die Bösen straft und die Unschuldigen rächt; die Barmherzigkeit, weil er die Verkehrtheit der Menschen mit solcher Geduld erträgt; die

einandersetzung K. Barth – E. Brunner zu einem immer wieder behandelten Thema in der Calvinforschung geworden. S. dazu Niesel, 39–49 (dort die ältere Lit.) und als weitere wichtige Beiträge zum Thema Wendel, 136–141, R. Stauffer, Dieu, la création et la Providence dans la prédication de Calvin, Basler und Berner Studien zur historischen und systematischen Theologie 33, Berne/Francfort a.M./Las Vegas 1978, Chap. I: »La révélation générale, 19–51, und H. Geisser, Wieder einmal zur Frage der natürlichen Gotteserkenntnis bei Calvin, oder: Welchen Dienst leistet dabei die »Brille« bzw. das Bild von der Brille, in: In necessariis unitas. Mélanges offerts à Jean-Louis Leuba; éd. par R. Stauffer, Paris 1984, 163–181. Eine u.E. zutreffende zusammenfassende Darstellung der Intention Calvins und der dogmatischen Debatte bietet I. Werner, Calvin und Schleiermacher im Gespräch mit der Weltweisheit. Das Verhältnis von christlichem Wahrheitsanspruch und allgemeinem Wahrheitsbewusstsein, Neukirchen-Vluyn 1999, speziell I,1: »Die Grenze der dogmatischen Nachfrage: Zum Problem der natürlichen Gotteserkenntnis bei Calvin« 29–47, und IV,1,1: »Calvins Beschreibung der menschlichen Religiosität«, 230–238. – Zu Recht betont E.-M. Faber, Symphonie von Gott und Mensch. Die responsorische Struktur von Vermittlung in der Theologie Johannes Calvins, Neukirchen-Vluyn 1999, v.a. 191–199, die bleibende Bedeutung der Schöpfung als positiver Vermittlungsgestalt von Gottes Herrlichkeit.

53 Calvin bekämpft hier die aristotelische Auffassung eines immerwährenden Bestehens der Welt, die stoischen Vorstellungen einer Gottnatur sowie die epikureischen einer atomistischen Zufallsentstehung der Welt. S. dazu R. Stauffer, a.a.O. (Anm. 52), 177–178, sowie C.B. Partee, a.a.O. (Anm. 27), v.a. 97–104. Wichtige Ausführungen bei Calvin zu diesem Thema finden sich Inst. I,5,4–5 und im Kommentar zu Apg 17,28 (CO 48,405f.).

ex eo quod immutabilis est. Ergo qui conceptam Dei notitiam habet, iam illi laudem debet aeternitatis, sapientiae, bonitatis, iustitiae. Eiusmodi virtutes quum non recognoverint homines in Deo, sed somniarint tanquam inane phantasma, merito dicuntur illum sua gloria improbe spoliasse. ⟨25⟩ Nec sine causa subdit, *gratos non fuisse*; quia nemo est qui non infinitis eius beneficiis sit obaeratus. Adeoque vel hoc solo nomine satis superque nos sibi obstringit, quum se nobis patefacere dignatur.

Sed exinaniti sunt in, etc. Id est derelicta Dei veritate, ad sensus sui vanitatem conversi sunt; cuius omnis perspicacia inanis est, et instar fumi dilabitur. Atque ita tenebris obvoluta stolida eorum mens, nihil rectum percipere potuit, sed modis omnibus praecipitata est in errores et mendacia. Haec illa est iniustitia, quod semen rectae notitiae mox sua pravitate suffocant, priusquam in segetem emergat.

22 *Quum enim putarent.* Ex hoc loco argumentum vulgo sumunt, ut putent Paulo hic negotium esse cum philosophis qui peculiariter arrogarunt sibi sapientiae famam. Atque ita procedere orationem putant, ut deiecta magnorum excellentia, sequatur neque in ipso vulgi grege

Wahrheit aus seiner Unwandelbarkeit.[54] Wer also eine [solche] Vorstellung von Gott in sich aufgenommen hat, der schuldet ihm auch Lobpreis für seine Ewigkeit, Weisheit, Güte [und] Gerechtigkeit. Wenn die Menschen diese Eigenschaften Gottes nicht anerkennen, sondern sich ein leeres Wahngebilde erträumen, so heißt es von ihnen zu Recht, sie hätten Gott ruchlos seiner Ehre beraubt. [Paulus] fügt mit gutem Grund hinzu: *sie waren nicht dankbar*, weil es niemanden gibt, der Gott nicht für unzählige Wohltaten Dank schuldete. Nur schon allein dadurch, dass er uns seiner Offenbarung würdig hält, verpflichtet er uns sich mehr als genug [zu Dank].[55]

Sie sind der Nichtigkeit verfallen ... Damit ist gemeint: Sie haben Gottes Wahrheit gänzlich aufgegeben und sich dem leeren Schein ihres eigenen Verstandes zugewandt, dessen ganze Scharfsichtigkeit nichts bewirkt und wie der Rauch vergeht.[56] Aber ihr dummdreister Verstand war von Finsternis umhüllt und konnte so nichts Rechtes mehr wahrnehmen, sondern stürzte sich auf alle [möglichen] Arten in Irrtümer und Lügen. Darin besteht eben jene Ungerechtigkeit, dass sie den Samen rechter Einsicht bald mit ihrer Bosheit ersticken, bevor er keimen kann [Mt 13,7].

22 *Indem sie sich [für Weise] hielten.* Aus dieser Stelle begründen manche üblicherweise die Annahme, Paulus setze sich hier mit den Philosophen auseinander, die sich ja den Ruf der Weisheit in besonderer Weise anmaßen. Sie meinen dann, der Gedankengang führe so weiter: wenn schon die hohe Stellung dieser Großen zu Fall gebracht

54 Die Aufzählung der Eigenschaften Gottes findet sich auch Inst. I,10,2 (OS III, 86f. von 1539, d.h. im Zusammenhang mit dem Römerbriefkommentar verfasst) und bei der Auslegung der ersten Bitte des Unser-Vater Inst. III,20,40 (OS IV,349–350, hier auf die Inst. von 1536 zurückgehend). Diese Eigenschaften Gottes werden traditionell dem Vater / Schöpfer zugeschrieben. Calvin neigt, wie an den beiden angegebenen Stellen sichtbar wird, in den späteren Ausgaben der Institutio immer mehr dazu, diese Eigenschaften christologisch zu begründen. S. dazu auch R. STAUFFER, Quelques aspects insolites de la théologie du premier article dans la prédication de Calvin, in: CALVINUS ECCLESIAE DOCTOR. Die Referate des internationalen Kongresses für Calvinforschung vom 25. bis 28. September 1978 in Amsterdam, hg. v. W.H. NEUSER, Kampen 1980, 48–55.

55 Für Calvin ist die Dankbarkeit die menschliche Grundhaltung gegenüber Gottes Gaben, die auch durch den Jammer des irdischen Lebens nicht aufgehoben wird (Inst. II,9,3; OS 172f., Text von 1539). Sie erfüllt die Forderung, Gott zu lieben und zu verehren (Inst. I,14,22; OS 3, 173). Calvin schließt sich damit an die Auslegung des I. Artikels des Credo in Luthers Kleinem Katechismus an, stellt aber klarer die Dankbarkeit als Oberbegriff heraus und leitet damit zur Struktur des Heidelberger Katechismus über, wo thematisch von der Dankbarkeit als der Realisierung christlichen Lebens gesprochen wird, worunter die Gebote und die Sakramente behandelt werden (Frage 2 des Heidelberger Katechismus).

56 Calvin nimmt hier die skeptisch-humanistische Sicht der Welt als »Marktplatz der Irrtümer und Eitelkeiten« auf, wie sie neben Erasmus besonders von Budé vertreten wurde. Er vertieft sie aber im theologischen Sinne, was ein typisches Element der Denkweise Calvins ist. Die Wendung vom Vergehen im Rauch geht auf ein Cicero-Zitat zurück, das Calvin bereits im Seneca-Kommentar anführt (CO 5,27). S. dazu E. SAXER, a.a.O. (Anm. 22), 171–174.

esse aliquid laude dignum. Sed videntur illi mihi nimium infirma ratio-
33 ne moti esse. Neque enim id proprie in philosophos competit, | quod in Dei cognitione putarint se esse sapientes. Sed aeque commune est gentium, ordinumque omnium. Nemo enim fuit qui non voluerit Dei maiestatem sub captum suum includere, ac talem Deum facere qualem percipere posset suopte sensu. Non discitur, inquam, haec temeritas in scholis, sed nobis ingenita, ex utero (ut ita loquar) nobiscum prodit. Constat enim hoc malum seculis omnibus grassatum esse, ut sibi in comminiscendis superstitionibus nihil non permitterent homines. Haec igitur arrogantia taxatur; quod quum deberent in humilitate sua dare gloriam Deo, voluerint apud semet sapere, et Deum ad suam humilitatem detrahere. Nam principium illud retinet Paulus, ›Neminem, nisi propria culpa, a Dei cultu esse alienum‹; acsi diceret, ›Quoniam superbe se extulerunt, iusta Dei ultione fuerunt infatuati‹. Prompta etiam ratio est quae adversus illam quam repudio, interpretationem militet; quia non habuit a philosophis originem error iste de affingenda Deo imagine, sed ipsi ab aliis acceptum, suo quoque calculo approbarunt.

23 *Et mutaverunt.* Postquam Deum talem finxerunt, qualem carnali suo sensu apprehendere poterant, longe abfuit quin verum Deum agnoscerent, sed factitium et novum Deum, vel potius eius loco spectrum sunt fabricati. Id est quod dicit, eos mutasse Domini gloriam, quia perinde acsi quis supponeret alienum partum, sic a vero Deo recesserunt. Nec excusantur eo praetextu, quod Deum nihilominus in caelo habitare credant; lignum non pro Deo habeant, sed pro simulachro. Nam hoc ipsum Deo contumeliosum est, quod eius maiestatem ⟨26⟩ tam crasse imaginantur ut simulachrum illi adaptare ausint. Atqui talis audaciae scelere nemo eximi potest, non sacerdotes, nec legislatores, non philosophi, quorum maxime sobrius Plato, formam ipse quoque in Deo vestigat. Haec igitur insania notatur, quod omnes sibi Deum voluerunt figurare; quod certo arguit crassas ac stultas eorum de Deo phantasias.

sei, werde sich bei der großen Menge erst recht nichts finden, was des Lobes wert sei. Aber jene [Ausleger] scheinen mir äußerst schwache Gründe [für sich] zu haben. Dieser [Vorwurf], sie hätten sich in Bezug auf die Erkenntnis Gottes für weise gehalten, trifft nämlich nicht nur die Philosophen, sondern ebenso alle Völker und Stände. Es gab eben niemanden, der nicht Gottes Majestät in seine eigene Fassungskraft hätte einschließen wollen oder sich einen Gott zurechtmachen, den er mit seinem eigenen Verstand erfassen konnte. Eine solche Vermessenheit, so sage ich, wird nicht in den Schulen erlernt, sondern ist uns angeboren und kommt – wenn der Ausdruck erlaubt ist – schon mit uns auf die Welt.[57] Es steht nämlich fest, dass dieses Übel zu allen Zeiten verbreitet war, so dass die Menschen sich im Erfinden abergläubischer Gebräuche alles erlaubten.[58] Diese Anmaßung wird hier beurteilt: die Menschen, die in ihrer Niedrigkeit Gott die Ehre geben sollten, wollten bei sich selber weise sein und Gott zu ihrer Niedrigkeit herunterziehen. Denn Paulus hält als Grundsatz fest: »Niemand bleibt der Verehrung Gottes fern außer durch eigenes Verschulden«, wie wenn er sagte: »Da die Menschen sich hochmütig erhoben haben, wurden sie durch Gottes gerechte Strafe zu Toren gemacht.« Es ist klar, dass dieser Satz der von mir abgelehnten Auslegung widerspricht, weil damit der Irrtum, sich ein Bild von Gott zurechtzumachen, also nicht von den Philosophen ausgeht, sondern sie ihn von anderen übernommen und dann in ihrer Überlegung gebilligt haben.

23 *Und sie haben vertauscht.* Nachdem nun die Menschen sich Gott so vorgestellt hatten, wie sie ihn nach ihrem fleischlichen Sinn erfassen konnten, haben sie, weit davon entfernt, Gott in Wahrheit zu erkennen, einen selbstgemachten und neuen Gott, oder besser gesagt, ein Scheingebilde an dessen Stelle verfertigt. Das nennt [Paulus]: sie *hätten die Herrlichkeit Gottes vertauscht*, denn wie wenn jemand ein fremdes Kind unterschiebt, so haben sie den wahren Gott aufgegeben. Sie können sich auch nicht mit dem Vorwand entschuldigen, sie glaubten doch nach wie vor an einen Gott im Himmel; sie hielten ihr hölzernes Machwerk nicht für Gott, nur für ein Abbild. Denn gerade dies ist Gott gegenüber schändlich, weil sie sich seine Erhabenheit so plump vorstellten, dass sie es wagten, ihr ein Abbild anzudichten. Von einer solch vermessenen Freveltat kann niemand freigesprochen werden, weder die Priester noch die Gesetzgeber noch die Philosophen, deren verständigster, Plato, doch so etwas wie eine Gestalt Gottes [zu erfassen] sucht.[59] Es ist also dieser Wahnsinn gemeint, dass alle Gott sich figürlich vorstellen wollten; deshalb bezichtigt sie [Paulus] plumper und törichter Wahnvorstellungen über Gott. Als erstes haben

57 Diese Wendung geht dann in die Inst. I,3,3 ein (zu Calvins Vorbildern s. OS III,3,39f. und Parker, 33, Anm. 65). Dort wird der Satz allerdings zur Begründung dessen gebraucht, dass es eine angeborene Überzeugung vom Dasein Gottes gibt: »naturaliter ingenitam esse omnibus hanc persuasionem esse aliquem deum« OS 3,39,23f.

58 Vgl. dazu Inst. I,4,1 und E. Saxer, a.a.O. (Anm. 22), 15–69.

59 Parker, 33, Anm. 66 weist auf Timaeus 33,4 hin.

Ac primum Dei maiestatem conspurcarunt similitudine hominis corruptibilis. Sic enim vertere malui quam cum Erasmo, ›mortalis‹; quia non solam Dei immortalitatem, hominis mortalitati opponit Paulus, sed gloriam illam nullis vitiis obnoxiam miserrimae hominis conditioni. Deinde non contenti tanto flagitio, usque ad belluas, et eas quidem in suo genere foedissimas, descenderunt. Ubi clarius etiamnum deprehen-
34 ditur eorum stupor. De his abo-|minationibus habes apud Lactantium, Eusebium, Augustinum in lib. de Civitate Dei.

24 *Propterea tradidit illos Deus in cupiditates cordium suorum in immunditiem: ut ignominia afficerent corpora sua in seipsis.*
25 *Qui transmutarunt veritatem eius in mendacium: et coluerunt, ac venerati sunt creaturam supra Creatorem: qui est benedictus in secula. amen.*
26 *Propterea inquam tradidit illos Deus in passiones ignominiosas. etenim foeminae ipsorum transmutarunt naturalem usum, in eum qui est praeter naturam:*
27 *Similiter et viri quoque, omisso naturali usu foeminae, exarserunt mutua libidine, alii in alios: masculi in masculis foeditatem perpetrantes, et quam decebat, erroris sui mercedem in seipsis recipientes.*
28 *Et quemadmodum non probaverunt Deum habere in notitia: tradidit illos Deus in reprobam mentem, ad facienda quae non decerent:*
29 *Ut essent pleni omni iniustitia, nequitia, libidine, avaritia, malitia, referti invidia, homicidio, contentione, dolo, perversitate, susurrones,*
30 *Obtrectatores, osores Dei, malefici, contumeliosi, fastuosi, repertores malorum, parentibus immorigeri,*
31 *Intelligentiae expertes, insociabiles, affectu humanitatis carentes, foedifragi, sine misericordiae sensu.*
32 *Qui quum Dei iudicium cognoverint, quod qui talia agunt, digni sunt morte: non tantum ea faciunt, sed assentiuntur facientibus.*

24 *Propterea tradidit.* Quia clandestinum est malum impietas, ne adhuc tergiversentur, ostendit crassiori demonstratione illos non posse elabi quin iusta damnatione teneantur. Siquidem illam impietatem se-

sie Gottes Majestät durch die Ähnlichkeit [des Bildes] eines verderblichen Menschen beschmutzt. Ich übersetze hier lieber »verderblich« als »sterblich«, wie dies Erasmus[60] tut, weil Paulus nicht nur Gottes Unsterblichkeit der menschlichen Sterblichkeit gegenüberstellt, sondern dessen von keinem Gebrechen beeinträchtigte Ehre der ganz und gar elenden Verfassung des Menschen. Dann aber, noch nicht mit einer solchen Schandtat zufrieden, sanken sie hinab bis zu [Abbildern von] Tieren, und womöglich den schmutzigsten ihrer Art. Daraus kann ihre Verblendung noch deutlicher wahrgenommen werden. Von diesen Abscheulichkeiten findest du [Beispiele] bei Lactantius, Eusebius und Augustinus in seinem Buch »Vom Gottesstaat«.[61]

24 *Darum hat Gott sie den Begierden ihrer Herzen ausgeliefert, der Unreinheit, so dass sie ihre Leiber in Bezug auf sich selbst mit Schande beluden.*
25 *Sie haben Gottes Wahrheit in Lüge verwandelt und dem Geschöpf Anbetung und Verehrung erwiesen statt dem Schöpfer, der gepriesen sei in Ewigkeit, Amen.*
26 *Darum hat Gott sie schändlichen Leidenschaften ausgeliefert. So haben nämlich ihre Frauen den natürlichen Verkehr in widernatürlichen verwandelt.*
27 *Entsprechend haben auch die Männer den natürlichen Verkehr mit der Frau verlassen und sind in gegenseitiger Begierde aneinander entbrannt; Mann mit Mann vollzogen sie ihr schändliches Treiben und, wie es sich gehört, empfingen sie den Lohn ihrer Verirrung an sich selbst.*
28 *Und weil sie den Besitz der Kenntnis Gottes verworfen haben, hat sie Gott nun einem verwerflichen Sinn ausgeliefert, alles zu tun, was sich nicht gehört:*
29 *Sie sollten voll sein von jeder Ungerechtigkeit, Schlechtigkeit, Wollust, Geiz, Bosheit; angefüllt mit Neid, Mord, Streit, Hinterlist, Verdorbenheit; Einflüsterer,*
30 *Verleumder, Gotteslästerer, Übeltäter, Überhebliche, Dünkelhafte, im Bösen Erfinderische, den Eltern Ungehorsame,*
31 *Unverständige, Unzuverlässige, ohne menschliche Gefühle, Vertragsbrüchige, Mitleidlose.*
32 *Sie kennen Gottes Urteil, dass sie mit solchem Handeln den Tod verdienen; aber sie tun diese Dinge nicht nur, sondern spenden denen Beifall, die [solches] tun.*

24 *Deswegen hat er sie ausgeliefert.* Weil die Gottlosigkeit ein verborgenes Übel ist und die Menschen nicht noch weiterhin Ausflüchte machen sollen, zeigt [Paulus] mit einer handgreiflichen Beweisführung,

60 Parker, 33, Anm. 67 gibt die Textvarianten bei Erasmus und die Lesart der Vulgata.

61 Die genauen Belege aus Lactantius, Institutiones, und Eusebius, Praeparationes, bei Parker, 34, Anm. 68. – Zu Augustinus vgl. De Civitate Dei, Buch 6 und 7.

quuti sunt fructus, unde licet colligere manifesta irae Domini indicia. Quod si iusta est semper ira Domini, sequitur praecessisse quod illos redderet damnabiles. A signis ergo nunc urget hominum apostasiam et defectionem. Siquidem ita ulciscitur Dominus eos qui se ab ipsius bonitate alienarunt, ut in multiplicem perditionem ac ruinam ⟨27⟩ deiiciat praecipites. Ac similitudinem vitiorum quibus laborant, cum impietate comparando cuius eos supra accusavit, probat eos ita poenas iusto Dei iudicio pendere. Nam quum nihil potius sit nobis nostro honore, haec summa est caecitas, ubi non dubitamus in nos ipsos esse contumeliosi. Quare convenientissima est poena irrogato | Divinae maiestati probro. Id unum exequitur usque ad finem capitis; sed variis modis agitat, quod res indigebat multa amplificatione. Hoc est igitur in summa quod contendit: Hinc apparere, non esse excusabilem hominum erga Deum ingratitudinem, quod certis documentis iram Dei saevire in se produnt. Nunquam enim in tam foedas cupiditates, belluarum more, provolverentur, nisi infestum adversumque sibi haberent Dei numen. Quum ergo passim abundent pessimis flagitiis, extare in illis colligit Divinae ultionis testimonia. Iam si haec nunquam temere aut inique saevit, sed moderationem aequitatis semper tenet, inde constare innuit quam certum omnibus impendeat, nec minus iustum exitium. De modo quo Deus hominem in vitium tradit, minime necessarium hoc loco texere longam quaestionem. Certum quidem est non sinendo tantum et connivendo illum permittere homines prolabi, sed iusto iudicio sic ordinare, ut tum a propria concupiscentia, tum a diabolo in eiusmodi rabiem agantur et ferantur.

Ideo *tradendi* voce utitur, ex perpetuo Scripturae more. Quam vocem nimis violenter torquent qui sola Dei permissione in peccatum agi nos putant. Nam ut minister irae Dei est Satan et quasi carnifex, ita non dis-

dass sie nicht entrinnen können, sondern von gerechter Verdammung umschlossen sind. Da ja aus jener Gottlosigkeit Früchte hervorgegangen sind, kann man darin offenbare Anzeichen des Zornes Gottes erkennen. Insofern nun der Zorn Gottes stets gerecht ist, so folgt daraus, dass vorher etwas geschehen sein muss, was sie verdammenswürdig machte. Von diesen Anzeichen her beharrt nun der Apostel auf dem Abfall und der Abtrünnigkeit der Menschen. So also bestraft Gott die [Menschen], die sich von seiner Güte entfernt haben, dass er sie auf vielfache Weise in Verderben und Untergang hineinrennen lässt. Aus der Ähnlichkeit der Laster, mit denen sie sich plagen, im Vergleich zur Gottlosigkeit, deren er sie vorher angeklagt hat, nimmt [Paulus] den Beweis, dass sie durch Gottes gerechtes Gericht büßen müssen. Denn da uns nichts höher steht als unsere Ehre, ist dies die größte Verblendung, wenn wir uns ohne Bedenken selber Schmach zufügen. [Diese] für die Schmähung der göttlichen Majestät auferlegte Strafe ist deshalb vollständig angemessen. Diesen [Gedankengang] verfolgt [Paulus] bis zum Ende des Kapitels, aber er führt ihn in verschiedener Weise aus, weil dieser Sachverhalt eine breite Entfaltung nötig hatte. Insgesamt enthält er daher folgendes: Aus all dem wird klar, dass die Undankbarkeit der Menschen gegenüber Gott unentschuldbar ist, weil sie mit sicheren Beweisen auftreten, dass Gottes Zorn gegen sie wütet. Sie würden sich nie nach Art von Tieren in solch schmutzigen Begierden wälzen, wenn ihnen nicht die Gottheit feindlich und gegnerisch gesinnt wäre. Da sie sich aber ständig in den schlimmsten Schandtaten ergehen, so schließt [Paulus] daraus, dass bei ihnen die Zeugnisse der göttlichen Strafe sichtbar hervortreten. Auch wenn diese nie übertrieben oder ungerecht wütet, sondern immer das gerechte Maß einhält, deutet [Paulus] damit doch an, es stehe fest, wie sicher allen nichts weniger als ein gerechter Untergang bevorstehe. Vollkommen unnötig ist es, über die Art und Weise, wie Gott die Menschen dem Laster preisgibt, an dieser Stelle lange zu sprechen. Sicher ist aber: Gott lässt es nicht etwa durch Zulassung oder Duldung[62] geschehen, dass die Menschen zu Fall kommen; er ordnet es vielmehr durch gerechtes Urteil so an, dass sie einerseits vom eigenen Begehren, anderseits vom Teufel zu einer derartigen Tollheit gebracht und hingerissen werden. Dafür gebraucht Paulus, so wie es die Schrift jeweils tut, den Ausdruck *ausgeliefert*. Wer daraus herleiten will, wir würden nur durch Gottes Zulassung in die Sünde hineingeraten, tut diesem Ausdruck zu sehr Gewalt an.[63] Denn da der Satan Gottes Diener und gleichsam sein Hen-

62 Calvins Glaube an Gottes Vorsehung kennt keine bloße Zulassung Gottes; es geschieht alles durch seinen tätigen Willen (»actualis voluntas«, Inst. I,16,8; OS III, 200,1–3). Calvin prägt denn auch die berühmte, später in den Heidelberger Katechismus (Antwort 1) eingegangene Formulierung, dass »nicht einmal ein Haar von unserem Haupte fallen kann ohne seinen Willen«, eine Kombination von Mt 10,29 und Apg 27,34 (Inst. I,17,6; OS III,210,9–10). S. dazu E. Saxer, a.a.O., 35–38. Zum Thema der Vorsehung als Zulassung bei Calvin s. auch Niesel, 71–74, und Wendel, 154–156.

63 Calvin meint damit Erasmus und Melanchthon, so Parker, 35, Anm. 69.

simulatione, sed mandato iudicis in nos armatur. Neque tamen ideo aut crudelis Deus, aut nos innoxii, quando aperte ostendit Paulus, nos non aliter addici in eius potestatem, quam si tali poena digni simus. Tantum id excipiamus, peccati causam a Deo non provenire; cuius radices in peccatore ipso perpetuo resident. Illud enim verum esse oportet, ›perditio tua Israel; in me tantummodo auxilium tuum‹. Quum cordis humani cupiditates cum immunditia coniungit, tacite innuit quos partus cor nostrum generet, ubi semel relictum est sibi.

Particula, *in seipsis*, emphaseos non caret. Significantius enim exprimit quam profundas et ineluibiles ignominiae notas corporibus suis insserint.

25 *Qui transmutaverunt.* Rationem, licet aliis verbis, non tamen diversam a supradicta repetit, quo melius animis infigat. Dum veritas Dei in mendacium mutatur, obliteratur eius gloria. Iustum est igitur, omni genere ignominiae eos respergi qui et suum Deo honorem detrahere, et probrum irrogare conati sunt.

Et coluerunt. Ut duo verba uni syntaxi adaptarem, ⟨28⟩ sic reddidi. Idololatriae flagitium proprie notat. Creaturae enim dari honor religionis
36 causa, non potest quin a Deo indigne et per sacrilegium trans-|feratur.
Frustraque excusatur, propter Deum imagines coli; quando hunc cultum non agnoscit, nec sibi acceptum fert Deus. Et omnino tunc non colitur verus Deus, sed factitius, quem sibi caro somniavit.

Et quod subditur, *qui est benedictus*, in maiorem idololatrarum ignominiam dictum interpretor, in hunc sensum, ›Quem solum honorari, adorarique oportuit, et cui fas non fuit quicquam vel minimum auferri‹.

ker ist, wird er nicht nur durch [Gottes] Übersehen, sondern im Auftrag des Richters gegen uns mit Waffen versehen.[64] Dennoch ist Gott aber nicht etwa grausam oder wir unschuldig, da Paulus ja klar aufzeigt, wir würden nur dann der Macht [des Teufels] preisgegeben, wenn wir eine solche Strafe verdient haben. Nur müssen wir dies ausschließen, dass der Ursprung der Sünde von Gott herkommt; deren Wurzeln liegen stets im Sünder selbst.[65] Jenes [Wort] muss ja wahr sein: »Israel, bei dir ist Verderben, deine Hilfe ist allein bei mir« [Hos 13,9]. [Paulus] verknüpft dann die *Begierden des menschlichen Herzens* mit der *Unreinheit* und deutet damit stillschweigend darauf hin, welche Früchte unser Herz gebiert, wenn es einmal sich selber überlassen ist.

Die Wendung *in Bezug auf sich selbst* betont dies [zusätzlich]. Sie bringt nämlich noch deutlicher zum Ausdruck, wie tiefe und unauslöschliche Schandmale [die Menschen] ihren Leibern eingebrannt haben.

25 *Sie haben verwandelt.* Mit anderen Worten wiederholt hier Paulus denselben bereits ausgeführten Gedankengang, um ihn den Gemütern noch besser einzuprägen. Wenn Gottes Wahrheit in Lüge verwandelt wird, so wird damit seine Ehre geschändet. Es ist daher gerecht, dass diese [Menschen] mit jeder möglichen Schande übergossen werden, die Gott seine Ehre rauben, und dafür zu büßen gezwungen sind.

Und sie haben verehrt. So habe ich übersetzt, um damit zwei Verben einander anzugleichen. Es geht [Paulus] hier im Besonderen um den Frevel des Götzendienstes. Darin wird nämlich dem Geschöpf aus Gründen der Religion Ehre entgegengebracht, was nicht anders möglich ist, als wenn sie von Gott unwürdig und lästerlich [dorthin] übertragen wird. Vergeblich entschuldigt man sich damit, die Verehrung der Bilder gelte eigentlich Gott selbst. Denn Gott anerkennt diese Verehrung nicht und will sie nicht für sich annehmen. Und überhaupt wird dann nicht der wahre Gott verehrt, sondern ein selbstgemachter, vom Fleisch erträumter [Gott].

Den Zusatz *der gepriesen sei* verstehe ich als eine Wendung zur stärkeren Brandmarkung der Götzendienereien in diesem Sinne: »[Gott], den man allein ehren und anbeten soll und dem man auch nicht das Geringste entziehen darf.«

64 Über den Teufel im Dienst der göttlichen Rache s. Inst. I,14,18.

65 Mit der Antinomie der beiden Sätze von der Allwirksamkeit und Allursächlichkeit Gottes und der alleinigen Verantwortung des Menschen für seine Sünde hat sich Calvin schwer getan. Er musste immer wieder dagegen ankämpfen, dass nach seiner Lehre Gott zum Verursacher des Bösen werde. S. dazu NIESEL, 75–76, und WENDEL, 157f. Die wichtigsten Ausführungen Calvins zu diesem Problem finden sich Inst. I,17,3–5 und Inst. I,18, sowie in den letzten Abschnitten des Consensus Genevensis von 1552, in welchem Calvin seine Prädestinations- und Vorsehungslehre verteidigt, in: De Praedestinatione, hg. v. W.H. NEUSER und O. FATIO, Genève 1998, 251–269 und: Johannes Calvin: Von der ewigen Vorherbestimmung Gottes. Übersetzt und hg. v. W.H. NEUSER, Schriften des Archivs der Evangelischen Kirche im Rheinland Nr. 18, Düsseldorf 1998, 124–129.

26 *Propterea tradidit illos Deus*. Velut interposita parenthesi redit ad id quod prius coeperat de ultione Domini. Ac primum specimen affert in horrendo facinore praeposterae veneris. Unde constat non prostitutos modo fuisse in beluinas cupiditates, sed infra bestias prorupisse, quum totum naturae ordinem everterint. Deinde enumerat longam vitiorum seriem, quae quum seculis omnibus extiterunt, tum vero passim regnabant licentissime. Nec refert quod non laborabant singuli tanta vitiorum colluvie. Nam in vulgari hominum turpitudine taxanda satis est si ad unum omnes recognoscere aliquem naevum coguntur. Sic ergo habendum est, Paulum hic ea flagitia perstringere, quae et seculis omnibus vulgaria fuerant, et ea potissimum aetate erant passim conspicua. Nam illa quam brutae pecudes abominantur, spurcitia, mirum quantopere tum divulgata esset: alia vero, popularia erant. Deinde eum catalogum scelerum recensere in quo universum hominum genus comprehendatur. Nam etsi non omnes vel homicidae sunt, vel fures, vel adulteri, nemo est tamen qui non deprehendatur aliquo vitio inquinatus.
Passiones ignominiae vocat, quae hominum etiam opinione sunt pudendae. Respondent autem Dei inhonorationi.
27 *Quam decuit erroris mercedem*. Excaecari enim merentur, ut obliviscantur sui, nec quid sibi conveniat videant, qui ad oblatam Dei lucem oculos clauserunt sua malignitate, ne gloriam eius conspicerent. Denique ut caecutiant in meridie, quos non puduit extinguere (quantum in se erat) Dei gloriam quae sola nos illustrat.
28 *Et quemadmodum non probaverunt*. Observanda in verbis allusio, quae aequam peccati et poenae relationem eleganter indicat. Quia non probaverunt permanere in Dei cognitione, quae sola mentes nostras ad recte sapiendum dirigit, perversam illis mentem dedit Dominus, quae nihil iam probare posset. Quod autem ait non probasse, perinde est acsi diceret, cognitionem Dei non esse persequutos quo debuerant studio, sed cogitationem potius suam data opera a Deo avertisse. Significat

26 *Deshalb hat Gott sie ausgeliefert.* Wie nach einem eingeschobenen Zwischensatz kehrt [Paulus] zu dem [Thema] zurück, mit dem er schon oben begonnen hatte: zu der Vergeltung Gottes. Als ersten Beweis erwähnt er die abscheuliche Schandtat widernatürlichen Geschlechtsverkehrs. Daraus ergibt sich, dass [die Menschen] sich nicht nur tierischen Gelüsten hingegeben haben, sondern noch unter die Tiere abgesunken sind, als sie die ganze Ordnung der Natur umgestürzt haben. Danach zählt [Paulus] eine lange Reihe von Lastern auf, welche teils zu allen Zeiten vorkamen, teils gelegentlich besonders ungehemmt herrschten. Es spielt dabei keine Rolle, dass nicht jeder Einzelne von einer solchen Menge von Lastern geplagt war. Zur Beurteilung der allgemeinen Verworfenheit der Menschen genügt es, wenn alle ohne Ausnahme gezwungen sind, ein Schandmal einzugestehen. [Die Stelle] muss also dahingehend verstanden werden, dass Paulus hier jene Schandtaten tadelt, welche sowohl zu allen Zeiten verbreitet wie auch zu jener Zeit mancherorts am häufigsten sichtbar waren. Es ist aber erstaunlich, dass jene grausige sexuelle Verirrung, die selbst das blöde Vieh verabscheute, damals in solchem Maße verbreitet war; andere [Laster] gab es allerdings überall. Weiter muss man dann jene Liste von Übeltaten berücksichtigen, mit welcher die ganze Menschheit erfasst wird. Auch wenn nicht alle Mörder, Diebe oder Ehebrecher sind[66], so gibt es doch keinen, der nicht dabei ertappt würde, von irgendeinem Laster befleckt zu sein.

Schändliche Leidenschaften nennt [Paulus] solche, derer man sich auch nach der Überzeugung der Menschen zu schämen hat. Sie entsprechen aber der fehlenden Ehrerbietung gegen Gott.

27 *Wie es sich gehört, empfingen sie den Lohn ihrer Verirrung.* [Die Menschen] verschlossen die Augen vor dem Licht Gottes, das ihnen entgegen leuchtete, so dass sie seine Herrlichkeit nicht erkannten. So werden sie verdientermaßen mit Blindheit geschlagen, vergessen sich und merken nicht mehr, was sich für sie schickt. Sie haben sich nicht gescheut, (soweit es sie betraf) Gottes Ehre, die uns allein erleuchtet, auszulöschen; und so sind sie nun schließlich am Mittag blind.

28 *Und weil sie [den Besitz der Kenntnis Gottes] verworfen haben.* Man muss bei diesen Worten die Anspielung beachten, womit die Entsprechung zwischen Sünde und Strafe elegant angezeigt wird. Weil sie es nicht für recht hielten, bei der Erkenntnis Gottes zu bleiben, die unsern Sinn allein zum rechten Wissen hinlenkt, so hat Gott ihnen einen verkehrten Sinn gegeben, der nichts mehr recht beurteilen kann. Der Ausdruck *verworfen haben* bedeutet dasselbe, wie wenn [Paulus] sagte, sie hätten die Erkenntnis Gottes nicht mit dem gebührenden Eifer gesucht, sondern absichtlich ihr Denken von Gott abgewendet. Er macht also deutlich, dass sie in einer schlimmen Wahl ihre Ein-

66 Calvin weicht hier vom Text des Römerbriefs ab und spielt auf die 10 Gebote an, wobei er die Verbote des Ehebruchs und des Stehlens vertauscht. S. dazu Calvins Auslegung in Inst. II,8,39–46.

ergo eos ⟨29⟩ prava electione praetulisse Deo suas vanitates; atque ita voluntarium quo decepti sunt, errorem fuisse.

37 | *Ut facerent quae non decent.* Quia unum hactenus specimen illud execrabile proposuit, quod vulgare quidem inter multos, non tamen omnium commune erat, hic incipit enumerare vitia quorum nemo immunis reperiatur. Nam etsi in singulis (ut dictum est) non simul emineant omnia, sunt tamen alicuius ex illis conscii sibi omnes; ut pro se quisque argui possit non obscurae pravitatis. Initio quod ›indecora‹ vocat, intellige ab omni rationis iudicio abhorrentia et aliena hominum officiis. Mentis enim inversae notas profert, quod sine delectu iis sceleribus se homines obligarunt quae communis sensus respuere debeat. Porro in contexendo vitiorum ordine frustra laboratur, ut aliud ex alio ducatur; quum id non fuerit Pauli propositum, sed congerere prout quodque primum occurrebat. Quid singula significent, brevissime percurramus. Iniustitiam intellige, quum violatur inter homines ius humanitatis, non reddendo unicuique quod suum est. Πονηρίαν, ex Ammonii sententia reddidi ›nequitiam‹. Ille enim πονηρὸν docet esse δραστικὸν κακοῦ. ›Nequitia‹ ergo erit exercitata malitia: vel solutior malitiae patrandae licentia. ›Malitia‹ vero, pravitas illa et obliquitas mentis quae ad noxam proximis inferendam contendit. Posui ›libidinem‹ ubi Paulus πορνείαν. Neque tamen reclamo, siquis ›scortationem‹ malit. Tam enim cupiditatem interiorem quam externam actionem significat. ›Avaritiae‹, ›invidiae‹, ›homicidii‹ vocabula non dubiam habent significationem. Sub ›contentione‹, tum iurgia, tum pugnas, tum seditiosas motiones comprehendit. Κακοηθεία, pro qua nos ›perversitatem‹ reddidimus, insignis ac notabilis improbitas; ubi homo velut obducto callo, in corruptione morum obduruit ex consuetudine et malo habitu. Θεοστυγεῖς sunt haud dubie Dei osores. Nam ut in passivo positum dicatur, nulla est ratio, quum Paulus hic homines ex vitiis evidentibus reos faciat. Designantur ergo ii qui Deum aversantur, cuius iustitiam

bildungen Gott vorgezogen haben und so der Irrtum, in welchem sie gefangen sind, selbstgewählt ist.

Alles Ungehörige zu tun. Weil [Paulus] bis hierher nur gerade jenes eine verfluchenswerte Beispiel vorgebracht hat, das zwar unter vielen verbreitet war, aber nicht bei allen vorkam, beginnt er nun Laster aufzuzählen, von denen niemand frei ist. Denn wenn auch (wie gesagt) nicht bei jedem sich alle zugleich zeigen, sind sich dennoch alle bewusst, dass sie irgendeines dieser [Laster] haben, so dass jeder einer offensichtlichen Schlechtigkeit angeklagt werden kann. »Zu tun, was sich nicht gehört« steht am Anfang und meint [ein Verhalten] im Widerspruch zu jedem vernünftigen Urteil und fern jeder menschlichen Verpflichtung. [Paulus] bringt hier Zeichen eines verkehrten Sinnes vor, dass nämlich die Menschen sich wahllos Schandtaten hingegeben haben, die nur schon das alltägliche Empfinden verabscheuen müsste. Es ist vergebliche Mühe, in der Aufzählung der Laster eine bestimmte Anordnung zu suchen, so dass eins aus dem andern hergeleitet würde[67], da dies nicht die Absicht von Paulus war, sondern zusammenzutragen, was ihm gerade als erstes in den Sinn kam. Was jeweils gemeint ist, wollen wir kurz durchgehen. »Ungerechtigkeit« ist die Verletzung des Rechts der Menschlichkeit in der menschlichen Gemeinschaft, wenn nicht jedem das Seine gegeben wird.[68] »Nichtswürdigkeit« habe ich mit Ammonius als »Schlechtigkeit« übersetzt.[69] Er erläutert nämlich [den Sinn dieses Begriffs] als Erscheinen des Schlechten; Schlechtigkeit wäre also die ausgeübte Bosheit; oder geläufiger ausgedrückt, das zügellose Vollbringen des Schlechten. »Bosheit« ist jene Verdorbenheit und Verdrehtheit des Sinns, die danach trachtet, den Nächsten Schaden zuzufügen. Für »Unzucht« bei Paulus habe ich »Wollust« hingesetzt. Ich habe aber nichts dagegen, wenn jemand dafür das Wort »Hurerei« vorzieht. Damit ist sowohl die innere Begehrlichkeit wie auch die äußere Handlung gemeint. Die Bedeutung der Wörter »Geiz«, »Neid« und »Mord« ist klar. Unter »Streit« versteht Paulus Händel, Kämpfe und aufrührerische Handlungen. Mit »Tücke«, was wir mit »Verdorbenheit« wiedergeben, ist eine außerordentliche und auffallende Ruchlosigkeit gemeint, wo der Mensch völlig abgestumpft durch Gewohnheit und schlechtes Verhalten sich in seiner Sittenverderbnis verhärtet hat. »Gottgehasste« sind ohne Zweifel Gotteslästerer. Es gibt keinen Grund, hier in passiver Form zu reden, da Paulus an dieser Stelle die Menschen aufgrund ihrer offensichtlichen Laster anklagt. Gemeint sind also jene,

67 So Thomas von Aquin in seiner Römerbriefauslegung, nach PARKER, 37, Anm. 71.

68 Für Calvin ist dies ein Naturgesetz, auf dem dann die Nächstenliebe als wahre Erfüllung aufbaut, so Inst. III,7,7. Die antike Formel suum cuique entnimmt Calvin Cicero. Sie findet sich auch 1559 in Inst. II,7,3 (OS 3,153, 33f.) S. dazu G.H. HAAS, The concept of equity in Calvin's Ethics, Wilfrid Laurier University Press, Waterloo/Ontario, 1997, 19–21 und 51–63, sowie J. BOHATEC, Budé und Calvin, Graz 1950, 388–393, und C.B. PARTEE, a.a.O., 68f.

69 Ammonius Saccas war der Lehrer Plotins und Origenes' und starb 242 in Alexandrien. Zu der von Calvin zitierten Stelle aus Ammonius' De Adfinium Vocabularium Differentia s. PARKER, 37, Anm. 63.

suis nequitiis obstare vident. ›Susurrones‹ et ›obtrectatores‹ sic distinguuntur, quod illi clanculariis delationibus, amicitias bonorum dirimunt, animos ad iracundiam inflammant, innocentes suggillant, serunt discordias, etc. Hi ingenita quadam malignitate nullius famae parcunt, et quasi maledicendi rabie vexati, merentes simul ac immerentes proscindunt. Ὑβριστὰς transtulimus ›maleficos‹, quoniam authores Latini insignes iniurias, ut sunt direptiones, furta, incendia, veneficia, quas hic voluit signare Paulus, maleficia solent appellare. ›Contumeliosos‹ vocavi, quos Paulus ὑπερηφάνους, quia hoc sonat Graeca dictio. Inde
38 enim est nomen quod tales velut in sublime | evecti, omnes tanquam ⟨30⟩ inferiores contemptim despiciunt, neque possunt ad aequalitatem spectare. ›Fastuosi‹ sunt qui inani praefidentiae vento turgent. ›Insociabiles‹ sunt qui ab hominum societate conservanda per iniquitates dissiliunt, vel in quibus nulla est fidei synceritas vel constantia, quasi dicas foedifragos. ›Sine affectu humanitatis‹, qui primos quoque naturae sensus erga suos exuerunt. Quia misericordiae defectum inter signa depravatae humanae naturae ponit; hinc colligit Augustinus adversus Stoicos, misericordiam esse virtutem Christianam.

[32] *Qui quum Dei iustitiam.* Quanquam hic locus varie tractatur, haec mihi expositio videtur verissima: homines ad effraenem peccandi lasciviam nihil reliqui fecisse, quod sublato bonorum et malorum discrimine, quae Deo displicere et iusto eius iudicio damnatum iri noverant, tam in se, quam in aliis approbarint. Hic enim summus malorum cumulus, ubi adeo depuduit peccatorem, ut tum suis vitiis blandiatur, nec vituperio sibi verti sustineat, tum eadem in aliis suffragio applausuque foveat. Sic desperata improbitas in Scripturis describitur, ›Gloriantur quum malefecerint‹. Item, ›Divaricavit pedes suos, gloriata est in malitia sua‹. Nam quem pudet, is adhuc est sanabilis. Ubi autem ex peccandi consuetudine talis impudentia contracta est ut vitia loco

die sich von Gott abwenden, [weil] sie sehen, dass dessen Gerechtigkeit ihren Schlechtigkeiten im Wege steht. »Einflüsterer« und »Verleumder« werden so unterschieden: Jene bringen die Freundschaften der anständigen [Menschen] durch heimliche Zuträgereien auseinander, lassen die Geister im Zorn entflammen, beschimpfen Unschuldige, säen Zwietracht und anderes mehr. Die anderen schonen aus angeborener Bosheit niemandes [guten] Ruf, und wie von einer Tollwut übler Nachrede befallen machen sie alle herunter, ob sie es verdient haben oder nicht. »Frevler« übertragen wir als »Übeltäter«, da die wichtigen lateinischen Schriftsteller Verbrechen wie Raub, Diebstahl, Brandstiftung und Giftmord, die Paulus hier anzeigen wollte, gewöhnlich üble Taten nennen. Als »Überhebliche« habe ich die benannt, welche bei Paulus »Übermütige« heißen, weil der griechische Ausdruck entsprechend klingt.[70] Die Bezeichnung kommt daher, dass solche [Menschen] wie hoch erhoben auf alle anderen wie als Geringere verächtlich herabschauen und niemanden als gleichwertig ansehen. »Dünkelhafte« sind von hohlem Selbstvertrauen aufgeblasen. »Unzuverlässige« entfremden sich der Bewahrung menschlicher Gemeinschaft durch ihre Unredlichkeiten; so findet sich bei ihnen keine aufrichtige Treue oder Beständigkeit, eben fast wie »Vertragsbrüchige«. Wer »ohne menschliche Gefühle« ist, hat schon die ersten natürlichen Regungen gegenüber den Seinen verleugnet. [Paulus] zählt eben auch das Fehlen des Mitleids unter die Zeichen einer entarteten menschlichen Natur; von daher folgert Augustinus gegen die Stoiker, Mitleid sei eine christliche Tugend.[71]

32 *Sie [kennen] Gottes Urteil.* Diese Stelle wird verschieden ausgelegt[72], doch scheint mir folgende Deutung am zutreffendsten: Die Menschen haben in [ihrer] zügellosen Freiheit des Sündigens nichts anderes getan als den Unterschied zwischen Gut und Böse beseitigt und dies sowohl für sich als auch bei anderen für richtig gehalten. Sie wussten aber, dass dies Gott missfallen und zur Verdammung durch sein gerechtes Urteil führen werde. Hier ist nämlich der höchste Gipfel alles Bösen, wo der Sünder alle Scham abgelegt hat, so dass er sich in seinen Lastern gefällt und durch keinen Einwand dazu gebracht werden kann, sich zu ändern, und auch dieselben [Laster] bei anderen durch Unterstützung und Beifall begünstigt. In der Bibel wird diese hoffnungslose Ruchlosigkeit so beschrieben: »Sie rühmen sich, Böses zu tun« [Spr 2,14], und ebenso: »Er hat sich breit gemacht und rühmt sich seiner Bosheit« [Jer 11,5]. Denn wer sich schämt, der kann noch geheilt werden. Wo aber aus der Gewohnheit des Sündigens eine derartige Schamlosigkeit erworben worden ist, dass an Stelle der Tugenden

70 Zu Calvins Vorbildern für diese Übersetzung s. Parker, 37, Anm. 73.

71 Parker, 38, Anm. 75 weist auf Augustins De Civitate Dei 9,45 und 14,8f. hin. Dieses Thema beschäftigt Calvin seit dem Senecakommentar von 1532 (CO 5,154), wo er eben die von Parker angegebenen Stellen zitiert. Die ganze aus Augustin entnommene Argumentation erscheint dann seit 1539 auch in der Inst. III,8,9. S. dazu E. Saxer, a.a.O. (Anm. 22), 161–163.

72 S. dazu die Belege aus Erasmus, Chrysostomus, Cyprian, Ambrosius und Bucer bei Parker, 38, Anm. 76.

virtutum placeant ac probentur, nulla amplius spes est correctionis. Ideo autem sic interpretor, quod video Apostolum voluisse hic gravius aliquid et sceleratius ipsa vitiorum perpetratione perstringere. Id quale sit non intelligo, nisi referamus ad istam nequitiae summam, ubi miseri homines contra Dei iustitiam, abiecta verecundia vitiorum patrocinium suscipiunt.

die Laster gutgeheißen und gebilligt werden, da besteht keine Hoffnung auf Besserung mehr. Ich lege das deswegen so aus, weil ich sehe, dass der Apostel hier etwas angreift, das noch schwerer und schlimmer ist als das lasterhafte Leben. Was dies genau ist, weiß ich nicht; außer wir beziehen es auf jenen Höhepunkt der Schlechtigkeit, wo die elenden Menschen entgegen Gottes Gerechtigkeit allen Anstand ablegen und die Verteidigung der Laster übernehmen.

CAPUT II

1 *Propterea inexcusabilis es, o homo, quicunque iudicas. in quo enim iudicas alterum, teipsum condemnas: eadem enim facis dam iudicas.*
2 *Novimus autem quod iudicium Dei est secundam veritatem in eos qui talia agunt.*

Haec obiurgatio in hypocritas stringitur: qui dum externae sanctimoniae offuciis perstringunt hominum oculos, securitatem etiam coram Deo
39 concipiunt, acsi probe illi satisfacerent. Paulus ergo | postquam crassiora demonstravit vitia, ne quem iustum coram Deo relinquat, hoc genus sanctulos aggreditur qui sub primo catalogo comprehendi non poterant. Iam planior faciliorque est deductio, quam ut mirari quis debeat unde colligat Apostolus hanc rationalem. Ideo enim inexcusabiles facit, quia et ipsi Dei iudicium norunt, Legem nihilominus transgrediuntur; ⟨31⟩ acsi diceret, ›Tametsi non consentis aliorum vitiis, imo videris ex professo hostis ac vindex vitiorum; quia tamen ab illis non es immunis, si te vere consideras, non potes obtendere ullam defensionem‹.
In quo enim iudicas alterum. Praeter elegantem verborum Graecorum allusionem κρίνειν καὶ κατακρίνειν, notanda est exaggeratio qua utitur adversus eos. Perinde enim valet loquutio acsi diceret, ›Bis es damnabilis, qui iisdem obnoxius es vitiis quae in aliis carpis et accusas. Nota est siquidem sententia, Legem sibimetipsis indicere innocentiae, continentiae, virtutumque omnium, eos qui ab altero rationem vitae reposcunt; nec ulla esse venia dignos, si eadem admittant quae sumpserint in alio corrigenda.

Kapitel 2

1 *Deshalb, o Mensch, kannst du dich nicht entschuldigen, wer du auch bist, der da urteilt. In welcher Sache du nämlich über den anderen urteilst, darin verurteilst du dich selbst; denn du tust ja genau dasselbe, indem du urteilst.*
2 *Wir wissen aber, dass Gottes Urteil der Wahrheit gemäß über die ergeht, die solches tun.*

Dieser Verweis richtet sich gegen die Heuchler, die unter dem Deckmantel eines äußerlich reinen Lebenswandels die Augen der Menschen täuschen und sich einbilden, auch vor Gott sicher zu sein, als könnten sie ihn damit schon zufrieden stellen.[1] Nachdem Paulus also die gröberen Laster aufgedeckt hat, greift er nun, um niemanden vor Gott als gerecht dastehen zu lassen, diese Art von kleinen Heiligen an, die sich in der ersten Liste [Röm 1,29–32] nicht gut unterbringen ließen. Seine Beweisführung ist zu klar und eingängig, als dass jemand sich wundern könnte, woher der Apostel die Schlussfolgerung nimmt, die er daraus zieht. Denn er erweist sie deshalb als unentschuldbar, weil auch sie Gottes Urteil kennen und doch das Gesetz übertreten. Es ist, als wollte er sagen: »Du stimmst zwar den Lastern der anderen nicht bei, bist dem Anschein nach sogar ein erklärter Feind und Richter solcher Laster. Wenn du dich aber nur genau genug ansiehst, bist du keineswegs von ihnen frei und kannst keinerlei Rechtfertigung vorschützen.«

[1] *In welcher Sache du nämlich über den anderen urteilst.* Außer dem eleganten Wortspiel »urteilen und verurteilen« muss man auf die Verschärfung achten, mit der sich [Paulus] gegen sie wendet. Was er nämlich vorbringt, zählt soviel, als wollte er sagen: »Du verdienst zweifache Verdammnis, denn du bist derselben Laster schuldig, die du bei anderen aufspürst und unter Anklage stellst«. Es ist ja ein allgemein bekannter Satz[2]: Wer von anderen Rechenschaft über ihre Lebensführung fordert, erlegt sich selbst die Verpflichtung zur Unschuld, Enthaltsamkeit und zu jeglicher Tugend auf. Und wer sich herausnimmt, einen anderen zurechtweisen zu müssen wegen etwas, das er selbst begeht, darf auf keine Nachsicht hoffen.

1 Diesen zentralen Themenkreis calvinischer Polemik erschließt die Studie von E. Saxer, Aberglaube, Heuchelei und Frömmigkeit. Eine Untersuchung zu Calvins reformatorischer Eigenart, SDGSTh 28, Zürich 1970.

2 Neben antiken Parallelen bei Seneca und Cicero (dazu: G. Bornkamm, Gesetz und Natur, in: Studien zu Antike und Urchristentum, München 1959, bes. 98ff.) wird man an die biblische Nathanfabel (II Sam 12) oder an Stellen wie Mt 7,5 und Jak 4,11f. zu denken haben.

Eadem enim facis iudicans. Ita est ad verbum. Porro sensus est, ›Etiamsi iudices, nihilominus agis.‹ Et ›agere‹ dicit, quia non recto sint animo; quandoquidem peccatum proprie animi est. Itaque seipsos eo condemnant, quia furem, aut adulterum, aut maledicum improbando, non in personas ferunt iudicium, sed in vitia, quae ipsorum quoque ossibus adhaerent.

[2] *Scimus autem quod iudicium Dei, etc*. Consilium Pauli est blanditias hypocritis excutere, ne se magnum aliquid adeptos putent, si vel a mundo laudentur, vel se ipsi absolvant; quia longe aliud examen eos in caelo maneat. Porro quia ipsos interioris impuritatis insimulat, quae ut humanos oculos latet, redargui convincique nequeat humanis testimoniis, ad Dei iudicium provocat, cui nec tenebrae ipsae sunt abscanditae, et cuius sensu tangi peccatoribus velint nolint necesse est. Veritas porro haec iudicii in duobus consistit: Quod sine personarum respectu delictum puniet, in quocunque deprehenderit homine; deinde quod externam speciem non moratur; nec opere ipso contentus est, nisi a vera synceritate animi prodeat. Unde sequitur, non obstare larvam fictae sanctimoniae quominus vel in occultam pravitatem suo iudicio animadvertat. Est autem Hebraica phrasis, quia ›veritas‹ tantundem saepe valet Hebraeis atque interior cordis integritas; atque ita non solum crasso mendacio, sed externae bonorum operum apparentiae opponitur. Tunc
40 autem demum expergefiunt hypocritae, | quum Deus non tantum de fucosa iustitia, sed de occultis affectibus iudicium dicitur facturus.

3 *Existimas autem, o homo qui iudicas eos qui talia faciunt, et eadem facis, quod ipse effugies iudicium Dei?*
4 *An divitias bonitatis ipsius, tolerantiaeque, ac lenitatis contemnis, ignorans quod bonitas Dei te ad poenitentiam deducit?*
5 *Sed iuxta duritiam tuam, et cor poenitere nescium, thesaurizas tibi iram in die irae, et revelationis iusti iudicii Dei,*

Denn du tust ja genau dasselbe, indem du urteilst. So heißt es wörtlich. Gemeint ist hier: »Auch wenn du urteilst, bist du gleichwohl ein Täter.« Und vom »Tun« spricht Paulus, weil [seine Adressaten] nicht aufrichtig sind, betrifft doch die Sünde in erster Linie die Sinnesart. Deshalb also verurteilen sie sich selbst, weil sie einen Dieb, einen Ehebrecher oder ein Schandmaul zwar verabscheuen, ihr Urteil aber nicht auf die Person beziehen, sondern auf die Laster, die auch ihnen in den Knochen stecken.

Wir wissen aber, dass Gottes Urteil ... Was Paulus beabsichtigt, ist deutlich: Er will den Heuchlern jeden Anreiz austreiben, damit sie nicht glauben, sie hätten schon Großes erreicht, wenn die Welt sie lobt oder sie sich selbst freisprechen. Denn im Himmel wartet noch eine ganz andere Prüfung auf sie. Weil er sie nun aber innerer Unreinheit bezichtigt, die menschlichen Augen verborgen bleibt und so auch durch menschliches Zeugnis nicht Lügen gestraft oder unwiderlegbar bewiesen werden kann, appelliert er an Gottes Gericht, dem selbst das Dunkelste nicht verborgen ist und von dessen Vorahnung die Sünder – sie wollen oder wollen nicht – unvermeidlich berührt werden. Diese [enthüllende] Wahrheit des Gerichts besteht nun in zwei Stücken: Einmal straft sie ohne Ansehen der Person das Vergehen bei jedem Menschen, den sie überführt hat, ferner hält sie sich nicht beim äußeren Anschein auf, lässt sich auch selbst durch [gute] Werke nicht zufrieden stellen, wenn sie nicht aus einem wahrhaft lauteren Herzen entspringen. Folglich kann auch der Schein eines erheuchelten reinen Lebenswandels nichts dagegen tun, dass sie sich mit ihrem Urteil sogar gegen versteckte Bosheit richtet. Es handelt sich nämlich um ein hebräisches Wort, und im Hebräischen bedeutet »Wahrheit« oftmals ebensoviel wie unversehrte innere Reinheit des Herzens[3], und so steht sie nicht nur im Widerspruch zu krasser Lüge, sondern auch zur bloß äußerlichen Fassade guter Werke. Doch die Heuchler lassen sich erst dann aufstören, wenn man ihnen sagt, dass Gott nicht nur über den äußeren Schein der Gerechtigkeit, sondern auch über die verborgenen Beweggründe sein Urteil sprechen wird.

3 *Meinst du aber, o Mensch, der du die richtest, die solches tun, und tust dasselbe, dass du dem Gericht Gottes entrinnen wirst?*
4 *Verachtest du etwa den Reichtum seiner Güte, Geduld und Langmut und weißt nicht, dass Gottes Güte dich zur Buße leitet?*
5 *Aber nach deiner Verstocktheit und deinem Herzen, das von Buße nichts weiß, häufst du dir selbst Zorn am Tag des Zornes und der Offenbarung des gerechten Gerichtes Gottes,*

3 Das hebräische ›emet‹ ist in erster Linie ein Gottesprädikat und hat die Bedeutung von Zuverlässigkeit, Beständigkeit, Treue. Es betont nicht so sehr einen offenkundigen Tatbestand, als vielmehr den Umgang mit ihm (Gen 42,16) und verbindet sich darum häufig mit ›Recht‹ (Ps 111,7) und ›Gerechtigkeit‹ (Ps 85,11).

6 *Qui redditurus* ⟨32⟩ *est unicuique secundum ipsius opera:*
7 *Iis quidem, qui per boni operis perseverantiam, gloriam et honorem immortalitatem quaerunt, vitam aeternam:*
8 *Iis vero qui sunt contentiosi, ac veritati immorigeri, iniustitiae autem obtemperant, excandescentia, ira, tribulatio.*
9 *Et anxietas in omnem animam hominis perpetrantis malum, Iudaei primum, simul et Graeci.*
10 *At gloria et honor et pax omni operanti bonum, Iudaeo primum, simul et Graeco.*

3 *Existimas autem o homo, etc.* Quoniam praecipiunt rhetores, ne ante ad vehementiorem obiurgationem descendatur quam convictum crimen fuerit, posset cuipiam videri inepte hic insurgere Paulus, qui nondum peracta, quam intendebat, accusatione, tam acriter invehatur. Verum secus habet res. Satis enim firma probatione ipsos peccati reos peregit; quandoquidem non accusabat coram hominibus, sed conscientiae iudicio arguebat. Hoc autem plane duxit esse probatum quod volebat, nempe si in se descenderent ac Divini iudicii admitterent examen, non posse iniquitatem suam inficiari. Nec sine magna necessitate facit, quod tanta severitate atque acerbitate fictam istam sanctitatem obiurgat. Mira enim securitate id genus hominum in se acquiescit, nisi illi inanis fiducia violenter excutitur. Meminerimus ergo, hanc optimam esse convincendae hypocriseos rationem, si ab ebrietate sua expergefacta, in lucem Divini iudicii attrahatur.
Quod effugies, etc. A minori est argumentum. Nam si hominis iudicio obnoxia esse flagitia oportet, multo magis Dei, qui iudex est unicus omnium. Divino quidem instinctu feruntur homines ad damnanda scelera, sed haec obscura et tenuis est duntaxat iudicii eius adumbratio. Valde igitur desipiunt qui fallere se putant iudicium Dei, qui ne suo quidem iudicio alios elabi sinunt. Nec emphasi caret, quod iam iterum expressit ›hominis‹ nomen, ut hominem Deo comparet.
41 | 4 *An divitias, etc.* Non mihi videtur hic esse dilemma, quod nonnulli putant, sed prolepsis. Quoniam enim hypocritae fere prospero rerum

6 *der einem jeden vergelten wird nach seinen eigenen Werken:*
7 *denen, die durch Ausdauer im guten Werk nach Preis, Ehre und Unsterblichkeit trachten, ewiges Leben,*
8 *denen aber, die streitsüchtig sind und sich der Wahrheit nicht beugen, vielmehr der Ungerechtigkeit gehorchen, Zorn, Erbitterung und Trübsal.*
9 *Angst über jede Seele des Menschen, der das Böse vollbringt, die des Juden zuerst, aber auch die des Griechen.*
10 *Dagegen Preis und Ehre und Frieden einem jeden, der das Gute tut, dem Juden zuerst und auch dem Griechen.*

3 *Meinst du aber, o Mensch …?* Bei den Rednern [der Antike] gab es eine Vorschrift, man dürfe es auf eine zu heftige Strafpredigt nicht ankommen lassen, bevor das Verbrechen nicht unwiderlegbar bewiesen sei.[4] So könnte es manchem unangemessen erscheinen, dass Paulus sich derart ins Zeug legt, da er, noch ehe die von ihm beabsichtigte Anklage wirklich zu Ende geführt ist, so scharf dreinfährt. Doch die Sache verhält sich anders. Denn er hat [jene Heuchler] durch eine hinreichend schlüssige Beweisführung ja bereits als schuldig überführt, zumal er sie nicht vor Menschen belangt, sondern sie vor dem Urteil ihres eigenen Gewissens anklagt. Er zieht ausdrücklich den Schluss, was er habe zeigen wollen, sei nun bewiesen: wenn sie nämlich in sich gehen und sich der Prüfung durch Gottes Gericht stellen würden, könnte sich ihr Unrecht nicht mehr bemänteln lassen. Er handelt offenbar unter dem Druck einer unabweisbaren Notwendigkeit, wenn er mit solcher Strenge und Schärfe gegen jene eingebildete Heiligkeit vorgeht. Denn diese Art von Menschen setzt sich mit einer erstaunlichen Selbstsicherheit zur Ruhe, wenn ihr eitles Vertrauen ihr nicht mit Gewalt ausgetrieben wird. Halten wir also fest: Das wirksamste Mittel, ihre Heuchelei aufzudecken, besteht darin, sie aus ihrem trunkenen Zustand aufzustören und sie in das Licht des göttlichen Gerichts zu ziehen.
Dass du entrinnen wirst …? Die Beweisführung verläuft vom Geringeren [zum Größeren]. Denn wenn Untaten sich schon dem Urteil von Menschen stellen müssen, wie viel mehr dann dem Gericht Gottes, der als einziger Richter über alle ist. Wohl bringt göttliche Eingebung die Menschen dazu, Verbrechen zu verurteilen, doch ist das allenfalls eine dunkle und schwache Andeutung dieses Gerichts. Wie töricht müssen sie sein, dass sie Gottes Gericht glauben täuschen zu können, während sie andere nicht einmal ihrem eigenen Urteilsspruch entkommen lassen. Nicht ohne Nachdruck unterstreicht [Paulus] hier wieder den Ausdruck »Mensch«, wie um den Menschen in einen Vergleich mit Gott zu setzen.
4 *Oder [verachtest du etwa] den Reichtum …?* Mir scheint hier keine schwierige Wahl zwischen zwei Möglichkeiten vorzuliegen, wie man-

4 Calvin dürfte hier vor allem an Seneca, De ira I,12; I,6.,5 bzw. De clementia III,20,1 denken, wonach Strafe kein Ausfluß blinden Zorns sein darf.

successu inflantur acsi Domini clementiam suis benefactis promeriti essent, atque ita magis in Dei contemptum obdurescunt, occurrit eorum arrogantiae Apostolus. Atque argumento a contraria causa sumpto, demonstrat non esse cur Deum sibi propitium ab externa prosperitate reputent, quando illi longe diversum est benefaciendi consilium, quo scilicet peccatores ad se convertat. Ergo ubi non regnat Dei timor, securitas in rebus prosperis est contemptus ac ludibrium immensae eius bonitatis. Unde sequitur, graviores poenas iure daturos quibus in hac vita Deus pepercerit, quia ad reliquam pravitatem accessit quod paternam Dei invitationem respuerunt. ⟨33⟩ Quanquam autem omnia Dei beneficia totidem sunt paternae eius bonitatis testimonia, quia tamen diversum saepe in finem respicit, perperam impii, dum suaviter et benigne eos fovet quasi ei chari essent, sibi in laeta fortuna gratulantur. *Ignorans quia benignitas, etc.* Dominus enim sua lenitate nobis eum se esse ostendit ad quem converti debeamus, si cupimus bene habere; simulque fiduciam erigit expectandae misericordiae. Si Dei beneficentia non utimur in hunc finem, abutimur. Quanquam non uno semper modo accipienda est. Servos enim suos dum indulgenter tractat Dominus ac terrenis benedictionibus prosequitur, suam benevolentiam eiusmodi symbolis declarat, ac simul assuefacit ad quaerendam in se uno bonorum omnium summam. Transgressores Legis dum eadem excipit indulgentia, sua benignitate vult quidem emollire ipsorum contumaciam. Non tamen se illis propitium iam esse testatur, quin potius eos ad resipiscentiam vocat. Siquis autem iniiciat, Dominum surdis canere quandiu intus corda non afficit, respondendum, nihil hic posse accusari nisi nostram pravitatem. Caeterum in verbis Pauli, malo *deducit*, quam

che Ausleger annehmen, sondern ein Vorgriff.[5] Denn die Heuchler brüsten sich meistens schon mit dem glücklichen Erfolg ihrer Lebensumstände, als hätten sie mit ihren guten Taten die Güte des Herrn verdient, und so versteifen sie sich nur noch mehr in ihrer Gottesverachtung. Diesem Hochmut tritt der Apostel entgegen. Er zeigt, dass hier ein völlig entgegengesetzter Grund vorliegt: Es gibt keinerlei Anlass anzunehmen, dass aufgrund ihres äußeren Wohlergehens Gott ihnen wohlgesinnt sein könnte, verfolgt er doch mit seinen Wohltaten eine ganz andere Absicht, nämlich die Sünder zu sich zu kehren. Wo also keine Gottesfurcht herrscht[6], da ist Sicherheit in glücklichen Verhältnissen nichts als Hohn und Verachtung seiner unermesslichen Güte. Deshalb müssen Menschen, die Gott in diesem Leben schont, mit Recht um so härtere Strafen erleiden, da zu ihrer sonstigen Schlechtigkeit noch die Zurückweisung der väterlichen Einladung Gottes hinzukommt. Zwar sind alle Wohltaten Gottes insgesamt Zeugnisse seiner väterlichen Güte. Weil Gott damit aber oftmals noch ein anderes Ziel im Auge hat, sind die Gottlosen, die er mit seiner sanften und gütigen Fürsorge begleitet, auf einem Irrweg, wenn sie sich zu ihrem glücklichen Stand gratulieren, als seien sie ihm lieb und wert.

Und weißt nicht, dass [Gottes] Güte ...? Der Herr nämlich zeigt uns durch seine Milde, dass er es ist, zu dem wir uns wenden müssen, wenn es uns wohl ergehen soll; zugleich stärkt er unsere Zuversicht, mit der wir auf seine Barmherzigkeit warten sollen. Wenn wir uns Gottes Wohltaten nicht mit dem Blick auf dieses Ziel gefallen lassen, missbrauchen wir sie. Gleichwohl darf man sie nicht immer auf ein und dieselbe Weise auffassen. Denn wenn der Herr seine Knechte nachsichtig behandelt und sie mit irdischen Segnungen geradezu verfolgt, so gibt er mit derlei Zeichen seine Güte deutlich genug zu erkennen und gewöhnt sie zugleich daran, allein in ihm den Inbegriff alles Guten zu suchen. Wenn er dagegen die Übertreter des Gesetzes mit derselben Nachsicht bedenkt, so will er mit seiner Güte wenigstens ihren Starrsinn erweichen. Doch versichert er sie nicht schon seiner Gnade, sondern ruft sie vielmehr auf, zur Besinnung zu kommen. Wenn aber jemand einwenden wollte, der Herr predige tauben Ohren, solange er nicht das Innere ihrer Herzen anrührt, so kann man ihm nur antworten, dass es hier nichts anzuklagen gibt, es sei denn unsere eigene Bosheit. Im Übrigen ziehe ich in den Worten des Paulus das »*leiten*« dem »ein-

5 ›Prolepsis‹ (griech.: Vorwegnahme) ist ein Terminus der stoischen Erkenntnislehre (SVF II,83) und bezeichnet den natürlichen durch angeborene Fähigkeit unmittelbar aus der Wahrnehmung gebildeten Begriff.

6 Gottesfurcht ist ein dominantes Motiv schon der augustinischen Theologie (Tractatus in Evangl. Joh. 43,7) und erst recht der Reformation. Sie entspringt nicht der ›knechtischen‹ Furcht vor dem Gericht (timor servilis), sondern verbindet sich mit der Gewissheit der Rechtfertigung (timor castus). Calvin begreift sie als Konsequenz der Gott zukommenden Ehre (Inst. III,2,26), der wir entsprechen, wenn wir all unser Vertrauen auf ihn setzen (Genfer Katechismus, CStA 2,17,21).

›invitat‹; quia illud plus quiddam significat. Neque tamen pro ›adigere‹ accipio, sed pro ›manu ducere‹.

5 *Secundum duritiam tuam, etc.* Ubi ad Domini monitiones obduruimus, sequitur impoenitentia. Qui vero non sunt de resipiscentia soliciti, ii manifeste tentant Dominum. Et insignis est locus, unde discendum est, quod prius attigi, impios non modo in dies sibi gravius cumulare Dei iudicium quantisper hic vivunt, sed etiam cessurum illis in condemnationem quicquid donorum Dei assidue usurpant. Ratio enim omnium reposcetur. Quod autem in extremum illis scelus merito impu-
42 tabitur, tunc comperietur, Dei benignitate factos | esse deteriores, qua saltem emendari eos oportuerat. Cavendum ergo ne illicito bonorum abusu infelicem hunc thesaurum nobis reponamus.

In die irae. Sic est ad verbum, sed pro εἰς ἡμέραν ›in diem‹. Nam colligunt impii nunc adversum se Dei indignationem, cuius vis tunc in caput eorum se effundet; occultam perniciem accumulant, quae tunc ex Dei thesauris explicabitur. Dies autem supremi iudicii, ›dies irae‹ vocatur, dum sermo est ad impios, quum dies sit redemptionis fidelibus. Ita et aliae quaelibet visitationes Domini semper impiis describuntur horrendae et minaces, piis contra, suaves et iucundae. Proinde quoties meminit Scriptura propinquitatis Domini, pios exultare laetitia iubet; dum autem ad reprobos se convertit, nihil quam terrorem incutit ac formidinem. ›Dies irae‹, dicit Sophonias, 1.15, ›Dies illa, dies tribulationis ⟨34⟩ et angustiae; dies calamitatis et miseriae; dies tenebrarum et caliginis; dies nebulae et turbinis‹. Similia quoque habes Ioelis, 2.2. Amos vero, 5.18, etiam exclamat, ›Vae desiderantibus diem Domini. ad quid eam vobis? Dies illa Domini, tenebrae et non lux‹. Porro quum addit vocabulum ›revelationis‹ Paulus, innuit quis ille sit irae dies, nem-

laden« vor[7], weil es etwas mehr zum Ausdruck bringt. Ich verstehe es freilich nicht als »drängen« bzw. »nötigen«, sondern als »an der Hand führen«.

5 *[Aber] nach deiner Verstocktheit ...* Wo immer wir uns den Mahnungen des Herrn gegenüber verhärten, ist Unbußfertigkeit die Folge. Wer aber nicht von brennender Sorge getrieben wird, wieder umzukehren, versucht Gott offenkundig. Darum ist unsere Stelle besonders wichtig: Aus ihr ist zu lernen, was ich in früherem Zusammenhang [V. 4] bereits berührt habe, dass die Gottlosen während ihrer kurzen Lebenszeit Gottes Gericht nicht nur von Tag zu Tag immer lastender auf sich ziehen, vielmehr wird ihnen auch das zur Verdammnis ausschlagen, was sie an Gottes Gaben beständig in Anspruch nehmen. Für all dies nämlich wird man dereinst von uns Rechenschaft fordern. Was ihnen aber verdientermaßen als schlimmstes Verbrechen angerechnet werden wird, kommt unfehlbar dadurch ans Licht, dass sie durch Gottes Güte nur noch schlechter geworden sind, durch die sie zumindest doch hätten gebessert werden sollen. Hüten wir uns also, dass wir uns durch den unerlaubten Missbrauch göttlicher Gaben diesen unheilvollen Schatz nicht [bis zu jenem Tage] aufbewahren!

Am Tag des Zornes. So lautet es wörtlich, nach dem griechischen Text aber [kann es auch heißen]: »auf den Tag hin«. Denn jetzt ziehen die Gottlosen Gottes Unwillen auf sich herab, dann aber wird dessen Gewalt sich auf ihr Haupt entladen; jetzt türmen sie ein noch verborgenes Verderben auf, dann aber wird es aus den Schatzkammern Gottes hervorbrechen. Darum heißt der Tag des jüngsten Gerichts »Tag des Zorns«, wenn sich die Rede an die Gottlosen richtet, während er für die Gläubigen ein Tag der Erlösung ist. So werden auch beliebige andere Heimsuchungen Gottes im Blick auf die Gottlosen immer als grauenvoll und bedrohlich beschrieben, für die Frommen hingegen als beglückend und freudevoll. Sooft die Schrift daher an die Nähe des Herrn erinnert, fordert sie die Frommen zu Freudensprüngen auf, sobald sie sich aber den Verworfenen zuwendet, jagt sie ihnen nur Furcht und Schrecken ein.[8] Ein »Tag des Zornes« heißt er bei Zephanja (1,15): »Ein Tag der Drangsal und Angst ist jener Tag, ein Tag des Unheils und Jammers, ein Tag des Dunkels und der Finsternis, ein Tag der Wolken und des Sturms«. Ähnlich liest man es auch bei Joel (2,2). Amos (5,18) ruft vollends aus: »Weh denen, die den Tag des Herrn herbeisehnen! Was soll euch denn der Tag des Herrn? Finsternis ist er und nicht Licht!« Wenn Paulus hinzusetzt: Es ist ein Tag »der Offenbarung [des gerechten Gerichtes Gottes]«, dann gibt er uns einen Wink, wie es

7 Calvin grenzt hier sich von Erasmus ab (Annotationes in Novum Testamentum, Basel 1535, in: Opera omnia, Bd. 6, Leiden 1705; Nachdruck: Hildesheim 1962, 569E), der sich an dieser Stelle für das »einladen« entscheidet.

8 Wendel, 256, weist mit Recht darauf hin, dass Calvin die realistischen Gerichtsschilderungen (etwa Inst. III,25,12) nicht wörtlich verstanden wissen will, sondern als Ausdruck des Elends des von Gott getrennten Menschen. Zu den im Folgenden zitierten synoptischen Stellen vgl. die Auslegung der »Evangelienharmonie«, CO 45,1–830.

pe quum Dominus iudicium suum manifestabit, cuius tametsi indicia quaedam quotidie praebet, liquidam tamen ac plenam manifestationem in eam diem suspendit ac continet. Tunc enim libri aperientur, tunc segregabuntur agni ab hoedis, et frumentum zizaniis repurgabitur.

6 *Qui reddet unicuique, etc.* Quia illi cum caecis sanctulis negotium est, qui bene obtectam putant cordis nequitiam modo nescio quibus inanium operum fucis praetexatur, veram operum iustitiam statuit, quae sit coram Deo locum habitura, ne sufficere confidant ad eum placandum, si verba et solas nugas vel folia attulerint. Porro in hac sententia non tantum est difficultatis, quantum vulgo putatur. Reproborum enim malitiam iusta ultione si puniet Dominus, rependet illis quod meriti sunt. Rursum quia sanctificat quos olim statuit glorificare; in illis quoque bona opera coronabit, sed non pro merito. Neque id evincetur ex hac sententia, quae tametsi praedicit quam mercedem habitura sint bona opera, nequaquam tamen quid valeant, vel quid illis debeatur pretii pronuntiat. Stulta autem consequentia est, ex mercede statuere meritum.

7 *Iis quidem qui secundum perseverantiam.* Ad verbum est patien-
43 tiam, quo vocabulo plus aliquid exprimitur. Perseverantia enim est | ubi quis constanter benefaciendo non fathiscit. At tolerantia quoque in sanctis requiritur, qua licet variis tentationibus oppressi, subsistant. Non enim eos expedito cursu ad Dominum pergere Satan permittit, sed innumeris offendiculis remorari eos, atque a recta via avertere nititur. Quod autem dicit, fideles in bonis operibus persistendo gloriam et honorem quaerere, non significat eos alio aspirare, quam ad Dominum, aut aliquid eo superius praestantiusve expetere; sed ipsum quaerere

um jenen Tag des Zornes bestellt ist: dann nämlich wird der Herr sein Gericht ans Licht treten lassen. Denn obwohl er uns tagtäglich etliche Anzeichen vor Augen stellt, schiebt er dessen volle und klare Manifestation bis zu jenem Tag hin auf und hält sich zurück. Dann aber werden die Bücher aufgetan [Dan 7,10; Offb 20,12], dann werden die Schafe von den Böcken geschieden [Mt 25,32f.], dann wird der Weizen vom Unkraut gereinigt [Mt 13,30].

6 *Der einem jeden vergelten wird …* Weil er es mit den verblendeten kleinen Heiligen zu tun hat, die die Schlechtigkeit ihres Herzens verborgen zu halten meinen, solange sie nur mit wer weiß was für einem Schein nichtsnutziger Werke verbrämt wird, stellt Paulus heraus, was die wahre Gerechtigkeit der Werke ausmacht, die vor Gott Bestand haben wird, damit sich [diese Leute] nicht darauf verlassen, es genüge, um Gott gnädig zu stimmen, bloße Worte zu machen, Windbeuteleien oder lediglich Blätter [statt Früchte] vorzubringen. Darum bietet dieser Vers durchaus nicht soviel Schwierigkeiten, wie man gemeinhin annimmt. Denn wenn der Herr die Bosheit der Verworfenen mit gerechter Vergeltung straft, zahlt er ihnen nur zurück, was sie verdient haben. Weil er andererseits die Menschen, die er einst zur Herrlichkeit bestimmt hat, auch heiligt, wird er bei ihnen auch die Werke krönen – allerdings nicht nach Verdienst. Über das Verdienst lässt sich aus diesem Vers rein gar nichts ausmachen: wohl prophezeit er, welchen Lohn gute Werke finden werden, gibt aber keinerlei Hinweis darauf, was sie wert sind oder welchen Preis sie verdienen.[9] Darum ist es eine törichte Folgerung, aus dem Lohn auf ein Verdienst zu schließen.

7 *Denen aber, die durch Ausdauer.* Wörtlich heißt es »durch Geduld«. Damit wird etwas mehr ausgedrückt. Denn von Ausdauer ist die Rede, wenn jemand nicht müde wird, unablässig Gutes zu tun. Bei den Heiligen aber kommt es auch auf geduldiges Ertragen an, damit sie – und sei es in Bedrängnis durch mancherlei Anfechtungen – standhalten.[10] Denn der Satan lässt nicht zu, dass sie sich in ungehindertem Lauf zum Herrn aufmachen, sondern legt alles darauf an, sie durch zahllose Hindernisse aufzuhalten und vom rechten Weg abzubringen. Wenn Paulus aber sagt, dass die Gläubigen durch Beharrlichkeit in guten Werken nach Preis und Ehre trachten, so bedeutet das nicht, dass sich ihr Bemühen auf ein anderes Ziel richtet als auf den Herrn oder dass sie etwas Höheres und Vortrefflicheres begehren als ihn; schließlich

9 Die Polemik richtet sich gegen die katholische Verdienstlehre und deren Repräsentanten Joh. Eck, Enchiridion locorum adversus Lutherum et alios hostes ecclesiae, hg. v. P. FRAENKEL, Münster 1979, Cap. V, Prop. I. Vgl. hierzu Calvins Streitschrift gegen die Artikel der Sorbonne (1544), Art. IV, CStA 3,32–37.

10 Die sachlich nahezu gleichbedeutenden Begriffe »Ausdauer« (perseverantia), »Geduld« (patientia, so der Vulgata-Text) und »Ertragen« (tolerantia) beschreiben nach Calvin das Zentrum des christlichen Lebens (Inst. III,8), wobei insbesondere die perseverantia in das Umfeld der Prädestionationslehre gehört und zwar als entscheidende Bezeugung der göttlichen Erwählung. Calvin bestreitet damit die mittelalterliche These einer nur punktuell und darum nur konjektural möglichen Erkenntnis des Gnadenstandes. Vgl. hierzu die Auslegung vom Röm 5,2 sowie J. MOLTMANN, Prädestination und Perseveranz, Neukirchen 1961.

nequeunt quin simul ad regni eius beatitudinem contendant, cuius descriptio sub horum verborum periphrasi continetur. Sensus ergo est, Dominum vitam aeternam iis redditurum qui bonorum operum studio immortalitatem meditantur.

8 *Iis vero qui sunt contentiosi.* Aliquantum confusa est oratio. Primum, ob abscissum tenorem. Filum enim dictionis requirebat, ut secundum collationis membrum priori cohaereret, in hunc modum, Dominus iis, qui per boni operis perseverantiam, gloriam, honorem et immortalitatem quaerunt, ⟨35⟩ redditurus est vitam aeternam; contentiosis autem et immorigeris, aeternam mortem. Tum subnecteretur illatio, paratam illis quidem esse gloriam et honorem et incorruptionem; his autem repositam esse iram et afflictionem.

Deinde quia voces illae, *excandescentia, ira, tribulatio et anxietas*, duobus membris diversis applicantur; sensum tamen orationis id minime turbat quo in scriptis Apostolicis contenti sumus. Ex aliis enim discenda est eloquentia; hic sub contemptibili verborum humilitate, spiritualis sapientia quaerenda est. ›Contentio‹ hic pro rebellione ponitur, et pervicacia; quia cum hypocritis confligit Paulus, qui crassa et supina indulgentia Deum subsannant.

Veritatis nomine simpliciter regula Divinae voluntatis, quae sola veritatis lux est, designatur. Id enim omnium impiorum commune est, ut se iniquitati in servitutem addicere semper malint, quam Dei iugum recipere. At quantamlibet obedientiam simulent, non desinunt tamen Dei verbo contumaciter obstrepere et obluctari. Siquidem ut ›veritatem‹ hanc ludibrio habent qui palam sunt flagitiosi; ita hypocritae factitios suos cultus illi opponere non dubitant. Porro subiicit Apostolus, eiusmodi contumaces, iniquitati servire; quia nihil medium est, quo minus in peccati servitium mox concedant, qui subiugari a Domini lege noluerunt. Atque hoc quoque iustum praemium est furiosae licentiae, quod peccati sunt mancipia, qui Dei obsequium gravantur.

Excandescentia et ira. Sic vertere coegit me verborum proprietas.
44 Graecis enim id significat θυμός, quod Latinis ›excandescentiam‹ | notare docet Cicero, Tusc. 4, nempe subitam irae inflammationem. In

können sie nach ihm gar nicht »trachten«, ohne zugleich auf die Seligkeit seines Reiches zuzugehen, deren Umschreibung in den erwähnten Worten beschlossen liegt. Gemeint ist demnach: Der Herr wird das ewige Leben denen zuteil werden lassen, die sich im Eifer um gute Werke nach Unsterblichkeit ausstrecken.

8 *Denen aber, die streitsüchtig sind.* Die sprachliche Form ist einigermaßen verworren. Einmal, weil der Zusammenhang abbricht. Der rote Faden der Aussage würde verlangen, dass das zweite Glied des Vergleichs mit dem vorangehenden zusammenhängt, derart [dass es heißen müsste], der Herr wird denen, die durch Ausdauer in guten Werken nach Preis, Ehre und Unsterblichkeit trachten, ewiges Leben verleihen, den Streitsüchtigen und Widersetzlichen aber ewigen Tod bereiten. Dann müsste damit die Einfügung verbunden werden: jenen ist Preis, Ehre und unvergängliches Leben bereitgestellt, diesen aber Zorn und Bedrängnis vorbehalten.

Sodann werden die Ausdrücke *Erbitterung, Zorn, Trübsal* und *Angst* in zwei verschiedenen Satzgliedern verwendet. Doch das stört den Sinn der Aussage nicht im mindesten, und damit müssen wir uns in den apostolischen Schriften zufrieden geben. Beredsamkeit kann man aus anderen Schriften lernen. Hier kommt es darauf an, unter der verächtlichen Ärmlichkeit der Worte nach der geistlichen Weisheit zu fragen. »Streitsucht« steht hier für Auflehnung und Widerspenstigkeit, denn es sind Heuchler, mit denen es Paulus in seinem Konflikt zu tun hat, Heuchler, die mit ihrer groben und hochmütig-lässigen Absage [an ernsthaften Gehorsam] Gott verspotten.

Das Wort *Wahrheit* bezeichnet hier schlicht die Richtschnur des göttlichen Willens, die doch allein das Licht der Wahrheit ist. Das nämlich verbindet alle Gottlosen miteinander, dass sie sich lieber zu Knechten der Ungerechtigkeit machen lassen, als dass sie Gottes Joch auf sich nehmen. Doch was sie zum Schein an Gehorsam auch aufbieten, sie hören nicht auf, in ihrem Eigensinn gegen Gottes Wort aufzubegehren und sich ihm entgegenzustemmen. Denn wie die öffentlich bekannten Lästerer mit dieser »Wahrheit« ihren Spott treiben, so tragen diese Heuchler keine Bedenken, ihr die selbsterdachten Kulthandlungen entgegenzustellen. Derart eigensinnige Menschen, fährt der Apostel fort, sind Diener der Ungerechtigkeit. Denn es gibt hier keinen Mittelweg: wer sich vom Gesetz des Herrn nicht ins Joch einspannen lässt, gerät alsbald in die Knechtschaft der Sünde. Und das ist denn auch der gerechte Lohn ihrer zügellosen Willkür: Sie sind käufliche Sklaven der Sünde, weil sie es nicht ertragen, Gott zu gehorchen.

Erbitterung und Zorn. So zu übersetzen nötigt mich der eigentümliche Sinn dieser Worte. Denn bei den Griechen bedeutet »Leidenschaft« das, was bei den Lateinern Cicero als »Jähzorn« bzw. »Erbitterung« wiederzugeben lehrt[11], das heißt ein plötzliches Aufflammen des Zorns.

11 Cicero, Tusculanae Disputationes 4,9,21.

aliis sequor Erasmum. Observa autem, ex quatuor quae recensentur, duo posteriora quasi effectus esse priorum. Nam qui Deum sibi adversum iratumque sentiunt, extemplo prorsus conteruntur. Caeterum quum duobus verbis tam piorum beatitudinem, quam reproborum interitum breviter indicare posset, utrunque pluribus amplificat; quo magis et efficacius homines percellat irae Dei metu, et desiderium acuat obtinendae per Christum gratiae. Nunquam enim Dei iudicium satis metuimus, nisi viva descriptione quasi statuatur ante oculos. Nec serio futurae vitae studio ardemus, nisi multis flabellis incitati.
9 *Iudaeo primum*. Mihi non dubium est quin Iudaeo Gentilem simpliciter opponat. Quos enim Graecos nunc appellat, eos Gentiles mox dicet. Iudaei autem in huius causae actione praecedunt, qui prae aliis habent Legis promissiones et minas; acsi diceret, ›Haec universalis est Divini iudicii lex, quae a Iudaeis incipiet, et comprehendet totum orbem‹.

⟨36⟩ 11 *Siquidem non est acceptio personarum apud Deum.*
12 *Quicunque enim sine Lege peccaverunt, sine Lege etiam peribunt: quicunque vero in Lege peccaverunt, per Legem iudicabuntur.*
13 *Non enim Legis auditores iusti sunt apud Deum: sed qui Legem faciunt, iustificabuntur.*

11 *Non est personarum acceptio*. Hactenus in genere reos in iudicium traxit universos mortales. Nunc vero seorsum hinc Iudaeos, hinc Gentiles arguere incipit. Ac simul docet, non obstare quod alios ab aliis separat discrimen, quin promiscue utrique morti aeternae sint obnoxii.

In allem anderen schließe ich mich Erasmus an.[12] So beachte man denn, dass von den vier hier aufgeführten Worten die beiden hinteren [Trübsal, Angst] gleichsam Wirkungen der beiden voranstehenden sind. Denn wer Gott als seinen noch dazu zornerfüllten Widersacher erfährt, wird augenblicklich ganz und gar niedergeschlagen. Doch obwohl [Paulus] mit nur zwei Worten die Seligkeit der Frommen wie den Sturz der Verworfenen knapp hätte andeuten können, macht er in beiden Fällen mehr Worte, um die Menschen desto intensiver und wirksamer durch die Furcht vor Gottes Zorn zu treffen und ihr Verlangen zu schärfen, durch Christus Gnade zu erlangen. Denn niemals fürchten wir Gottes Gericht zur Genüge, wenn es uns nicht mit lebendigen Farben gleichsam vor Augen gestellt wird. Und niemals brennen wir in ernsthaftem Eifer für das künftige Leben, wenn wir nicht wie durch viele Fächer dazu angefacht werden.

9 *Dem Juden zuerst.* Ich zweifle nicht daran, dass [Paulus] dem Juden einfach den Heiden gegenüberstellt. Die er nämlich jetzt als Griechen anredet, wird er wenig später [V. 14] Heiden nennen. Die Juden aber haben im Prozess um diese Sache einen Vorsprung[13], denn vor allen anderen haben sie die Verheißungen und Drohungen des Gesetzes – als wollte [Paulus] sagen: »Dies ist das universale Gesetz des göttlichen Gerichts, das bei den Juden beginnen und dann den ganzen Erdkreis umfassen wird.«

11 *Es ist ja kein Ansehen der Person vor Gott.*
12 *Denn alle, die ohne das Gesetz gesündigt haben, werden auch ohne das Gesetz verloren gehen: die aber unter dem Gesetz gesündigt haben, werden durch das Gesetz gerichtet werden.*
13 *Denn nicht die Hörer des Gesetzes sind vor Gott gerecht, sondern die das Gesetz tun, werden gerechtgesprochen werden.*

11 *Es ist kein Ansehen der Person.* Bisher hat [Paulus] ganz allgemein die Sterblichen insgesamt als Angeklagte vor [Gottes] Gericht gezogen. Jetzt aber beginnt er seine Anklage gesondert – hier gegen die Juden, dort gegen die Völkerwelt – vorzutragen. Dabei lehrt er zugleich, es mache nichts aus, dass eine Scheidewand die einen von den anderen trenne; vielmehr seien unterschiedslos beide des ewigen Todes

12 Das betrifft die Interpretation dieser Stelle durch die Begriffe »Unwille« (indignatio) und »Zorn« (ira), sowie »Trübsal« (afflictio) und »Angst« (anxietas): Erasmus, a.a.O. (Anm. 7), 570F.

13 Die uneingeschränkte Anerkennung des heilsgeschichtlichen Vorrangs der Juden (wie immer dann das Urteil über das zeitgenössische Judentum ausfällt) ist ein signifikantes, in Inst. II,9–11 breit fundiertes Merkmal der Theologie Calvins. Die Betonung der Einheit von Altem und Neuem Bund bestimmt die Grundstruktur seines Denkens, weshalb er gerade auf die Verheißungen des Gesetzes immer wieder hinweist. Dazu: G.W. Locher, Calvin spricht zu den Juden, ThZ 23 (1967), 180–196; H. Krüger, Erben des Evangeliums. Calvin und die Juden, Serie Kamper Cahiers 57, Kampen 1985, sowie neuerdings bes. A. Detmers, Reformation und Judentum. Israel-Lehren und Einstellungen zum Judentum von Luther bis zum frühen Calvin, Stuttgart 2001, bes. 379ff.

Gentiles defensionem captabant ab ignorantia, Iudaei Legis titulo gloriabantur. Illis adimit tergiversationem, hos falsa et vana gloriatione spoliat. Est igitur quaedam totius generis humani in duo membra partitio. Nam Iudaeos segregaverat Deus a reliquis; omnium vero Gentium eadem erat ratio. Nunc illud discrimen nihil obstare docet quominus in eundem utrique colligati sint reatum. Caeterum ›persona‹ Scripturis usurpatur pro rebus omnibus externis quae aliquo in pretio et honore haberi solent. Quum ergo legis, non esse Deum acceptorem persona-
45 rum, intellige illum respicere cordis puritatem, ac | interiorem innocentiam. Non autem iis immorari quae solent in hominum aestimationem venire, genus, patriam, dignitatem, copias et similia; ut hic ›acceptio‹ accipitur pro delectu ac discretione inter gentem et gentem. Siquis autem hinc cavilletur, non esse igitur gratuitam Dei electionem, respondendum esse duplicem hominis acceptionem coram Deo. Primam qua nos ex nihilo vocatos, gratuita bonitate cooptat, quum nihil sit in natura nostra quod illi probari queat. Alteram qua ubi nos regeneravit, etiam cum suis donis amplectitur; ac quam in nobis recognoscit Filii sui imaginem, favore suo prosequitur.

12 *Qui sine Lege peccaverunt*. Priore partitionis loco Gentes aggreditur, quibus tametsi nullus Moses datus fuerat, qui Legem illis a Domino promulgaret ac sanciret. Id tamen obstare negat quominus iustum mortis iudicium peccando sibi accersant; acsi diceret, iustae peccatoris damnationi non esse necessariam Legis scriptae notitiam. Vide igitur quale patrocinium suscipiant qui praepostera misericordia, Gentes Euangelii lumine privatas, ignorantiae praetextu, Dei iudicio eximere tentant.

schuldig. Die Heiden mochten sich mit ihrer Unwissenheit verteidigen, die Juden den Anspruch auf das Gesetz zu ihrem Ruhm anführen. Den einen nimmt er ihre Rückendeckung, den anderen entwindet er ihr verkehrtes, eitles Rühmen. Man muss also die ganze Menschheit gewissermaßen in zwei Gruppen aufteilen. Denn die Juden hatte Gott von den übrigen Menschen abgesondert; tatsächlich aber waren alle Völker in derselben Lage. Jetzt, lehrt [Paulus], kann dieser Unterschied daher nichts daran ändern, dass beide zusammen in denselben Anklagezustand versetzt sind. Im Übrigen wird der Begriff »Person«[14] in der Schrift für alle äußeren Umstände in Anspruch genommen, von denen man für gewöhnlich annimmt, dass sie einen bestimmten Wert oder eine bestimmte Ehrenstellung begründen. Wenn wir also lesen, dass Gott die Person nicht ansieht, dann ist das so zu verstehen, dass er nur auf die Reinheit des Herzens und dessen innere Redlichkeit achtet, sich dagegen nicht bei den Dingen aufhält, die sich bei den Menschen besonderer Wertschätzung zu erfreuen pflegen, etwa bei Herkunft, Vaterland, Ansehen, Reichtum und dergleichen, so wie hier »Ansehen« im Sinn einer Unterscheidung und Auswahl zwischen Volk und Volk verstanden wird. Wenn nun aber jemand spotten wollte, Gottes Wahl sei also nicht durch reine Gnade bestimmt, dann lässt sich ihm nur entgegnen, dass das Ansehen des Menschen vor Gott von zweifacher Art ist. Zum einen [beruht es darauf], dass er uns sozusagen aus dem Nichts heraus beruft und aus ungeschuldeter Güte an seine Seite wählt, wo doch unserer ganzen Beschaffenheit nach nichts in uns ist, was seine Billigung finden könnte. Zum anderen darauf, dass er, nachdem er uns wiedergeboren hat, uns mit seinen Gaben umfängt und uns, wenn er das Bild seines Sohnes in uns erkennt, noch dazu mit seiner Gunst und Fürsorge begleitet.

12 *Die ohne das Gesetz gesündigt haben.* An vorderster Stelle innerhalb der [von ihm getroffenen] Einteilung wendet sich Paulus gegen die Menschen aus der Völkerwelt: Gewiss war ihnen kein Mose gegeben, der ihnen das Gesetz des Herrn bekannt gemacht und in seiner Gültigkeit bestätigt hätte. Das aber, betont er, kann doch nicht hindern, dass sie sich mit ihren Sünden zu Recht das Todesurteil zuziehen. Damit will er sagen: Für eine gerechte Verurteilung des Sünders ist die Kenntnis des geschriebenen Gesetzes gar nicht nötig. Man muss also darauf achten, was man zu ihrer Verteidigung vorbringen kann: es ist falsch verstandene Barmherzigkeit, wollte man versuchen, die Heiden, weil ihnen das Licht des Evangeliums fehlt, unter dem Vorwand der Unwissenheit dem Urteil Gottes zu entziehen.

14 Anders als Calvin vorauszusetzen scheint, ist der Ausdruck »Person« (der in der Vulgata nur hier und Gal 2,6 begegnet, davon abhängig dann in Eph 6,9, Kol 3,25 und Jak 2,1.9) kein biblischer Begriff. Er ist aus der antiken Grammatik über die Bibelexegese in die theologische Diskussion eingedrungen. Das griechische Wort (prosopon = Angesicht) bezeichnet den Träger einer Rolle, so dass die Bedeutung eines Würdenträgers, später einer Rechtsposition, tatsächlich hier ihren Haftpunkt hat. Seine spezifisch theologische Prägung erfährt er (abgesehen vom traditionellen trinitarischen Zusammenhang) bei Calvin durch den Gedanken der Prädestination.

Qui in Lege peccaverunt. Quemadmodum Gentes, dum sensus sui erroribus feruntur, in foveam praecipites eunt, ita Iudaei Legem in promptu habent qua iudicentur. Pronuntiata enim iampridem sententia est, maledictos omnes qui non permanserint ⟨37⟩ in omnibus eius mandatis. Peior itaque conditio Iudaeos peccatores manet, quibus iam sua est in Lege damnatio.

13 *Non enim auditores Legis*. Prolepsis qua antevertit quam afferre Iudaei exceptionem poterant. Quia Legem audiebant esse iustitiae regulam, sola eius notitia superbiebant. Eam hallucinationem ut refellat, negat Legis audientiam, seu intelligentiam quicquam habere ponderis, ut iustitiam quis ex ea obtendat; sed proferenda esse opera, secundum illud, ›Qui fecerit haec, vivet in ipsis‹. Hoc igitur tantum valet praesens sententia, ›Si ex Lege iustitia quaeritur, impleri Legem oportere; quia in operum perfectione posita est Legis iustitia‹. Qui hoc loco abutuntur ad erigendam operum iustificationem, etiam puerorum cachinnis sunt dignissimi. Proinde ineptum est et extra locum, huc longas de iustificatione quaestiones ingerere ad solvendum tam futile cavillum. Tantum enim urget apud Iudaeos Apostolus illud de quo meminerat, Legis iudicium, quod non possint per Legem iustificari, nisi Legem impleant; si transgrediantur, paratam mox esse illis maledictionem. Nos vero non negamus praescribi in Lege absolutam iustitiam. Sed quia omnes transgressionis convincuntur, quaerendam esse dicimus aliam
46 iustitiam. Quin ex hoc loco argumentari licet, | neminem operibus iustificari. Si enim ii soli qui Legem implent, per Legem iustificantur, sequitur nullum iustificari, quia nullus reperitur qui iactare queat Legis complementum.

Die unter dem Gesetz gesündigt haben. Während sich die Heiden vom Irrtum ihrer Urteilskraft leiten lassen und Hals über Kopf in die Grube stürzen, haben die Juden das Gesetz zur Hand, das sie in gleicher Weise richtet. Schon längst ist ja das Urteil gefällt: »Verflucht ist jeder, der nicht in allen Geboten [dieses Gesetzes] bleibt [dass er danach tut]« [Dtn 27,26]. Deshalb erwartet die Sünder aus den Juden ein schlimmeres Los, weil ihre Verurteilung ihnen schon im Gesetz vorgezeichnet ist.

13 *Denn nicht die Hörer des Gesetzes.* Hier handelt es sich um einen Vorgriff, mit dem [Paulus] einem Einwand zuvorkommt, den die Juden geltend machen könnten. Sie hatten ja gehört, das Gesetz sei die Richtschnur der Gerechtigkeit.[15] So kamen sie dazu, sich mit der bloßen Kenntnis des Gesetzes zu brüsten. Um mit dieser Wahnvorstellung Schluß zu machen, bestreitet er, das Hören des Gesetzes oder sein bloßes Verständnis falle auch nur im mindesten ins Gewicht, so dass jemand schon daraus seine Gerechtigkeit ableiten könnte; vorwärts kommen müssten sie vielmehr mit den Taten gemäß dem Wort: »Wer danach tut, wird in ihnen das Leben haben« [Dtn 4,1]. Genau dies also meint der vorliegende Satz: »Wenn man aus dem Gesetz die Gerechtigkeit zu erwerben sucht, geht es darum, das Gesetz zu erfüllen, weil die Gesetzesgerechtigkeit allein in der Vollkommenheit der Werke besteht.« Wer freilich diese Stelle missbraucht, um eine Werkgerechtigkeit aufzurichten, verdient es allemal, selbst von Kindern verlacht zu werden. Es trägt daher nichts aus und ist fehlt am Platz, daraufhin jetzt lange Erörterungen über die Rechtfertigung anzustellen, um eine so abwegige Sophisterei aufzulösen.[16] Weswegen nämlich der Apostel den Juden hart zusetzt, ist nur das von ihm in Erinnerung gebrachte Urteil des Gesetzes: Sie können durch das Gesetz nicht gerechtfertigt werden, wenn sie es nicht erfüllen, und wenn sie es übertreten, steht für sie alsbald schon das Verdammungsurteil bereit. Dabei bestreiten wir keineswegs, dass im Gesetz die vollkommene Gerechtigkeit vorgeschrieben wird. Weil wir aber allesamt als Übertreter bloßgestellt werden, müssen wir, sage ich, nach einer anderen Gerechtigkeit suchen, so dass man aus dieser Stelle nachgerade beweisen kann, dass durch Werke niemand gerechtfertigt wird. Wenn nämlich allein die, die das Gesetz erfüllen, durch das Gesetz gerechtfertigt werden, folgt zwingend, dass überhaupt niemand gerechtfertigt wird, weil niemand zu finden ist, der die Erfüllung des Gesetzes [als sein »Werk«] im Munde führen könnte.

15 Man muss sich zum Verständnis des Folgenden vergegenwärtigen, dass Calvin trotz des von ihm betonten Vorranges des Evangeliums keiner Einschränkung oder Abwertung des Gesetzes das Wort redet, sondern es auch den Christen gegenüber als Weg der Gerechtigkeit verteidigt. Vgl. dazu die Ausführungen zu Röm 3,31 und in Inst. II,7,6–13 sowie I.J. Hesselink, Calvins Concept of the Law, Allison Park/Pennsylvania 1992, 217ff.; ders., Calvin's First Catechism, Louisville/Kentucky 1997, 76ff.

16 Nach Parker, 45, Anm. 16, handelt es sich um eine Anspielung auf M. Bucers Kommentar: Metaphrases Et Enarrationes Perpetuae Epistularum. D. Pauli Apostoli, Bd. I, Straßburg 1536, 129b–130b, Conciliatio II.

14 *Quum enim Gentes, quae Legem non habent, natura quae Legis sunt faciant, ipsae Legem non habentes, sibi ipsae sunt Lex:*
15 *Quae ostendunt opus Legis scriptum in cordibus suis: simul attestante ipsorum conscientia, et cogitationibus inter se accusantibus, aut etiam excusantibus,*
16 *In die qua iudicabit Deus occulta hominum secundum Euangelium meum, per Iesum Christum.*

14 *Quum enim Gentes*. Probationem prioris membri nunc repetit. Non enim satis habet, nos verbo damnare et iustum Dei iudicium adversum nos pronuntiare, sed rationibus id evincere apud nos contendit, quo nos ad Christi desiderium amoremque magis excitet. Probat enim frustra obtendi a Gentibus ignorantiam; quum factis suis declarent, nonnullam se habere iustitiae regulam. Nulla enim gens unquam sic ab humanitate abhorruit, ut non se intra leges aliquas contineret. Quum igitur sponte ac sine monitore, gentes omnes ad leges sibi ferendas inclinatae sint, constat absque dubio quasdam iustitiae ac rectitudinis conceptiones, quas Graeci προλήψεις vocant, hominum animis esse naturaliter ingenitas. Habent ergo legem sine Lege; quia utcunque scriptam Mosis Legem non habeant, notitia ⟨38⟩ tamen recti et aequi nequaquam prorsus carent. Neque enim aliter possent inter flagitium virtutemque discernere; quorum alterum coercent poenis, alteram commendant, ac suo calculo approbatam, praemiis honorant. Naturam opposuit Legi scriptae, intelligens scilicet Gentibus naturalem iustitiae fulgorem illucere, qui Legis vicem suppleat qua Iudaei erudiuntur, ut sint ipsae sibi Lex.
15 *Quae ostendunt opus Legis scriptum*. Hoc est testificantur esse inscriptum cordibus suis discrimen et iudicium quo inter aequum et in-

14 *Denn wenn die Heiden, die das Gesetz nicht haben, von Natur aus tun, was das Gesetz verlangt, so sind die, die das Gesetz nicht haben, sich selbst ein Gesetz.*
15 *Sie zeigen ja, dass das Werk des Gesetzes in ihre Herzen geschrieben ist: das bezeugt ihnen zugleich ihr Gewissen und ihre Gedanken, die sich untereinander anklagen oder auch entschuldigen –*
16 *an dem Tage, an dem Gott das Verborgene der Menschen richten wird nach unserem Evangelium durch Jesus Christus.*

14 *Denn wenn die Heiden ...* [Paulus] wiederholt hier die Beweisführung des vorangegangenen Abschnitts. Denn er will sich nicht damit begnügen, uns verbal zu verurteilen und Gottes gerechtes Gericht über uns anzukündigen, sondern wendet alle Mühe auf, es uns gegenüber mit Gründen darzulegen, um unser Verlangen nach Christus und unsere Liebe zu ihm umso mehr zu erwecken.[17] Vergebens nämlich, stellt er fest, nehmen die Heiden ihre Unwissenheit zum Vorwand, während sie durch ihre Taten doch klar zu erkennen geben, dass sie sehr wohl so etwas wie eine Richtschnur der Gerechtigkeit haben. Denn kein Volk hat sich jemals so weit von menschlicher Art abgewandt, dass es sich nicht doch an bestimmte Gesetze hielte. Wenn also alle Völker aus freiem Antrieb, ohne dass jemand sie drängen müsste, dazu neigen, sich selbst Gesetze zu geben, dann gibt es unzweifelhaft bestimmte Vorstellungen von Gerechtigkeit und Recht – die Griechen sprechen von »Anlagen« –, die dem menschlichen Geist von Natur angeboren sind.[18] Sie haben also Gesetze ohne die Tora. Denn mögen sie auch nicht das geschriebene Gesetz des Mose haben, so fehlt es ihnen doch keineswegs an einer Kenntnis dessen, was recht und billig ist. Wie sollten sie sonst zwischen Laster und Tugend unterscheiden können, das eine mit Strafen ahnden, das andere preisen, ja sogar im Rahmen ihrer Vorstellungen billigen und mit Belohnungen auszeichnen. Derart also stellt Paulus die Natur dem geschriebenen Gesetz gegenüber: er sieht wie selbstverständlich, dass auch in der Völkerwelt »von Natur« ein Blitzstrahl der Gerechtigkeit aufleuchtet[19], der die Stelle des Gesetzes ausfüllt, durch das die Juden belehrt werden, und eben so sind sie sich selbst ein Gesetz.

15 *Sie zeigen ja, dass das Werk des Gesetzes [in ihr Herz] geschrieben ist.* Das bedeutet: Sie selbst sind Zeuge dessen, dass ihren Herzen ein Unterscheidungs- und Urteilsvermögen eingeschrieben ist, wodurch

17 Calvin umschreibt hier den für alle Reformatoren zentralen »theologischen« bzw. »pädagogischen« Gebrauch des Gesetzes, wonach es uns den »Spiegel« unserer Ungerechtigkeit vorhält (Inst. II,7,6; Predigt zu Gal 3,19, CO 50,535), um uns zu Christus als dem materialen Grund unserer Gerechtigkeit zu führen (Genfer Katechismus, Fr. 228, CStA 2,38,27ff.). Vgl. Hesselink, a.a.O., 219ff.

18 Siehe Anm. 5. Der Sache nach geht es um das der Antike wohlbekannte Motiv der ungeschriebenen Gesetze. Dazu: G. Bornkamm, Gesetz und Natur (s. Anm. 2), 98ff.

19 Vgl. Inst. II,2,22. Hier verweist Calvin ausdrücklich auf das »natürliche Gesetz« (die stoische lex naturalis), das in unser Herz »eingemeißelt« ist, um uns »unentschuldbar« zu machen.

iquum, honestum et turpe distinguant. Non enim intelligit, insculptum eorum voluntati ut appetant, et studiose persequantur, sed quia sic veritatis potentia vincuntur ut non possint non approbare. Cur enim religiones instituunt, nisi quia Deum colendum iudicant? Cur scortari et furari pudet, nisi quia utrunque malum censent? Importune ergo ex hoc loco potestas voluntatis nostrae effertur, acsi facultati nostrae
47 subiectam Legis observationem diceret Paulus; quum | de implendae Legis potestate non loquatur, sed de notitia. Nec vero ›cordis‹ nomen pro sede affectuum, sed tantum pro intellectu capitur: ut alibi, ›Non dedit Dominus tibi cor ad intelligendum‹. Item, ›Stulti homines et tardi corde ad credendum‹. Praeterea nec ex eo colligendum est, hominibus inesse plenam Legis cognitionem, sed quaedam duntaxat iustitiae semina esse indita ipsorum ingenio. Qualia sunt quod religiones instituunt omnes peraeque gentes, adulterium Legibus plectunt, et furtum, et homicidium, bonam fidem in commerciis ac contractibus commendant. Sic enim testantur non se latere, Deum colendum esse, adulterium et furtum et homicidium esse mala, probitatem esse laudabilem. Nec interest qualem fingant Deum, aut quot etiam deos fabricent. Satis est quod Deum esse intelligunt, et illi honorem cultumque deberi. Non refert an alienae mulieris, et possessionis, et cuiusvis rei cupiditatem permittant, an ad iram odiumque conniveant. Nam quod perpetrare malum esse norunt, neque illis fas erit concupiscere.

Attestante conscientia et cogitationibus. Non poterat fortius eos premere quam propriae conscientiae testimonio, quae est instar mille testium. Conscientia benefactorum se sustentant ac consolantur homines; male sibi conscii, intra se torquentur ac cruciantur. Unde illae Ethnicorum voces, ›Amplissimum theatrum esse bonam conscientiam; malam vero pessimum carnificem, ac saevius quibuslibet furiis impios exagitare‹.

sie zwischen Recht und Unrecht, zwischen Ehrbarkeit und Schande zu trennen wissen. [Paulus] vermag freilich nicht zu erkennen, dass dies auch ihren Willen bestimmt, so dass sie [nach Recht und Ehrbarkeit] geradezu verlangen und sich mit Eifer dazu anhalten lassen, wohl aber sieht er, dass sie – von der Macht der Wahrheit überwunden – gar nicht anders können als dies gutzuheißen. Denn warum stiften sie Religionen? Doch nur, weil sie davon überzeugt sind, man müsse Gott verehren. Warum empfinden sie Scham angesichts von Hurerei und Diebstahl? Doch nur, weil sie beides als ein Übel einschätzen. Man kann aus diesem Vers also nicht gut [einen Beleg für] die Kraft unseres Willens herauslesen[20], als wollte Paulus sagen, die Befolgung des Gesetzes sei in die Kraft unseres Willens gestellt; er redet ja auch nicht von dem Vermögen, das Gesetz zu erfüllen, sondern lediglich von dessen Erkenntnis. Vollends steht das Wort »Herz« hier nicht für den Sitz der Affekte, sondern wird nur im Sinne von Einsicht gebraucht, so wie es andernorts heißt: »Der Herr hat dir nicht ein Herz gegeben, das verständig wäre« [Dtn 29,4], oder: »O ihr, die ihr unverständig und trägen Herzens seid, zu glauben …« [Lk 24,25]. Außerdem darf man daraus nicht schließen, die Menschen verfügten von sich aus über die vollständige Erkenntnis des Gesetzes, wo doch ihrem Geist, was die Gerechtigkeit anlangt, höchstens einige Samenkörner eingepflanzt sind. Dazu gehört, dass ausnahmslos alle Völker sich religiöse Institutionen schaffen, dass sie Ehebruch, Diebstahl und Mord nach Gesetzen strafen oder sich in Handelsgeschäften und Verträgen auf Treu und Glauben verlassen. Es ist ihnen, wie sie damit bezeugen, offenbar nicht verborgen, dass man Gott verehren muss, dass Ehebruch, Diebstahl und Mord ein Übel, Redlichkeit hingegen etwas Lobenswertes ist. Dabei spielt es keine Rolle, wie sie sich Gott vorstellen oder wie viele Götter sie sich zurechtlegen. Es reicht, dass sie erkennen: Es gibt einen Gott dem sie Verehrung und Dienst schulden. Es kommt auch nicht darauf an, ob sie das Begehren nach der Frau eines anderen, nach fremdem Besitz oder was immer es sei erlauben oder Zorn und Hass mit geschlossenen Augen durchgehen lassen. Denn wenn sie wissen, dass die Ausführung einer Tat böse ist, wird ihnen auch das Begehren danach als Unrecht erscheinen.

Das bezeugt ihnen ihr Gewissen und ihre Gedanken. Härter könnte ihnen [Paulus] gar nicht zusetzen als mit der Aussage ihres eigenen Gewissens, das soviel zählt wie tausend Zeugen. Denn mit dem Bewusstsein ihrer guten Taten trösten sich die Menschen und richten sich auf; ein böses Gewissen wird ihnen zur inneren Marter und Qual. Daher kommt die unter vielen Völkern bekannte Redensart: »Ein gutes Gewissen ist wie das herrlichste Theater, ein schlechtes aber wie der ärgste Henker: es schlägt erbarmungsloser auf die Gottlosen ein als eine Schar von Furien.« So ist das Gewissen eine Art natürlicher

20 PARKER, 46, Anm. 18, verweist auf Nikolaus Herborn, Locorum Communium adversus huius temporis haereses Enchiridium (1529), als Vertreter dieser Ansicht.

Est igitur naturalis quaedam Legis intelligentia, quae hoc bonum atque expetibile dictet, illud autem detestandum. Observa autem quam erudite describat conscientiam, quum dicit nobis venire in mentem rationes quibus, quod recte factum est defendamus. Rursum quae nos flagitiorum accusent ac redarguant. Rationes autem ⟨39⟩ istas accusandi ac defendendi, ad diem Domini confert. Non quia sint tunc primum emersurae, quae assidue nunc vigent, ac officium suum exercent, sed quia sint tunc quoque valiturae, nequis ut frivolas et evanidas contemnat. ›In die‹ autem posuit, pro ›in diem‹, quemadmodum et prius.

16 *Quo iudicabit Deus occulta hominum.* Appositissima est iudicii periphrasis ad locum praesentem; ut sciant qui se libenter in latebras stuporis abderent, intimas illas et nunc in recessu cordis penitus latentes cogitationes, in lucem tunc prodituras. Quemadmodum alibi, dum vult Corinthiis ostendere quam nihili sint humana iudicia, quae in externis
48 larvis resistunt, iubet expectare donec venerit Dominus, | ›qui illustret occulta tenebrarum, et patefaciat occulta cordium‹. Id quum audimus, succurrat nos admoneri, si volumus nos vere approbare nostro iudici, ut ad illam animi synceritatem enitamur.

Addit *secundum Euangelium meum*, significans se doctrinam proferre, cui humani sensus, et naturaliter insiti respondeant. Ac ›suum‹ appellat ratione ministerii. Nam penes unum Deum est Euangelii edendi authoritas; sola dispensatio Apostolis commissa est. Caeterum non mirum

Quelle der Gesetzeserkenntnis,[21] die uns gebietet, das eine für gut und erstrebenswert, das andere hingegen für verabscheuenswürdig zu halten. Man beachte ferner, wie kenntnisreich Paulus das Gewissen beschreibt, wenn er davon spricht, dass uns hier die Beweggründe in den Sinn kommen, mit denen wir verteidigen, was recht getan ist, und die uns umgekehrt unserer Schandtaten anklagen und überführen. Diese Gründe aber, mit denen wir Anklage und Verteidigung bestreiten, richtet er auf den Tag des Herrn aus. Nicht weil sie erst dann zum ersten Mal auftauchen – sie regen sich ja schon jetzt ununterbrochen und üben darin das Amt des Gewissens aus –, sondern weil sie erst dann ihre ganze Kraft geltend machen, damit nur ja niemand sie als wertlos und flüchtig verachte. »An dem Tage« [V. 16] heißt also hier wie an früherer Stelle [V. 5] »bis auf den Tag«.

16 *An dem Gott das Verborgene der Menschen.* Eine höchst wichtige Stellung hat im vorliegenden Vers die Umschreibung des Gerichts: Die sich so gern in das Gehäuse ihrer Reglosigkeit zurückziehen, sollen wissen, dass jene innersten Gedanken, die jetzt tief verborgen in einem Winkel des Herzens ruhen, dereinst ans Licht kommen werden. Wenn [Paulus] den Korinthern vorhalten will, wie wertlos doch menschliche Urteile sind, solange sie beim äußeren Schein stehen bleiben, gebietet er ihnen gleichwohl zu warten, bis der Herr kommt, »der auch das Verborgene der Finsternis ans Licht bringen und die Ratschläge der Herzen offenbar machen wird« [I Kor 4,5]. Was wir hier hören, soll uns, wenn wir unsern Richter zufrieden stellen wollen, eine hilfreiche Mahnung sein, uns um solche Lauterkeit des Herzens zu bemühen.

Paulus fügt hinzu *nach meinem Evangelium* und gibt damit zu verstehen, dass er eine Verkündigung auszurichten hat, der auch die dem Menschen von Natur eingepflanzten Empfindungen entsprechen. »Sein« Evangelium nennt er es im Blick auf den [ihm aufgetragenen] Dienst. Denn die Vollmacht, das Evangelium ausgehen zu lassen, liegt allein bei Gott; nur die Austeilung und Verwaltung ist den Aposteln übertragen.[22] Dass zur Evangeliumsverkündigung als ein [unerlässlicher] Teil

21 Die ausdrückliche Beziehung, die der Begriff des Gewissens zum göttlichen Gesetz erhält – das Gewissen fungiert als »innerer Gerichtshof« (forum internum) – hat ihre nächsten Parallelen bei Philon (De fuga 131), Cicero (Tusc. Disputationes 2,26,64; De legibus 14,40) und Seneca (De ira III,36) und geht auf die pythagoreische Form der Selbstprüfung zurück (P. Rabbow, Seelenführung. Methodik der Exerzitien in der Antike, Zürich 1954, 180ff.; U. Wilckens, Der Brief an die Römer, a.a.O., 138ff.). Calvin nimmt das Gewissen hier und in Inst. II,2,24 – anders als die Stoa – als eine rein menschliche Instanz in Anspruch (»Die Vernunft erkennt keineswegs die Hauptstücke der ersten Tafel«), die erst durch Paulus auf Gottes Gericht bezogen wird. Dadurch erfährt das ansonsten durchaus positiv aufgenommene Gefüge der stoischen »natürlichen Theologie« eine neue, ungriechische Deutung und Ausrichtung. Vgl. M. Pohlenz, Die Stoa, Bd. I, 3. Aufl., Göttingen 1964, 317ff.

22 Wie wichtig Calvin diese scheinbar beiläufige Bemerkung ist, erkennt man auf dem Hintergrund seiner Polemik gegen den willkürlichen Umgang der römischen Kirche mit der Schrift: Zwei Sendschreiben (1537), CStA 1.2,313,16ff.; Antwort an Kardinal Sadolet (1539), ebd. 365,34ff.; vgl. auch Inst. I,7,1.

est si pars Euangelii dicatur futuri iudicii nuntius ac praeconium. Nam si usque ad plenam regni caelestis revelationem differtur eorum quae promittit, effectus et complementum, cum extremo iudicio necesse est coniungi. Deinde praedicari Christus non potest, nisi aliis in resurrectionem, aliis in ruinam: quorum utrunque ad diem iudicii pertinet. Particulam *per Iesum Christum* quanquam aliis secus videtur, ego tamen ad iudicium refero, in hunc sensum, quod Dominus per Christum, suum iudicium exequetur. Est enim ille constitutus a Patre iudex vivorum et mortuorum. Quod inter praecipua Euangelii capita semper Apostoli recensent. Sic erit plenior sententia, quae alioqui frigeret.

17 *Ecce tu Iudaeus cognominaris, et acquiescis in Lege, et gloriaris in Deo,*
18 *Et nosti voluntatem, et probas eximia, institutus ex Lege:*
19 *Confidisque teipsum esse ducem caecorum, lumen eorum qui sunt in tenebris,*
20 *Eruditorem insipientium, doctorem imperitorum, habentem formam cognitionis ac veritatis in Lege.*
21 *Qui igitur doces alterum, teipsum non doces. qui concionaris non furandum, furaris.*
22 *Qui dicis non moechandum, moecharis. qui detestaris idola, sacrilegium perpetras.*
23 *Qui de Lege gloriaris, Deum per Legis transgressionem dehonestas.*
24 *Nomen enim Dei propter vos probro afficitur inter Gentes: quemadmodum scriptum est.*

⟨40⟩ 17 *Ecce tu Iudaeus*. In vetustis quibusdam exemplaribus legitur
49 εἰ δὲ, ›si vero‹; quod si tam receptum foret, mihi probaretur | magis.
Sed quoniam maior codicum numerus reclamat, et aliter non male constare potest sensus, retineo veterem lectionem, praesertim quum leve sit particulae unius momentum. Nunc autem expedita Gentium causa,

auch der Botendienst und die öffentliche Proklamation des künftigen Gerichts gehören, darf uns im Übrigen nicht verwundern. Denn wenn sich Wirksamkeit und Erfüllung dessen, was das Evangelium verheißt, bis zur vollen Offenbarung des himmlischen Reiches hinziehen, muss [ihre Verkündigung] unvermeidlich mit der Ansage des jüngsten Gerichts einhergehen. Zudem kann Christus gar nicht gepredigt werden, es sei denn den einen zur Auferstehung, den anderen zum Untergang. Beides aber gehört zum Tag des Gerichts.

Die Wendung *durch Jesus Christus* beziehe ich daher anders, als manche Ausleger es halten, auf das Gericht und zwar darauf, dass der Herr durch Christus sein Gericht vollziehen wird.[23] Er nämlich ist vom Vater zum Richter über Lebende und Tote eingesetzt, was die Apostel immer unter die Hauptstücke des Evangeliums rechnen. So wird dies der vollere Textsinn sein, der andernfalls unbeachtet bliebe.

17 *Siehe, du nennst dich einen Juden und verlässt dich auf das Gesetz und rühmst dich Gottes,*

18 *und kennst seinen Willen, und weil du aus dem Gesetz unterrichtet bist, prüfst du, was das Beste [zu tun] sei:*

19 *und bist überzeugt, ein Führer der Blinden zu sein, ein Licht derer, die in Finsternis sind,*

20 *ein Erzieher der Unverständigen, ein Lehrer der Unkundigen, der im Gesetz die Verkörperung des Wissens und der Wahrheit hat.*

21 *Du nun, der du einen anderen lehrst, lehrst dich selbst nicht? Du, der du predigst, man solle nicht stehlen, stiehlst?*

22 *Du, der du sagst, man solle nicht ehebrechen, brichst die Ehe? Du, dem die Götzen ein Greuel sind, beraubst ihre Tempel?*

23 *Du, der du dich des Gesetzes rühmst, entehrst Gott durch die Übertretung des Gesetzes?*

24 *Denn, wie geschrieben steht: der Name Gottes wird um euretwillen unter den Völkern verlästert.*

17 *Siehe, du nennst dich einen Juden.* In einigen Handschriften von hohem Alter liest man: »Wenn du dich aber [einen Juden] nennst.«[24] Diese Version in den Text aufzunehmen, würde mir mehr zusagen. Weil dem aber die überwiegende Mehrzahl der Codices widerspricht und der Sinn auch in der anderen Fassung ganz gut erhalten bleibt, halte ich an der überkommenen Lesart fest, zumal es sich um ein einziges Satzglied von geringer Bedeutung handelt. – Nachdem er die Auseinandersetzung mit den Heiden zum Abschluss gebracht hat, wendet

23 Nach Parker, 48, Anm. 25, schließt sich Calvin hier den Paulus-Kommentaren des Faber Stapulensis (Paris 1531) an.

24 Diese Lesart findet Calvin – so Parker, 48, Anm. 28 – bei Erasmus, a.a.O. (Anm. 7), 572 C–D, und M. Bucer, a.a.O. (Anm. 16), 133b. Man wird bei den nun folgenden Ausführungen (Röm 2,17–4,9) im Blick behalten müssen, dass Calvin hier eine implizite Auseinandersetzung mit der römischen Kirche seiner Zeit führt, deren Zustand er mit dem Abfall Israels in alttestamentlicher Zeit vergleicht. Dazu s. Inst. IV,2,3 sowie A. Detmers, a.a.O. (Anm. 13), 249ff.

redit ad Iudaeos, quorum ut omnem vanitatem fortius retundat, permittit illis omnia quibus efferebantur ac inflati erant. Deinde quam non sufficiant ad veram gloriam, demonstrat; imo in quantum illis cedant opprobrium. Sub ›Iudaei‹ nomine comprehendit omnes gentis praerogativas, quas ex Lege et Prophetis petitas, falso praetendebant. Atque ita Israelitas omnes intelligit, qui omnes tunc promiscue Iudaei vocabantur. Porro quo primum tempore haec appellatio coeperit, incertum est, nisi quod omnino post dispersionem coepit. Iosephus undecimo Antiquitatum, putat a Iuda Machabaeo sumptam; cuius auspiciis libertas et dignitas populi, quum aliquandiu collapsa et pene sepulta fuisset, respiravit. Hanc sententiam tametsi video esse probabilem, siqui tamen sunt quibus non satisfaciat, afferam a me quoque alteram coniecturam. Verisimile mihi certe videtur, quum tot cladibus deformati ac dissipati forent, ne certam quidem tribuum distinctionem potuisse retinere. Nam nec suo tempore census fieri poterat, nec stabat politia, quae necessaria erat ad ordinem eiusmodi conservandum; et fusi palatique habitabant, et rebus adversis attriti, minus proculdubio ad cognationem suam recensendam attenti erant. Verum ut haec mihi non concedas, quin tamen impenderet ex tanta rerum perturbatione eiusmodi periculum, non negabis. Sive igitur in posterum prospicere voluerint, sive accepto iam malo succurrere, puto simul omnes se ad nomen eius tribus contulisse in qua religionis puritas diutius steterat, quae singulari praerogativa omnes reliquas anteibat, ex qua Redemptor expectabatur proditurus. Siquidem hoc erat in rebus ultimis suffugium, Messiae expectatione se consolari. Utcunque sit, Iudaeorum cognomine se foederis esse haeredes profitebantur quod Dominus cum Abraham et semine eius pepigerat.

Et acquiescis in Lege, et gloriaris in Deo. Non intelligit eos acquievisse in studio Legis, acsi animum ad eius observationem applicassent, sed potius exprobrat, quod non attendentes quem in finem data Lex fuisset, omissa observationis cura, hoc uno turgerent quia persuasi erant ad se pertinere Dei oracula. Similiter de Deo gloriabantur, non qualiter ⟨41⟩

sich [Paulus] jetzt wieder den Juden zu. Um ihre eitle Überheblichkeit so stark wie möglich zu dämpfen, räumt er ihnen all das ein, wozu sie sich hinreißen ließen und was ihren Stolz ausmachte. Dann aber stellt er klar, wie unzureichend das alles ist und ihnen statt wahren Ruhm ganz im Gegenteil nur Vorwurf und Schande einträgt. Mit der Bezeichnung »Jude« fasst er alle Vorrechte dieses Volkes zusammen, die sie dem Gesetz und den Propheten entnahmen und fälschlich zur Schau trugen. Und zwar versteht er darunter alle Israeliten, die man damals unterschiedslos insgesamt Juden nannte. Wann dieser Sprachgebrauch erstmals aufgekommen ist, weiß man nicht, lediglich, dass er sich überhaupt erst nach der Zerstreuung durchzusetzen begann. Josephus nimmt im XI. Buch seiner »Jüdischen Altertümer« an, dass er von Judas Makkabäus herrührt[25], unter dessen Führung die zeitweilig schon in sich zusammengesunkene und fast begrabene Freiheit und Würde des Volkes wieder auflebte. Obwohl mir diese Darstellung recht einleuchtend vorkommt, halten manche sie für wenig befriedigend, und so will ich von mir aus noch eine andere Vermutung vortragen. Mir scheint es äußerst wahrscheinlich zu sein, dass [Israel], durch so viele Niederlagen um seine äußere Gestalt gebracht und zersprengt, nicht einmal an der klaren Unterscheidung seiner zwölf Stämme festzuhalten vermochte. Denn es konnte zu dieser Zeit keine Steuererhebung stattfinden, auch gab es keine staatliche Verfassung mehr, die doch notwendig wäre, um eine derartige Ordnung aufrechtzuerhalten. Vertrieben und zerstreut mussten sie wohnen, und durch widrige Umstände aufgerieben konnten sie ihre Aufmerksamkeit ohne Zweifel weniger auf den Zusammenhalt ihrer Sippen richten. Auch wenn man mir das nicht abnehmen mag, lässt sich doch gar nicht bestreiten, dass angesichts einer so gewaltigen Umwälzung der Verhältnisse eine derartige Gefahr drohen musste. Ob sie nun für die Zukunft Vorsorge treffen oder dem schon erlittenen Unheil hätten abhelfen wollen: sie dürften sich doch alle um den Namen des einen Stammes [Juda] geschart haben, in dem sich die reine Gottesverehrung noch am längsten behauptet hatte, der sich zudem durch ein einzigartiges Vorrecht vor allen übrigen Stämmen auszeichnete und aus dem, wie man hoffte, der Erlöser hervorgehen sollte. Dass man sich der Erwartung des Messias trösten konnte, war jedenfalls in der äußersten Not die letzte Zuflucht. Doch wie dem auch sei: mit dem Namen der Juden bekannten sie sich als Erben des Bundes, den der Herr mit Abraham und seinen Nachkommen geschlossen hatte.

Und verlässt dich auf das Gesetz und rühmst dich Gottes. Paulus ist durchaus nicht der Meinung, dass sie sich mit Eifer dem Gesetz hingegeben und alle Sinne auf dessen Befolgung gerichtet hätten; er hält ihnen vielmehr vor, nicht darauf zu achten, zu welchem Zweck ihnen das Gesetz gegeben war, sondern die Sorge, es zu erfüllen, hintanzustellen und nur auf einen einzigen Punkt zu pochen, ihre Überzeugung, dass Gottes Verheißungen ihnen gehörten. Ebenso entsprach ihr Rüh-

25 Flavius Josephus, Antiquitates 11,173.

Dominus praecipit per Prophetam, ut apud nosmet humiliati, nostram
50 in se uno gloriam quaeramus, sed sine ulla bonitatis | Dei cognitione,
illum quo intus vacui erant, apud homines vanae ostentationis causa, peculiariter suum faciebant, ac se venditabant pro eius populo. Haec igitur non cordis gloriatio, sed linguae iactantia fuit.

18 *Nosti voluntatem, et probas utilia.* Intelligentiam nunc concedit Divinae voluntatis, et utilium approbationem, quam consequuti erant ex Legis doctrina. Duplex autem est probatio: altera electionis, quum id quod bonum probavimus, amplectimur; altera iudicii, qua discernimus quidem bonum a malo, sed conatu vel studio minime sectamur. Sic ergo erant eruditi in Lege Iudaei, ut possent morum censuram exercere; sed de vita sua ad hanc censuram exigenda parum erant soliciti. Porro quum eorum hypocrisim Paulus exagitet, colligere ex adverso licet (modo ex genuino affectu procedat iudicium) rite demum probari utilia, ubi Deus auditur. Nam eius voluntas qualiter in Lege patefacta est, dux et magistra verae probationis hic statuitur.

19 *Confidisque teipsum.* Plus etiam illis largitur, quasi non habeant modo quod satis sit in usum suum, sed unde alios quoque locupletent.

men Gottes keineswegs der Art und Weise, wie es der Herr durch den Propheten gebietet, dass wir nämlich, demütig in uns selbst, unsern Ruhm allein in ihm suchen sollen [Jer 9,24], sondern ohne Gottes Güte im geringsten zu erkennen, erklärten sie ihn, obwohl sie sich innerlich doch längst von ihm abgewandt hatten, aus eitler Prahlerei vor den Menschen zu ihrem besonderen Gott und gaben sich als sein Volk aus. Das aber war kein Rühmen des Herzens, sondern ein bloßes Lippenbekenntnis.[26]

18 *Du kennst seinen Willen und prüfst, was förderlich [zu tun] sei.* Die Erkenntnis des göttlichen Willens gesteht er ihnen zu, auch dass sie, was förderlich ist, aufgrund der Unterweisung durch das Gesetz gutzuheißen wissen. Die Prüfung aber geschieht auf zweifache Weise: einmal geht es um die Wahl, wonach wir das als gut Gebilligte auch in unserem Tun bewähren, sodann um das Urteil, in dem wir das Gute vom Bösen zwar unterscheiden, ihm darum aber keineswegs schon mit Anstrengung und Eifer nachjagen. So also waren die Juden im Gesetz unterwiesen, dass sie sehr wohl eine Sittenzensur ausüben konnten, aber allzu wenig darum besorgt waren, ihren eigenen Lebenswandel dieser Zensur zu unterwerfen. Wenn Paulus sie in ihrer Heuchelei aufstört, so darf man im Umkehrschluss folgern (sofern aus einem natürlichen Affekt ein Urteil hervorgeht), dass ein Prüfen dessen, was förderlich ist, überhaupt erst dort rechtmäßig vonstatten geht, wo man auf Gott hört. Denn hier wird ja festgestellt, dass Gottes im Gesetz offenbarer Wille Lehrmeisterin und Wegbereiter[27] solchen Prüfens ist.

19 *Und bist überzeugt.* Paulus räumt ihnen zugleich noch mehr ein, als hätten sie nicht nur für ihren eigenen Gebrauch genug, sondern könnten davon auch noch andere reich machen. [Gott] gibt ihnen, sage

26 Obwohl Calvin in seinen Aussagen über die Juden zum größten Teil auf traditionell biblische oder christliche Deutungsmuster zurückgreift, sein Urteil also nicht unabhängig von seiner Schrifthermeneutik zu bewerten ist, hat A. Detmers (s. Anm. 13) darauf hingewiesen, dass man zumindest seit der Straßburger Zeit auch die Berührungen mit dem zeitgenössischen Judentum für seine Exegese in Rechnung stellen muss. Während das alttestamentliche Israel (namentlich im pädagogischen Predigtgebrauch) der christlichen Gemeinde als ein positives *und* negatives Beispiel vor Augen geführt wird, erscheint das neutestamentliche und nachneutestamentliche Judentum durchweg negativ. Vgl. hierzu insbes. M. Potter Engel, Calvin and the Jews, a textual puzzle, Princeton Seminary Bulletin 1990, 106–123; J.M.J. Lange van Ravenswaay, Calvin und die Juden – eine offene Frage?, in: Reformiertes Erbe (FS G.W. Locher), Bd. 2 (= Zwingliana XIX/2), Zürich 1993, 183–194.

27 »Dux et magistra« ist eine formelhaft geprägte Wendung, mit der Calvin (in der Überschrift zu Inst. I,6) die pädagogische Funktion der Schrift beschreibt, uns in einer Weise in die »Betrachtung« (considerare) der Welt einzuweisen, dass wir in ihr ein Werk der göttlichen Regierung und Vorsehung erkennen. Analog gewinnt das so begriffene Gesetz den Rang einer »coelestis doctrina«: es ist uns in der erklärten Absicht (propositum) gegeben, uns »die Art der Versöhnung zwischen Gott und Mensch« bekannt zu machen (Inst. I,6,2), weshalb es nicht als Text eines abwesenden Gesetzgebers, sondern als das sich uns »akkomodierende« und darum lebendig machende Wort Gottes gelesen sein will. Vgl. hierzu P. Opitz, Calvins theologische Hermeneutik, Neukirchen-Vluyn 1994, 253ff.

Dat, inquam, tantam illis doctrinae copiam suppetere, quae in alios quoque redundare queat.

[20] Quod sequitur, *habentem formam doctrinae*, causative accipio; ut sic resolvatur, ›eo quod formam habeas‹. Ideo enim aliorum se doctores profitebantur, quod omnia Legis arcana in pectore suo circunferre viderentur. ›Formae‹ vocabulum pro ›exemplari‹ non ponitur: quia Paulus μόρφωσιν posuit, non τυπόν. Sed puto voluisse conspicuam doctrinae pompam indicare, quae ›apparentia‹ vulgo dicitur. Et certe inanes eius scientiae fuisse constat quam prae se ferebant. Caeterum Paulus vitiosum Legis abusum oblique subsannans, ex altera parte indicat, ex Lege petendam esse rectam notitiam, ut constet solida veritas.

21 *Qui ergo alterum doces*. Quanquam ea quae hactenus recensuit, Iudaeorum encomia eiusmodi erant, ut merito eos exornare possent, si modo illis non defuissent veriora ornamenta. Quia tamen medias dotes continebant, quae et apud impios residere, et pravo abusu corrumpi possint, minime sufficiunt ad solidam gloriam. Atqui Paulus non contentus eorum arrogantiam refellere et eludere, quod iis solis confiderent, in eorum quoque ignominiam retorquet. Non enim modico probro dignus est, qui praeclara et eximia alioqui Dei dona non modo inutilia reddit, sed pravitate sua vitiat et contaminat. Et perversus est consultor, qui
51 sibi ipse non consultus, tantum in ⟨42⟩ alio-|rum commodum sapit. Unde ergo laudem captabant, id cedere illis in vituperium ostendit.

Qui concionaris non furandum. Videtur allusisse ad locum Psalmi quinquagesimi, ›Impio dixit Deus, »Quorsum enarras statuta mea, et assumis Testamentum meum in os tuum? Tu autem odisti disciplinam, et proiecisti verba mea post te. Si videas furem, consentis ei: et cum adulteris portio tua«‹. Quae obiurgatio, ut in Iudaeos olim competebat, qui nuda Legis intelligentia freti nihilo melius vivebant, quam si Lege caruissent. Ita nobis cavendum, ne in nos hodie vertatur. Et sane nimium in plerosque congruit, qui raram quandam Euangelii notitiam iac-

ich, so reichlich, dass ihnen eine Fülle an Belehrung zu Gebote steht, die auch auf andere überströmen kann.

[20] Dass nun folgt: *Du hast [im Gesetz] die Verkörperung des Wissens* verstehe ich kausativ, so dass man es auflösen kann: »[Du bist ein Lehrer der Unverständigen] deshalb, weil du die Verkörperung [des Wissens] hast.« Denn die Juden boten sich ja deshalb als Lehrer der anderen an, weil sie alle Geheimnisse des Gesetzes in ihrer Brust hin- und herzubewegen schienen. Das Wort »Verkörperung« (= Form) steht hier nicht für »Urbild«, denn bei Paulus heißt es »Gestaltwerdung«, nicht »Modell« oder »Muster«. Meiner Ansicht nach hat er dabei auf das in die Augen fallende Gepränge der Lehre hinweisen wollen, das man gemeinhin »äußere Erscheinung« nennt. Und ganz gewiss ist es die Äußerlichkeit dieses Wissens gewesen, das die Juden vor sich hertrugen. Wenn Paulus damit übrigens indirekt den fehlerhaften Missbrauch des Gesetzes verspottet, gibt er auf der anderen Seite zu verstehen, dass das richtige Wissen tatsächlich aus dem Gesetz kommen muss, damit es als gültige Wahrheit Bestand hat.

21 *Du nun, der du einen anderen lehrst.* Die Lobreden auf die Juden, die Paulus bisher durchmustert hat, waren wohl von der Art, dass sie verdientermaßen sie hätten zieren können, wenn es ihnen nicht an echterem Glanz gefehlt hätte. Doch weil sie nur mittelmäßige Gaben besaßen, die sich auch bei Gottlosen finden und die durch schlimmen Missbrauch zugrunde gerichtet werden können, reicht es bei ihnen zu einem begründetem Ruhm bei weitem nicht hin. Trotzdem gibt sich Paulus nicht damit zufrieden, ihre Anmaßungen zurückzuweisen und darüber zu spotten, dass sie ihr Zutrauen allein auf diese Vorzüge setzen, vielmehr wendet er [dies anmaßende Wesen] zu ihrer Schande auch auf sie selbst zurück. Denn wer die ansonsten herrlichen und ausgezeichneten Gaben Gottes nicht nur unbrauchbar macht, sondern mit seiner Schlechtigkeit verdirbt und vergiftet, verdient eine Zurechtweisung besonderer Art. Und falsch ist ein Ratgeber obendrein, der sich selber nicht raten will und nur zu anderer Leute Nutzen weise ist. Das Lob also, das sie von dort bekommen wollten, schlägt ihnen – genau das zeigt Paulus – in Tadel um.

Du, der du predigst, man solle nicht stehlen. Paulus spielt hier offenbar auf den fünfzigsten Psalm an: »Zum Gottlosen aber spricht Gott: ›Was zählst du meine Satzungen her und führst mein Gesetz im Munde, da du doch Zucht hasst und meine Worte hinter dich wirfst? Siehst du einen Dieb, so hältst du zu ihm, und mit Ehebrechern hast du Gemeinschaft‹« [Ps 50,16–18]. Wie dieser Tadel damals auf die Juden zutraf, die im Vertrauen auf die bloße Kenntnis des Gesetzes um nichts besser lebten, als hätten sie überhaupt nie ein Gesetz gehabt, so sollen wir uns hüten, dass sich dieser Vorwurf heute nicht gegen uns richtet![28] Und in der Tat passt er nur allzu genau auf die meisten, die sich einer beson-

28 Den Kontext dieser Ermahnungen wird man gleichwohl nicht so sehr in den Genfer Gemeinden als vielmehr in der vehement attackierten »Heuchelei« der zeitgenössischen römischen Kirche suchen müssen: Widmungsschreiben der

tantes, perinde acsi Euangelium vitae regula non esset, in omne genus spurcitiae sunt dissoluti. Ne ergo tam secure ludamus cum Domino, meminerimus quale impendeat iudicium talibus logodaedalis, qui verbum Dei sola garrulitate ostentant.

22 *Qui detestaris idola*. Scite opponit idololatriae sacrilegium, tanquam rem eiusdem generis. Nam sacrilegium simpliciter est profanatio Divinae maiestatis. Quod nec Ethnicos quoque poetas latuit. Hac ratione Ovidius Metamorph. 3, ›sacrilegum‹ appellat Lycurgum, ob contempta Bacchi sacra; et in Fastis ›sacrilegas manus‹, quae numen Veneris violarant. Sed quum Gentes deorum suorum maiestatem idolis affigerent, vocarunt duntaxat sacrilegium siquis surripuisset quod templis dicatum esset, in quibus putabant sitam esse totam religionem. Sic hodie, ubi pro verbo Dei regnat superstitio, non aliud sacrilegii genus agnoscunt, quam templorum opulentiam suppilasse; quando nullus est Deus nisi in idolis, nulla religio nisi in luxu et pompa. Admonemur autem hic primum, ne parte Legis aliqua defuncti, nobis placeamus, alios contemnentes. Deinde ne gloriemur adeo de sublata inter nos idololatria exteriori, ut non interim curemus latentem in animis impietatem a nobis profligare et eradicare.

23 *Qui in Lege gloriaris, Deum per Legis, etc*. Quanquam Deum contumelia afficit quilibet Legis transgressor (quando hac conditione nati sunt omnes, ut iustitia et sanctimonia illum colant), iure tamen specialem in hac re culpam Iudaeis imputat. Quia quum Deum praedicarent suum legislatorem, vitam autem suam componere ad eius regulam minime studerent, declarabant Dei sui maiestatem non magnae sibi curae esse, quam adeo ex facili contemnerent. Quo modo et hodie

deren Kenntnis des Evangeliums rühmen und sich doch in jede Art von Ausschweifung stürzen, als ob das Evangelium nicht die Richtschnur des Lebens wäre. Treiben wir also nicht gar so sicher unser Spiel mit dem Herrn! Bedenken wir vielmehr, was für ein Gericht solchen Maulhelden droht, die Gottes Wort allein mit ihrer Geschwätzigkeit feilbieten!

22 *Du, dem die Götzen ein Greuel sind.* Mit Bedacht stellt Paulus dem Götzendienst als ein Verbrechen gleicher Art den Tempelraub zur Seite. Denn Tempelraub ist schlicht die Entweihung der göttlichen Majestät. Das war auch heidnischen Dichtern sehr wohl bekannt. In diesem Sinne nennt Ovid in den Metamorphosen Lykurg einen »Tempelschänder«, weil er die Heiligtümer des Bacchus verächtlich behandelt hatte, und in den »Fasti« spricht er von »frevlerischen Händen«, die die Sphäre der Venus verletzt hätten.[29] Weil aber in den Augen der Heiden die Majestät ihrer Götter an den Götzenbildern haftete, galt ihnen als Sakrileg nur der heimliche Raub dessen, was den Tempeln geweiht war, mit denen nach ihrem Glauben die ganze Religion stand und fiel. So kennt man, wo an Stelle des Wortes Gottes der Aberglaube regiert, auch heute keine andere Art von Sakrileg, als dass sich jemand am Reichtum der Kirchengebäude vergreift; denn wenn es keinen Gott gibt, es sei denn in Gestalt von Götzenbildern, dann gibt es auch keine Religion, es sei denn in Gestalt von Luxus und Prunk. So werden wir hier zum einen ermahnt, uns nicht darin zu gefallen, nur irgendeinen Teil des Gesetzes zu erfüllen und dabei die anderen Menschen zu verachten; zum anderen, uns nicht zu rühmen, dass der äußere Götzendienst bei uns abgeschafft sei, ohne zugleich Sorge zu tragen, die im Herzen verborgene Gottlosigkeit von uns abzutun und bis auf die Wurzel zu tilgen.[30]

23 *Du, der du dich des Gesetzes rühmst ...* Obgleich jeder, der das Gesetz übertritt, Gott Schande macht (denn es sind ja alle Menschen mit der Bestimmung geboren, ihn durch Gerechtigkeit und reinen Lebenswandel zu ehren), macht Paulus in diesem Punkt den Juden gegenüber mit Recht doch eine besondere Schuld geltend. Denn weil sie Gott als ihren Gesetzgeber predigten, jedoch nicht die geringste Mühe darauf verwandten, ihr Leben nach seiner Richtschnur zu ordnen, gaben sie deutlich genug zu erkennen, dass ihnen die Majestät ihres Gottes, die sie in einem solchen Maße leichtfertig verachteten, nicht gerade am Herzen lag. Auf gleiche Weise wird auch heute Christus um seine Ehre

Institutio (1536), CStA 1.1, 77,20ff.; 85,26ff., oder: Antwort an Kardinal Sadolet (1539), ebd., 1.2,359,52ff; 423,1ff.

29 Ovid, Metamorphosen 4,22–25; Fasti III,700.

30 A. Detmers, a.a.O. (Anm. 13), 259, weist darauf hin, dass Calvins frühere Israel-Lehre in ihrer Eigenart durch die spezifische Situation des französischen Protestantismus bestimmt ist. So richtet sich auch der Vorwurf des Götzendienstes und Aberglaubens in erster Linie gegen Messe und Ablaß der römischen Kirche, auch gegen die sogenannten »Nikodemiten«, die sich trotz besseren Wissens von dieser Praxis nicht trennen: Zwei Sendschreiben, CStA 1.2, 277,7ff; 293,24–297,28, oder: Entschuldigungsschreiben an die Herren Nikodemiten (1544), ebd. 3,233,6ff.; 247,25ff.

Christum dehonestant per Euangelii transgressionem, qui de eius doctrina otiose garriunt quam interim effraeni ac libidinosa vivendi forma proculcant.

52 | 24 *Nomen enim Dei*. Ego magis ex Ezechielis 36. 23 sumptum puto testimonium, quam ex Iesaia. ⟨43⟩ Quandoquidem apud Iesaiam nullae sunt exprobrationes adversus populum, quibus totum illud Ezechielis caput refertum est. Putant autem quidam esse argumentum a minori ad maius, in hunc sensum, ›Si aetatis suae Iudaeos non abs re increpuit Propheta, quod propter eorum captivitatem haberetur ludibrio inter Gentes Dei gloria et potentia, acsi populum quem in protectionem suam susceperat, non potuisset conservare, multo magis estis Dei probra et dehonestamenta, ex quorum pessimis moribus aestimata eius religio male audit‹. Quam sententiam ut non refello, ita simpliciorem malo; acsi dictum esset, ›Videmus omnia Israelitici populi vituperia in nomen Dei recidere; quia quum Dei populus habeatur et dicatur, Dei nomen velut fronti insculptum gerit. Unde necesse est, apud homines Deum cuius se nomine venditat, ipsius turpitudine quodammodo infamari‹. Est autem hoc valde indignum, qui gloriam a Deo mutuantur, ignominiae notam sacro eius nomini aspergere. Nam saltem decebat aliam rependere mercedem.

25 *Nam Circuncisio quidem prodest, si Legem observes. quod si transgressor Legis fueris, Circuncisio tua in praeputium versa est.*
26 *Si ergo praeputium iustitias Legis servaverit, nonne praeputium eius pro Circuncisione censebitur:*
27 *Et iudicabit quod ex natura est praeputium (si Legem servaverit) te qui per literam et Circuncisionem transgressor es Legis?*

gebracht durch Leute, die das Evangelium verraten, indem sie über seine Verkündigung müßiges Geschwätz führen und es derweil durch einen zügellos ausschweifenden Lebensstil in den Staub treten.

24 *Denn der Name Gottes.* Meiner Auffassung nach stammt das Zitat eher aus Ezechiel 36,23 als aus Jesaja [52,5][31], da sich bei Jesaja nun einmal keine Vorwürfe gegen das eigene Volk finden, während das ganze Kapitel Ez 36 randvoll davon ist. Manche Ausleger meinen, [Paulus] schließe hier vom Geringeren aufs Größere und zwar in folgendem Sinn: »Wenn der Prophet zu seiner Zeit nicht ohne Grund gegen die Juden aufgetreten ist, weil um ihrer Gefangenschaft willen Gottes Ehre und Macht unter den Heiden zum Gespött wurde, als hätte er das Volk, das er unter seinen besonderen Schutz gestellt, nicht zu bewahren vermocht: um wie viel mehr seid ihr [heute] Gottes Mißgestalt und Schmach, kommt doch durch euren schandbaren Lebenswandel der von ihm eingesetzte Gottesdienst in einen üblen Ruf.« So wenig ich dieser Auslegung widerspreche, will ich sie doch lieber etwas einfacher haben, als hieße es: »Wir sehen ja, dass alles, was es am Volk Israel zu tadeln gibt, auf den Namen Gottes zurückfällt. Denn weil man es für Gottes Volk hält und es so genannt wird, trägt es Gottes Namen[32] gleichsam an der Stirn geschrieben. Dann aber muss durch die Schändlichkeit dieses Volkes, das sich mit seinem Namen rühmt, zwangsläufig auch Gott selbst bei den Menschen gewissermaßen in Verruf geraten.« Es ist aber in höchstem Maße unwürdig, dass Menschen, die sich ihren Ruhm von Gott entleihen, seinen heiligen Namen mit einem Schandmal beflecken. Sie wären es Gott allemal schuldig, ihm einen anderen Lohn abzustatten.

25 *Denn die Beschneidung ist wohl nützlich, wenn du das Gesetz befolgst; wenn du aber ein Übertreter des Gesetzes bist, so ist deine Beschneidung zur Unbeschnittenheit geworden.*
26 *Wenn nun der Unbeschnittene hält, was nach dem Gesetz recht ist, wird ihm dann nicht seine Unbeschnittenheit als Beschneidung angerechnet werden?*
27 *Und wird nicht der von Natur Unbeschnittene (wenn er das Gesetz erfüllt) dich richten, der du trotz Buchstabe und Beschneidung ein Übertreter des Gesetzes bist?*

31 Nach Parker, 50, Anm. 36, entscheidet sich Calvin gegen den irischen Gelehrten und Dichter Sedulius Scotus († nach 858) für die von Petrus Lombardus und Dionysius vertretene Lesart.

32 Der Name Gottes ist ein Äquivalent für Gottes »Ansehen« (renommè) und Ehre, d.h. für Gottes Manifestation zunächst in den Werken der Schöpfung und Vorsehung (Inst. III,20,41), sodann in der Erwählung der Erben Abrahams und der Kirche (Inst. III,22,4). Die emphatische Betonung des Gottesnamens zielt daher auf die ihm entsprechende Heiligung des Menschen: Inst. III,20,6; vgl. das »Entschuldigungsschreiben«, a.a.O. (Anm. 30) 257,5ff. Dazu: H. Scholl, Der Dienst des Gebetes nach Johannes Calvin, Zürich 1968, 142ff; E.A. Mc. Kee, John Calvin's Teaching in the Lords Prayer, in: Daniel L. Migliore (Hg.), The Lords Prayer: Perspectives for Reclaiming Christian Prayer, Grand Rapids 1993, 88ff.

28 *Non enim qui est in aperto Iudaeus, is Iudaeus est: nec quae in aperto est Circuncisio in carne, ea est Circuncisio:*
29 *Sed qui est in occulto Iudaeus, et Circuncisio cordis in spiritu, non litera: cuius laus non ex hominibus est, sed ex Deo.*

25 *Circuncisio quidem prodest.* Per anticipationem diluit quae rursum contra excipere in defensionem suae causae Iudaei poterant: ›Nam si foederis Domini symbolum erat Circuncisio, quo Abrahamum et semen eius sibi in peculium Dominus selegerat; inde videbantur non frustra gloriari‹. Sed quoniam omissa signi veritate, in externa eius specie haerebant, respondet non esse cur sibi quicquam ex nudo signo arrogent. Veritas Circuncisionis in promissione spirituali sita erat, quae fidem requirebat. Utrunque negligebant Iudaei, tam promissionem quam fidem.
53 Stulta ergo erat ipsorum confidentia. Unde fit | ut praecipuum Circuncisionis usum hic praetermittat, dum scilicet sermonem accommodat ad crassum ipsorum errorem, quemadmodum et ad Galatas. Atque id sedulo notandum est. Nam si de tota Circuncisionis et natura et ratione dissereret, absurdum esset, nullam fieri gratiae et gratuitae promissionis mentionem. Verum utroque loco pro causae quam tractat circunstantia ⟨44⟩ loquitur; ideo tantum eam partem attingit de qua controversia erat. Putabant Circuncisionem, per se, opus esse ad comparandam iustitiam idoneum. Ergo ut iuxta eorum opinionem loquatur, respondet, ›Si opus spectetur in Circuncisione, hanc esse conditionem eius ut is qui circunciditur, se integrum ac perfectum Deo cultorem exhibeat. Opus itaque Circuncisionis esse perfectionem‹.

Ita et de Baptismo nostro licet loqui. Siquis sola Baptismi aquae fiducia fretus, iustificatum se putet, quasi iam comparata ex opere illo sanctitate, obiiciendus sit Baptismi finis; nempe quod per eum nos Dominus vocat ad vitae sanctitatem. Hic sileretur promissio et gratia,

28 *Denn nicht der ist ein Jude, der es äußerlich ist, und nicht das ist eine Beschneidung, die äußerlich am Fleisch geschieht:*
29 *Sondern der ist ein Jude, der es inwendig verborgen ist, und die Beschneidung des Herzens geschieht im Geist, nicht nach dem Buchstaben: ein solcher hat sein Lob nicht von Menschen, sondern von Gott.*

25 *Denn die Beschneidung ist wohl nützlich.* [Paulus] entkräftet, Späteres vorwegnehmend, was die Juden zur Verteidigung ihrer Sache wiederum hiergegen vorbringen könnten: »War nämlich die Beschneidung das Zeichen des Bundes, mit dem sich der Herr Abraham und seine Nachkommen zum Eigentum erwählt hatte, so konnte es ja den Anschein haben, dass sie sich nicht grundlos rühmten.« Weil sie aber die Wahrheit dieses Zeichens aus den Augen verloren hatten und sich nur an dessen äußere Erscheinung klammerten, entgegnet er ihnen, es gebe keinen Grund, weshalb sie sich auf das bloße Zeichen etwas einbilden könnten, lag doch die Wahrheit der Beschneidung in der geistlichen Verheißung, die Glauben fordert. Über beides aber, die Verheißung wie den Glauben, setzten die Juden sich hinweg. Ihr Selbstvertrauen war also töricht. Daher kommt es, dass Paulus den vornehmsten Nutzen der Beschneidung hier übergeht, während er sich in seinen Ausführungen, wie auch im Galaterbrief [Gal 5,6.11], allein auf ihren groben Irrtum einstellt. Das muss man sogar besonders sorgfältig beachten. Denn wenn er Natur und Sinn der Beschneidung insgesamt erörtern wollte, wäre es unbegreiflich, wenn hier Gnade und frei gewährte Verheißung überhaupt keine Erwähnung fänden. Doch an beiden Stellen spricht er lediglich die besonderen Umstände des von ihm behandelten Themas an und berührt daher nur den Punkt, um den sich der Streit dreht. Die Juden nämlich glaubten, die Beschneidung sei ein Werk, das für sich schon zum Erwerb der Gerechtigkeit tauglich sei. Deshalb entgegnet Paulus, um sozusagen auf Augenhöhe mit ihrer Auffassung zu reden: »Wenn denn bei der Beschneidung ein Werk ins Auge gefasst wird, so ist dies seine Bedingung: Wer sich beschneiden lässt, muss sich Gott gegenüber als ein untadeliger, ja vollkommener Diener erweisen. Deshalb besteht das Werk der Beschneidung in genau dieser Vollkommenheit.«
Ebenso kann man auch über unsere Taufe sprechen.[33] Hält sich jemand allein im Vertrauen auf das Taufwasser für gerechtfertigt, als werde ihm schon durch den Vollzug dieser Handlung die Heiligkeit zuteil, so muss man ihm den Zweck der Taufe entgegenhalten, dass uns der Herr durch sie zu einem heiligen Leben beruft. Andernfalls würde man Ver-

33 Dieser Vergleich hat seine Wurzel in der Kontroverse mit den Täufern über die Zulässigkeit der Säuglingstaufe, die bereits Zwingli analog der jüdischen Beschneidung als Bundeszeichen begriffen und gerechtfertigt hat. Vgl. hierzu Calvins Schrift »Gegen die Irrtümer der Anabaptisten«, CStA 3, 301,20ff.; Genfer Katechismus, CStA 2, 123,5ff.; Inst. IV,16,3 und 11, sowie W. Balke, Calvin and the Anabaptists, Grand Rapids 1981, und I.J. Hesselink, Calvin's First Catechism, a.a.O. (Anm. 15), 144ff.

quam nobis testificatur Baptismus atque obsignat; quia nobis negotium esset cum iis qui vacua Baptismi umbra contenti, quod in eo solidum est, non morantur neque expendunt. Atque id quidem in Paulo animadvertas, ubi de signis disserit apud fideles et sine contentione, ea cum promissionum suarum efficacia et complemento connectere; ubi apud praeposteros et imperitos signorum interpretes sermonem habet, illic, omissa propriae ac germanae signorum naturae mentione, totum stylum dirigere in illorum pravam interpretationem.

Multi autem quia vident Paulum adducere Circuncisionem potius quam aliud Legis opus, arbitrantur eum adimere solis ceremoniis iustitiam. Sed res longe aliter habet. Istud enim semper evenire solet, ut qui merita sua erigere audent adversus Dei iustitiam, externis magis observationibus superbiant, quam solida probitate. Nam quicunque serio Dei timore tactus est et affectus, nunquam in caelum oculos attollere audebit. Siquidem quo magis contendet ad veram iustitiam, eo melius cernet quanto intervallo ab ea distet. Pharisaei autem qui contenti sunt externa simulatione adumbrasse sanctitatem, non mirum si tam facile sibi blandiantur. Ideo Paulus quum Iudaeis nihil reliqui fecisset, nisi hoc miserum subterfugium, ut se per Circuncisionem iustificatos iactarent. Inanem quoque istam personam illis nunc detrahit.

26 *Si ergo Praeputium, etc*. Argumentum est validissimum, Unumquodque suo fine inferius est, atque illi subordinatur. Circuncisio in
54 Legem respicit; ergo infra illam esse debet. Plus ergo est Legem | servare, quam Circuncisionem quae illius causa instituta est. Unde sequitur, incircuncisum qui modo Legem servet, longe praecedere Iudaeum Legis transgressorem cum arida sua et inutili Circuncisione. Atque ita etiamsi natura sit pollutus, Legis tamen observatione sanctificabitur, ut praeputium illi Circuncisionis vice imputetur.

Vocabulum autem *praeputii* secundo loco proprie accipitur, priore abusive pro Gentili; res pro persona. Porro hic neminem solicitum esse

heißung und Gnade verschweigen, die sie uns bezeugt und versiegelt; wir hätten es nur mit solchen Leuten zu tun, die sich mit dem leeren Schattenriss der Taufe zufrieden geben, sich mit ihrem Fundament aber nicht abgeben, geschweige denn es prüfen. Das kann man nun auch bei Paulus beobachten: Wenn er abseits von jedem Streit die Zeichen vor Gläubigen erläutert, bringt er sie mitsamt der Wirksamkeit und Erfüllung ihrer Verheißungen zur Geltung; hat er jedoch vor unerfahrenen Auslegern dieser Zeichen zu reden, die alles auf den Kopf stellen, dann erwähnt er deren eigentliche, ursprüngliche Bedeutung überhaupt nicht und richtet sich in Sprache und Stil ganz gegen die verkehrte Deutung, die sie ihnen angedeihen lassen.

Viele dagegen, die sehen, dass Paulus die Beschneidung stärker hervorhebt als jedes andere Werk des Gesetzes, meinen, er spreche allein den Zeremonien die Qualität gerecht zu machen ab.[34] Doch es verhält sich ganz anders. Es pflegt ja immer wieder vorzukommen, dass Menschen, die ihre Verdienste gegen Gottes Gerechtigkeit ins Feld zu führen wagen, in ihrem Hochmut mehr Gewicht auf die Erfüllung äußerer Vorschriften legen als auf solide Bewährung. Denn wer sich im Ernst von der Furcht Gottes anrühren und ergreifen lässt, wird es nie wagen, seine Augen zum Himmel zu erheben. Denn je mehr er sich um wahre Gerechtigkeit bemüht, umso deutlicher erkennt er ja, welcher Abstand ihn von ihr trennt. Kein Wunder also, dass die Pharisäer, die sich damit begnügen, in äußerlicher Verstellung einen Heiligenschein um sich zu verbreiten, so leichthin sich schmeicheln! Nachdem Paulus den Juden also nichts anderes übrig gelassen hat als die elende Ausflucht, sie könnten sich damit rühmen, kraft der Beschneidung gerechtfertigt zu sein, reißt er ihnen nun auch diese eitle Maske fort.

26 *Wenn nun der Unbeschnittene ...* Das ist ein überaus starkes Argument: Ein jedes Ding unterliegt dem, wozu es bestimmt ist, und wird diesem Zweck untergeordnet. Die Beschneidung bezieht sich auf das Gesetz, also muss sie unter ihm stehen. Das Gesetz zu befolgen zählt daher mehr, als an der Beschneidung festzuhalten, die nur um des Gesetzes willen angeordnet ist. Folglich steht der Unbeschnittene, sofern er nur das Gesetz hält, weit über dem Juden, der es übertritt, auch über dessen dürftiger und nutzloser Beschneidung. Und wenn er auch von Natur unrein ist, wird er doch aufgrund der Befolgung des Gesetzes geheiligt, so dass ihm die Unbeschnittenheit als Beschneidung angerechnet werden soll.

Das Wort *Unbeschnittenheit* wiederum ist an der zweiten Stelle des Verses wörtlich zu nehmen, während es an der ersten Stelle [entgegen dem Wortsinn] für die Menschen aus der Völkerwelt steht: die Sache für die Person. Auch soll sich hier niemand beunruhigt fragen, an

34 Die Abgrenzung richtet sich gegen Melanchthons Kommentar: Commentarii in Epistulam Pauli ad Romanos recens scripti a Phil. Melanchthone 1532, revidierte Ausgabe 1540, CR 15,579. Zum Vergleich der Auslegungen s. N. Kuropka, Calvins Römerbriefwidmung und der Consensus piorum, in: P. Opitz (Hg.), Calvin im Kontext der Schweizer Reformation, Zürich 2003, 147–167.

oportet de quibus Legis cultoribus intelligi possit quod ait Paulus; quando nullos tales reperire liceat. Simpliciter enim hanc hypothesin ⟨45⟩ proponere, in animo habuit, Siquis Gentilis reperiatur qui Legem observet, eius iustitiam pluris esse in praeputio, quam Iudaei sine iustitia Circuncisionem.

[27] Itaque quod sequitur, *iudicabit is qui natura est praeputiatus circuncisum*, non ad personas sed ad exemplum refero. Quemadmodum illud, ›Regina austri veniet, etc.‹ Item, ›Viri Ninivitae surgent in iudicio‹. Nam et verba Pauli in eum sensum nos deducunt. ›Iudicabit te Gentilis‹, ait, ›Legis observator transgressorem. Quanquam ille incircuncisus, tu literali Circuncisione praeditus‹.

27 *Per literam et Circuncisionem*. Hypallage, pro ›Circuncisione literali‹. Neque intelligit eos propterea Legem violare, quod literam habeant Circuncisionis; sed quia cum illa sua externa ceremonia, spiritualem Dei cultum, pietatem scilicet, iustitiam, iudicium, et veritatem, quae tamen Legis praecipua sunt, obliterare non desinant.

28 *Non enim qui in manifesto, etc.* Sensus est, verum Iudaeum non esse aestimandum vel a carnis progenie, vel a titulo professionis, vel ab externo symbolo. Neque Circuncisionem, quae Iudaeum facit, sola exteriore figura constare, sed utrunque internum esse. Quod autem de vera Circuncisione subiicit, sumptum est ex locis compluribus Scripturae, imo ex communi doctrina. Quia passim iubetur populus circun-

welchen Liebhabern des Gesetzes sich das einsichtig machen lasse, was Paulus meint, da man ohnehin keine solchen Verehrer finden dürfte. Ihm lag nur eben daran, folgende Hypothese aufzustellen: Wenn sich ein Heide finden lasse, der das Gesetz befolgt, dann hätte seine Gerechtigkeit im Stande der Unbeschnittenheit mehr Gewicht als die Beschneidung eines Juden, dem es an solcher Gerechtigkeit fehlt.

[27] Deshalb beziehe ich, was nun folgt, *der von Natur Unbeschnittene wird dich richten*, nicht auf bestimmte Personen, sondern auf das [von Paulus gemeinte] Beispiel. So wie es [Mt 12,42] heißt: »Die Königin des Südens wird [im Gericht mit diesem Geschlecht] auftreten [und es verurteilen]«, und ebenso [Lk 11,32]: »Die Männer von Ninive werden im Gericht auftreten.« Denn auch die Worte des Paulus weisen uns in diese Richtung: »Der Heide, der das Gesetz hält, wird dich richten, der du es übertrittst, obwohl er nicht beschnitten ist, du hingegen dem Buchstaben nach der Beschneidung teilhaftig bist.«

27 *Trotz Buchstabe und Beschneidung.* Es handelt sich hier um die Redeform der Vertauschung[35]: [die Worte stehen] für [die Wendung] »Beschneidung nach dem Buchstaben«. Die Juden, meint Paulus, verletzen das Gesetz nicht schon deshalb, weil sie die buchstäbliche Vorschrift der Beschneidung haben, sondern weil sie über dieser äußeren Zeremonie die geistliche Verehrung Gottes, nämlich Frömmigkeit, Gerechtigkeit, rechtes Gericht und Wahrheit – Dinge, die doch das Wichtigste am Gesetz ausmachen – unablässig in Vergessenheit geraten lassen.

28 *Denn nicht der ist ein Jude, der es äußerlich ist* ... Ein wahrer Jude – das ist der Sinn dieses Verses – darf nicht an seiner leiblichen Abstammung, nicht am Rechtsanspruch seines Bekenntnisses oder an einem äußeren Erkennungszeichen gemessen werden. Auch besteht die Beschneidung, die ihn zum Juden macht, nicht in dem äußeren abbildhaften Vorgang, sondern beides ist etwas Innerliches. Was Paulus über die wahre Beschneidung ausführt, hat er mehreren Schriftstellen, ja eigentlich der gesamten Lehrüberlieferung entnommen.[36] Denn allent-

35 Bei der »Hypallage« (wörtlich: »Änderung der Grammatik«) handelt es sich um eine Umstellung des Adjektivs, die zu einer Bedeutungssteigerung führt: Durch die syntaktische Verschiebung erfährt das Adjektiv »literalis« (das in diesem Falle als Substantiv »litera« vorangestellt, also »vertauscht« wird) zugleich eine semantische Verschiebung und dadurch eine Bereicherung, die die Phantasie der Hörer durch Verfremdung anregen soll. Dazu: H. Lausberg, Handbuch der literarischen Rhetorik, 3. Aufl., Stuttgart 1990, § 685,2; vgl. im Blick auf Calvin: B. Girardin, Rhétorique et théologique. Calvin, le Commentaire de l'Epître aux Romains, Paris 1979, sowie P. Opitz, a.a.O. (Anm. 27), 60ff.

36 Calvin stellt deshalb das Bundeszeichen der Beschneidung auf *eine* Stufe mit den Sakramenten. Namentlich im Zusammenhang der Taufe (Inst. IV,14,20–24) geht er wiederholt auf die besondere Würde der Beschneidung ein: Wenn Paulus sie ein »Siegel der Gerechtigkeit des Glaubens« nennt (Röm 4,11), können die Christen keinerlei Vorzugsstellung gegenüber den Juden beanspruchen (IV, 14,23; II,10,15), ist doch »die Wahrheit und Erfüllung (veritas et complementum) der Taufe zugleich die Wahrheit und Erfüllung der Beschneidung, da sie

cidere cor suum, atque id se facturum Dominus promittit. Praeputium enim non tanquam exigua partis unius corruptio, sed totius naturae, resectum fuit. Ergo Circuncisio, totius carnis mortificatio fuit.

[29] Quod deinde addit, *eam in spiritu positam esse, non litera*, sic accipe, ›Literam vocat externam sine pietate observationem; Spiritum, ceremoniae finem qui spiritualis est‹. Nam quum totum pondus signorum ac rituum a fine pendeat, fine ipso sublato, manet sola litera, quae
55 per se inutilis est. Haec autem est ratio loquutionis; | quia ubi sonat vox Dei, quaecunque praecipit, nisi ab hominibus suscipiantur syncero cordis affectu, manent in litera, hoc est in frigida scriptura; si vero in animam penetrent, quodam modo in spiritum transformantur. Allusio autem est ad discrimen Veteris et Novi testamenti, quod notat Ieremias capite 31.33, ubi Dominus ratum et stabile fore pronuntiat foedus suum postquam visceribus insculptum fuerit. Eodem alibi quoque respexit Paulus, ubi Legem Euangelio comparans, illam vocat ›literam‹, quae non mortua solum est, sed etiam occidit. Hoc autem, Spiritus elogio insignit. Porro bis crassa eorum stultitia fuit, qui ex Litera fecerunt geminum sensum, ex Spiritu allegorias.

halben wird dem Volk doch geboten, das eigene Herz zu beschneiden, und es ist der Herr selbst, der das zu tun verheißt. Mit der Vorhaut wird nämlich nicht nur ein gleichsam unbedeutender Makel eines einzigen Körperteiles, sondern der verdorbene Zustand der ganzen menschlichen Natur entfernt. Deshalb ist die Beschneidung das In-den-Tod-Geben des Fleisches überhaupt.

(29) Wenn Paulus nun fortfährt, *diese Beschneidung geschehe im Geist, nicht nach dem Buchstaben,* dann ist das so zu verstehen: »Buchstabe nennt er den äußeren, auch ohne besondere Frömmigkeit möglichen Vollzug des rituellen Brauchs, Geist hingegen Absicht und Zweck dieser Handlung, die geistlich ist.«[37] Denn wenn das ganze Gewicht der Zeichen und Riten an deren Zweck und Ziel hängt, man diesen Zweck aber aufhebt, dann bleibt einzig der Buchstabe übrig, der für sich selbst nutzlos ist. Genau das ist der Sinn dieser Rede. Denn alles, was Gottes Stimme, wo immer sie laut wird, an Weisungen geben mag, muss mit aufrichtiger Regung des Herzens vom Menschen aufgenommen werden, sonst bleibt es im »Buchstaben«, das heißt in fader Schriftlichkeit gefangen; dringt es aber ins Innere ein, dann wird es gewissermaßen in Geist verwandelt. Das wiederum ist eine Anspielung auf den Unterschied von Altem und Neuem Bund, auf den Jeremia im 31. Kapitel, Vers 33, hinweist: Dort lässt der Herr öffentlich verkünden, sein Bund werde unverbrüchlich Bestand haben, wenn er erst einmal in Herz und Nieren eingegraben sei. Auf dieselbe Stelle bezieht sich auch Paulus, dort nämlich, wo er das Gesetz mit dem Evangelium vergleicht und es als den »Buchstaben« apostrophiert, der nicht nur selbst tot ist, sondern auch tötet, wohingegen er das Evangelium mit dem Ehrentitel des Geistes auszeichnet [II Kor 3,6]. Es ist daher doppelt unsinnig gewesen, wenn bestimmte Ausleger aus dem Buchstaben einen zweifachen Schriftsinn herausgelesen und aus dem Geist Allegorien gemacht haben.[38]

beide ein und dieselbe Sache veranschaulichen« (IV,16,11), vgl. Wendel, 287f., und I.J. Hesselink, Concept, a.a.O. (Anm. 15), 166f.

37 Die paulinische Unterscheidung von Geist und Buchstabe bestimmt die Bibelexegese seit Origenes (De principiis, GCS 22) und Augustin (De spiritu et littera, PL 44,201–242) und ist in der Reformation erneut zum Brennpunkt des Schriftverständnisses geworden. Calvin, der sich energisch von Origenes und dessen Interpretation (hier allegorische, dort wörtliche Auslegung) distanziert, beschreibt mit diesem Begriffspaar auf der Linie Augustins das Verhältnis von Altem und Neuem Bund, von Gesetz und Evangelium, *ohne* zu verkennen, dass der Geist bereits im Alten Testament wirksam gewesen ist und das schriftlich fixierte Evangelium sich nicht durchweg mit ihm identifizieren lässt (Kommentar zu II Kor 3,6; CO 50,39f.). Vielmehr soll die Unterscheidung »den Reichtum der Gnade preisen, mit welcher derselbe Gesetzgeber gleichsam in neuer Person die Predigt des Evangeliums auszeichnet« (Inst. II,11,8). Vgl. hierzu: C. Graafland, Alter und neuer Bund, in: Reformiertes Erbe, a.a.O. (Anm. 26), 127–145.

38 Gemeint ist zunächst Nikolaus von Lyra (1270–1349), dessen seit dem 15. Jahrhundert oft gedrucktes Kommentarwerk die reformatorischen Bemühungen um den Literalsinn erheblich gefördert, den sensus literalis allerdings in einen (vom

29 *Cuius laus non ex hominibus*. Quia defiguntur hominum oculi in ea quae apparent, negat sufficere, quod humana opinione sit commendabile, quae externo splendore saepe decipitur, sed oportere ⟨46⟩ Dei oculis satisfieri, quibus nec profundissima cordis arcana sunt abscondita. Ita rursum hypocritas, qui se falsis persuasionibus deliniunt, retrahit ad Dei tribunal.

(29) *Ein solcher hat sein Lob nicht von Menschen.* Da die Augen der Menschen am Sichtbaren haften, bestreitet Paulus, es genüge, [sich an das zu halten], was nach menschlicher Einschätzung, die sich oft genug durch äußeren Schein täuschen lässt, Anerkennung und Beifall finden mag; vielmehr komme es darauf an, vor Gottes Augen zu bestehen, denen auch die tiefsten Geheimnisse des Herzens nicht verborgen sind. So zieht er zuletzt wieder die Heuchler, die sich mit falschen Vorstellungen beschwichtigen lassen, vor Gottes Richterstuhl.

Schriftsteller intendierten) historischen und einen (vom Hl. Geist inspirierten) prophetischen Schriftsinn aufgespalten hat. An zweiter Stelle wendet sich Calvin gegen die traditionelle, auf Origenes zurückgehende Dominanz der Allegorese.

CAPUT III

1 *Quae igitur praerogativa Iudaei, aut quae utilitas Circuncisionis?*
2 *Multa per omnem modum. Ac primum quidem, quod illis credita sunt oracula Dei.*

Quanquam egregie disputavit Paulus, vacuam Circuncisionem nihil Iudaeis conducere, quando tamen inficiari non poterat, aliquod inter Gentes et Iudaeos esse discrimen quod eo symbolo esset a Domino signatum. Eam vero distinctionem cuius author erat Deus, inanem et nullius momenti facere, absurdum erat. Restabat ut hanc obiectionem quoque expediret. Constabat quidem ineptam esse gloriam quam inde Iudaei captabant. Haerebat tamen adhuc scrupus ille, in quem finem esset a Domino instituta Circuncisio, nisi aliquo fructu esset commendabilis. Ergo per anthypophoram interrogat, quid Gentili praestet Iudaeus. Ac quaestionis rationem altera interrogatione subiicit, quum dicit, *quae utilitas Circuncisionis?* Nam illa Iudaeos vulgari sorte hominum eximebat; sicuti Paulus ceremonias maceriam nominat, quae alios ab aliis separabat.

56 | 2 *Multa per omnem modum*. Id est, ›Omnino multa‹. Hic incipit suam sacramento laudem tribuere; sed cuius gratia, Iudaeis superbire non concedat. Quum enim eos Circuncisionis symbolo insignitos fuisse tradit, quo filii Dei haberentur; non eos fatetur suo aliquo merito aut propria dignitate excelluisse, sed Dei beneficiis. Si ergo in homines respicitur, pares aliis esse demonstrat. Si Dei beneficia considerentur, in illis habere docet quo sint prae aliis populis conspicui.

Kapitel 3

1 *Was für einen Vorzug hat nun der Jude, oder was für einen Nutzen hat die Beschneidung?*
2 *Viel in jeder Hinsicht. Fürs erste nämlich, weil ihnen die Verheißungen Gottes anvertraut sind.*

Gewiss hat Paulus hervorragend klar erwiesen, dass eine bloße Beschneidung den Juden nichts einbringt; dennoch ließ sich gar nicht bestreiten, dass es einen Unterschied zwischen Heiden und Juden gibt, den der Herr mit eben diesem Zeichen sichtbar gemacht hätte.[1] Es wäre sinnlos gewesen, diese von Gott selbst als ihrem Urheber getroffene Unterscheidung für nichtig und völlig bedeutungslos zu erklären. So blieb nur übrig, den Einwand, [der sich daraus ergeben könnte], noch zu entkräften. Fest stand jedenfalls, dass der Ruhm, nach dem die Juden aufgrund dieser Unterscheidung zu greifen versuchten, völlig unangebracht war. Doch blieb bis dahin die quälende Frage offen, zu welchem Zweck der Herr die Beschneidung denn angeordnet hätte, wenn sie sich durch keinerlei Frucht empfehlen könnte. Also fragt Paulus, um einem Einwand zuvorzukommen, wodurch der Jude einen Vorrang vor dem Heiden habe. Und er untermauert den Sinn dieser Frage, indem er gleich eine weitere hinzufügt: *Was für einen Nutzen hat die Beschneidung?* Denn sie war es ja, die die Juden, gemessen an dem allgemeinen Los der Menschheit, zur Ausnahme machte, weshalb Paulus ihre Zeremonien einen Zaun nennt, der die einen von den anderen trennt [Eph 2,14].
2 *Viel in jeder Hinsicht.* Das heißt: »durchaus vielerlei«. Hier stimmt Paulus zunächst sein Lob auf das Sakrament [der Beschneidung][2] an, lässt aber nicht zu, dass dies den Juden ein Anlass zum Hochmut wird. Denn während er mit der Überlieferung daran festhält, dass sie mit dem Symbol der Beschneidung ausgezeichnet sind und demzufolge als Söhne Gottes gelten, besteht er zugleich darauf, dass sie diesen Vorrang nicht etwa durch Verdienst oder eigene Würdigkeit errungen haben, sondern allein durch Gottes Wohltaten. Blickt man also auf die Menschen, dann, so zeigt er, sind sie den anderen völlig gleich; berücksichtigt man jedoch Gottes Wohltaten, dann, so lehrt er, haben sie damit all das, wodurch sie vor anderen Völkern die Augen auf sich ziehen.

1 Diese Unterscheidung, die, wie Calvin im Anschluß an M. Bucer (Enarrationes in Evangelia, Straßburg 1536, p. 120f.) lehrt, eine Differenz innerhalb der Klammer des einen Bundes ist (Inst. II,10,2), wird in Inst. II,11 detailliert ausgeführt und begründet. Dazu s. H.H. Wolf, Die Einheit des Bundes. Das Verhältnis von Altem und Neuem Testament bei Calvin, Neukirchen 1958.

2 Vgl. Anm. 36 zu Kap. II,28.

Primum quia illis credita sunt. Nonnulli anapodotum esse putant, quia plus proponat quam postea explicet. Mihi autem dictio *primum* non esse ordinis nota videtur, sed simpliciter significat ›praecipue‹ vel ›praesertim‹, hoc sensu, ›Etsi unum istud esset, quod habent Dei oracula sibi commissa, satis valere debet ad eorum dignitatem‹. Notatu vero dignum est, quod Circuncisionis utilitas non locatur in nudo signo, sed a verbo aestimatur. Hic certe quaerit Paulus, quid Iudaeis conferat sacramentum. Respondet, quia Deus caelestis Sapientiae thesaurum apud eos deposuerit. Unde sequitur, remoto verbo, nihil praestantiae residuum manere. Oracula vocat foedus, quod Abrahae primo eiusque posteris Divinitus revelatum, postea Lege et Prophetiis consignatum ac explicatum fuit. Sunt autem commissa illis oracula, ut apud se conservarent quandiu suam gloriam inter eos continere Domino ⟨47⟩ placuit. Deinde tempore dispensationis, per orbem universum publicarent. Prius depositarii, deinde oeconomi. Quod si tanti aestimandum est hoc beneficium, dum gentem aliquam verbi sui communicatione Dominus dignatur, nunquam satis detestari ingratitudinem nostram possimus, qui tanta vel negligentia, vel inertia, ne dicam contumelia, ipsum suscipimus.

3 *Quid enim si quidam fuerunt increduli? num incredulitas eorum fidem Dei faciet irritam?*
4 *Ne ita sit: quin sit Deus verax, omnis autem homo mendax. quemadmodum scriptum est, Ut iustificeris in sermonibus tuis, et vincas quum iudicaris.*

3 *Quid enim si quidam, etc.* Quemadmodum prius, dum Iudaeos intuebatur nudo signo exultantes, ne scintillam quidem gloriae illis permittebat, ita nunc dum signi naturam considerat, ne illorum quidem vanitate aboleri eius virtutem testatur. Quoniam ergo supra videbatur

Fürs erste nämlich sind ihnen [die Verheißungen] anvertraut. Manche Ausleger halten dies für eine Aussage, die nicht eingelöst wird, weil Paulus hier mehr in Aussicht stellt, als er später entfaltet. Doch scheint mir die Redewendung *fürs erste* nicht eine Reihenfolge anzukündigen, vielmehr bedeutet sie einfach soviel wie »vornehmlich« oder »in besonderem Maße«, etwa in folgendem Sinn: »Selbst wenn nur dies Eine zu sagen wäre, dass sie Gottes Verheißungen anvertraut bekommen haben, müsste schon das genug sein, um ihre Würde zu begründen.« Dabei ist aber wohl zu beachten, dass der Nutzen der Beschneidung nicht im bloßen Zeichen liegt, sondern seinen Wert durch das Wort empfängt. Paulus fragt hier ja ausdrücklich, was den Juden dies Sakrament eintragen kann, und antwortet: eben dies, dass Gott den Schatz seiner himmlischen Weisheit bei ihnen hinterlegt hat. Folglich bleibt von diesem Vorrang überhaupt nichts übrig, wollte man das Wort wegnehmen. – Verheißungen nennt Paulus den Bund, der zuerst Abraham und seinen Nachkommen von Gott eröffnet, später durch Gesetz und Propheten bestätigt und ausgelegt worden ist. Anvertraut sind ihnen diese Verheißungen, damit sie sie bei sich bewahren sollten, solange es dem Herrn gefiel, seine Herrlichkeit auf sie zu begrenzen, um sie später, wenn die Zeit der Ausbreitung gekommen wäre, über den ganzen Erdkreis hin bekannt zu machen.[3] Sie sind also zunächst zu Bewahrern, erst dann zu Verwaltern bestimmt. Angesichts dieser nicht hoch genug zu schätzenden Wohltat, dass der Herr ein beliebiges Volk der Mitteilung seines Wortes würdigt, können wir unsere Undankbarkeit nur immer wieder verabscheuen, da wir dies Wort mit solcher Gleichgültigkeit und Trägheit, um nicht zu sagen Verachtung, aufnehmen.

3 *Denn wie, wenn einige untreu gewesen sind? Sollte ihre Untreue Gottes Treue aufheben?*
4 *Das sei ferne! Vielmehr muss Gott wahrhaftig sein, jeder Mensch aber ein Lügner, wie geschrieben steht: »Auf dass du gerecht erfunden wirst in deinen Worten und den Sieg behältst, wenn du gerichtet wirst«* [Ps 51,4].

3 *Wie denn, wenn einige ...* Wie Paulus den Juden früher nicht einmal einen Funken Selbstruhm zugestehen wollte, solange er sie über das bloße Zeichen der Beschneidung jubeln sah, bezeugt er ihnen jetzt, da er die Eigenart dieses Zeichens ins Auge faßt, dass nicht einmal ihre Eitelkeit dessen Kraft beeinträchtigen könne. Während er oben dem

3 Wie strikt Calvin die hier angedeutete Linie auszieht, zeigt sich einmal darin, dass er den »Bund der Beschneidung« aufs engste mit dem Wort Gottes verklammert (Inst. II,10,7) und ihm daraufhin die Verheißung der »Vergebung der Sünden und des ewigen Lebens« zuspricht (IV,16,4), vollends aber darin, dass er – wieder auf der Linie Bucers (Metaphrases; Anm. 16 zu Kap. II,13, 159) – diesen Bund als eine Vorausdarstellung Christi begreift: »Wer wollte den Juden die Kenntnis Christi absprechen, mit denen doch der Bund des Evangeliums geschlossen ist« (Inst. II,10,4). Dazu s. WENDEL, 181ff.

57 innuisse, siquid esset gratiae in signo Circuncisionis, id totum | Iudaeorum ingratitudine periisse, nunc rursum per anthypophoram interrogat quid de eo sit sentiendum. Est autem hic species reticentiae; quia minus exprimit quam velit intelligi. Vere enim dixisset, bonam gentis partem Dei foedus abiecisse; sed quia id valde acerbum erat Iudaeorum auribus, asperitatem ut mitigaret, quosdam duntaxat nominavit.

Num incredulitas eorum, etc. Καταργεῖν proprie est ›irritum et inefficax reddere‹; quae significatio praesenti sententiae aptissima est. Tractat enim Paulus, non tantum an hominum incredulitas obstet Dei veritati, quo minus firma in se ac stabilis maneat, sed an illius effectum ac complementum inter homines ipsos impediat. Sensus igitur est, ›Quum plurimi Iudaeorum sint foedifragi, num illorum perfidia sic Dei foedus abrogatum est, ut nullum inter eos fructum edat?‹ Respondet, non posse fieri hominum pravitate ut non constet Divinae veritati sua constantia. Proinde utcunque maior pars, Dei foedus fefellerit ac proculcarit, ipsum nihilominus efficaciam suam retinere, ac vim suam exercere, si non in omnibus, saltem in ipsa gente. Vis autem est, ut Domini gratia et in aeternam salutem benedictio inter eos vigeat. Id autem esse non potest nisi ubi fide promissio recipitur, atque ita confirmatur utrinque mutuum foedus. Ergo significat, semper mansisse in gente quosdam, qui in promissionis fide stantes, ab illa praerogativa non exciderint.

4 *Sit autem Deus verax.* Utcunque sentiant alii, ego argumentum esse puto a necessaria contrarii positione, quo Paulus praecedentem

Anschein nach dazu neigte, alles, was dieses Zeichen etwa an Gnade in sich schließen möchte, sei durch den Undank der Juden ganz und gar verloren gegangen, nimmt er jetzt wiederum einen Einwand vorweg und fragt, wie denn das Zeichen selbst zu beurteilen sei. Es handelt sich hier um eine Redeform[4], die mitten im Satz abbricht: Paulus bringt nicht ganz das zum Ausdruck, was er verstanden wissen will. Er hätte nämlich wahrheitsgemäß sagen können, ein großer Teil des Volkes habe Gottes Bund abgeschrieben; doch weil das für die Ohren der Juden zu hart geklungen hätte, mildert er die Schärfe und spricht lediglich von einigen.

Sollte etwa ihre Untreue ... ? Das griechische Wort »aufheben« meint eigentlich »ungültig und unwirksam machen« und passt in dieser Bedeutung ausgezeichnet zum vorliegenden Satz. Denn Paulus behandelt nicht nur die Frage, ob die Untreue der Menschen Gottes Wahrheit im Wege steht, so dass sie etwa in sich selbst nicht mehr fest und unerschütterlich bliebe, sondern auch die weitere, ob ihre Untreue deren Wirksamkeit und Erfüllung unter den Menschen selbst behindern könne. Gemeint ist demnach: »Ist etwa, wenn die meisten Juden den Bund gebrochen haben, durch ihre Treulosigkeit Gottes Bund widerrufen worden, so dass er unter ihnen keinerlei Frucht mehr bringen kann?« Paulus antwortet: Das kann menschliche Bosheit nicht zuwege bringen, dass die göttliche Wahrheit in ihrer beständigen Gültigkeit erschüttert würde. Mag daher auch der überwiegende Teil [der Juden] Gottes Bund hintergangen und mit Füßen getreten haben, so bleibt er in seiner Wirksamkeit doch nichtsdestoweniger erhalten und bringt seine Kraft zur Geltung – wenn schon nicht in allen, so doch wenigstens im Volke selbst. Diese Kraft zeigt sich darin, dass Gottes Gnade und sein aufs ewige Heil gerichteter Segen weiterhin unter ihnen lebendig ist. Das kann allerdings nur dort geschehen, wo die Verheißung im Glauben angenommen und auf diese Weise der wechselseitig geschlossene Bund von beiden Seiten bestätigt wird.[5] So ist es ein Zeichen dafür, dass es in diesem Volk immer einige gegeben hat, die den Glauben an die Verheißung festgehalten und darum jenes Vorrecht nicht verloren haben.

4 *Gott aber muss wahrhaftig sein.* Wie immer andere Ausleger[6] darüber urteilen mögen: das Argument beruht meiner Ansicht nach auf

4 Die »reticentia« bzw. Aposiopese ist die durch den Abbruch eines begonnenen Satzes kenntlich gemachte, manchmal auch nachträglich ausdrücklich festgestellte Auslassung der Äußerung eines Gedankens, s. H. Lausberg, a.a.O. (Anm. 35 zu Kap. II,27), § 887.

5 Der Begriff der wechselseitigen Verpflichtung (mutua obligatio) ist ein Kernstück calvinischer Bundestheologie und Ethik. Er wird von Calvin an privatrechtlichen Verträgen wie der Ehe erläutert (»obligation mutuelle et reciproque«, Ordonnances ecclésiastiques, CO 10/1,110f.; Inst. IV,20,29) und ist nach J. Bohatec, Calvins Lehre von Staat und Kirche (1937), Aalen 1968, 67, dem römischen Privatrecht entnommen. Begründet wird diese Wechselseitigkeit jedoch nicht durch die naturrechtliche Form des Unterwerfungsvertrages, sondern durch das freie Entgegenkommen Gottes (Lev 26,12). Vgl. die Erläuterung zu Kap. III,39 sowie Inst. II,10,8.

6 Gemeint ist nach Parker, 57, Anm. 5, in erster Linie Nikolaus von Lyra (vgl. Anm. 38 zu Kap. II,29).

obiectionem infirmet. Nam si haec duo simul stant, imo ⟨48⟩ necessario conveniunt, ut Deus sit verax, homo mendax, sequitur non impediri Dei veritatem, hominum mendacio. Nisi enim duo haec principia inter se nunc opponeret, temere paulo post ac de nihilo in refutando absurdo sudaret, quomodo iustus sit Deus, si iustitiam suam ex nostra iniustitia commendat. Quare sensus minime ambiguus est, adeo non everti Dei fidem perfidia hominum ac defectione, ut illustrior appareat.

Deum veracem dicit, non modo quia bona fide stare promissis paratus sit, sed quoniam opere implet quicquid loquitur. Siquidem dicit, ut imperium mox quoque fiat opus. Contra *homo mendax*, non tantum quia saepe fallit datam fidem, sed quia natura mendacium appetit ac refugit veritatem. Prius membrum est primarium axioma totius Christianae philosophiae. Posterius sumptum est ex Psalmo 116. 11, ubi David nihil esse certi neque ab homine, neque in homine confitetur. Insignis au-
58 tem est hic locus, ac valde necessariam consolationem | continet. Nam, quae est hominum perversitas in verbo Dei respuendo vel contemnendo, saepe in dubium veniret eius certitudo, nisi succurreret, ab humana veritate non pendere Divinam veritatem. Sed quomodo hoc convenit cum eo quod proxime dictum est, ›Ad efficaciam Divinae promissionis requiri fidem hominum quae illam suscipiat?‹ Fides enim mendacio est contraria. Videtur quidem difficilis quaestio, sed non magna difficultate solvitur; nempe quod Dominus per hominum mendacia, quae alioqui sunt obstacula suae veritatis, inveniet tamen illi viam per invia, ut superior evadat, ingenitam naturae nostrae incredulitatem corrigendo in suis electis, et subiugando in suum obsequium qui videbantur indomiti. Porro nunc de naturae vitio disputatur, non de gratia Dei quae vitiis remedium est.

der notwendigen Annahme des Gegenteils, womit Paulus den vorangegangenen Einwand entkräften will. Denn wenn diese beiden Aussagen zugleich unverrückbar feststehen, ja sogar notwendig miteinander im Einklang sind, dass Gott wahrhaftig ist, der Mensch aber ein Lügner, so folgt daraus, dass Gottes Wahrheit durch die Lüge der Menschen nicht behindert wird. Ließe nämlich Paulus diese beiden grundlegenden Sätze jetzt nicht in ihrem Widerspruch einander gegenübertreten, dann hätte er wenig später erhebliche Mühe, gleichsam aus dem Nichts die Absurdität zu widerlegen, wie Gott wohl gerecht sein könnte, wenn er aus unserer Ungerechtigkeit das Lob seiner Gerechtigkeit empfängt. Deshalb ist der Sinn ganz unzweideutig: Gottes Treue wird durch Treulosigkeit und Abfall der Menschen so wenig umgestoßen, dass sie im Gegenteil dadurch nur umso heller ans Licht tritt.

[Paulus] nennt *Gott wahrhaftig* nicht bloß, weil er bereit ist, in verlässlicher Treue zu seinen Verheißungen zu stehen, sondern weil er mit der Tat erfüllt, was er spricht, wie es [in Ps 33,9] heißt: »Wenn er gebietet, steht alsbald auch das Werk da!« Der *Mensch* hingegen ist ein *Lügner* nicht nur, weil er oftmals ein gegebenes Treueversprechen bricht, sondern weil er von Natur die Lüge sucht und die Wahrheit flieht. Der erste Satz ist das vornehmste Axiom aller christlichen Erkenntnis[7], der zweite stammt aus Ps 116,11, wo David bekennt, nichts Zuverlässiges lasse sich vom Menschen erwarten noch im Menschen finden. Diese Stelle ist überaus bedeutsam und enthält noch dazu einen höchst notwendigen Trost. Denn weil die Menschen in ihrer Falschheit Gottes Wort zurückweisen und verachten, könnte die Verläßlichkeit dieses Wortes oftmals in Zweifel gezogen werden, wenn uns nicht die [Erkenntnis] zu Hilfe käme, dass von menschlicher Wahrhaftigkeit Gottes Wahrheit nicht abhängt. Doch wie verträgt sich das mit der gerade eben aufgestellten Behauptung: »Die Wirksamkeit der göttlichen Verheißung fordert von Seiten der Menschen den Glauben, der diese Verheißung annimmt«? Ist doch der Glaube das Gegenteil der Lüge. Das scheint eine schwierige Frage zu sein, doch lässt sie sich leicht auflösen: Denn der Herr wird durch alle Lügen der Menschen hindurch, die sonst den Lauf seiner Wahrheit behindern, ihr doch einen Weg durchs Weglose ausfindig machen, so dass er als der Überlegene daraus hervorgeht, indem er dem angeborenen Unglauben unserer Natur bei seinen Erwählten entgegenwirkt und die scheinbar Unbezähmbaren unter das Joch des ihm zustehenden Gehorsams bringt. Jetzt freilich dreht sich der Disput um Fehler und Verderben unserer Natur, nicht um Gottes Gnade, die sich als Heilmittel dieses Schadens erweist.

7 Dass sich dieses »Axiom«, das Gottes Vollkommenheit und Allmacht und in beidem seine Ehre (gloria) einschließt, vornehmlich auf das göttliche Verhalten und Tun bezieht, zeigt besonders deutlich eine spätere, sachlich parallele Formulierung: »An diesem Axiom muß man festhalten: Gott hat unser Heil in einer Weise am Herzen gelegen, dass er … seine Ehre an die erste Stelle gesetzt und deshalb die ganze Welt in der Absicht erschaffen hat, dass sie Schauplatz dieser Ehre sein sollte« (De aeterna Dei praedestinatione, 1552, CO 8,294).

Ut *iustificeris*. Sensus est, tantum abesse ut Dei veritas nostro mendacio et perfidia destruatur, ut inde magis eluceat et emergat. Quemadmodum David testatur, ideo quia ipse peccator sit, Deum semper iustum et rectum fore iudicem, quicquid in se statuat; omnesque impiorum calumnias, qui iustitiae eius obmurmurare velint, superaturum. *Sermones* Dei intelligit David, quae in nos profert iudicia. Nam quod de promissionibus vulgo exponunt, nimis est coactum. Itaque particula ›ut‹ non tantum est finalis, nec consequentiam longe petitam notat, sed illationem valet, hoc sensu, ›Tibi peccavi, proinde iure de me poenas sumere tibi licebit‹. Quod autem in proprio et genuino sensu locum Davidis citaverit Paulus, obiectio mox addita confirmat, ›Quomodo integra manebit Dei iustitia, si eam nostra iniquitas illustrat?‹ Frustra enim (ut nuper attigi) et intempestive hoc scrupulo moratus esset Paulus lectores, ⟨49⟩ nisi intelligeret David, Deum admirabili sua providentia, ex hominum quoque peccatis elicere iustitiae suae laudem. Secundum membrum Hebraice sic habet, ›Et purus in iudicando te‹. Quae loquutio non alio tendit, quam Deum in omnibus suis iudiciis laude esse dignum, quantumvis obstrepant impii, suisque querimoniis eius gloriam odiose obruere conentur. Sed Paulus Graecam translationem sequutus est, quae etiam praesenti instituto melius congruebat. Scimus enim Apostolos in recitandis Scripturae verbis saepe esse liberiores, quia satis habebant si ad rem apposite citarent. Quare non tanta illis fuit verborum religio. Proinde ad praesentem locum haec erit applicatio,
59 ›Si quaelibet mortalium peccata servire | oportet illustrandae Domini gloriae; ipse autem in sua veritate potissimum glorificatur; sequitur et humanam vanitatem comprobandae potius, quam evertendae eius

Auf dass du gerecht erfunden wirst. Der Vers besagt: Weit entfernt, dass Gottes Wahrheit durch unsere Lüge und Treulosigkeit niedergerissen werden könnte, kommt sie dadurch nur umso leuchtender und klarer an den Tag. So bezeugt es David, der gerade weil er selbst ein Sünder ist, bekennt, Gott werde sich in allem, was er bei sich beschließen mag, als ein gerechter und gradliniger Richter erweisen und, allen Schmähungen der Gottlosen zum Trotz, die gegen seine Gerechtigkeit rebellieren wollen, die Oberhand behalten.

Unter den *Worten* Gottes versteht David die Urteile, die Gott über uns fällt. Denn dass man sie gewöhnlich auf die Verheißungen bezieht, ist allzu gezwungen.[8] Deshalb hat die Wendung »auf dass« nicht nur einen finalen Sinn, weist nicht auf eine von weit hergeholte Folge, sondern steht für eine Implikation und zwar im Sinne des [Psalmwortes]: »An dir habe ich gesündigt, und so steht es dir mit Recht zu, von mir ein Sühnegeld zu nehmen.« [Ps 51,6]. Dass aber Paulus den Vers Davids in seinem eigentlich-ursprünglichen Sinne zitiert hat, bestätigt der alsbald [V. 5] hinzugefügte Einwand: »Wie soll Gottes Gerechtigkeit unversehrt bleiben, wenn unsere Ungerechtigkeit sie ans Licht bringt?« Denn Paulus hätte seine Leser (wie ich vorhin angedeutet habe) ganz umsonst und unzeitig mit dieser skrupulösen Frage hingehalten, wenn David nicht zu verstehen gäbe, dass Gott in seiner wunderbaren Vorsehung sogar den Sünden der Menschen ein Lob seiner Gerechtigkeit entlocken kann.[9] Das zweite Satzglied lautet im Hebräischen: »[Du musst] rein dastehen in deinem Richten.« [Ps 51,6]. Diese Worte wollen auf nichts anderes hinaus, als dass Gott in all seinem Richten lobenswert ist, mögen sich die Gottlosen noch so sehr dagegen sträuben und seinen Ruhm hasserfüllt mit ihren Anklagen zu überschütten versuchen. Doch Paulus ist der griechischen Übersetzung gefolgt, die auch besser zu seinem gegenwärtigen Vorhaben passte. Wir wissen ja, dass die Apostel in ihrer Wiedergabe der Schriftworte oft sehr frei verfahren sind, weil es ihnen genügte, wenn sie sachlich genau zitierten. Deshalb banden sie sich nicht so sehr an einzelne Worte. Die vorliegende Stelle wird darum so auszulegen sein: »Wenn schon alle denkbaren Sünden sterblicher Menschen dazu dienen müssen, Gottes Ruhm an den Tag zu bringen, er selbst aber in seiner Wahrheit aufs höchste gepriesen wird, dann muss folgerichtig auch die menschliche Lügenhaftigkeit und Eitelkeit dazu dienen, seine Wahrheit eher zu bestätigen als umzustürzen.« Obwohl

8 Calvin bezieht sich hier – so Parker, 58, Anm. 6 – auf die Kommentare von Nikolaus von Lyra und Melanchthon, a.a.O. (Anm. 34 zu Kap. II,25), 582.

9 Calvin hat ein ganzes Kapitel seiner Providenzlehre der Illustration dieses Satzes gewidmet (Inst. I,18; vgl. auch I,17,5 und 9). Im Übrigen haben J.W. Bouwsma, John Calvin. A Sixteenth-Century Portrait, New York 1988, S. E. Schreiner, The Theater of His Glory. Nature and the Natural Order in the Thought of John Calvin, Durham 1991, 23–28, und E.-M. Faber, Symphonie von Gott und Welt, Neukirchen-Vluyn 1999, 143ff., eindrücklich darauf hingewiesen, dass es gerade die Unregelmäßigkeiten im Lauf der Dinge, die Ungerechtigkeiten der Welt und nicht zuletzt die menschliche Angst angesichts der bedrohlichen Kontingenzen der Geschichte sind, auf die Calvin mit seiner Vorsehungslehre eine Antwort geben will.

veritati servire‹. Quanquam autem verbum κρίνεσθαι tam active quam passive potest accipi, non tamen dubito quin Graeci praeter mentem Prophetae transtulerint passive.

5 *Quod si iniustitia nostra Dei iustitiam commendat, quid dicemus? num iniustus est Deus qui infert iram? secundum hominem dico.*
6 *Ne ita sit. nam quomodo iudicabit Deus mundum?*
7 *Si enim veritas Dei per meum mendacium excelluit in eius gloriam: quid etiamnum et ego velut peccator iudicor:*
8 *Et non (quemadmodum exprobratur nobis, et quemadmodum aiunt quidam nos dicere) Faciamus mala, ut veniant bona? quorum iudicium iustum est.*

5 *Quod si iniustitia.* Quanquam extra causam principalem est digressio, necesse tamen Apostolo fuit eam interserere; ne malignis ansam maledicendi, quam ultro sciebat ab illis captari, praebuisse ipse videretur. Nam quum imminerent ad omnem occasionem diffamandi Euangelii, habebant in Davidis testimonio quod arriperent ad struendam calumniam, ›Si nihil aliud quaerit Deus, quam ab hominibus glorificari, cur in eos animadvertit ubi delinquunt, quum delinquendo eum glorificent? Iniuste certe offenditur si causam irascendi ex eo accipit quod glorificatur. Nec vero dubium est quin vulgaris et passim trita fuerit haec calumnia, ut mox iterum dicetur. Ergo Paulo non licuit eam dissimulanter transire. At vero nequis existimet sui animi conceptionem ipsum hic efferre, praefatur se suscipere impiorum personam. Quanquam uno verbo graviter humanam rationem perstringit, cuius proprium esse insinuat, Dei sapientiae semper obgannire. Non enim ait ›secundum impios‹, sed ›secundum hominem‹. Atque ita sane est, quum omnia Dei mysteria carni ⟨50⟩ sint paradoxa, tantum habet auda-

jedoch das Wort »richten« sowohl aktivisch wie passivisch gebraucht werden kann, zweifle ich doch nicht daran, dass es die Griechen entgegen dem prophetischen Wortsinn passivisch übersetzt haben.

5 *Wenn aber unsere Ungerechtigkeit Gottes Gerechtigkeit preist, was wollen wir dann sagen? Ist Gott etwa ungerecht, wenn er sein Zorngericht verhängt? Ich rede nach menschlicher Weise.*
6 *Das sei ferne! Denn wie könnte Gott sonst die Welt richten?*
7 *Wenn nämlich die Wahrhaftigkeit Gottes durch meine Lüge noch erhöht worden ist zu seinem Ruhm, warum sollte ich dann noch wie ein Sünder gerichtet werden?*
8 *Und es nicht so halten (wie uns verleumderisch vorgeworfen wird und wie einige von uns sagen, wir lehrten): Lasst uns Böses tun, damit Gutes daraus komme? Deren Verdammnis ist gerecht.*

5 *Wenn aber unsere Ungerechtigkeit.* Auch wenn sich der Apostel hier außerhalb der eigentlichen Streitsache bewegt, musste er diese Abschweifung einfügen, um nicht den Anschein zu erwecken, er selbst habe missgünstigen Leuten einen Anlass zu Verleumdungen gegeben, von dem er obendrein noch wusste, dass sie ihn aufgreifen würden. Denn wenn sie schon auf jede Gelegenheit lauerten, das Evangelium zu diffamieren, so hatten sie ja in Davids Zeugnis genau das, was sie ausnutzen konnten, um ihre falsche Anklage darauf aufzubauen: »Wenn Gott nichts anderes verlangt, als von den Menschen gepriesen zu werden, warum schreitet er dann gegen sie ein, sobald sie sündigen, wo sie ihn doch gerade durch ihr Sündigen preisen? Ganz sicher fühlt er sich zu Unrecht verletzt, wenn er den Grund für seinen Zorn gerade daraus ableitet, dass er gepriesen wird!« Diese Anklage ist damals zweifellos allgemein verbreitet gewesen und ohne Unterschied benutzt worden, wie gleich erneut gezeigt werden wird [V. 7]. Darum konnte Paulus sie nicht stillschweigend übergehen. Damit aber niemand meint, er trage hier seine eigene Auffassung vor, gibt er vorab zu verstehen, dass er sich die Rolle der Gottlosen zu eigen macht. Gleichwohl setzt er mit einem einzigen Wort der menschlichen Vernunft hart zu, die, wie er unterstellt, die [beschwerliche] Eigenschaft hat, Gottes Weisheit immer wie einem bellenden Hund zu begegnen.[10] Er sagt nämlich nicht, er rede »nach Art der Gottlosen«, sondern »nach menschlicher Weise«. Und so ist es ja tatsächlich: Weil unserem Fleisch alle Geheimnisse

10 Die Klage über die Blindheit der Vernunft – sie gehört zu den traditionellen Aussagen über den »gefallenen« Menschen – erhält bei Calvin ihre besondere Zuspitzung durch den Nachweis, dass die Vernunft ihre Bestimmung, der Weisheit Gottes zu entsprechen (Inst. I,1,1), nicht mehr realisiert. Sie versagt an ihrer Aufgabe, »Gottes Belange« (quae Dei sunt, II,2,25) zu erkennen, d.h. sich am Ziel unserer Erschaffung, dem »Verlangen nach dem Reich Gottes« (II,1,3; 2,18) zu orientieren, und ist, so gesehen, der eigentliche Initiator des »Falls«. Dazu: CH. LINK, Die Finalität des Menschen, in: »Calvinus Praeceptor Ecclesiae«. Papers of the International Congress on Calvin Research, Princeton 2002 (ed. H. SELDERHUIS), Genève 2004, 159–178, hier 168.

ciae ut contra insurgere non dubitet, et quae non assequitur, petulanter insectari. Quo admonemur, si velimus eorum fieri capaces, dandam in primis esse operam ut proprio sensu vacui, nos in obedientiam verbi totos tradamus et addicamus.

Irae vocabulum, quod pro ›iudicio‹ usurpatur, hic transfertur ad poenam; acsi dixisset, ›An iniustus est Deus qui scelera ulciscitur, quae iustitiam eius illustrant?‹

60 | 6 *Ne ita sit.* In compescenda blasphemia non respondet directe ad obiectionem, sed ab eius detestatione primum incipit, ne videatur Christiana religio tantas secum absurditates trahere. Atque id aliquanto gravius est quam si simplici refutatione usus esset. Significat enim, horrore, non auditu, impiam hanc vocem dignam esse. Mox refutationem adiungit, sed indirectam, ut vocant. Neque enim penitus calumniam diluit, sed tantum respondet, absurdum illud esse quod obiicitur.

Porro sumit argumentum ab ipsius Dei officio, quo probet id esse impossibile. *Iudicabit Deus hunc mundum*; ergo iniustus esse non potest. Quod non a nuda (ut loquuntur) Dei potentia ductum est, sed actuali, quae in toto operum eius cursu et ordine refulget; acsi ita diceretur, ›Dei officium est mundum iudicare, id est iustitia sua componere, et in optimum ordinem reducere quicquid in eo est inordinatum. Iniuste ergo nihil designare potest‹. Videturque allusisse ad locum Mosis, Genes. 18.25, ubi dum Abraham Deum deprecatur ne penitus Sodomam exitio tradat. ›Non conveniet‹, inquit, ›ut tu, qui iudicaturus es terram, iustum perdas cum impio. Neque vero id tuum est, aut in te cadere potest‹. Simile est quod habetur Iob 34.17, ›Num ille qui odit iudicium, dominari poterit?‹ Nam quod in hominibus saepe reperiuntur iniqui iudices, id fit quia vel contra ius et fas sibi usurpant potestatem, vel quia temere illuc evehuntur, vel quia a seipsis degenerant. In Deo nihil est tale. Quum ergo natura sit iudex, iustum quoque esse oportet, quia seipsum abnegare non potest. Ergo ab impossibili ratiocinatur Paulus, iniustitiae perperam accusari Deum, cui proprium et quasi essentiale

Gottes schlechthin widersinnig vorkommen, ist es verwegen genug, sich bedenkenlos dagegen aufzulehnen und leichthin zu verspotten, was es nicht begreift. Wenn wir für sie empfänglich werden wollen, müssen wir uns daher mahnen lassen, in erster Linie alle Mühe daranzusetzen, das eigene Urteil ganz zurückzustellen und uns Gottes Wort gegenüber in rückhaltlosem Gehorsam zu üben.

Das Wort *Zorn,* das für »Gericht« steht, wird hier auf die Strafe angewandt, als hätte Paulus sagen wollen: »Ist Gott etwa ungerecht, wenn er Untaten ahndet, die seine Gerechtigkeit an den Tag bringen?«

6 *Das sei ferne!* Zur Abwehr dieser Blasphemie antwortet Paulus nicht direkt auf den Einwand, sondern verwahrt sich zunächst einmal feierlich dagegen, damit nicht der Anschein entsteht, als bringe der christliche Glaube derartige Absurditäten mit sich. Das wiegt um einiges schwerer, als wenn er zu einer einfachen Widerlegung gegriffen hätte. Denn damit gibt er zu verstehen, dass diese gottlose Äußerung Abscheu verdient, nicht aber Gehör. Eine allerdings indirekte Widerlegung, wie man sagt, fügt er alsbald hinzu. Denn er entkräftet die Verleumdung nicht bis ins Letzte, sondern entgegnet lediglich, der hier erhobene Vorwurf sei widersinnig.

Um seine Unhaltbarkeit zu beweisen, zieht er des weiteren Gottes eigenstes Amt als Argument heran. *Gott wird diese Welt richten,* also kann er nicht ungerecht sein. Das wird nicht etwa aus der sogenannten nackten Allmacht Gottes[11] erschlossen, sondern aus seiner aktuell-tätigen Macht, die aus dem gesamten Lauf und der ganzen Ordnung seiner Werke leuchtend hervortritt, was sich auch so ausdrücken ließe: »Es ist Gottes Sache, die Welt zu richten, das heißt, kraft seiner Gerechtigkeit alles, was in ihr ungeordnet ist, an seinen Platz zu rücken und wieder in den bestmöglichen Zustand zu bringen. Ungerecht kann er also nichts anordnen.« Offenbar hat [Paulus] eine Anspielung auf Gen 18,25 beabsichtigt, jene Stelle, an der Abraham Gott bittet, Sodom nicht ganz und gar dem Untergang preiszugeben. »Ferne sei es von dir«, spricht [Abraham], »dass du, der du den Erdkreis richten wirst, den Gerechten mit dem Ungerechten verderben solltest. Das ist doch deine Art nicht und kann auf dich nicht zutreffen!« Ähnlich heißt es in Hiob 34,17: »Kann etwa herrschen, wer das Recht hasst?« Denn dass sich unter den Menschen oft ungerechte Richter finden, kommt daher, dass sie entweder gegen göttliches und menschliches Recht die richterliche Gewalt an sich reißen, dass sie sich unüberlegt zum Richteramt aufschwingen oder dass sie sich selbst untreu werden. Nichts dergleichen findet sich bei Gott. Da er von Natur Richter ist, muss er auch gerecht sein, denn »er kann sich selbst nicht verleugnen« [II Tim 2,13]. Paulus also argumentiert mit dem Hinweis auf etwas Unmögliches, dass man nämlich Gott fälschlicherweise der Ungerechtigkeit beschuldigt, da es ihm doch eigen ist und gleichsam zu seinem Wesen gehört, die Welt recht

11 Parker, 60, Anm. 10, verweist auf die mittelalterliche Traditionslinie der »potentia absoluta« Gottes, insbesondere auf den Sentenzenkommentar Gabriel Biels. Calvins Korrektur, es handele sich um die »potentia actualis« Gottes, hat ihr Vorbild in Luthers Schrift »Vom unfreien Willen« (1525), WA 18,718.

est, mundum recte gubernare. Quanquam autem ad continuum regimen Dei extenditur haec Pauli doctrina, specialiter tamen notari ultimum iudicium non inficior; quia tunc demum solida extabit recti ordinis instauratio. Quod si directam refutationem cupis, qua eiusmodi sacrilegia compescantur, sic accipe, ›Non hoc fieri iniustitiae natura, ut Dei iustitia magis eluceat, sed Dei bonitate superari nostram malitiam, ut in diversum potius quam tendat, finem convertatur‹.

7 *Si enim veritas Dei per meum mendacium, etc.* ⟨51⟩ Non dubito quin haec quoque obiectio in persona impiorum proferatur. Est enim velut exegesis superioris, et connectenda fuerat, nisi Apostolus indignitate permotus, medium sermonem abrupisset. Sensus est, ›Si ex nostra
61 fal-|sitate magis perspicua fit Dei veritas, et quodammodo stabilitur, unde plus quoque gloriae ad ipsum redit, minime aequum est ut is pro peccatore puniatur qui minister fuerit gloriae Dei.‹

8 *Et non quemadmodum, etc.* Ecliptica est oratio, in qua subaudiendum est verbum. Plena erit si ita resolvas, ›Et cur non potius dicitur (quemadmodum exprobratur nobis), quod facienda sint mala, ut eveniant bona?‹ Neque vero hanc impiam cavillationem responso dignatur Apostolus, quam tamen optima ratione licebit retundere. Hoc enim tantum praetexit, ›Si Deus nostra iniquitate glorificatur, et nihil agere in vita hominem magis decet quam ut Dei gloriam promoveat, peccandum ergo in eius gloriam‹. At prompta est depulsio, ›Quod malum per se, nonnisi malum parere potest‹. Nostro autem vitio quod Dei gloria illustratur, id non opus esse hominis, sed Dei qui ut mirus est artifex, malitiam nostram subigere, et alio traducere novit, ut praeter destinatum a nobis finem, eam in gloriae suae incrementum convertat. Praescripsit nobis rationem Deus, qua velit a nobis glorificari, nempe pietatem, quae in verbi obedientia sita est. Hos limites qui transilit,

zu regieren. Obwohl sich aber diese paulinische Lehre auf das fortdauernde Weltregiment Gottes bezieht[12], will ich doch nicht bestreiten, dass damit insbesondere an das Jüngste Gericht zu denken ist, weil sich ja dann erst die von Grund auf erneuerte rechte Weltordnung zeigen wird. Wer demnach eine direkte Widerlegung verlangt, durch die derart lästerliche Äußerungen in Schach gehalten werden, der verstehe es so: »Dass Gottes Gerechtigkeit um so heller hervorleuchtet, kommt nicht aus dem Wesen der Ungerechtigkeit, wohl aber überwindet Gottes Güte unsere Bosheit, so dass sie auf ein von ihrer vorbedachten Absicht durchaus verschiedenes Ziel hingelenkt wird.«

7 *Wenn nämlich die Wahrhaftigkeit Gottes durch meine Lüge* ... Mir ist nicht zweifelhaft, dass Paulus auch diesen Einwand sozusagen in der Rolle des Gottlosen vorträgt. Er liest sich nämlich wie eine Erläuterung des vorangegangenen [V. 5] und hätte mit ihm verbunden werden müssen, wenn der Apostel die Auseinandersetzung nicht aus Unwillen in der Mitte abgebrochen hätte. So lautet der hier gemeinte Sinn: »Wenn aus unserer Falschheit Gottes Wahrheit nur um so klarer hervortritt und gewissermaßen befestigt wird, so dass daraus ein um so größerer Ruhm auf ihn zurückstrahlt, dann ist es höchst unbillig, dass der als Sünder bestraft wird, der sich doch in den Dienst der Ehre Gottes gestellt hat.«

8 *Und nicht so wie* ... Der Ausdruck ist unvollständig, so dass man das [fehlende] Wort erst hinzuhören muss. Er wird vollständig, wenn man ihn so auflöst: »Und warum sagt man nicht vielmehr (so wie es uns vorgeworfen wird), man solle Böses tun, damit Gutes herauskomme?« Diesen gottlosen Spott würdigt der Apostel erst gar keiner Antwort, obwohl er ihn mit besten Gründen hätte dämpfen können, denn er macht ja nur den bekannten Vorwand geltend: »Wenn Gott durch unsere Ungerechtigkeit verherrlicht wird, ein Mensch aber in seinem Leben nichts Lobenswerteres tun kann, als Gottes Ruhm zu befördern, dann muss man eben zu seiner Ehre sündigen.« Dagegen freilich ist die Abwehr schnell zur Hand: »Das Böse kann aus sich nur Böses gebären!« Wenn aber unsere Untaten Gottes Herrlichkeit ans Licht bringen, dann ist das nicht Sache des Menschen, sondern Gottes eigenes Werk, der als der wunderbare Meister, der er ist, unsere Schlechtigkeit zu unterlaufen und ihr eine andere Richtung zu geben weiß, um sie an dem von uns vorbedachten Ziel vorbei zum Wachstum seiner Ehre zu wandeln. Die Art und Weise, wie er von uns geehrt werden will, hat er uns vorgeschrieben: es ist die Frömmigkeit, die im Gehorsam gegen sein Wort besteht. Wer diese Grenze überschreitet[13], setzt alles daran,

12 Dass Gott auch die scheinbar turbulenten Bewegungen der Welt »mit dem reinen Licht seiner Gerechtigkeit und Weisheit« lenkt, so dass sein Wille »der gerechteste Grund (iustissima causa) aller Dinge« ist (Inst. I,17,1, vgl. 18,4), gehört zu den Basissätzen der calvinischen Providenzlehre. Vgl. auch die Predigten zum Buch Hiob (insbes. zu Hiob 12,14–16), CO 33–35, hier: 33,579–592.

13 Die Frömmigkeit (pietas), nach der definitionsmäßigen Erklärung von Inst. I, 2,1 »die mit Liebe verbundene Ehrfurcht vor Gott, welche aus der Erkenntnis seiner Wohltaten herkommt«, ist nach Calvin (wie später bei Schleierma-

Deum non honorare sed contumelia magis afficere nititur. Quod aliter succedit, Dei providentiae ferendum est acceptum, non hominis pravitati, per quam non stat quominus Dei maiestas evertatur, nedum laedatur.

Quemadmodam exprobratur nobis. Mirum est, quum tam reverenter dissereret Paulus de arcanis Dei iudiciis, eo proterviae delapsos esse hostes ad eum calumniandum. Sed nulla unquam tanta fuit religio aut sobrietas in servis Dei, quae impuras et virulentas linguas compesceret. Non ergo novum est exemplum, quod hodie doctrinam nostram (quam esse purum Christi Euangelium et scimus ipsi, et testes sunt nobis omnes tum Angeli, tum fideles) tot falsis criminationibus onerant, ac odiosam reddunt adversarii. Nihil fingi potest magis portentosum quam quod impositum fuisse Paulo hic legimus; quo invidia gravaretur apud imperitos eius praedicatio. Feramus ergo quod veritatem quam praedicamus, calumniando impii depravant. Nec ideo desinamus eius simplicem confessionem constanter tueri, ›Quandoquidem satis habet virtutis ad proterenda dissipandaque illorum mendacia‹. Caeterum Apostoli exemplo, malitiosis technis, quantum in nobis erit occurramus, ne impune maledicant Creatori flagitiosi ac perditi homunciones.

Quorum iudicium iustum est. Quidam active accipiunt, tantum ut assentiatur illis Paulus, absurdum ⟨52⟩ id esse quod obiectabant, ne putetur Euangelii doctrina cum talibus paradoxis esse coniuncta. Sed mihi

ihm statt Ehre nur um so mehr Schmach anzutun. Dass dabei auch etwas anderes herauskommen kann, ist allein Gottes Vorsehung dankbar zuzuschreiben, nicht menschlicher Schlechtigkeit, in deren Macht es wahrhaftig nicht steht, dass Gottes Majestät nicht zugrunde gerichtet oder auch nur verletzt wird.

Wie uns verleumderisch vorgehalten wird. Es ist erstaunlich, dass, während Paulus voller Ehrfurcht die verborgenen Gerichte Gottes[14] erörtert, Feinde derart mutwillig über ihn hergefallen sind, um ihn zu verleumden. Doch soviel Gottesfurcht oder auch Nüchternheit hat es noch nie unter den Knechten Gottes gegeben, dass sie die unreinen und giftigen Zungen zum Schweigen gebracht hätten. Es ist also kein neuer Vorgang, dass Widersacher heute unsere Lehre (von der wir selbst wissen und auch alle Engel und Gläubigen zu Zeugen haben, dass sie das reine Evangelium Christi ist) mit soviel falschen Beschuldigungen belasten und verhasst machen. Es lässt sich ja nichts Ungeheuerlicheres ausdenken, als was, wie wir hier lesen, Paulus zur Last gelegt worden ist, um seine Verkündigung bei unerfahrenen Leuten in Verruf zu bringen. Wir wollen es also ertragen, dass gottlose Menschen die Wahrheit, die wir predigen, mit ihren Verleumdungen entstellen, darum aber nicht aufhören, das schlichte Bekenntnis zu ihr standhaft zu vertreten, da sie nun einmal Kraft genug hat, deren Lügengebilde zu zerreißen und zu zerstreuen.[15] Auch wollen wir, dem Vorbild des Apostels folgend, üblen Machenschaften nach Kräften entgegentreten, damit diese schändlichen und verdorbenen armen Menschen nicht ungestraft ihren Schöpfer lästern.

Deren Verdammnis ist gerecht. Manche Ausleger fassen das Wort [Verdammnis] aktiv auf [im Sinne von Urteil]. Dann gäbe Paulus nur zu, der von seinen Gegnern erhobene Vorwurf sei absurd, denn sonst

cher) »Grundlage und Grenze rechter Theologie«; Theologie ist immer »Theologie innerhalb der Grenzen der reinen Frömmigkeit« (I. Werner, Calvin und Schleiermacher im Gespräch mit der Weltweisheit, Neukirchen-Vluyn 1999, 21; vgl. auch B. Gerrish, The Old Protestantism and the New Essays on the Reformation Heritage, Chicago 1982). Sie verwehrt uns, bei der Betrachtung unseres »geistlichen Besitzes« den Blick »über die Erde hinaus« zu lenken (Inst. I,1,2) oder – ähnlich hat es Melanchthon in den Loci von 1521 formuliert (StA II/1,6.16) – die Frage nach Gottes Wesen (quid sit, I,2,2 und 5,9) auch nur zu stellen. Sie hält unsere Gotteserkenntnis in den Schranken (cancellus) des Wortes.

14 Der Begriff »verborgen« (arcanus, occultus) gehört in das Sprachfeld der Prädestination (Akten des Trienter Konzils, CStA 3,184.32; Inst. III,21,7 und 23,1) bzw. der Providenz (Inst. I,16,2 und 17,1) und verbindet sich mit dem geschichtlich wirksamen Ratschluß (consilium) Gottes. Hier ist also nicht vom Jüngsten Gericht, sondern von innergeschichtlichen Gerichten (vgl. Inst. III, 4,31) – und das heißt: vom Gericht über die zeitgenössische (römische) Kirche – die Rede.

15 Den besonderen zeitgeschichtlichen Ort dieser Mahnung wird man in der Verfolgungssituation der französischen Protestanten zu suchen haben. Vgl. hierzu das Widmungsschreiben zur Institutio (1536), CStA 1.1,67ff., bes. 103.16ff., die »Zwei Sendschreiben« (1537), ebd. 1.2,267ff., bes. 279.21ff. oder 305.5ff., sowie H. Scholl, Reformation und Politik, Stuttgart 1976, 87ff.

passiva significatio magis probatur. Non enim consentaneum fuisset,
62 | tantae improbitati simpliciter annuere, quae potius acerbe redargui meretur. quod mihi facere videtur Paulus. Duplici autem nomine damnabilis fuit eorum perversitas. Primum quibus venire haec impietas in mentem potuerit usque ad ipsum assensum. Deinde qui traducendo Euangelio, calumniam inde instruere ausi fuerint.

[9] *Quid ergo? praecellimus? Nequaquam. ante enim constituimus tam Iudaeos quam Graecos, omnes sub peccato esse.*

9 *Quid ergo?* Ex digressione ad institutum redit. Etenim ne Iudaei forte suo iure fraudari se exciperent, ubi ea recensuit dignitatis elogia quibus se supra Gentes efferebant, nunc demum absolvit quaestionem, An aliqua in re Gentibus praestarent. Quanquam autem videtur in speciem haec responsio cum superiori nonnihil pugnare (quia nunc omni dignitate privat eos quibus multam ante tribuerat) nihil tamen est dissidii. Nam privilegia illa quibus eminere confessus erat, extra eos sunt, in Dei bonitate, non proprio ipsorum merito posita. Hic autem de dignitate eorum quaerit, si qua gloriari in seipsis possint. Itaque sic consentiunt ambae responsiones, ut haec ex altera consequatur. Nam quum praerogativas eorum extolleret, eas in solis Dei beneficiis includens, ostendit nihil eos habere suum. Unde protinus id quod nunc respondet, inferri poterat. Si enim praecipua eorum excellentia est, quod deposita sunt apud eos Dei oracula; eam autem non habent suo merito; ergo nihil illis relinquitur quo in conspectu Dei superbiant. Nota autem sanctum artificium, quod quum excellentiam illis assereret, in tertia persona loquebatur. Nunc dum vult omnia detrahere, seipsum numero admiscet, quo effugiat offensionem.

müsste man ja meinen, die Verkündigung des Evangeliums lasse sich mit solchen Ungereimtheiten verbinden. Mir aber scheint für die passivische Bedeutung [Gericht] mehr zu sprechen. Denn es wäre doch recht ungereimt gewesen, einer solchen Ungeheuerlichkeit einfach beizustimmen, verdient sie es doch vielmehr, scharf zurückgewiesen zu werden, und genau das scheint mir Paulus auch zu tun. Die Verkehrtheit dieser Leute ist demnach in zweifacher Hinsicht verdammenswert: einmal, weil ihnen dieser gottlose Gedanke überhaupt in den Sinn kommen und sogar ihren Beifall hat finden können, sodann, weil sie das Evangelium dem Spott preisgegeben und gewagt haben, darauf ihre Verleumdungen aufzubauen.

9 *Wie nun? Haben wir einen Vorzug? Ganz und gar nicht! Denn wir haben soeben festgestellt, dass Juden und Griechen alle unter [der Herrschaft] der Sünde sind.*

9 *Wie nun?* Von seinem Exkurs [V. 5–8] kehrt Paulus zum eigentlichen Thema zurück. Damit die Juden nicht etwa eine Ausnahme für sich geltend machen könnten: sie seien um ihr Recht betrogen – er hat ja die Ehrentitel durchmustert, durch die sie sich über die Heiden zu erheben versuchten –, bringt er jetzt endlich die Frage zum Abschluss, ob sie in irgendeiner Hinsicht einen Vorrang gegenüber anderen Völkern hätten. Obwohl sich jedoch die auf diesen besonderen Fall zugeschnittene Antwort mit der oben vorgetragenen einigermaßen zu reiben scheint (denn jetzt spricht er ihnen jede besondere Würdestellung ab, die er ihnen zuvor in großem Maße zuerkannt hatte), gibt es doch in der Sache keinen Widerspruch. Denn all jene Vorrechte, die nach seinem Zugeständnis ihre Überlegenheit ausmachen, liegen ja ganz jenseits von ihnen in Gottes Güte begründet und gehen nicht auf ihr eigenes Verdienst zurück.[16] Hier aber fragt er nach jener Würde, deren sie sich vielleicht in sich selbst rühmen könnten. Deshalb stimmen beide Antworten in der Weise überein, dass die hier gegebene aus der vorangehenden folgt. Denn wenn er ihre Sonderrechte pries und sie doch ganz von Gottes Wohltaten umschlossen sieht, zeigt er ja, dass sie gar nichts Eigenes besitzen. Was er jetzt antwortet, konnte er daraus ableiten. Wenn nämlich dies ihr wichtigster Vorzug ist, dass Gottes Verheißungen bei ihnen hinterlegt sind – das aber verdanken sie durchaus keinem eigenen Verdienst –, dann bleibt ihnen ja gar nichts übrig, worauf sie in Gottes Augen stolz sein könnten. Man achte im Übrigen auf den feinen frommen Kunstgriff, dass Paulus, als er den Juden ihre hervorragende Stellung zusprach, in der dritten Person redete [V. 1–4], jetzt dagegen, da er ihnen alles absprechen will, reiht er sich selbst in ihre Schar ein, um jeden Anstoß zu vermeiden.

16 Solche Privilegien, etwa den Bund und die Taufe – jetzt als »Spuren« bzw. »Überreste« der wahren Kirche namhaft gemacht –, hat Calvin auch dem Katholizismus seiner Zeit nicht absprechen wollen (Inst. IV,2,11f.).

Ante enim constituimus. Verbum Graecum αἰτιᾶσθαι, quod hic usurpat Paulus, proprie est iudiciale. Ideoque reddere placuit ›constituimus‹. Dicitur enim crimen in actione constituere accusator, quod testimoniis, ac probationibus aliis convincere paratus est. Citavit autem Apostolus universum hominum genus ad Dei tribunal, ut totum sub unam damnationem includeret. Ac frustra quispiam obiiciat, non hic tantum criminari Apostolum, sed magis probare. Nam vera accusatio nonnisi ea est quae firmis validisque probationibus nititur. Quemadmodum inter accusationem et convitium alicubi Cicero ⟨53⟩ distinguit. Porro ›esse
63 sub peccato‹ tantundem valet ac iuste coram | Deo pro peccatoribus damnari, vel teneri sub maledictione quae peccatis debetur. Nam ut iustitia absolutionem secum affert, ita et peccatum sequitur damnatio.

10 *Sicut scriptum est, Quod non est iustus quisquam, ne unus quidem.*
11 *Non est intelligens, non est qui requirat Deum.*
12 *Omnes declinarunt, simul facti sunt inutiles: non est qui exerceat benignitatem, ne ad unum quidem.*
13 *Sepulchrum apertum guttur eorum, linguis dolose egerunt, Venenum aspidum sub labiis eorum,*
14 *Quorum os execratione et amarulentia plenum.*
15 *Veloces pedes eorum ad effundendum sanguinem.*
16 *Contritio et calamitas in viis eorum.*
17 *Et viam pacis non noverunt,*
18 *Non est timor Dei prae oculis eorum.*

10 *Sicut scriptum est*. Hactenus rationibus usus est ad homines suae iniquitatis convincendos. Nunc argumentari ab authoritate incipit; quae apud Christianos est firmissima probationis species, modo uni Deo authoritas deferatur. Atque hinc discant Ecclesiastici doctores quale suum sit officium. Nam si nullum dogma hic asserit Paulus quod non Scripturae certo oraculo simul confirmet, multo minus illud ipsum tentandum est iis quibus nihil aliud est mandatum quam ut Euangelium praedicent, quod per Pauli et aliorum manus acceperunt.
Non est iustus quisquam. Videtur Apostolus, quum libere sensum magis adduceret quam verba integra, antequam ad species descenderet; primum generaliter posuisse quae esset summa eorum quae in homine esse a Propheta referuntur, nempe iustum esse neminem; postea

Wir haben zuvor nämlich festgestellt. Das griechische Wort, das Paulus hier benutzt, gehört seiner eigenen Bedeutung nach zur Gerichtssprache. Deshalb darf man es wiedergeben als »wir haben festgestellt«. Denn es meint: in einer Gerichtsverhandlung ein Verbrechen feststellen, und zwar als Ankläger, der darangeht, durch Zeugenaussagen und Beweisstücke andere zu überführen. Der Apostel aber zieht das gesamte Menschengeschlecht vor Gottes Richterstuhl, um es als Ganzes in ein und dasselbe Verdammungsurteil einzuschließen. Vergeblich mag hier jemand einwenden, der Apostel wolle hier nicht bloß anklagen, sondern vielmehr [Schuld] beweisen. Denn eine standfeste Anklage ist ja nur die, die sich auf tragfähige und gültige Beweise stützt. Deshalb unterscheidet Cicero an einer Stelle zwischen Anklage und Überführung.[17] »Unter der Sünde sein« bedeutet nun soviel, wie vor Gott zu Recht als Sünder verurteilt werden, ja sogar unter dem Fluch bleiben zu müssen, den unsere Sünden nach sich ziehen. Denn wie die Gerechtigkeit den Freispruch mit sich bringt, so folgt auf die Sünde die Verurteilung.

10 *Wie geschrieben steht: Es ist keiner gerecht, auch nicht einer [Ps 14,1–3].*
11 *Es ist keiner, der verständig ist, keiner, der nach Gott fragt.*
12 *Alle sind abgewichen, alle miteinander unnütz geworden: es ist keiner, der Gutes tut, auch nicht ein einziger.*
13 *Ein offenes Grab ist ihre Kehle, mit ihren Zungen verüben sie Trug [Ps 5,10], Schlangengift ist unter ihren Lippen [Ps 140,4].*
14 *Ihr Mund ist voll Fluchens und Bitterkeit [Ps 10,7].*
15 *Schnell sind ihre Füße, Blut zu vergießen [Jes 59,7; Spr 1,16].*
16 *Verwüstung und Unheil ist auf ihren Wegen.*
17 *Und den Weg des Friedens kennen sie nicht [Jes 59,8].*
18 *Keine Gottesfurcht ist vor ihren Augen [Ps 36,2].*

10 *Wie geschrieben steht.* Bisher hat Paulus allgemeine Gründe geltend gemacht, um die Menschen ihrer Ungerechtigkeit zu überführen. Jetzt beginnt er mit einem Autoritätsargument. Das ist unter Christen die zuverlässigste Art der Beweisführung, sofern dabei nur die Autorität allein Gott übertragen wird. Daraus sollen die Lehrer der Kirche lernen, welcher Art ihr Amt ist. Denn wenn Paulus hier kein Dogma heranzieht, das er nicht durch ein klares Schriftwort bestätigt findet, wie viel weniger dürfen das die versuchen, die keinen anderen Auftrag haben, als das Evangelium zu predigen, das sie durch die Hände des Paulus und der anderen [Apostel] empfangen haben.
Es ist keiner, der gerecht ist. Da der Apostel recht frei mehr den Sinn als den vollständigen Wortlaut [der von ihm zitierten Bibelstellen] anführt, hat er offenbar zuerst, ehe er auf Einzelheiten eingeht, ganz allgemein die Summe dessen voranstellen wollen, was nach dem Urteil des Pro-

17 Cicero, Pro Caelio 13. Das Plädoyer der Anklage hat Paulus nach Calvins Analyse in Röm 1,18–23 geführt. Dazu vgl. I. Werner, a.a.O., 73–81.

enumerasse per partes, fructus ipsius iniustitiae. Primus autem est quod nemo sit intelligens. Insipientia autem mox arguitur eo quod non requirant Deum. Nam vanus est homo in quo non subest cognitio Dei, quacunque tandem eruditione alias praeditus sit. Imo disciplinae ipsae et artes, quae per se bonae sunt, dum hoc fundamento carent, vanae redduntur.

[12] Additur *non esse qui faciat bonitatem*; quo intelligitur exuisse omnem humanitatis sensum. Nam ut optimum mutuae inter nos con-
64 iunctionis vinculum nobis est in Dei cognitione (quia ut omnibus | communis est pater, optime nos conciliat, extra ipsum vero mera est dissipatio), ita eius ignorantiam fere sequitur inhumanitas, dum unusquisque, aliis contemptis, seipsum amat et quaerit.

[13] Contra autem subiicitur, *guttur eorum sepulchrum esse apertum*, id est voraginem, ad homines perdendos. Plus est autem quam si dixisset ἀνθωποφάγους; quia extremae ⟨54⟩ est immanitatis, tantum esse gurgitem hominis guttur, ut totis hominibus deglutiendis et absorbendis sufficiat. *Linguas esse fraudulentas*, et labia esse veneno sublita, eodem spectant.

[14] Subiungitur *os esse execratione et amarulentia plenum*, quod vitium contrarium est superiori; sed intelligitur omni ex parte ipsos spirare malitiam. Si enim suaviter loquuntur, decipiunt, ac sub blanditiis venenum propinant; sin depromunt quod habent in animo, illic prodit amarulentia et execratio.

[16] Pulcherrima est quae ex Iesaia subditur loquutio, *contritionem et calamitatem esse in viis eorum*. Est enim hypotyposis supra modum barbarae feritatis; quae quacunque grassatur, solitudinem, omnia perdendo, vastitatemque facit; qua forma Domitianum describit Plinius.

[17] Sequitur, *viam pacis ignorare*. Quia rapinis, violentiis, iniuriis, saevitiae et truculentiae assuefacti, nihil amice aut benigne facere no-

pheten im Menschen steckt: Keiner ist gerecht!, um erst dann Schritt für Schritt die Früchte dieser Ungerechtigkeit aufzulisten. Dabei steht an erster Stelle [die Erkenntnis]: Es ist keiner, der verständig ist. Diese Unverständigkeit wird sodann daraus erwiesen, dass keiner nach Gott fragt. Denn mag ein Mensch ansonsten mit noch soviel Bildung ausgerüstet sein: er ist leer und eitel, wenn dahinter keine Gotteserkenntnis steckt. Ja, leer und eitel werden selbst Künste und Wissenschaften, die an sich selbst gut sind, wenn ihnen dieses Fundament fehlt.

[12] Der Zusatz *Da ist keiner, der Gutes tut* gibt zu verstehen, dass sie alles Empfinden für Menschlichkeit abgelegt haben. Denn wie das vortrefflichste Band unserer gegenseitigen Beziehung in der Gotteserkenntnis liegt[18] (ist doch Gott unser aller gemeinsamer Vater, der uns aufs beste miteinander verbindet, während jenseits von ihm nichts als Entzweiung herrscht), so folgt ihrer Unkenntnis in der Regel die Unmenschlichkeit auf dem Fuß, indem ein jeder unter Mißachtung der anderen nur sich selbst liebt und sucht.

[13] Andererseits aber fährt er nun fort: *Ein offenes Grab ist ihr Schlund,* das heißt, ein Abgrund, die Menschen zu vernichten. Das wiederum ist weit schlimmer, als wenn er uns Menschenfresser genannt hätte. Denn das ganze Ausmaß dieser Ungeheuerlichkeit zeigt sich darin, dass die menschliche Kehle ein solcher Schlund ist, der die Menschen insgesamt in sich hineinzusaugen und zu verschlingen imstande ist. Dass *ihre Zungen trügerisch sind* und ihre Lippen mit Gift getränkt, zielt in dieselbe Richtung.

[14] *Ihr Mund,* heißt es weiter, *ist voll Fluchens und Bitterkeit* – ein Schaden, der zu dem eben erwähnten eher im Gegensatz steht; doch wird damit zum Ausdruck gebracht, dass sie in jeder Hinsicht vom Atem der Bosheit beseelt sind. Denn wenn sie sanft daherreden, ist es Trug, und unter ihren Schmeicheleien träufeln sie Gift ein; lassen sie aber ihrer Gesinnung freien Lauf, so kommt aus ihrem Mund Bitterkeit und Fluchen heraus.

[16] Aufs trefflichste passt [hier] das aus Jesaja stammende Wort: *Verwüstung und Unheil ist auf ihren Wegen.* Das nämlich ist ein Grundzug, der noch über das Maß barbarischer Verwilderung hinausgeht: wo immer sie sich ausbreitet, hinterlässt sie, alles vernichtend, Öde und Wüstenei. Nach diesem Charakterbild beschreibt Plinius [den Kaiser] Domitian.[19]

[17] Es folgt: *Den Weg des Friedens kennen sie nicht.* Denn sie haben sich in einer Weise an Räuberei, Gewalttat, Unrecht, Grobheit

18 Wie eng der »sensus humanitatis« – verstanden als Wahrnehmung seiner selbst *und* des Nächsten – mit der Gotteserkenntnis, dem »sensus divinitatis« (Inst. I, 3,1) zusammenhängt, entfaltet Calvin in den Einleitungskapiteln der Institutio (I,1–3) und insbesondere in der Auslegung der »Imago Dei« (Inst. III,7,6).

19 Plinius, Panegyricus 48,3f. – Mit dem Namen des römischen Kaisers Domitian (81–96) und dessen restriktiver Religionspolitik verbindet sich die erste Welle der Christenverfolgungen, die ihren Niederschlag im 1. Klemensbrief und der Johannes-Apokalypse gefunden hat. Dazu: H. LIETZMANN, Geschichte der Alten Kirche, Bd. 2, 3. Aufl., Berlin 1961, 158f.

verunt. Postremo in clausula iterum repetitur alio verbo quod initio diximus, nempe ex Dei contemptu manare quicquid est pravitatis. Nam quum sapientiae caput sit Dei timor, ubi ab eo discessimus, nihil rectum vel syncerum restat. Denique ut fraenum est ad coercendam nostram malitiam; ita si abest, in omnem vitiorum licentiam solvimur. Ne cui autem minus apposite videantur detorta haec testimonia; singula e circunstantiis locorum, unde sunt desumpta, expendamus. David Psal. 14.1, tantam fuisse in hominibus perversitatem dicit, ut Deus ne unum quidem reperire potuerit iustum, omnes ordine contemplatus. Sequitur ergo, hanc pestem pervagatam in universum genus hominum, quando Dei intuitum nihil latet. Loquitur quidem in fine Psalmi de Israelis redemptione; sed mox indicabimus qualiter sancti, et quatenus hac sorte eximantur. In aliis Psalmis conqueritur de hostium suorum improbitate, ubi in se ac suis typum quendam regni Christi adumbrat. Quare sub adversariis eius repraesentantur nobis omnes qui alieni a Christo, eius Spiritu non aguntur. Iesaias Israelem diserte notat; itaque accusatio eius multo magis in Gentes competit. Quid ergo? His elogiis hominum
65 naturam depingi, nihil dubium est; | ut inde spectemus qualis sit homo sibi relictus. Quandoquidem Scriptura tales esse omnes testatur qui non sunt Dei gratia regenerati. Sanctorum nihilo melior foret conditio, nisi emendata esset in illis pravitas. Quo tamen meminerint nihil se natura differre; in reliquiis carnis suae (quibus semper circundantur) earum rerum semina sentiunt quae fructus assidue producerent nisi obstaret mortificatio, quam Domini misericordiae debent, non suae naturae. Quod porro ⟨55⟩ non omnia quae hic recensentur vitia in singulis emi-

und Wüten gewöhnt, dass sie überhaupt nicht mehr wissen, wie man freundlich und gütig miteinander umgeht. Schließlich wird am Ende mit anderen Worten noch einmal wiederholt, was wir eingangs festgestellt haben: die Verachtung Gottes ist die Quelle alles verkehrten Wesens. Denn sobald wir die Gottesfurcht hinter uns lassen, die ja das Hauptstück der Weisheit ausmacht [Spr 1,7; 9,10; Ps 111,10], bleibt nichts Rechtes und Aufrichtiges mehr zurück. Kurzum, sie ist der Zügel, die unsere Bosheit im Zaum halten soll, so dass wir, wenn sie uns fehlt, zu jeder lasterhaften Willkür entfesselt werden. Damit aber niemand den Eindruck gewinnt, die [hier aufgeführten] Schriftzeugnisse seien auf unangemessene Weise zurechtgebogen, wollen wir sie aus dem Zusammenhang der Stellen, aus denen sie stammen, jetzt einzeln prüfen. David erklärt Ps 14,1, die Verdorbenheit unter den Menschen habe ein Ausmaß angenommen, dass Gott, obwohl er alle der Reihe nach durchmustert, nicht einen einzigen Gerechten habe finden können. Infolgedessen habe diese Pest das ganze Menschengeschlecht befallen, denn Gottes Blick bleibt nichts verborgen. Zwar spricht er am Ende des Psalms von Israels Erlösung, doch werden wir bald zeigen, auf welche Weise und inwiefern die Heiligen diesem Los [des Verderbens] entnommen werden. In anderen Psalmen führt er über die Ruchlosigkeit seiner Feinde Klage [Ps 17; 74; 143]. Dort stellt er uns in sich selbst und den Seinen gleichsam einen Schattenriß des Reiches Christi vor Augen. In seinen Widersachern treten uns daher all die entgegen, die Christus fremd[20] bleiben und sich von seinem Geist nicht in Bewegung setzen lassen. Jesaja wendet sich [mit der Verheißung der Erlösung] ausdrücklich an Israel [Jes 59,20]; deshalb trifft seine Anklage weit mehr noch auf die Völkerwelt zu. Was also [folgt daraus]? Kein Zweifel, mit diesen Feststellungen wird ein Gemälde der menschlichen Natur entworfen, damit uns die Augen aufgehen, wie es um den Menschen bestellt ist, wenn er sich selbst überlassen bleibt. Die Schrift bezeugt nun einmal, dass sich alle in dieser Lage befinden, es sei denn, sie wären durch Gottes Gnade wiedergeboren. Auch um die Situation der Heiligen stünde es um nichts besser, wenn sie nicht von ihrem verkehrten Wesen geheilt wären. Gerade deshalb sollen sie daran denken, dass sie sich ihrer Natur nach überhaupt nicht [von anderen] unterscheiden; an dem, was ihrem Fleisch noch anhaftet (mit dem sie es ständig zu tun haben), spüren sie ja die Keime zu den Unternehmungen, die unablässig [böse] Früchte hervortreiben würden, wenn dem nicht jenes Absterben Einhalt geböte, das sie der Barmherzigkeit des Herrn zu verdanken haben, nicht aber ihrer eigenen Natur. Freilich machen sich nicht alle hier durchmusterten Laster bei jedem einzelnen

20 »Fremd« sein / bleiben bzw. »Entfremdung« (alienus: Inst. 1536, OS I,38; Conf. Gallicana, Art. 5, CStA 4, 44.22; alienatio: Inst. II,1,5) ist ein Spitzenbegriff der calvinischen Anthropologie und bezeichnet als Wurzel der Erbsünde den selbstverschuldeten Schritt, mit dem wir uns von unserer schöpfungsmäßigen Bestimmung, dem Ziel der »vita futura«, entfernen. Der Gegenbegriff ist das als Werk des Heiligen Geistes beschriebene »Zusammenwachsen« (coalescere) mit Christus (Inst. III,1,1).

nent, nihil impedit quominus rite ac vere in humanam naturam congerantur, quemadmodum adnotavimus supra cap. 1. 26.

19 *Scimus autem quod quaecunque Lex dicit, iis qui in Lege sunt loquitur: ut omne os obstruatur, et obnoxius fiat omnis mundus Deo.*
20 *Quoniam ex operibus Legis non iustificabitur omnis caro coram ipso. per Legem enim agnitio peccati.*

19 *Scimus autem*. Omissis Gentibus, nominatim ad Iudaeos applicat elogia illa, in quibus subigendis multo plus erat negotii; quod vera iustitia non minus quam Gentes destituti, praetextu foederis Dei se tegebant, acsi hoc illis pro sanctitate sufficeret, Dei electione a reliquo mundo fuisse distinctos. Et quidem effugia profert, quae satis tenebat Iudaeis prompta esse. Nam quicquid sinistre in Lege dictum erat contra totum humanum genus, in Gentes reflectere solebant, quasi essent ipsi a communi ordine exempti. Et erant certe, nisi excidissent a suo gradu. Ergo nequa falsa privatae dignitatis imaginatio eos impediat, et ad solas Gentes restringant quae in ipsos promiscue competunt, Paulus hic antevertit, atque a fine Scripturae demonstrat, non modo turbae permistos esse, sed peculiariter de ipsis ferri hoc iudicium. Ac videmus quidem Apostoli diligentiam in refellendis obiectis. Quibus enim Lex data est, aut quibus instituendis servire debet, nisi Iudaeis? Quod ergo de aliis meminit, hoc quasi accidentale est, vel πάρεργον, ut dicunt. Suis autem discipulis praecipue suam doctrinam aptat. *In Lege* Iudaeos esse dicit, quibus Lex ipsa destinata erat. Unde sequitur, ad eos proprie

bemerkbar. Das ändert jedoch nichts daran, dass sie, wie wir schon zu Kap. 1,26 angemerkt haben, in der menschlichen Natur gewohnheitsmäßig und tatsächlich zusammenschießen.

19 *Wir wissen aber, dass das Gesetz alles, was es gebietet, denen sagt, die unter dem Gesetz stehen, damit jeder Mund verschlossen werde und alle Welt vor Gott schuldig sei,*
20 *weil aus Werken des Gesetzes kein Fleisch vor ihm gerechtgesprochen werden kann, denn durch das Gesetz kommt Erkenntnis der Sünde.*

19 *Wir wissen aber.* Paulus lässt jetzt die Menschen aus der Völkerwelt beiseite und bezieht diese Schriftworte ausdrücklich auf die Juden, mit deren Unterweisung er weit mehr zu tun hatte. Denn von wahrer Gerechtigkeit waren sie ebenso weit entfernt wie die Heiden, versteckten sich aber hinter dem Vorwand des Gottesbundes, als ob ihnen an Stelle der [gebotenen] Heiligkeit schon die Tatsache genügte, durch Gottes Erwählung von der übrigen Welt unterschieden zu sein. Allerdings verlegt er ihnen die Ausflüchte, die ihnen, wie er zur Genüge wußte, stets zur Hand waren. Denn alles, was im Gesetz an Unheilvollem über das gesamte Menschengeschlecht ausgesprochen war, pflegten sie lediglich gegen die anderen Völker zu wenden, wie wenn sie selbst von der allen gemeinsam geltenden Verfassung [der Menschheit] ausgenommen wären. Sie wären es in der Tat, wenn sie nicht aus ihrer besonderen Stellung herausgefallen wären. Damit sie also nicht einer falschen Einbildung erliegen, als wären sie mit einer besonderen, nur ihnen eigenen Würde ausgestattet und könnten, was doch unterschiedslos auch auf sie selbst zutrifft, allein auf die Völkerwelt abschieben, kommt ihnen Paulus hier zuvor. Er geht vom Zweck der Schrift aus, um ihnen daran zu zeigen, dass sie nicht nur in die große Menge mit hineingehören, sondern dass das Gericht insbesondere über sie selbst ergeht. Wir sehen hier beispielhaft, mit welcher Umsicht der Apostel sich bemüht, falsche Einwände zu widerlegen. Wem ist denn das Gesetz gegeben, oder zu wessen Unterweisung soll es dienen, wenn nicht den Juden? Was es daher über andere zu sagen weiß, das ist beinahe nebensächlich, eine Art Beiwerk, wie man sagt. Seine Botschaft richtet es in erster Linie an seine unmittelbaren Schüler aus. *Unter dem Gesetz,* sagt Paulus, stehen die Juden, für sie war das Gesetz bestimmt. Folglich zielt es seiner eigensten Absicht nach auf sie.[21] Da-

21 Diese »historische« Feststellung darf weder bei Paulus noch bei Calvin in dem Sinne exklusiv verstanden werden, als sei das Gesetz lediglich der »Juden Sachsenspiegel« (Luther). Es ist die Verfassung des Bundes und behält als solches, wie die Auslegung von V. 31 zeigt, seine Verbindlichkeit auch für den *erneuerten* Bund: Als Träger der Verheißung ist es »nie ohne Christus gewesen« (Inst. II,7,1). Dazu: H.J. Iwand, Gesetz und Evangelium, in: Nachgelassene Werke 4, München 1964, 366ff., sowie I.J. Hesselink, Calvin's Concept of the Law, 2. Aufl., Allison Park/PA 1992, 90ff.

spectare. Et sub Legis nomine Prophetias quoque, atque adeo totum Vetus testamentum comprehendit.

66 | *Ut omne os obstruatur*. Id est, ut praecidatur omnis tergiversatio, atque excusandi facultas. Metaphora a iudiciis petita, ubi reus siquid habet ad iustam defensionem, vices dicendi postulat, ut quae sibi imposita sunt purget; si vero conscientia sua premitur, silet, ac tacitus expectat suam damnationem, suo iam silentio damnatus. Eundem sensum habet illa loquendi forma Iob. 39. 37, ›Opponam manum meam ori meo‹. Dicit enim, etiam si non destituatur aliqua excusationis specie, iustificandi ⟨56⟩ tamen omissa cura, se Dei sententiae concessurum. Proxima particula exegesim continet. Illi enim os obstruitur qui sic irretitus tenetur iudicio nequa elabi possit. Alioqui ›silere a facie Domini‹ est tremefieri eius maiestate, et quasi eius fulgore attonitum obmutescere.

20 *Quia ex operibus Legis*. ›Opera Legis‹ quae dicantur, ambigitur etiam inter eruditos, dum alii ad universae Legis observationem extendunt, alii restringunt ad solas ceremonias. Chrysostomum, Origenem et Hieronymum, ut in priorem opinionem concederent, movit adiectum Legis vocabulum. Nam in ea adiectione putarunt esse peculiarem connotationem ne de quibuslibet operibus intelligeretur sermo. Atqui facillima est huius scrupi solutio. Nam quia opera eatenus sunt iusta coram Domino, quatenus illi cultum atque obedientiam reddere per ea studemus, quo expressius detraheret vim iustificandi operibus universis, ea nominavit opera quae maxime possint iustificare, siqua sint. Lex enim est quae habet promissiones, citra quas nullum esset operum nostrorum pretium coram Deo. Vides igitur qua ratione Legis opera expresserit Paulus, quia scilicet per Legem, operibus pretium statuitur. Neque vero id Scholasticos etiam latuit, quibus satis tritum ac

bei versteht er unter dem Gesetz auch die Schriften der Propheten und darüber hinaus sogar das ganze Alte Testament.

Damit jeder Mund verschlossen werde. Das heißt, damit jegliche Ausflucht, jede Möglichkeit sich zu entschuldigen von vornherein abgeschnitten sei. Die Metapher stammt aus dem Gerichtsverfahren. Dort kann der Angeklagte, wenn er zu seiner rechtmäßigen Verteidigung etwas vorzubringen hat, Rederecht beantragen, um sich von dem, was man ihm vorgeworfen hat, zu entlasten. Steht er aber unter dem Druck seines eigenen Gewissens, so schweigt er und erwartet schweigend seine Verurteilung, da er ja schon durch sein Stillschweigen verurteilt ist. Eben diesen Sinn hat die in Hiob 39,37 [40,4] gebrauchte Redefigur: »Ich lege meine Hand auf meinen Mund.« Denn damit gibt Hiob zu verstehen: Auch wenn er dem Anschein nach nicht ohne jede Entschuldigung dasteht, lässt er die Sorge um seine Rechtfertigung doch fahren und ist bereit, sich Gottes Spruch zu fügen. Der folgende Satzteil [und alle Welt vor Gott schuldig sei] bringt die Auslegung [des hier Gemeinten]: Dem nämlich wird der Mund verschlossen, der sich im Netz des Urteils derart verstrickt sieht, dass er auf keine Weise entkommen kann. Ansonsten heißt »vor Gottes Angesicht schweigen«, vor seiner Majestät erzittern und, wie von seinem Blitzstrahl getroffen, verstummen.

20 *Weil aus Werken des Gesetzes.* Was »Werke des Gesetzes« sind, ist auch unter Gelehrten umstritten. Während einige [den Begriff] auf die Befolgung des Gesetzes in seiner Gesamtheit erstrecken, schränken ihn andere ausschließlich auf die Zeremonien ein.[22] Chrysostomus, Origines und Hieronymus neigen der ersten Ansicht zu; dazu veranlasst sie das beigefügte Wort Gesetz.[23] Denn in diesem Zusatz wird ihrer Meinung nach auf besondere Weise etwas mitbezeichnet, das uns verwehrt, den Ausdruck im Sinne irgendwelcher beliebiger Werke zu verstehen. Die Streitfrage lässt sich indessen sehr leicht auflösen. Denn vor dem Herrn sind unsere Werke nur insoweit gerecht, als wir uns bemühen, ihm durch sie Verehrung entgegenzubringen und Gehorsam zu leisten. Um den Werken insgesamt jedoch die Kraft, uns Recht zu verschaffen, so ausdrücklich wie nur möglich abzusprechen, macht Paulus gerade solche Werke namhaft, die uns – wenn überhaupt – am ehesten rechtfertigen könnten. Vom Gesetz nämlich ist die Rede, weil es Verheißungen bei sich hat. Davon abgesehen hätten unsere Werke vor Gott keinerlei Wert. Man begreift also, aus welchem Grund Paulus so ausdrücklich von Werken des Gesetzes spricht: durch das Gesetz wird über den Wert unserer Werke entschieden. Das ist auch den scholastischen Gelehrten nicht verborgen geblieben. Bei ihnen ist es ein zur

22 PARKER, 66, verweist für diese Auffassung u.a. auf Nikolaus von Lyra (Glossa ordinaria der biblischen Bücher, 1545) und M. Bucer, Metaphrases Et Enarrationes Perpetuae Epistolorum. D. Pauli Apostoli, Bd. I, Straßburg 1536, 176a.

23 Chrysostomus, Homilae in Epistolam ad Romanos, PL 60,442f.; Origenes, Commentaria in Epistolam B. Pauli ad Romanos, PG 14,940; Hieronymus, Commentariorum in Epistolam ad Galatas (2,16), PL 26, 368f.

vulgare est, opera non intrinseca dignitate, sed ex pacto meritoria esse. Quanquam autem falluntur quia non vident vitiis semper inquinata esse opera, quae meritum illis detrahunt, verum tamen est illud principium, ex voluntaria Legis promissione pendere operum mercedem. Prudenter ergo et recte Paulus non de operibus nudis disputat, sed diserte ac nominatim Legis observantiam in medium adducit, de qua proprie quaestio erat. Quae autem in eius sententiae patrocinium ab aliis doctis afferuntur, dilutiora sunt quam oportebat. Circuncisionis mentione, propositum esse exemplum iudicant quod ad solas ceremonias pertine-
67 at. Sed cur Paulus Circuncisio-|nem nominarit, iam exposuimus. Neque enim alii operum fiducia turgent, quam hypocritae. Scimus autem eos externis modo larvis gloriari. Deinde Circuncisio, illorum opinione quaedam in Legis iustitiam initiatio erat. Simul ergo videbatur opus primariae dignitatis, imo quasi iustitiae operum fundamentum. Quod autem ex Epistola ad Galatas pugnant, ubi quum Paulus eandem tractat causam, stylum tamen ad solas ceremonias dirigit, id quoque non satis firmum est ad obtinendum quod volunt. Certum est, Paulo cum iis fuisse controversiam qui populum falsa ceremoniarum fiducia inflabant. Hanc ut decidat, non intra ceremonias se continet, nec disputat specialiter quid illae valeant, sed universam Legem complectitur; qualiter ex locis apparet qui omnes derivantur ex illo fonte. ⟨57⟩ Talis quoque fuit disputationis status quae habita est Hierosolymis inter discipulos. Nos vero non sine ratione Paulum hic loqui de tota Lege contendimus. Nam et nobis abunde suffragatur filum disputationis quod sequutus est hactenus, et deinceps sequitur. Et loci permulti aliter nos sentire non

Genüge traktierter, allgemein anerkannter Satz, dass Werke nicht kraft einer ihnen eigenen inneren Würdigkeit, sondern kraft vertraglicher Zusage verdienstlich sind.[24] Sie täuschen sich freilich insofern, als sie nicht merken, dass diese Werke immer durch moralische Mängel verunreinigt sind, die ihr Verdienst herabsetzen. Dennoch ist ihr Grundsatz unanfechtbar, dass der Lohn unserer Werke ganz und gar von der freien, dem Gesetz mitgegebenen Verheißung abhängt. So ist es denn auch klug und richtig, dass Paulus sich nicht auf einen Disput über die Werke als solche einlässt, sondern namentlich und gezielt die Befolgung des Gesetzes ins Zentrum rückt, denn das war ja der eigentliche Fragepunkt.

Was hingegen andere Gelehrte zur Verteidigung seiner These vorbringen, ist schwächer, als es hätte sein dürfen. Mit der Erwähnung der Beschneidung [V. 1] urteilen sie, sei ein beispielhafter Beleg dafür gegeben, dass er es nur auf die Zeremonien abgesehen habe. Doch weshalb Paulus die Beschneidung angeführt hat, haben wir bereits dargelegt [zu 2,25ff. und 3,1]. Kein Mensch nämlich bläht sich im Vertrauen auf seine Werke derart auf wie die Heuchler. Wir wissen jedoch, dass es nur äußere Masken sind, die ihren Ruhm ausmachen. Zudem war die Beschneidung nach Ansicht dieser Gelehrten eine Art Initiationsritus in die vom Gesetz geforderte Gerechtigkeit. Sie erschien deshalb zugleich als ein mit ganz besonderer Würde ausgezeichnetes Werk, ja geradezu als Fundament der Gerechtigkeit aus Werken. Dass sie ihren Einspruch jedoch aus dem Galaterbrief herleiten, in dem Paulus ja denselben Gegenstand behandelt, dabei aber seine Feder ausschließlich gegen die Zeremonien in Stellung bringt: auch das ist nicht standfest genug begründet, um aufrecht zu erhalten, was sie [zeigen] wollen. Sicher ist, dass Paulus im Streit gelegen hat mit Leuten, die das Volk in falschem Vertrauen auf Zeremonien in Sicherheit zu wiegen versuchten. Um dem die Wurzel abzuschneiden, hält er sich nicht bei den Zeremonien auf, diskutiert auch nicht im Einzelnen, was sie für einen Wert haben könnten, sondern umgreift [mit seiner Problemstellung] das Gesetz als Ganzes; so geht es aus den Stellen hervor, die sich allesamt aus jener Quelle herleiten lassen. Das war auch der Stand der Erörterung, die unter den Jüngern in Jerusalem stattgefunden hatte.[25] Wir behaupten also in der Tat nicht ohne Grund, dass Paulus hier vom ganzen Gesetz redet. Denn auch für uns spricht mehr als genug der Gang der Untersuchung, den Paulus bisher verfolgt hat und dem er weiterhin folgt.

24 So heißt es bei dem Kölner Minoriten N. Herborn, Locorum Communium adversus huius temporis haereses Enchiridion V, 1529, CC 12.31: »Da allemal zugestanden wird, dass den aus einem Vertrag mit Gott hervorgegangenen Werken Lohn gebührt, darf niemand bestreiten, dass den Werken auch ein bestimmtes Verdienst zukommt.« Auch Calvin spricht von den »Belohnungen«, die aufgrund des Bundes denen zustehen, die das Gesetz halten« (Inst. III,17,3).

25 Anspielung auf das sog. Aposteldekret, das nach Apg 15,23–29 die Heidenchristen von der Beschneidung entbindet, ihnen nach der älteren paulinischen Quelle (Gal 2,1–10) darüberhinaus jedoch die Freiheit von den »Werken des Gesetzes« zugesteht.

patiuntur. Est igitur sententia inter primas memorabilis, quod ex Legis observatione nemo iustitiam consequetur. Rationem ante assignavit, et mox iterum repetet, quia omnes ad unum transgressionis convicti, iniustitiae per Legem arguuntur. Pugnant autem haec duo inter se (ut fusius videbimus in progressu) iustum operibus censeri, et transgressionis reum esse. ›Caro‹ sine aliqua speciali notatione, ›homines‹ significat, nisi quod generalius quodammodo significatum videtur prae se ferre. Qualiter plus exprimitur, quum quis dicit omnes mortales, quam si omnes homines nominet, ut habes apud Gellium.

Per Legem enim. A contrario ratiocinatur, non afferri nobis iustitiam a Lege, quia convincit nos peccati et damnationis; quando ex eadem scatebra non prodeunt vita et mors. Quod autem ex contrario Legis effectu ratiocinatur, non posse ab ea nobis conferri iustitiam, sciendum est, aliter non procedere argumentum, nisi tenemus hoc inseparabile esse ac perpetuum accidens, ut suum homini peccatum demonstrans, spem salutis praecidat. Per se quidem, quia ad iustitiam instituit, via est ad salutem. Sed obstat nostra pravitas et corruptio, nequid hac parte proficiat. Iam hoc secundo addere necesse est, quisquis deprehensus fuerit peccator, eum iustitia spoliari. Nam cum Sophistis dimidiam iustitiam fingere, ut opera ex parte iustificent, frivolum est. Sed nihil hac parte proficit, ob hominis vitiositatem.

68 | 21 *Nunc autem sine Lege iustitia Dei manifestata est, testimonio comprobata Legis et Prophetarum.*

22 *Iustitia inquam Dei per fidem Iesu Christi in omnes et super omnes credentes.*

Zudem lassen sehr viele Stellen gar kein anderes Urteil zu. So ist unter den wichtigsten Aussagen die eine besonders nachdenkenswert, dass aus der [gewissenhaften] Befolgung des Gesetzes niemand die Gerechtigkeit erlangen wird. Den Grund dafür hat Paulus schon angegeben und wird ihn demnächst noch einmal wiederholen: durch das Gesetz werden ausnahmslos alle der Übertretung überführt und [folglich] der Ungerechtigkeit beschuldigt. Damit aber stehen diese beiden Thesen (wie sich im Fortgang erst recht zeigen wird) im Gegensatz zueinander: Der Gerechte wird nach den Werken beurteilt, und: [Wer aufs Gesetz pocht], ist der Übertretung schuldig. – Der Ausdruck »Fleisch« bezeichnet, wenn nichts Besonderes hinzugefügt wird, die »Menschen«, es sei denn, dass er – allgemeiner genommen – gewissermaßen das, was er bezeichnet, offensichtlich zur Schau trägt. So ist der Bedeutungsumfang größer, wenn man, wie Gellius[26], von allen Sterblichen statt lediglich von allen Menschen spricht.

Durch das Gesetz nämlich. Paulus baut seine Beweisführung vom Gegenteil her auf: Das Gesetz verschafft uns keine Gerechtigkeit, weil es uns unserer Sünde und Verdammnis überführt, geht doch aus ein und derselben Quelle nicht Leben und Tod hervor. Weil er aber aus dieser [der Rechtfertigung] entgegengesetzten Wirkung des Gesetzes schließt, es könne uns die Gerechtigkeit nicht bringen, muss man sich klar machen, dass seine Argumentation nur dann zum Ziel führen kann, wenn man daran festhält, dass dem Gesetz untrennbar und bleibend die zusätzliche Eigenschaft anhaftet, dem Menschen seine Sünde vor Augen zu führen und ihm damit die Hoffnung auf sein Heil abzuschneiden. Zwar ist es, für sich selbst genommen, der Weg zum Heil, weil es uns den Weg der Gerechtigkeit weist. Doch kann es in diesem Fall nichts ausrichten, weil ihm unsere Schlechtigkeit und unser verdorbener Zustand im Wege stehen. Man muss daher an zweiter Stelle noch dies hinzufügen: Jeder, der als Sünder überführt worden ist, hat sich der Gerechtigkeit entkleidet. Denn mit den [römischen] Sophisten sich eine halbe Gerechtigkeit zu erdichten, wobei die Werke wenigstens teilweise rechtfertigen sollen, ist eine leichtfertige Sache.[27] Doch angesichts der Lasterhaftigkeit der Menschen richtet das Gesetz in dieser Hinsicht gar nichts aus.

21 *Jetzt aber ist ohne Zutun des Gesetzes die Gerechtigkeit Gottes geoffenbart, bestätigt durch das Zeugnis von Gesetz und Propheten.*
22 *Ich rede von der Gerechtigkeit Gottes, die durch den Glauben an Jesus Christus zu allen und über alle kommt, die glauben.*

26 Aulus Gellius, römischer Schriftsteller, in dem um 170 entstandenen, 20 Bücher umfassenden Sammelwerk »Noctes Atticae«, IV, 1f., XIII, 29.

27 Die Scholastik unterscheidet mit Thomas von Aquin, STh III, qu. 86, art. 4, zwischen Schuld (reatus culpae) und Strafe (reatus poenae), und zwar so, dass die Schuld durch Gottes Barmherzigkeit vergeben wird, die Strafe damit aber noch nicht abgegolten ist. Auf deren Erlaß zielen die »genugtuenden« Werke (satisfactiones; STh III suppl., qu. 15, art. 1). Mit dieser Theorie setzt sich Calvin in Inst. III,4,29 und 14,19 eingehend auseinander.

21 *Nunc autem sine Lege iustitia Dei.* Dubium est qua ratione ›Dei iustitiam‹ appellet, quam per fidem obtinemus. Ideone quia sola coram Deo consistit, an quod eam nobis Dominus sua misericordia largiatur. Quoniam utraque interpretatio bene quadrabit, neutra ex parte contendimus. Hanc ergo quam et homini Deus communicat, et solam amplectitur, et pro iustitia agnoscit, dicit revelatam citra Legem esse, id est sine Legis adminiculo, ut Lex pro operibus accepta intelligatur. Neque enim ⟨58⟩ ad doctrinam referre convenit, quam mox gratuitae fidei iustitiae testem citat. Quod ad ceremonias quidam restringunt, paulo post inane et frigidum esse ostendam. Restat ergo, ut operum merita excludi sciamus. Ubi etiam videmus quomodo non admisceat opera Dei misericordiae, sed sublata et erasa omni operum opinione, solam illam statuat. Neque vero me latet, Augustinum secus exponere: Iustitiam enim Dei esse putat regenerationis gratiam; et hanc gratuitam esse fatetur, quia Dominus immerentes Spiritu suo nos renovat. Ab hac autem, opera Legis excludit, hoc est quibus homines a seipsis citra renovationem conantur Deum promereri. Mihi etiam plus satis notum est, quosdam novos speculatores hoc dogma superciliose proferre, quasi hodie sibi revelatum. Sed Apostolum, omnia sine exceptione opera complecti, etiam quae Dominus in suis efficit, ex contextu planum fiet. Nam certe regeneratus erat Abraham, et Spiritu Dei agebatur quo tem-

21 *Jetzt aber ist ohne Zutun des Gesetzes die Gerechtigkeit Gottes geoffenbart.* Es ist nicht ganz klar, aus welchem Grund Paulus die Gerechtigkeit, die wir durch den Glauben erlangen, »Gottes Gerechtigkeit« nennt.[28] [Tut er es] deshalb, weil sie allein vor Gott Bestand hat, oder weil der Herr sie uns aus seiner Barmherzigkeit schenkt? Da beide Auslegungen [den Sinn] gut treffen, inszenieren wir auf keiner Seite einen Streit. Denn diese Gerechtigkeit, die Gott auch dem Menschen zuteil werden lässt, die er allein gutheißt und als Gerechtigkeit anerkennt, ist nach Paulus außerhalb, das heißt ohne Mithilfe des Gesetzes offenbart worden, so dass das Gesetz als Platzhalter der Werke verstanden sein will. Es darf nämlich nicht auf die Unterweisung bezogen werden, die er bald danach als Zeugen für die gnadenhaft geschenkte Gerechtigkeit aus Glauben anführt.[29] Dass gewisse Ausleger es auf die Zeremonien einschränken, werde ich wenig später als ein vergebliches und fruchtloses Unternehmen aufdecken. So bleibt also nur übrig, zur Kenntnis zu nehmen, dass Verdienste aus Werken ausgeschlossen sind. Hier wird uns ja vor Augen geführt, wie Paulus der Barmherzigkeit Gottes keinerlei Werke beimischt, sondern von der Wurzel her mit jedem Vorurteil über die Werke aufräumt, und allein auf diese Barmherzigkeit setzt. Mir bleibt allerdings nicht verborgen, dass Augustin die Sache sehr anders darstellt: Nach seiner Auffassung besteht die Gerechtigkeit Gottes in der Gnade der Wiedergeburt, die uns, wie er bekennt, in freier Zuwendung Gottes gewährt wird, weil uns der Herr ohne Verdienst durch seinen Geist erneuert. Von dieser Gerechtigkeit schließt auch er die Werke des Gesetzes aus, das heißt die menschlichen Versuche, von sich aus ohne [innere] Erneuerung bei Gott einen Anspruch zu erwerben.[30] Mir ist auch mehr als genug bekannt, dass bestimmte neuere Ausleger, spekulative Köpfe, dieses [augustinische] Dogma übermütig verbreiten, als wäre es ihnen erst heute offenbart worden.[31] Doch aus dem Zusammenhang ergibt sich völlig klar, dass der Apostel ohne Ausnahme alle Werke meint, auch solche, die der Herr in den Seinen wirkt. Denn Abraham war gewiß wiedergeboren und ließ sich von Gottes Geist leiten, doch

28 Melanchthons Erklärung (Commentarii in Epistolam Pauli ad Romanos [1532] 1540, CR 15,586) lautet: Es heißt »Gerechtigkeit Gottes, weil er uns durch sie rechtfertigt, also Annahme (acceptatio) bzw. Vergebung der Sünden und Anrechnung (imputatio) der Gerechtigkeit«.

29 So etwa heißt es im Römerbrief von J. Sadolet (1507): »Als wollte Paulus sagen, jene Gerechtigkeit, die aus dem Gesetz erworben wird, besteht nur in der Erkenntnis der Sünde, hat also zum Ziel, die Sünde zu vermeiden« (zit. n. Parker, 323).

30 Augustin, De spiritu et littera 9,15 (PL 44,209); Contra Duas Epistolas Pelagianorum ad Bonifacium 1,8,13 (PL 44,556).

31 Calvin bezieht sich auf das Tridentinum (Conc. Trid., Sess. VI, Cap 7; DH 1529): Rechtfertigung »ist nicht nur Vergebung der Sünden, sondern auch Heiligung und innere Erneuerung des Menschen. ... (Ihre) einzige formale Ursache ist ›die Gerechtigkeit Gottes: nicht die, durch die er selbst gerecht ist, sondern durch die er uns gerecht macht‹ [Augustin, De Trin. XIV,12,15], durch die wir nämlich, durch ihn beschenkt, im Geist unseres Sinnes erneuert werden«. Mit dieser These setzt er sich in den »Acta Synodi Tridentinae. Cum Antidoto« (1547), CStA 3,143,23ff., auseinander.

pore iustificatum fuisse operibus negat. Ergo a iustificatione hominis non opera tantum moraliter bona (ut vulgo appellant) et quae fiunt naturae instinctu excludit, sed quaecunque etiam fideles habere possunt. Deinde si illa est iustitiae fidei definitio, ›Beati quorum remissae sunt iniquitates‹ non disputatur de hoc vel illo genere operum. Sed abolito operum merito, sola peccatorum remissio, iustitiae causa statuitur. Putant haec duo optime convenire, ›Fide iustificari hominem per Christi gratiam‹; et tamen ›operibus iustificari, quae ex regeneratione spirituali proveniant, quia et gratuito nos Deus renovat, et eius donum fide
69 percipi-|mus‹. At Paulus longe aliud principium sumit; nunquam scilicet tranquillas fore conscientias, donec in solam Dei misericordiam recumbant. Ideo alibi postquam docuit, Deum fuisse in Christo, ut homines iustificaret; modum simul exprimit, ›non imputando illis peccata‹. Similiter ad Galatas, Legem fidei contrariam quoad iustificandi effectum, ideo facit, quia vitam promittat facientibus quod iubet. Atqui Lex non literalem operum larvam duntaxat praecipit, sed syncerum Dei amorem. Sequitur ergo, in fidei iustitia nullum operum meritum admitti. Unde constat, frivolam esse cavillationem, nos in Christo iustificari, quia Spiritu renovemur quatenus sumus Christi membra, nos fide iustificari, quia fide inseramur in Christi corpus; nos gratis iustificari, quia nihil in nobis Deus inveniat praeter peccatum. Nam ideo in Christo, quia extra nos; ideo fide, quia in solam Dei misericordiam et gratuitas eius promissiones nos recumbere necesse est; ideo gratis, quia nos sibi reconciliat Deus, peccata sepeliendo. Neque vero ad iustitiae initium id restringi potest, quemadmodum illi somniant. Nam et illa definitio,

[Paulus] bestreitet, dass er zu dieser Zeit aufgrund von Werken gerecht geworden wäre [Röm 4,2]. Er schließt also von der Rechtfertigung des Menschen nicht nur die (gemeinhin sogenannten) moralisch guten Werke aus oder solche, die aus natürlichem Antrieb entspringen, sondern schlechthin alle, die auch die Gläubigen ihr Eigen nennen könnten. Wenn dies ferner die Definition der Glaubensgerechtigkeit ist: »Wohl denen, deren Übertretungen vergeben sind« [Ps 32,1], dann diskutiert man nicht mehr über diese oder jene Art von Werken, dann ist vielmehr jedes Verdienst aus Werken erledigt, und als Ursache der Gerechtigkeit steht allein die Vergebung der Sünden fest.

Man meint zwar, die beiden folgenden Sätze seien aufs beste miteinander vereinbar, einerseits: »Der Mensch wird aus Glauben gerechtfertigt durch die Gnade Christi«, andererseits jedoch: »Er wird aus Werken gerechtfertigt, die aus der geistlichen Wiedergeburt hervorgehen, weil Gott uns aus Gnade erneuert und wir sein Geschenk im Glauben empfangen.«[32] Paulus dagegen wählt einen völlig anderen Ausgangspunkt: Niemals werden die Gewissen zur Ruhe kommen, solange sie sich nicht auf Gottes Barmherzigkeit allein verlassen. Bereits an anderer Stelle hatte er verkündigt: »Gott war in Christus, um die Menschen zu rechtfertigen«, und stellt uns zugleich die Art und Weise vor Augen [wie das geschieht]: »indem er ihnen ihre Übertretungen nicht anrechnet« [II Kor 5,19]. Ähnlich verfährt er im Galaterbrief: Im Blick auf den Effekt der Rechtfertigung stellt er Gesetz und Glaube in einen Gegensatz zueinander [Gal 3,12], und zwar deshalb, weil das Gesetz [nur] denen Leben verheißt, die tun, was es gebietet. Gleichwohl zielt die Vorschrift des Gesetzes keineswegs auf einen lediglich buchstabengemäßen Schein guter Werke, sondern verlangt aufrichtige Liebe zu Gott. Folglich kann bei der Gerechtigkeit aus Glauben kein Verdienst aus Werken in Betracht kommen. Daher versteht es sich von selbst, dass es ein leichtfertiges Spiel mit Worten ist zu behaupten, wir würden in Christus gerechtfertigt, weil wir durch den Glauben in Christi Leib eingepflanzt sind; oder: wir würden aus Gnade gerechtfertigt, weil Gott in uns nichts als Sünde vorfindet.[33] In Christus nämlich [geschieht unsere Rechtfertigung] deshalb, weil sie sich außerhalb von uns selbst vollzieht; aus Glauben deshalb, weil wir uns allein auf Gottes Barmherzigkeit und seine freien Verheißungen verlassen müssen; aus Gnade deshalb, weil Gott unsere Sünden begraben sein lässt und uns mit sich versöhnt.

Das aber kann man nicht gut auf ein [bloßes] Anfangsstadium der Gerechtigkeit beschränken, wie diese [Theologen] sich träumen lassen.[34]

32 Auch dies sind sinngemäße Zitate aus dem Tridentinum (Conc. Trid., Sess. VI, Can. 10 und 11; DH 1560.1561). Vgl. hierzu Calvins Replik im »Antidoton«, a.a.O., 3,141,9ff.

33 So die sinngemäße Zusammenfassung der Kapitel 7 und 8 der VI. Session des Tridentinums (DH 1530–1532). Calvins ausführliche Auseinandersetzung: »Antidoton«, a.a.O., 3,147–161.

34 Conc. Trid., Sess. VI, Cap. 8 (DH 1532): »… es heißt deshalb, daß wir durch Glauben gerechtfertigt werden, weil ›der Glaube der Anfang des menschlichen Heils ist‹ [Rituale Rom., Ordo bapt. n. 1]«.

›Beati quorum remissae sunt iniquitates‹, in Davide locum habuit, quum diu se exercuisset in Dei cultu, 〈59〉 et Abraham post tricesimum vocationis suae annum, tametsi rarum sanctitatis exemplar fuerit, non habet opera quibus glorietur apud Deum. Atque ideo, quod promissioni credit, illi imputatur in iustitiam. Et quum Paulus tradit, Deum homines iustificare, peccata non imputando, concionem recitat quae quotidie in Ecclesia repetenda est. Et illa pax conscientiae quae operum respectu turbatur, non unius est diei, sed in totam vitam durare debet. Unde sequitur, non aliter nos esse iustos usque ad mortem, nisi quia in solum Christum respicimus, in quo nos Deus adoptavit, et nunc acceptos habet. Hinc quoque refellitur eorum cavillum qui falsi nos insimulant, quia ex Scriptura haberi asserimus, nos sola fide iustificari, quum particula exclusiva nullibi in Scriptura extet. Atqui si et sine Lege, et extra nos est iustificatio, cur non solius misericordiae censebitur? Si solius misericordiae est, ergo solius fidei.

Particula *nunc* simpliciter adversative potest accipi, ut ad tempus non referatur; quemadmodum saepe dicimus ›iam‹ pro ›atqui‹. Si ad tem-
70 pus referre mavis (quod libenter recipio, ne effugium captare | videatur) non tamen sola ceremoniarum abrogatio intelligenda erit. Quia tantum propositum fuit Apostolo, comparatione illustrare gratiam qua supra Patres excellimus. Itaque sensus erit, Euangelii praedicatione, post Christum in carne exhibitum, revelatam fuisse iustitiam fidei. Unde tamen non sequitur, ante Christi adventum latuisse. Duplex enim manifestatio hic consideranda est. Prior Veteris testamenti, quae verbo et sacramentis constabat. Altera Novi, quae praeter ceremonias et

Denn jene definitionsmäßige Erklärung: »Wohl denen, deren Übertretungen vergeben sind« traf auch dann noch auf David zu, als er sich bereits lange Zeit dem Dienst Gottes gewidmet hatte. Und auch Abraham, ein seltenes Vorbild der Heiligkeit, hatte selbst dreißig Jahre nach seiner Berufung keinerlei Werke vorzuweisen, mit denen er sich vor Gott hätte rühmen können. Gerade deshalb wird ihm der Glaube an die Verheißung zur Gerechtigkeit angerechnet [Gen 15,6; Röm 4,2]. Wenn Paulus lehrt, dass Gott die Menschen rechtfertigt, indem er ihre Sünden nicht anrechnet, so trägt er eine Predigt vor, die in der Kirche tagtäglich erneuert werden muss. Denn jener Friede des um der Werke willen verstörten Gewissens ist kein Geschenk für einen einzigen Tag, sondern soll das ganze Leben hindurch andauern. Folglich hat unsere Gerechtigkeit nur dann bis zum Tode Bestand, wenn wir allein auf Christus blicken, in dem uns Gott [als Kinder] angenommen hat und nun auch als solche ansieht. Damit erledigt sich auch der Vorwurf derer, die uns fälschlich beschuldigen: Wir nähmen zwar die Schrift in Anspruch für die Gewissheit, allein aus Glauben gerechtfertigt zu werden, doch lasse sich die Exklusivpartikel [allein] nirgendwo in der Schrift finden.[35] Wenn aber unsere Rechtfertigung nicht aus dem Gesetz kommt und wenn sie noch dazu außerhalb von uns selbst geschieht, warum sollte sie dann nicht allein der [göttlichen] Barmherzigkeit zuzuschreiben sein? Wenn aber allein der [göttlichen] Barmherzigkeit, dann offenbar allein dem Glauben.

Das Wörtchen *jetzt* kann zunächst einfach als Ausdruck des Gegensatzes verstanden werden, so dass es sich nicht auf die Zeit bezieht, so wie wir ja des öfteren »schon, bereits« an Stelle von »gleichwohl, trotzdem« sagen.[36] Will man es lieber auf die Zeit beziehen (was ich gern aufnehme, damit nicht der Eindruck entsteht, ich wollte eine Ausflucht suchen), so wird man es dennoch nicht im Sinne einer bloßen Abschaffung der Zeremonien verstehen dürfen. Denn dem Apostel ging es nur darum, mit einem Vergleich die Gnade zu veranschaulichen, die uns noch weit über die Väter hinaushebt. Der Sinn des *jetzt* dürfte dann der sein: Nach der Erscheinung Christi im Fleisch ist durch die Predigt des Evangeliums die Gerechtigkeit aus Glauben geoffenbart worden. Daraus folgt jedoch nicht, sie sei vor der Ankunft Christi verborgen geblieben. Man muss hier nämlich eine zweifache Offenbarung im Blick haben: die frühere, die dem Alten Testament zugehört und auf Wort und Sakramenten beruhte[37], und auf der anderen Seite die

35 So heißt es etwa bei J. Eck, Enchiridion locorum adversus Lutherum … (1525), Cap. V, Prop. VI: « Weil der Häretiker die These aufstellt ›allein aus Glauben‹, zerreißt und verfälscht er den Text, der nirgendwo behauptet, daß der Gerechte allein aus Glauben lebt.«

36 In diesem logisch adversativen Sinn wird es auch von M. Bucer, a.a.O. (Anm. 22), 180b, verstanden: »Evangelium und Gesetz bilden einen Gegensatz: denn wenn Paulus sagt, Gottes Gerechtigkeit sei ohne das Gesetz manifest geworden, so weist er auf die Offenbarung des Evangeliums hin.«

37 Calvin versteht unter den Sakramenten die Siegel und Zeichen (symbola) des Bundes (Inst. IV,14,5), und zwar als »Spiegel (speculum), in dem sich die

promissiones, complementum in Christo continet, cui etiam accedit plenior claritas per Euangelium.

Testimonio comprobata. Hoc addit ne videatur in dispensatione gratuitae iustitiae, cum Lege pugnare Euangelium. Quemadmodum ergo negavit, indigere Legis subsidio fidei iustitiam, ita nunc confirmari eius testimonio asserit. Quod si Lex gratuitae iustitiae testimonium reddit, apparet non ideo traditam esse ut homines doceret, sibi per opera iustitiam comparare. Pervertunt ergo eam qui in eiusmodi finem detorquent. Porro si probationem huius sententiae desideras, persequere ordine summam doctrinae Mosaicae, et reperies, initio hominem regno Dei deiectum, non aliam habuisse restitutionem quam in Euangelicis promissionibus de Semine benedicto, quo praedicitur conterendum caput serpentis, in quo denuntiatur benedictio Gentibus. Reperies in praeceptis, tuae iniquitatis demonstrationem; ex sacrificiis et oblationibus, satisfactionem et purgationem disces esse in solo Christo. Ad Prophetas si veneris, reperies luculentissimas gratuitae misericordiae promissiones. De qua re vide Institutionem nostram.

[22] *Iustitia inquam Dei.* Paucis verbis ostendit ⟨60⟩ qualis sit haec iustificatio; nempe quod in Christo resideat, per fidem vero apprehendatur. Quanquam dum rursus nomen Dei inculcat, videtur iustitiae de qua agitur, Deum facere authorem, non tantum approbatorem; acsi diceret, ›Ab eo solo manare, vel eius originem esse ex caelo, in Christo autem nobis patefieri‹. Proinde quum de ipsa quaeritur, hoc ordine est procedendum. Primum, iustificationis nostrae causam non ad hominum iudicium referri, sed ad Dei tribunal, ubi nulla iustitia censetur nisi perfecta absolutaque Legis obedientia; quod facile patet ex promissionibus et minis. Quod si nemo hominum reperitur qui ad tam exactam sanctitatem conscenderit, sequitur omnes iustitia in seipsis destitui. Tum occurrat Christus oportet, qui ut solus iustus est, ita suam iusti-

des Neuen, die außer den Zeremonien und Verheißungen auch die in Christus offenbar gewordene Erfüllung enthält, so dass ihr durch das Evangelium auch eine größere Klarheit beschieden ist.

Bestätigt durch das Zeugnis von Gesetz und Propheten. Paulus fügt dies hinzu, damit nicht der Anschein entsteht, das Evangelium stünde mit der Austeilung der gnadenhaften Gerechtigkeit im Widerspruch zum Gesetz. Hat er also [zuvor] bestritten, dass die Glaubensgerechtigkeit der Stütze des Gesetzes bedürfe, so behauptet er jetzt, dass sie durch dessen Zeugnis geradezu bestätigt werde. So wird aus der Tatsache, dass das Gesetz Zeugnis ablegt für die gnadenhafte Gerechtigkeit, offenkundig, dass es nicht dazu überliefert ist, um die Menschen zu unterweisen, wie sie sich durch ihre eigenen Werke Gerechtigkeit verschaffen könnten. Verdreht man es also in diesem Sinn, so gibt man ihm eine verkehrte Ausrichtung. Wer nun einen Beweis für diese These verlangt, muss der Reihe nach die ganze mosaische Lehre durchgehen. Dort wird er entdecken, dass es von Anbeginn für den aus Gottes Reich vertriebenen Menschen keine andere Möglichkeit der Wiederherstellung [seines kreatürlichen Standes] gab, als ihm in den evangelischen Verheißungen vom gesegneten Samen vor Augen gestellt war, der, wie uns gepredigt wird, der Schlange den Kopf zertreten [Gen 3,15] und den Völkern Gottes Zuspruch bringen sollte. So wird man in den Geboten den Beweis der eigenen Ungerechtigkeit finden und sich aus Opfern und Gaben belehren lassen, dass es Reinigung und Genugtuung allein in Christus gibt. Und wer [schließlich] zu den Propheten kommt, wird dort auf die leuchtendsten Verheißungen der unverdienten Barmherzigkeit [Gottes] stoßen. Dazu vergleiche man unsere »Institutio«.[38]

[22] *Ich rede von der Gerechtigkeit Gottes.* Mit wenigen Worten zeigt Paulus, von welcher Art unsere Rechtfertigung ist: sie hat ihren Haftpunkt in Christus und wird durch den Glauben angeeignet. Wenn er andererseits jedoch den Namen Gottes einschärft, so scheint er gleichwohl Gott zum Urheber der Gerechtigkeit zu machen, um die es hier geht, statt ihn nur auf die Rolle dessen zu beschränken, der sie anerkennt, als wollte er sagen: »Von ihm allein kommt sie her, im Himmel hat sie ihren Ursprung, in Christus aber wird sie uns offenbart.« In dieser Reihenfolge müssen wir daher vorgehen, wenn wir nach ihr fragen. Zunächst also: Über die Ursache unserer Rechtfertigung entscheidet kein menschliches Urteil, sondern Gottes Gericht, vor dem nur ein vollkommener, uneingeschränkter Gehorsam gegenüber dem Gesetz als Gerechtigkeit zählt, wie aus den Verheißungen und Drohungen [des Gesetzes] klar hervorgeht. Allein daraus aber, dass sich unter den Menschen niemand finden lässt, der es zu einer so vollendeten Heiligkeit gebracht hätte, folgt zwingend, dass es von sich aus allen an dieser Gerechtigkeit fehlt. Darum muss [zweitens] Christus an diese Stelle tre-

Reichtümer der Gnade Gottes anschauen lassen« (14,6) – so etwa den »Baum des Lebens« (Gen 2,9) oder den »Regenbogen« (Gen 9,13), weil beide »ein Kennzeichen (nota) tragen, das durch Gottes Wort in sie eingegraben war« (14,18).

38 Inst. (1539) XI, CO 1,815; Inst. (1559) II,10,20.

tiam in nos transferendo, iustos nos reddit. Nunc vides ut iustitia fidei, iustitia Christi sit. Ut ergo iustificemur, causa efficiens est misericordia
71 Dei; Christus, materia; verbum cum fide, instrumen-|tum. Quare fides iustificare dicitur, quia instrumentum est recipiendi Christi, in quo nobis communicatur iustitia. Postquam facti sumus Christi participes, non ipsi solum iusti sumus, sed opera nostra iusta reputantur coram Deo; propterea scilicet quia quicquid est in illis imperfectionis, obliteratur Christi sanguine. Promissiones, quae conditionales erant, eadem quoque gratia nobis implentur, quatenus opera nostra, ceu perfecta, remuneratur Deus, quia defectus gratuita venia tegitur.
In omnes et super omnes. Ad auxesim diversis loquendi formis idem repetiit; quo magis exprimeret quod iam audivimus, et solam hic fidem requiri; neque distingui fideles extraneis notis; adeoque nihil referre Gentilesne sint an Iudaei.

[22] *Non est sane distinctio.*
23 *Omnes enim peccaverunt, et destituuntur gloria Dei,*
24 *Iustificati gratis ipsius gratia per redemptionem quae est in Christo Iesu:*
25 *Quem proposuit Deus propitiatorium per fidem in sanguine ipsius, in demonstrationem iustitiae suae, propter remissionem delictorum,*
26 *Quae prius extiterunt in tolerantia Dei ad demonstrationem iustitiae suae, in hoc tempore: ut sit ipse iustus, et iustificans eum qui est ex fide Iesu.*

Non est sane distinctio. Omnibus sine exceptione necessitatem quaerendae in Christo iustitiae iniungit; acsi diceret, nullam esse aliam obtinendae iustitiae viam, neque hoc modo alios, illo alios iustificari. Sed omnes simul per fidem, quia sunt omnes peccatores, ideoque non habent unde apud Deum glorientur. Pro confesso autem sumit, ubi ventum est ad ⟨61⟩ Dei tribunal, quisquis sibi peccati conscius est, sub ignominia sua iacere confusum ac perditum; ut nullus peccator Dei conspectum ferre queat, quemadmodum in Adae exemplo conspicimus. Iterum ratione a contrario sumpta pugnat; unde observandum quid

ten: wie er allein gerecht ist, so kann nur er uns gerecht machen, indem er uns seine Gerechtigkeit übereignet. Die Gerechtigkeit aus Glauben ist also, wie sich nun zeigt, die Gerechtigkeit Christi. So stehen zu unserer Rechtfertigung Gottes Barmherzigkeit als Wirkursache, Christus als ihr materialer Grund und das mit dem Glauben verbundene Wort als Instrument bereit. Deshalb heißt es: der Glaube rechtfertigt, denn er ist das Mittel, Christus aufzunehmen, der uns die Gerechtigkeit zuteil werden lässt. Wenn wir aber einmal Anteil an Christus bekommen haben, sind nicht nur wir selbst gerecht, sondern es werden auch unsere Werke vor Gott als gerecht angesehen, und zwar deshalb, weil alles, was ihnen an Unvollkommenheit anhaften mag, durch das Blut Christi ausgelöscht wird. Die Verheißungen, die bisher an die Bedingung [des Gesetzesgehorsams] gebunden waren, werden uns kraft derselben Gnade nun ebenfalls erfüllt, weil uns ja Gott unsere Werke, wie wenn sie vollkommen wären, lohnt und ihre Mängel mit seiner unverdienten Vergebung bedeckt.[39]

Zu allen und über alle. Um [diese Erkenntnisse] wachsen zu lassen und dem, was wir bereits gehört haben, noch deutlicher Ausdruck zu geben, wiederholt Paulus dasselbe in verschiedenen Redewendungen: Hier wird allein der Glaube gefordert; die Gläubigen lassen sich nicht durch äußere [glaubensfremde] Merkmale unterscheiden; deshalb macht es keinen Unterschied, ob sie Juden sind oder zur Völkerwelt gehören.

22 *Es ist wahrhaftig kein Unterschied.*
23 *Denn alle haben gesündigt und ermangeln des Ruhmes vor Gott,*
24 *und werden ohne Verdienst gerechtgesprochen aus Gottes Gnade durch die Erlösung, die in Christus Jesus ist:*
25 *Ihn hat Gott durch den Glauben hingestellt als Sühnopfer in seinem Blut zum Erweis seiner Gerechtigkeit, weil er die Sünden*
26 *vergangener Zeiten in göttlicher Langmut vergeben hat, um nun in diesen Zeiten seine Gerechtigkeit zu erweisen: damit er selbst gerecht sei und den gerechtspreche, der aus dem Glauben an Jesus ist.*

[22] *Es ist wahrhaftig kein Unterschied.* Allen ohne Ausnahme schärft Paulus die Notwendigkeit ein, ihre Gerechtigkeit in Christus zu suchen, als wollte er sagen: Es gibt keinen anderen Weg, die Gerechtigkeit zu erlangen; es werden auch nicht die einen auf diese, die anderen auf jene Weise gerechtfertigt, sondern alle gleichermaßen durch den Glauben; denn alle sind Sünder und haben daher nichts [vorzuweisen], aufgrund dessen sie sich vor Gott rühmen könnten. Er hält es vielmehr für eine ausgemachte Sache, dass ein jeder, vor Gottes Richterstuhl gestellt, sich seiner Sünde bewusst ist und unter der Last seiner Schande verstört und vernichtet am Boden liegt. Kein Sünder kann ja den Anblick Gottes ertragen, wie uns am Beispiel Adams vor Augen geführt wird [Gen 3,8]. Andererseits führt er seinen Streit mit einem umgekehrten Argument weiter; von dort her will das nun Fol-

39 Vgl. hierzu die ausführliche Begründung in Inst. II,17,9f.

sequatur. Quoniam omnes sunt peccatores, infert Paulus defici vel esse orbatos iustitiae laude. Nulla ergo secundum eius doctrinam iustitia, nisi perfecta et absoluta. Siqua enim dimidia esset, non oporteret omni gloria protinus spoliari qui peccator esset. Quo satis refellitur partialis
72 (ut vocant) iustitiae commentum. Nam | si verum esset, nos partim operibus iustificari, partim Dei gratia, non valeret hoc Pauli argumentum, ideo vacuos esse omnes Dei gloria, quia sint peccatores. Certum igitur est, nullam esse iustitiam ubi est peccatum, donec maledictionem Christus aboleat. Atque id est quod habetur ad Galatas 3.10, ›Omnes qui sub Lege sunt, maledictioni esse obnoxios; ab hac vero nos liberari Christi beneficio.‹

Gloriam Dei accipit pro ea quae coram Deo locum habet, ut apud Iohannem, 12.43, ›Dilexerunt magis gloriam hominum, quam gloriam Dei‹. Atque ita nos ab humani theatri plausu ad tribunal caeleste vocat.

24 *Iustificati gratis*. Participium loco verbi positum, more Graecis usitato. Sensus est, ›Quoniam hominibus in se nihil aliud restat, nisi ut iusto Dei iudicio confossi pereant, ideo gratis eius misericordia iustificantur. Succurrit enim Christus huic miseriae, ac se fidelibus communicat, ut in se uno inveniant omnia quae illis desunt‹. Nullus est forte in tota Scriptura insignior locus ad vim istius iustitiae illustrandam. Ostendit enim Dei misericordiam, causam esse efficientem; Christum cum suo sanguine, esse materiam; formalem, seu instrumentalem, esse fidem e verbo conceptam; finalem porro, Divinae et iustitiae et bonitatis gloriam. Quantum ad causam efficientem, dicit gratis nos iustifi-

gende beachtet sein. Weil alle miteinander Sünder sind, folgert Paulus, bleibt ihnen, wie wenn sie nackt da stünden, das Lob verwehrt, das die Gerechtigkeit mit sich bringen müsste. Es gibt also nach dem, was er lehrt, überhaupt keine Gerechtigkeit, sie wäre denn vollkommen und makellos. Denn wenn sie sich etwa halbieren ließe, brauchte der Sünder nicht gleich allen Ruhmes entkleidet zu werden. Damit ist die Erfindung der sogenannten teilweisen Gerechtigkeit zur Genüge widerlegt.[40] Wenn es nämlich tatsächlich so wäre, dass wir zum einen Teil durch eigene Werke, zum andern durch Gottes Gnade gerechtfertigt werden, dann hätte das paulinische Argument kein Gewicht, wonach alle Menschen deshalb vor Gott ohne jeden Ruhm dastehen, weil sie Sünder sind. Es steht also fest: Wo Sünde ist, da gibt es keine Gerechtigkeit, bis Christus diesen Fluch wegnimmt. Genau das ist gemeint, wenn es Gal 3,10 heißt: »Alle, die unter dem Gesetz sind, stehen unter dem Fluch, davon aber sind wir durch die Tat Christi frei gemacht.«

[23] *Der Ruhm vor Gott* – darunter versteht Paulus die Ehre, die vor Gott zählt, wie in Joh 12,43 beschrieben: »Sie liebten die Ehre bei den Menschen mehr als die Ehre bei Gott.« So ruft er uns vom Beifall der menschlichen Bühne fort [und stellt uns] vor den himmlischen Richterstuhl.

24 *Sie werden ohne Verdienst gerechtgesprochen.* An Stelle des Verbums steht [im Urtext] das Partizip, wie es im Griechischen üblich ist. Der Sinn ist dabei folgender: »Weil den Menschen [gemessen an dem, was sie] in sich selbst [vorfinden], nichts anderes bleibt, als, von Gottes gerechtem Urteilsspruch getroffen, verloren zu gehen, werden sie ohne Verdienst durch Gottes Barmherzigkeit gerechtfertigt. Denn Christus kommt ihrem Elend zu Hilfe und gibt den Gläubigen Anteil an sich selbst, so dass sie einzig in ihm all das finden, was ihnen fehlt.« Es gibt in der ganzen Schrift wohl keine herausragendere Stelle, die die Kraft dieser Gerechtigkeit besser ans Licht bringen könnte. Sie lässt nämlich als deren bewirkende Ursache die Barmherzigkeit Gottes zu Tage treten, als deren materialen Grund Christus mit seinem Blut, als formale oder instrumentale Ursache den aus dem Wort empfangenen Glauben und schließlich als Zweckursache den Ruhm der Gerechtigkeit und Güte Gottes.[41] Im Blick auf die Wirkursache erklärt Paulus,

40 In den von der Theologischen Fakultät der Sorbonne 1543 erlassenen, in ihrer Spitze gegen die Reformation gerichteten 25 Glaubensartikeln heißt es unter Nr. IV (De iustitia operum): »Ein Sünder wird nicht allein durch den Glauben, sondern auch durch gute Werke gerechtfertigt … Beweis: Da Gerechtigkeit … eine Eigenschaft (qualitas) ist, kann niemand außerhalb seiner eigenen Person gerecht sein, sondern nur aufgrund der Güte seiner Werke … Der vollkommene Gehorsam gegenüber dem Gesetz aber heißt Gerechtigkeit. Folglich ist ein teilweiser Gehorsam teilweise Gerechtigkeit« (CStA 3,33,17–27). Calvins ausführliche Widerlegung findet sich in der Streitschrift »Von der Pariser Fakultät … aufgestellte Artikel über die gegenwärtig umstrittenen Inhalte unseres Glaubens. Mit einem Gegengift (1544), CO 7,5ff.; CStA 3,35,18ff.

41 Calvin argumentiert hier (wie das tridentinische Rechtfertigungsdekret in Cap. 7; DH 1529) mit dem aristotelischen Schema der vier Ursachen: causa materialis, formalis, efficiens und finalis (Aristoteles, Met. I.3, 383a. 24–32).

cari, et quidem ipsius gratia. Itaque bis expressit totum esse Dei, nihil nostrum. Satis fuisset, gratiam meritis opponere. Sed ne dimidiatam imaginaremur, clarius addita repetitione asseruit quod volebat, et uni Dei misericordiae solidum iustitiae effectum vindicavit, quam in partes discerpunt Sophistae et mutilant, ne suam inopiam fateri cogantur.

Per redemptionem. Materia nostrae iustitiae, quod sua obedientia Christus Patris iudicio satisfecit, et vices nostras subeundo, tyrannide mortis, qua tenebamur captivi, nos liberavit. Nam sacrificii quod obtulit, expiatione, sublatus est noster reatus. Quo rursus optime refellitur eorum commentum qui iustitiam qualitatem esse volunt. Nam si coram Deo ⟨62⟩ iusti censemur quia pretio redempti, certe aliunde mutuamur quod in nobis non est. Et mox clarius exponit Paulus quid ista redemptio valeat, vel quorsum spectet; nempe ut Deo reconciliemur.

Christum enim propitiationem, vel (quod magis placet ut sit allusio ad veterem figuram) propitiatorium vocat. Quid autem id sibi vult, nisi nos esse iustos, quatenus Christus nobis Patrem propitiat? Sed iam expendere verba convenit.

73 | 25 *Quem proposuit.* Quia verbum Graecum προτιθέναι, nunc ›ante decernere‹ significat, nunc ›in medium proferre‹: si prior expositio recipitur, refert Paulus ad gratuitam Dei misericordiam, quod ordinatus fuerit Christus mediator qui Patrem nobis sacrificio mortis suae placaret. Neque enim vulgaris est gratiae commendatio, quod rationem ultro Deus quaesivit qua maledictionem nostram tolleret. Et certe locus hic videtur cum illo congruere, ›Sic Deus dilexit mundum, ut Filium suum unigenitum daret‹. Quanquam si alterum sensum amplectimur, eadem manebit ratio; quod Deus in medium suo tempore repraesentavit quem

dass wir ohne Verdienst, und zwar durch Gottes Gnade, gerechtfertigt werden. Und so bringt er gleich zweifach zum Ausdruck, dass dies alles Gottes Sache ist, uns selbst dabei jedoch nichts zuzuschreiben ist. Es hätte also genügt, die Gnade den Verdiensten gegenüberzustellen. Damit wir uns jedoch keine [zwischen Gott und den durch ihn gewirkten Verdiensten] zweigeteilte Gnade einbilden, hat er seine Auffassung durch die hinzugefügte Wiederholung noch deutlicher ausgesprochen und allein Gottes Barmherzigkeit das ungeteilte Zustandekommen dieser Gerechtigkeit zugeschrieben, die jene Sophisten [nun] in Teile zerpflücken und verstümmeln, um ihre eigene Armut nicht zugeben zu müssen.

Durch die Erlösung. Das also ist der materiale Grund unserer Gerechtigkeit, dass Christus durch seinen Gehorsam dem Urteilsspruch des Vaters Genüge geleistet und uns, indem er an unsere Stelle getreten ist, von der Gewaltherrschaft des Todes befreit hat, in der wir gefangen gehalten waren. Denn durch die Sühne, die er mit seinem Opfer dargebracht hat, ist der Anklagezustand, in dem wir uns befanden, aufgehoben. Damit wird nun umgekehrt die Erfindung derer widerlegt, die die Gerechtigkeit zu einer [uns eigenen] Qualität erklären wollen.[42] Wenn wir nämlich vor Gott als gerecht gelten, weil wir um diesen Preis [von unserer Schuld] erlöst sind, dann nehmen wir offenbar von anderswo her, was wir in uns selbst nicht vorfinden. Und so führt Paulus sogleich in noch größerer Klarheit aus, was diese Erlösung vermag oder vielmehr, worauf sie hinzielt: dass wir nämlich mit Gott versöhnt werden. Denn er nennt Christus die Sühne oder (was besser passen mag, damit die Anspielung auf das Vorbild des Alten Bundes deutlicher hervortritt) ein Sühnopfer. Was aber sollte er damit anderes sagen wollen, als dass wir gerecht sind, insofern Christus den Vater mit uns versöhnt? Doch es ist nun an der Zeit, diese Worte [genauer] zu erwägen.

25 *Ihn hat Gott hingestellt.* Weil das griechische Wort bald »vorweg bestimmen«, bald »in die Mitte stellen« bedeutet, bezieht es Paulus der ersten Auffassung entsprechend auf die unverdiente Barmherzigkeit Gottes, kraft der Christus als Mittler eingesetzt ist, um durch das Opfer seines Todes den Vater mit uns zu versöhnen. Denn das ist wahrhaftig kein alltägliches Lob der Gnade, dass Gott aus freien Stücken [einen Weg] gesucht hat, um den [auf uns liegenden] Fluch aus der Welt zu schaffen. So scheint diese Stelle zweifellos mit jener anderen zusammenzustimmen: »Also hat Gott die Welt geliebt, dass er seinen eingeborenen Sohn dahingab« [Joh 3,16]. Doch auch wenn man sich an die zweite Bedeutung [des griechischen Wortes] hält, bleibt der Sinn der gleiche: Gott hat den, den er zuvor bei sich selbst zum Mittler bestimmt

42 Dieses Verständnis der Gerechtigkeit als Habitus bzw. Disposition (qualitas in anima) ist von der scholastischen Theologie aus der Nikomachischen Ethik übernommen worden (Aristoteles, EN II.1, 1103a. 35f.: »indem wir Gerechtes tun, werden wir gerecht«). So erklärt Thomas von Aquin (STh I–II, qu. 103, art. 1), der passiv empfangenen Rechtfertigung entspreche eine Gerechtigkeit, die sich einmal in der richtigen Ordnung des menschlichen Handelns als Tugend (virtus), sodann in der Ordnung unserer Seelenkräfte als Disposition manifestiert.

apud se mediatorem decreverat. In voce ἱλαστηρίου placet esse allusionem (ut dixi) ad vetus propitiatorium. Id enim re ipsa in Christo exhibitum docet, quod illic figurabatur. Quia tamen improbari non possit diversa opinio, siquis simplicius accipere malit, in medio relinquam. Quod potissimum voluit hic Paulus, certo ex eius verbis evincitur, Deum sine Christo semper iratum nobis esse, reconciliari nos per eum, dum iustitia eius accepti sumus. Non enim detestatur in nobis Deus opus suum, id est quod conditi sumus homines, sed nostram immunditiem, quae lucem imaginis suae extinguit. Eam ubi abstersit Christi ablutio, nos ut purum opus suum amat ille et osculatur.

Propitiatorium per fidem in sanguine eius. Ita magis placet ad verbum retinere quod habet Paulus. Siquidem mihi videtur uno contextu voluisse dicere, propitium nobis Deum reddi simul ac in Christi sanguine repositam habemus fiduciam; quia per fidem in eius beneficii possessionem venimus. Sanguinem autem solum nominando, non voluit alias redemptionis partes excludere, sed potius sub una parte totam summam comprehendere. Sanguinem vero nominavit, in quo habemus nostrum lavacrum. Sic per synecdochen tota expiatio notatur. Nam quum nuper dixisset pacificatum esse Deum in Christo, nunc addit fide hunc effectum constare, et simul quid fides nostra praecipue in Christo respicere debeat.

Propter remissionem delictorum. Tantundem ⟨63⟩ valet, praepositio causalis, acsi dixisset, remissionis ergo, vel in hunc finem ut peccata deleret. Atque haec definitio vel exegesis rursus confirmat quod iam aliquoties monui, non iustificari homines quia re ipsa tales sint, sed im-

hatte, zu der von ihm festgesetzten Zeit in dic Mitte gestellt. Das Wort »Sühnopfer« will uns, wie ich sagte, besonders als Anspielung auf das Sühneritual des Alten Bundes gefallen.[43] Denn was dort vorgebildet wurde, das, lehrt Paulus, ist uns in Christus tatsächlich vor Augen gestellt worden. Wenn freilich jemand das Wort lieber einfacher [im Sinne von Versöhnung] verstehen will, so lässt sich gegen diese andere Auffassung kaum etwas einwenden; darum lasse ich's unentschieden. Denn woran Paulus hier am meisten gelegen ist, geht mit Bestimmtheit aus seinen Worten hervor: Ohne Christus bleiben wir immer unter Gottes Zorn; durch ihn aber werden wir [mit ihm] versöhnt, da wir ja aufgrund seiner Gerechtigkeit [als Söhne und Töchter] angenommen sind. Denn Gott verabscheut in uns nicht sein eigenes Werk, das heißt unsere Erschaffung als Menschen, sondern unsere Unreinheit, die den Glanz seines Bildes ausgelöscht hat. Hat Christus diese Unreinheit einmal von uns abgewaschen, so liebt und herzt er uns als sein unbeflecktes Werk.

Als Sühnopfer durch den Glauben in seinem Blut. In dieser Weise am Wortbestand festzuhalten, so wie er bei Paulus steht, dürfte richtig sein. Nach meinem Eindruck jedenfalls hat er in einem einzigen Zusammenhang sagen wollen, dass Gott uns wieder gnädig wird, sobald wir uns auf das Blut Christi als Fundament unseres Vertrauens verlassen, sind wir doch durch den Glauben in den Besitz seiner Wohltat gekommen. Wenn er jedoch allein vom Blut spricht, will er keineswegs ausschließen, was sonst noch zu unserer Erlösung gehört, sondern vielmehr in diesem einen Stück die Summe [des ganzen Werkes Christi] zusammenfassen. Das Blut führt er namentlich deshalb an, weil sich in ihm unsere Reinigung vollzieht. So wird durch die Nennung dieses einen Teils[44] der ganze Vorgang der Versöhnung kenntlich gemacht. Denn hatte er vorher gesagt, Gott sei in Christus [mit uns] ausgesöhnt, so fügt er jetzt hinzu, dass dieses Werk durch den Glauben [für uns] Bestand hat, und [weist damit zugleich darauf hin], was unser Glaube vornehmlich von Christus erwarten soll.

Um der Vergebung der Sünden [vergangener Zeiten] willen. Die kausale Präposition [um … willen] hat genau soviel Gewicht, als wenn Paulus geschrieben hätte »zum Erweis der Vergebung« oder: »zu dem Zweck, die Sünden zu tilgen«. Außerdem bestätigt diese begriffliche Erklärung bzw. Auslegung erneut, was ich schon einige Male in Erinnerung gerufen habe: Die Menschen werden nicht deshalb gerechtfertigt, weil sie

43 Das griechische Wort »hilasterion« (lat. »propitiatorium«) ist die Übersetzung des hebräischen »kapporet« und bezeichnet ursprünglich den Ort zwischen den Cherubim auf der Bundeslade, den der Priester am Versöhnungstag mit dem Blut des Opfertieres besprengt. Dazu: B. JANOWSKI, Sühne als Heilsgeschehen (WMANT 55), Neukirchen-Vluyn 1982, 350ff.

44 In der Redefigur der *Synekdoche* wird das Ganze (etwa eine Geldsumme) durch einen Teil (den Geldbeutel) ausgedrückt (»das sind 100 Taler«), oder umgekehrt der Teil durch das Ganze (»sobald das kalte Jahr das Land verlässt …«); H. LAUSBERG, Handbuch der literarischen Rhetorik, 3. Aufl., Stuttgart 1990, 295f.

74 putatione. Duntaxat enim aliis atque aliis verbis utitur, quo evi-|dentius exprimat, nihil in hac iustitia nostri esse meriti. Nam si remissione peccatorum eam consequimur, colligimus extra nos esse. Deinde si ipsa remissio merae Dei liberalitatis est, cadit omne meritum. Quaeritur tamen cur veniam ad praecedentia delicta restringat. Quanquam varie exponitur hic locus, mihi probabile est, Paulum ad Legales expiationes respexisse; quae testimonia quidem erant futurae satisfactionis, Deum vero placare minime poterant. Similis locus est ad Heb. 9.15, quod per Christum allata sit peccatorum redemptio, quae sub Priori testamento manebant. Neque tamen intelligas, non nisi superioris temporis delicta, Christi morte expiata esse; quod delirium quidam fanatici ex loco hoc inscite detorto hauserunt. Tantum enim docet Paulus, usque ad Christi mortem nullum placandi Dei fuisse pretium, nec vero id praestitum vel impletum fuisse Legalibus figuris. Quare veritas usque ad tempus plenitudinis suspensa fuit. Porro eadem est eorum ratio quae nos quotidie reatu obstringunt. Nam unica est pro omnibus placatio. Quidam ut absurdum illud effugerent, dixerunt remitti superiora delicta, ne peccandi in posterum licentia dari videatur. Et verum est, non offerri veniam nisi admissis delictis. Non quod excidat vel pereat redemptionis fructus, si postea labimur, ut Novatus cum sua secta somniavit, sed quia haec est Euangelii dispensatio, ut iudicium iramque Dei peccaturo proponat, misericordiam peccatori. Caeterum ille quem attuli, genuinus est sensus.

tatsächlich bereits gerecht wären, sondern weil ihnen [die Gerechtigkeit Christi] angerechnet wird. Paulus gebraucht lediglich bald diese, bald andere Worte, um immer noch deutlicher zum Ausdruck zu bringen, dass in dieser Gerechtigkeit nichts auf unser Verdienst zurückgeht. Denn wenn wir sie durch die Vergebung der Sünden erlangen, liegt der Schluß auf der Hand, dass sie außerhalb von uns liegt. Kommt ferner die Vergebung selbst aus Gottes reiner Freigebigkeit, dann fällt jedes Verdienst dahin. Dennoch wird man fragen, weshalb Paulus die Vergebung auf vergangene Übertretungen einschränkt.[45] Obwohl diese Stelle verschieden ausgelegt wird, halte ich es für wahrscheinlich, dass er auf die vom Gesetz vorgeschriebenen Sühnehandlungen zurückblickt. Das waren zwar Zeugnisse einer zukünftigen Schuldentilgung, doch vermochten sie Gott am allerwenigsten auszusöhnen. Ähnlich heißt es in Hebr 9,15, dass in Christus »die Erlösung von den Übertretungen« vollbracht ist, »die unter dem ersten Bund bestehen geblieben waren«. Das darf man freilich nicht so verstehen, als seien durch Christi Tod lediglich die Verfehlungen aus vergangener Zeit gesühnt. Solchen Wahnsinn haben einige Schwärmer aus dieser durch ihr Unwissen verdrehten Stelle herausgelesen. Nur soviel lehrt Paulus, dass es bis zum Tode Christi kein [angemessenes] Lösegeld gegeben habe, um Gott zu versöhnen, und dass auch die [rituellen] Abbilder des Gesetzes dies nicht bereitgestellt oder gar wirksam zu Wege gebracht hätten. Deshalb ist ihr Wahrheitsgehalt bis zur Zeit der Erfüllung [Gal 4,4] in der Schwebe geblieben. Ebenso ist es nun mit dem bestellt, was uns Tag für Tag im Anklagezustand gefangen hält; denn es gibt für alle [Verfehlungen] nur eine einzige Versöhnung. Um diesen Ungereimtheiten zu entgehen, haben einige Ausleger gemeint, es würden uns deshalb nur die vergangenen Übertretungen vergeben, damit nicht der Eindruck entstehen könne, als werde uns für die Zukunft ein Freibrief zum Sündigen ausgestellt.[46] Es ist wahr: Vergebung wird nur angeboten, wenn Übeltaten begangen sind. Doch das besagt nicht, dass die Frucht der Erlösung hinfällig oder unwirksam werden könnte, wenn wir später wieder [in Sünde] fallen, wie Novatian mit seiner Sekte es sich träumen lässt[47], vielmehr ist dies die Art, das Evangelium auszuteilen: Gottes Zorn und Gericht werden dem vor Augen gestellt, der in Zukunft sündigen wird, Gottes Erbarmen aber dem, der gesündigt hat. – Im Übrigen habe ich hier nichts vorgebracht als den ursprünglichen Sinn des Textes.

45 Nach Petrus Lombardus (Sentenzen; PL 191,1362B) bezieht sich die Vergebung auf die Sünden, »die vor der Ankunft Christi begangen sind«; M. Bucer, a.a.O. (Anm. 22), 184b–185a, hält dagegen fest, »daß unser Herr nicht nur die Sünden getilgt hat, die vor seiner Menschwerdung begangen sind, sondern alle, die seine Erwählten bis zum Ende der Welt begehen werden«.

46 So etwa Joh. Gagnaeius, Divi Pauli Apostoli Epistolae (Scholien), Paris 1538, 25: »… damit sich niemand darauf verlasse, in Zukunft sündigen zu können, als wären uns in Christus auch schon die künftigen Fehltritte vergeben.«

47 Novatian, Presbyter und einflußreicher römischer Theologe des 3. Jh.s., wandte sich gegen die von der Großkirche zugelassene Wiederaufnahme der während der Christenverfolgung unter Decius Abgefallenen (lapsi) und wurde zum Schulhaupt einer bis ins 7. Jh. nachweisbaren Gegenkirche.

[26] Quod addit, hanc remissionem fuisse *in tolerantia*, simpliciter accipiunt pro ›mansuetudine‹, quae scilicet continuerit Dei iudicium, nec inflammari in nostrum exitium permiserit, donec tandem in gratiam nos reciperet. Sed tacita potius anticipatio esse videtur. Nequis enim obiiceret, sero demum apparuisse hanc gratiam, Paulus tolerantiae specimen esse docet.

26 *Ad demonstrationem*. Non caret emphasi huius membri repetitio, quam data opera Paulus affectavit, quia valde necessaria erat; quando nihil ⟨64⟩ homini difficilius persuadetur quam ut sibi omnia derogans, accepta Deo referat. Quanquam huius novae demonstrationis data opera fit mentio, ut oculos ad spectandum aperiant Iudaei.

75 | *In hoc tempore*. Quod omnium temporum perpetuum fuit, refert ad diem exhibiti Christi, neque immerito. Quod enim sub involucris olim obscure cognitum fuerat, palam manifestavit Deus in Filio suo. Ita Christi adventus, tempus fuit beneplaciti et dies salutis. Omnibus quidem seculis iustitiae suae testimonium aliquod reddidit Deus; sed ubi Sol iustitiae illuxit, longe clarior apparuit. Notanda igitur est Veteris et Novi testamenti comparatio, quia tunc demum revelata fuit liquido Dei iustitia, quando exhibitus fuit Christus.

Ut sit ipse iustus. Definitio est illius iustitiae quam dato Christo ostensam fuisse dixit, sicuti primo capite docuerat patefieri in Euangelio. Duobus autem membris eam constare affirmat. Prius est, Deum esse iustum, non quidem ut unum ex multis, sed qui solus in se omnem iustitiae plenitudinem contineat. Neque enim integra et solida laus qualis debetur, ei aliter tribuitur, quam dum solus obtinet iusti nomen et honorem, toto humano genere iniustitiae damnato. Alterum deinde membrum statuit in iustitiae communicatione, dum scilicet suas divitias Deus apud se minime tenet suppressas, sed in homines effundit. Ergo in nobis relucet Dei iustitia, quatenus nos fide Christi iustificat. Frustra enim datus in iustitiam Christus foret, nisi fruitio ex fide ac-

[26] Dass Paulus hinzufügt, die Vergebung sei ein Ausdruck von Gottes *Langmut* gewesen, verstehen die Ausleger in der Regel als Hinweis auf die Milde, die Gottes Gericht in maßvollen Schranken gehalten und davor bewahrt habe, voll gegen uns zu entbrennen und unsern Untergang herbeizuführen, um uns dann endlich doch noch in Gnaden anzunehmen. Doch scheint es eher der stillschweigende Versuch zu sein, [einem Vorwurf] zuvorzukommen. Damit nämlich niemand den Einwand erheben kann, diese Gnade sei zu spät auf den Plan getreten, legt er dar, dass sie ein Kennzeichnen jener Langmut ist.

26 *Zum Erweis [seiner Gerechtigkeit].* Nicht ohne Nachdruck wiederholt Paulus dieses Satzglied. Auf diese höchst notwendige Aufgabe alle Mühe zu verwenden, lag ihm besonders am Herzen. Denn nichts geht dem Menschen so schwer ein, als sich selbst alles abzusprechen, und alles, was er empfängt, Gott zuzuschreiben. Allerdings erwähnt er diesen neuen Erweis [der Gerechtigkeit] vor allem um der Juden willen, damit sie ihre Augen auftun und ihn zu Gesicht bekommen.

In diesen Zeiten. Was zu allen Zeiten beständig da war, bezieht Paulus nicht ohne Grund auf den Tag der Erscheinung Christi. Was nämlich vormals unter Hüllen verborgen nur dunkel bekannt war, das hat Gott in seinem Sohn vor aller Öffentlichkeit sichtbar gemacht. Daher war das Kommen Christi »die angenehme Zeit und der Tag des Heils« [II Kor 6,2]. Zwar hat Gott allen Jahrhunderten irgendein Zeugnis seiner Gerechtigkeit zukommen lassen, doch erst als die Sonne der Gerechtigkeit aufzuleuchten begann, ist es in ungleich größerer Klarheit zu Tage getreten. Man muss also auf das Verhältnis zwischen Altem und Neuem Bund achten, weil erst mit der Erscheinung Christi Gottes Gerechtigkeit sich deutlich und klar enthüllt hat.

Damit er selbst gerecht sei. Das ist die Definition jener Gerechtigkeit, die uns, wie Paulus sagt, dadurch vor Augen gestellt worden ist, dass uns Christus gegeben wurde. So hatte er ja bereits im ersten Kapitel [1,17] dargelegt, sie werde uns im Evangelium offenbar gemacht. Nach seiner Erklärung aber besteht sie in zwei Stücken. Erstens: Gott ist gerecht, und zwar nicht wie einer unter vielen, sondern als der, der allein die ganze Fülle der Gerechtigkeit in sich umschließt. Denn das ungeschmälerte und wohlbegründete Lob, das ihm gebührt, wird ihm nur dann zuteil, wenn ihm allein Name und Ehre eines Gerechten vorbehalten bleibt, während das ganze Menschengeschlecht sich der Ungerechtigkeit schuldig sprechen lassen muss. Sodann: Gott gibt uns Anteil an seiner Gerechtigkeit, da er ja seine Reichtümer keineswegs bei sich unter Verschluss hält, sondern sie unter die Menschen ausschüttet. Darum leuchtet in uns ein Widerschein seiner Gerechtigkeit auf, sofern er uns durch den Glauben an Christus rechtfertigt. Denn Christus wäre uns umsonst zur Gerechtigkeit gegeben, wenn uns aus diesem Glauben heraus nicht auch Genuss und Freude [an ihm] erwüchse.[48] Dann aber

48 Calvin bezieht sich auf die von Augustin eingeführte Unterscheidung von »gebrauchen« und »genießen« (uti – frui). Dabei bedeutet »genießen« einer Sache um ihrer selbst willen anhängen (De doctrina christiana I,4,4), was mit Freude

cederet. Unde sequitur, omnes in se iniustos esse ac perditos donec e caelo oblatum fuerit remedium.

27 *Ubi ergo gloriatio? Exclusa est. Per quam legem? operum? Nequaquam: sed per legem fidei.*
28 *Constituimus ergo, fide iustificari hominem sine operibus Legis.*

27 *Ubi ergo gloriatio?* Postquam satis superque firmis rationibus homines ab operum fiducia deiecit Apostolus, iam eorum vanitati insultat. Necessarium vero erat hoc epiphonema, quoniam in hac ⟨65⟩ causa non sufficeret docere, nisi maiore vehementia Spiritus sanctus ad prosternendam nostram altitudinem fulminaret. Gloriationem autem haud dubie exclusam dicit, quia nihil possumus nostrum
76 producere quod Dei sit approbatione aut commendatione dignum. | Quod si materia gloriandi est meritum, sive illud de congrue sive de condigno nomines, quo homo Deum sibi conciliet. Hic utrunque everti vides. Neque enim hic de imminutione vel moderatione agitur, sed Paulus ne guttam quidem reliquam facit. Deinde si per fidem tollitur operum gloriatio, ut non possit fides pure praedicari, quin omnia Dei misericordiae deferendo, prorsus hominem laude spoliet. Sequitur nullis ad iustitiam consequendam operibus nos adiuvari.
Operum? Quomodo Apostolus hic negat excludi per Legem nostra merita, quum antea ex Lege damnationem nostram ostenderit? Nam si nos omnes morti addicit, quam ex ea gloriam petemus? An non potius gloria omni nudatos probris operit? Verum tunc ostendebat peccatum nostrum patefieri Legis indicio, quia omnes ab eius observatione descivimus. Hic autem intelligit, si iustitia esset in lege operum, non

sind alle in sich selbst ungerecht und verloren, solange ihnen nicht vom Himmel her [dies] Heilmittel angeboten wird.

27 *Wo bleibt nun der Ruhm? Er ist ausgeschlossen. Durch welches Gesetz? Durch das der Werke? Nein!, sondern durch das Gesetz des Glaubens.*
28 *So halten wir nun dafür, dass der Mensch durch Glauben gerechtfertigt wird ohne Werke des Gesetzes.*

27 *Wo bleibt nun der Ruhm?* Nachdem der Apostel genug, ja übergenug an starken Argumenten aufgeboten hat, um die Menschen von ihrem [falschen] Vertrauen auf die Werke abzubringen, geht er jetzt gegen ihre Eitelkeit vor. Solch ein temperamentvoller Ausbruch war in der Tat notwendig, weil Belehrung in dieser Sache gar nichts ausrichtet, wenn nicht der Heilige Geist mit größerer Gewalt wie ein Blitz dreinfährt, um unsern Hochmut zu Boden zu strecken. So erklärt er alles Rühmen kompromisslos für ausgeschlossen, weil wir von uns aus nichts vorbringen können, was Gottes Anerkennung oder Billigung verdiente. Denn der Grund alles Rühmens ist das Verdienst – nenne man es Billigkeits- oder Würdigkeitsverdienst[49] –, womit der Mensch Gott für sich einnehmen möchte. Beides wird uns hier offensichtlich aus der Hand geschlagen. Denn es geht hier gar nicht um eine bloße Verminderung oder Mäßigung [solcher Bemühungen]: Paulus lässt nicht einmal einen Tropfen davon übrig. Wenn der Ruhm der Werke überdies durch den Glauben zunichte gemacht wird, so dass dieser Glaube gar nicht unverfälscht gepredigt werden kann, es sei denn, er schriebe alles der Barmherzigkeit Gottes zu und bringe den Menschen vollends um jedes Lob: So ergibt sich, dass uns zur Gerechtigkeit überhaupt keine Werke verhelfen können.

[Durch das Gesetz] der Werke? Wie kann der Apostel hier bestreiten, dass durch das Gesetz unsere Verdienste ausgeschlossen werden, wo er doch zuvor aus dem Gesetz unsere Verurteilung abgeleitet hat? Denn wenn es uns allesamt dem Tode überantwortet, was für einen Ruhm sollten wir aus ihm gewinnen? Nimmt es uns nicht vielmehr allen Ruhm weg und überhäuft uns mit Vorwürfen? Indessen wollte er damals zeigen, dass durch die Überführung des Gesetzes unsere Sünde aufgedeckt wird, weil wir uns alle von seiner Befolgung losgesagt haben. Jetzt aber gibt er zu verstehen: Wenn die Gerechtigkeit

an ihrem Gegenstand verbunden ist und deshalb legitimerweise allein im Blick auf Gott gesagt werden kann (ebd. I,5,5).

49 Die Verdienste bemessen sich nach dem Grad der Schwierigkeit der Werke. Seit dem 13. Jh. unterscheidet man zwischen dem meritum de *condigno* (Würdigkeit) und dem meritum de *congruo* (Billigkeit). Die Rechtspflicht der Belohnung beruht im ersten Fall auf der »Setzung« eines dieser Belohnung »würdigen« guten Werkes und der förmlichen Zusicherung solcher Vergeltung. Sind diese Bedingungen jedoch nur mangelhaft oder gar nicht erfüllt, dann lässt sich nur ein unseren begrenzten Fähigkeiten entsprechendes »Billigkeits«-Verdienst erwerben. Vgl. dazu Thomas von Aquin, STh I–II, qu. 114, art. 6.

exclusum iri nostram gloriam; sed quoniam solius fidei est, ideo nihil esse nobis arrogandum, quoniam a Deo omnia accipit fides, nihil affert praeter humilem inopiae confessionem. Et notanda est diligenter fidei et operum antithesis, in qua sine adiectione opera universaliter ponuntur. Ergo neque de ceremoniis tantum, neque de externa operum specie disserit, sed omnia quae fingi possunt, operum merita comprehendit. Legis quidem nomen improprie fidei tribuitur, sed hoc Apostoli sensum minime obscurat. Intelligit enim quum ad fidei normam ventum est, prosterni universam operum gloriam, acsi diceret, ›Operum quidem iustitiam commendari in Lege, sed fidei esse suam legem quae nullam in operibus qualiacunque sint, iustitiam relinquit‹.

28 *Constituimus ergo*. Nunc principalem propositionem quasi iam indubiam colligit, addita etiam explicatione. Multum enim elucescit fidei iustificatio, dum opera nominatim excluduntur. Ideo nulla hodie in re magis laborant nostri adversarii, quam ut fides cum operum meritis implicetur. Fatentur quidem iustificari hominem fide; sed non sola. Imo penes charitatem vim iustificationis reipsa locant, utcunque verbo tenus eam concedant fidei. Atqui sic gratuitam asserit hoc loco Paulus, ut palam faciat cohaerere nullo modo posse cum ulla dignitate operum. Cur opera Legis nominet, supra docui; et ⟨66⟩ simul ostendi, ridiculos esse qui ad ceremonias restringunt. Frigidum etiam commentum est, opera Legis pro literalibus accipere, quae sine Christi Spiritu fiunt; quin poti-
77 us tantundem valet epitheton, acsi meritoria | dixisset; quia respicit ad mercedem in Lege promissam. Quod apud Iacobum habetur, non sola fide, sed operibus iustificari hominem, nihil cum praecedenti sententia pugnat. Conciliatio potissimum ex ratione argumenti pendet, de quo

[tatsächlich] aus dem Gesetz der Werke käme, würde unser Ruhm niemals hinfällig werden; weil sie aber ganz und gar vom Glauben abhängt, haben wir überhaupt keinen Grund zur Anmaßung, denn der Glaube empfängt alles von Gott und hat außer dem demütigen Eingeständnis seiner Armut nichts beizubringen. Außerdem muss man den Gegensatz zwischen Glaube und Werken sorgfältig beachten, in den die Werke insgesamt ohne Rücksicht [auf irgendwelche qualitativen Unterschiede] hineingestellt werden. So setzt sich Paulus nicht nur mit Zeremonien, auch nicht mit dem bloß äußeren Schein solcher Werke auseinander, sondern bezieht alle Verdienste aus Werken, die man sich [in diesem Zusammenhang] nur ausdenken mag, mit ein. Die Bezeichnung »Gesetz« wird dem Glauben zwar nur uneigentlich beigelegt, doch kann das den vom Apostel gemeinten Sinn überhaupt nicht verdunkeln. Denn nach seiner Erkenntnis wird der gesamte Ruhm der Werke zunichte gemacht, wenn man einmal zur Norm des Glaubens durchgedrungen ist, so als wollte er sagen: »Zwar wird uns die Gerechtigkeit aus Werken im Gesetz anempfohlen, doch hat der Glaube sein eigenes Gesetz, das in den Werken, was für Qualitäten sie auch haben mögen, keinerlei [Raum für] Gerechtigkeit übrig lässt«.

28 *So halten wir nun dafür.* Jetzt bringt Paulus die entscheidende These [dieses Kapitels] wie eine nunmehr außer Zweifel stehende Schlussfolgerung vor und fügt ihr auch noch eine Erläuterung bei. Denn auf die Glaubensgerechtigkeit fällt ein ganz neues Licht, wenn man die Werke ausdrücklich beiseite stellt. Deshalb machen sich unsere Widersacher heute mit keinem zweiten Stück solche Mühe wie [dem vermeintlichen Nachweis], dass sich der Glaube mit den Verdiensten aus Werken verknüpfen lasse. Zwar geben sie zu, dass der Mensch aus Glauben gerechtfertigt wird, nicht aber aus Glauben allein. Sie stellen die Kraft wirksamer Rechtfertigung vielmehr auf die Seite der Liebe, die sie – wenn auch bloß verbal – dem Glauben zusprechen.[50] Paulus hingegen besteht an dieser Stelle in einer Weise auf der Rechtfertigung rein aus Gnade, dass er öffentlich erklärt, sie lasse sich auf keine Weise mit irgendeiner Würde von Werken zusammenbringen. Weshalb er sie Werke des Gesetzes nennt, habe ich oben dargelegt und zugleich gezeigt, dass nur leichtfertige Ausleger sie auf Zeremonien einschränken. Auch ist es eine armselige Erfindung, diese Werke des Gesetzes bloß für Buchstabenwerke auszugeben, die ohne den Geist Christi getan werden können. Vielmehr hat der Zusatz [des Gesetzes] ebensoviel Gewicht, als hätte er sie verdienstlich genannt, denn er bezieht sich ja auf den im Gesetz verheißenen Lohn.

Dass es bei Jakobus heißt, nicht allein aus Glauben, sondern aus seinen Werken werde der Mensch gerechtfertigt [Jak 2,24], steht keineswegs im Widerspruch zu dem hier vorangestellten Satz. Die Vereinbarkeit beider Stellen hängt entscheidend an dem Beweisziel des Argumen-

50 Conc. Trid., Sess. VI, Cap. 7 (DH 1531): »Denn wenn zum Glauben nicht Hoffnung und *Liebe* hinzukommen, bewirkt er keine vollkommene Einigung mit Christus und schafft kein lebendiges Glied seines Leibes.«

illic Iacobus disserit. Neque enim quaestio est, quomodo iustitiam sibi coram Deo acquirant homines, sed quomodo se probent iustos. Refutat enim hypocritas, qui fidei titulo inaniter superbiunt. Crassus ergo paralogismus est, non animadvertere ›iustificandi‹ verbum aliud esse Iacobo quam Paulo; sicuti diversis de rebus tractant. ›Fidei‹ quoque nomen esse aequivocum proculdubio apparet. Duplex ista homonymia observari debuit, ut de re iudicium fieret. Neque aliud Iacobum velle ex contextu colligitur, quam hominem ficta vel mortua fide non reddi vel non probari iustum, nisi operibus iustitiam suam confirmet. Qua de re vide Institutionem nostram.

29 *Num Iudaeorum Deus tantum? an non et Gentium? certe et Gentium.*
30 *Quandoquidem unus Deus, qui iustificabit Circuncisionem ex fide, et Praeputium per fidem.*

29 *Num Iudaeorum.* Secunda propositio: Iustitiam illam non magis ad Iudaeos quam ad Gentes pertinere. Id vero urgeri valde referebat, ut per universum orbem locus fieret regno Christi. Interrogat ergo non simpliciter vel praecise an sit Gentium conditor Deus, quod extra controversiam notum erat, sed an non illis quoque servatorem se velit declarare. Postquam enim aequavit totum hominum genus, ac sub eandem conditionem redegit, siquid sit discriminis inter eos, ex Deo est, non ex ipsis qui habent omnia inter se paria. Quod si verum est, Deum suae misericordiae velle participes facere omnes populos terrae, salus, et quae ad salutem necessaria est iustitia, ad omnes extenditur. Quare in Dei nomine hic est notatio mutuae relationis quae saepe in Scriptura occurrit, ›Ego ero vobis in Deum, et vos eritis mihi in populum‹. Nam quod Deus peculiarem sibi ad tempus populum elegit, illud naturae principium non tollit, omnes ad imaginem Dei esse formatos, et educari in mundo in spem beatae aeternitatis.
30 *Qui iustificat Praeputium.* Quum alios per ⟨67⟩ fidem, ex fide alios iustificari dixit, videtur oblectatus varietate sermonis in eadem re
78 indi-|canda, ut Iudaeorum stultitiam obiter perstringeret, qui discrimen

tes, mit dem sich Jakobus dort auseinandersetzt. Seine Frage nämlich lautet nicht, wie sich Menschen vor Gott Gerechtigkeit erwerben, sondern wie sie sich als Gerechte bewähren. Darum wendet er sich gegen Heuchler, die sich unter Berufung auf den Glauben mit leeren Worten brüsten. Es ist also ein grober Fehlschluss, nicht zu bemerken, dass das Wort »rechtfertigen« bei Jakobus etwas ganz anderes bedeutet als bei Paulus, wie wenn sie von verschiedenen Dingen redeten. Dass auch das Wort »Glaube« in mehrfachem Sinne gebraucht wird, leuchtet ohne weiteres ein. Auf diese zweifache Bedeutung hätte man achten müssen, um zu einem begründeten Urteil über die Sache zu kommen. Denn aus dem Kontext lässt sich erschließen, dass Jakobus auf nichts anderes hinaus will, als dass ein Mensch mit eingebildetem oder totem Glauben weder gerecht gemacht noch als gerecht erwiesen wird, es sei denn, dass er seine Gerechtigkeit mit Werken unter Beweis stellt. – Dazu vergleiche man unsere »Institutio«.[51]

29 *Ist Gott etwa nur der Juden Gott? und nicht auch Gott der Völker? Ja gewiss, auch der Völker,*
30 *weil Gott ja nur einer ist, der die Beschnittenen aus Glauben und die Unbeschnittenen durch Glauben gerechtsprechen wird.*

29 *Nur der Juden Gott?* Das ist die zweite entscheidende These: Gottes Gerechtigkeit erstreckt sich nicht weniger auf die Völkerwelt als auf die Juden. Dies nachdrücklich zu betonen, war Paulus besonders wichtig, denn es sollte dem Reich Christi über den ganzen Erdkreis hin Raum geschaffen werden. Darum fragt er nicht kurz und schlicht, ob Gott auch der Schöpfer der Völker sei – das war unbestritten und allgemein anerkannt –, sondern ob er sich nicht auch ihnen gegenüber als Erlöser zu erkennen geben wolle. Denn nachdem er das ganze Menschengeschlecht auf die gleiche Stufe gestellt und in dieselbe Lage versetzt hatte, musste alle Verschiedenheit, die es unter ihnen geben mochte, von Gott stammen, nicht aber von ihnen selbst, da sie untereinander doch alles gleich haben. Wenn es nun zutrifft, dass Gott allen Völkern der Erde an seiner Barmherzigkeit Anteil geben will, dann erstreckt sich sein Heil und die Gerechtigkeit, an die dieses Heil unabdingbar gebunden ist, über alle Menschen. Deshalb ist der Name Gottes hier das Kennzeichen jener wechselseitigen Beziehung, die uns so oft in der Schrift begegnet: »Ich will euer Gott sein, und ihr sollt mein Volk sein« [Jer 30,22]. Denn dass Gott sich für einen bestimmten Zeitraum ein besonderes Volk erwählt hat, hebt die ursprüngliche Bestimmung der Natur nicht auf, dass alle Menschen nach seinem Bild erschaffen sind und in [dieser] Welt auf die Hoffnung seliger Ewigkeit hin ausgerichtet werden.

30 *Der die Beschnittenen [aus Glauben] gerechtspricht.* Wenn Paulus feststellt, die einen würden *aus* Glauben, die anderen *durch* Glauben gerechtfertigt, so scheint er seine Freude zu haben an der Fülle von

51 Inst. (1539) X, CO 1,787–789; Inst. (1559) III,17,11f.

inter se et Gentes comminiscebantur, quum in causa iustificationis nihil prorsus differrent. Si enim sola fide fiunt homines huius gratiae compotes, fides autem in utrisque est eadem, ridiculum est in tanta similitudine facere dissidium. Itaque subesse in verbis ironiam iudico, acsi diceret, ›Siquis vult habere differentiam Gentilis a Iudaeo, hanc habeat, quod ille per fidem, hic vero ex fide iustitiam consequitur‹. Nisi forte ita distinguere magis placeat, iustificari ex fide Iudaeos, quia nascuntur gratiae haeredes, dum ius adoptionis a Patribus ad eos transmittitur, Gentes vero per fidem, quia his adventitium est foedus.

31 *Legem igitur irritam facimus per fidem? Ne ita sit: sed Legem stabilimus.*

31 *Legem igitur irritam, etc.* Ubi Lex fidei opponitur, ex eo statim quandam repugnantiae suspicionem caro arripit, acsi alterum alteri adversaretur. Praesertim vero facile obtinet falsa haec imaginatio inter eos qui praepostera Legis intelligentia imbuti, nihil aliud in ea quaerunt quam operum iustitiam, promissionibus omissis. Atque hoc nomine pessime audiebat inter Iudaeos non modo Paulus, sed Dominus quoque ipse. Acsi tota sua praedicatione, Legis abrogationem moliretur. Unde illa contestatio, ›Non veni ad ·solvendam Legem, sed implendam‹. Haec autem suspicio tam ad mores, quam ad ceremonias pertinebat. Quia enim Euangelium finem imponit ceremoniis Mosaicis, putatur ad destruendum Mosis ministerium tendere. Ad hoc, quia omnem operum iustitiam obliterat, creditur adversari tot testimoniis Legis, ubi affirmat

Ausdrucksmöglichkeiten, denselben Sachverhalt darzulegen. Nebenbei kann er so auch die Torheit der Juden treffen, die in ihrer Einbildung eine Scheidewand zwischen sich und der Völkerwelt aufzurichten versuchten, wo doch im Blick auf die Rechtfertigung der Sache nach zwischen ihnen ganz und gar kein Unterschied besteht. Wenn nämlich die Menschen allein aus Glauben dieser Gnade teilhaftig werden, der Glaube aber hier und dort derselbe ist, ist es lächerlich, bei so großer Ähnlichkeit an einer Trennungslinie festzuhalten. Deshalb ist nach meinem Urteil bei seinen Worten Ironie im Spiel, als wollte er sagen: »Wenn jemand einen Unterschied machen will zwischen einem Juden und einem Glied der Völkerwelt, dann soll er ihn so ansehen, dass der eine durch Glauben, der andere aber aus Glauben Gerechtigkeit erlangt.« Vielleicht aber könnte es doch besser sein, so zu unterscheiden: Die Juden werden *aus* [ihrem] Glauben gerechtfertigt, weil sie als Erben der Gnade geboren werden und somit das Recht der Adoption [an Kindes statt] von den Vätern her auf sie übergeht, die Menschen aus den Völkern hingegen *durch* den Glauben, weil für sie der Bund ein neu hinzukommendes Gut ist.

31 *Machen wir also das Gesetz ungültig durch den Glauben? Das sei ferne. Vielmehr halten wir das Gesetz aufrecht.*

31 *Machen wir also das Gesetz ungültig* ... Wo Gesetz und Glaube einander gegenübertreten, da verfällt unser Fleisch sogleich auf den Verdacht eines Widerspruches, als stünden beide Größen im Gegensatz zueinander.[52] Diese falsche Vorstellung setzt sich vor allem bei denen leicht fest, die aus einem verkehrten Verständnis des Gesetzes heraus in ihm nichts anderes als die Werkgerechtigkeit suchen, die Verheißungen aber beiseite lassen. Unter diesem Vorzeichen konnte unter den Juden nicht nur Paulus, sondern sogar unser Herr selbst in den schlechten Ruf geraten, als ob ihre ganze Verkündigung es nur darauf abgesehen hätte, das Gesetz aufzuheben. Daher die fast beschwörende Aussage [Christi]: »Ich bin nicht gekommen, das Gesetz aufzulösen, sondern zu erfüllen« [Mt 5,17]. Genau dieser Verdacht aber betraf sowohl das Moral- wie das Zeremonialgesetz. Denn weil das Evangelium den mosaischen Zeremonien ein Ende setzt, ist die Meinung verbreitet, es habe die Zerstörung des Mose-Dienstes zum Ziel. Weil [der Apostel] zudem mit aller Werkgerechtigkeit aufräumt, hat sich der Glaube ver-

52 In der hier entfalteten Zuordnung von Gesetz und Glaube (»Evangelium«) unterscheidet sich Calvin markant von Luther. Er spricht nachgerade von dem »Irrtum« derer, die beide Größen »ausschließlich so einander gegenüberstellen wie Werkgerechtigkeit (opera) und gnädig zugerechnete Gerechtigkeit« (imputatio; Inst. II,9,4). Statt Gesetz und Evangelium von ihrem heillosen, ja tödlichen Zusammenstoß im Menschen her wahrzunehmen, begreift er sie unter der Perspektive ihrer göttlichen Koordination in der Geschichte des Alten und Neuen Testaments, deren einheitsstiftendes Zentrum der *eine,* in seiner »Substanz« unveränderte Bund (in zwei verschiedenen Gestalten) ist (Inst. II,10,2). Dazu: H.J. Iwand, a.a.O. (Anm. 21), 371ff.; I.J. Hesselink, a.a.O. (Anm. 21), 155f.

Dominus, se iustitiae ac salutis viam illic praescripsisse. Quare hanc Pauli excusationem neque de ceremoniis seorsum, neque de mandatis (ut vocant) moralibus, sed in universum de tota Lege accipio. Nam Lex moralis vere confirmatur ac stabilitur per fidem in Christum. Quandoquidem in hunc finem lata est, ut hominem de sua iniquitate edoctum, ad Christum adduceret; sine quo nec ipsa praestatur, frustraque clamat quid factu rectum sit. Nec potest nisi cupiditatem magis irritare, quo maiorem tandem condemnationem homini accersat. Ubi vero ad Christum ventum est, primum in eo invenitur exacta Legis iustitia, quae per imputationem, etiam nostra fit. Deinde sanctificatio, qua formantur corda nostra ad Legis observationem, imperfectam quidem illam, sed quae ad scopum collimat. Similis ceremoniarum ratio, ⟨68⟩ quae
79 cessant quidem et evanes-|cunt Christo adveniente, sed eo ipso vere confirmantur. Si enim per se aestimantur, inanes sunt et umbratiles imagines, tum demum solidi aliquid habere deprehendentur, si in meliorem finem respiciant. In eo igitur est summa, earum confirmatio, quum docetur, veritatem suam in Christo esse consequutas. Sic ergo et nos meminerimus Euangelium dispensare, ut nostro docendi modo, Lex stabiliatur, sed nulla alia firmitate, quam fide Christi suffulta.

festigt, er gerate mit all den Zeugnissen des Gesetzes in Widerspruch, in denen unser Herr nach eigenem Bekunden den Weg der Gerechtigkeit und des Heils vorgezeichnet hat. Deshalb beziehe ich diese einschränkende Aussage des Paulus weder speziell auf die Zeremonien noch auf die (sogenannten) moralischen Gebote, sondern auf das Gesetz in seiner Ganzheit. Denn das moralische Gesetz wird durch den Glauben an Christus in Wahrheit bestätigt und aufgerichtet, ist es doch dazu in aller Munde gekommen, um den Menschen zur Erkenntnis seines Unrechts zu bringen und ihn so zu Christus hinzuführen. Ohne ihn bleibt es selbst kraftlos und verkündet umsonst, was zu tun recht sei. Es vermag [von sich aus] ja nur die Begehrlichkeit immer mehr anzustacheln, um am Ende eine desto schlimmere Verdammnis über die Menschen heraufzubeschwören. Sobald man aber zu Christus kommt, findet sich in ihm als erstes das vollkommene Maß der vom Gesetz geforderten Gerechtigkeit, die uns zugerechnet und so zu unserer eigenen Gerechtigkeit wird. Sodann die Heiligung, durch die unsere Herzen zum Gehorsam dem Gesetz gegenüber bereit gemacht werden, einem Gehorsam, der zwar unvollkommen bleibt, uns aber auf das Ziel [der Vollkommenheit] ausrichtet. Ähnlich steht es mit den Zeremonien, die mit der Ankunft Christi zwar an Bedeutung verlieren und vergehen, in Wahrheit aber durch ihn bestätigt werden. Denn an sich selbst betrachtet sind sie leer und nur schattenhafte Abbildungen; dass sie einen bleibenden Kern in sich tragen, zeigt sich erst dann, wenn sie sich auf ein vortrefflicheres Ziel beziehen lassen. Ihre höchste Bestätigung liegt daher in dem lehrhaften Zeugnis, dass sie in Christus ihre wahre Erfüllung gefunden haben. Auch wir werden also darauf bedacht sein, das Evangelium in einer Weise auszurichten, dass durch unsere Art der Verkündigung das Gesetz aufrecht erhalten wird, doch allein mit der Festigkeit, die sich auf den Glauben an Christus stützt.

CAPUT IIII

1 *Quid ergo dicemus invenisse Abraham patrem nostrum secundum carnem?*
2 *Si enim Abraham ex operibus iustificatus est, habet quo glorietur, sed non apud Deum.*
3 *Quid enim Scriptura dicit? Credidit Abraham Deo: et imputatum est illi in iustitiam.*

1 *Quid ergo*. Confirmatio est ab exemplo. Quae satis firma est, quoniam omnia similia sunt tam in re quam in persona. Nam et ille pater est fidelium, cui nos omnes oportet conformari, et una est iustitiae obtinendae omnibus ratio, non plures. Multis aliis in rebus non sufficeret exemplum ad communem regulam. Sed quia in persona Abrahae speculum vel exemplar iustitiae quae ad totam Ecclesiam communiter pertinet, propositum fuit. Merito Paulus quod de illo uno scriptum est, ad totum Ecclesiae corpus accommodat; simul etiam constringit Iudaeos, quibus ad gloriandum nihil erat magis plausibile, quam se iactare Abrahae filios. Sibi vero plus sanctitatis quam sancto Patriarchae tribuere, nunquam ausi essent. Nunc ubi constat gratis iustificatum fuisse illum, posteros eius qui sibi propriam iustitiam ex Lege arrogant, pudore victos obmutescere necesse est.
Secundum carnem? Quia inter hanc particulam et nomen ›patris‹, in contextu Pauli interponitur verbum εὑρηκέναι, hoc modo, ›Quid dicemus Abraham patrem nostrum invenisse secundum carnem?‹ quidam interpretes quaeri putant quid secundum carnem adeptus sit Abraham. Quae expositio si placeat, tantundem valebit ›secundum carnem‹, ac
80 ›naturaliter‹, vel ›ex seipso‹. Probabile tamen est epitheti | loco ›patri‹ coniungi. Praeterquam enim quod domesticis exemplis solemus magis affici, nominatim generis dignitas, qua nimium Iudaei superbiebant, iterum notatur. Contemptim nonnulli additum hoc putant; quo sensu alibi carnales vocantur filii Abrahae, qui spirituales non sunt, nec prorsus legitimi. Ego vero existimo, quod Iudaeis peculiare erat fuisse expressum; quia excellentius ⟨69⟩ fuit, natura et carnis origine, quam sola adoptione esse Abrahae filios, modo simul fides accederet. Con-

Kapitel 4

1 *Was also – sagen wir – hat unser Vater Abraham nach dem Fleisch erlangt?*
2 *Wenn nun Abraham aus den Werken gerechtfertigt ist, so hat er wohl Ruhm, aber nicht bei Gott.*
3 *Was sagt nämlich die Schrift? Abraham glaubte Gott, und das wurde ihm zur Gerechtigkeit angerechnet.*

1 *Was also.* Durch ein Beispiel geschieht die Begründung, die hinreichend kräftig ist, weil hier alles – in der Sache wie in der Person – übereinstimmt. Denn er ist der Vater der Gläubigen, dem wir alle gleich werden sollen, und es gibt für alle nur eine Weise, die Gerechtigkeit zu erlangen, nicht mehrere. Bei vielen anderen Dingen genügt ein Beispiel für eine allgemeine Regel nicht. Aber weil in der Person Abrahams ein Spiegel und ein Beispiel der Gerechtigkeit vorhanden ist, die sich auf die ganze Gemeinde insgesamt bezieht, kann Paulus zu Recht das, was über den einen geschrieben ist, auf den ganzen Leib der Kirche beziehen. Gleichzeitig weist er auch die Juden in ihre Schranken, denen nichts beifallswürdiger war, als sich mit dem Ruhm der Kindschaft Abrahams zu brüsten. Aber sie hätten es nicht gewagt, sich mehr Heiligkeit zuzumessen als dem heiligen Patriarchen. Weil feststeht, dass jener ohne eine Leistung gerechtfertigt worden ist, müssen nun seine Nachfahren, die sich ihre Gerechtigkeit aus dem Gesetz zulegen, vor Scham besiegt verstummen.
Nach dem Fleisch? Weil zwischen diesen einleitenden Worten der Frage und dem Wort »Vater« im Kontext des Paulus das Wort εὑρηκέναι eingefügt ist – nämlich: »Was – sagen wir – hat unser Vater Abraham nach dem Fleisch erlangt« – glauben manche Ausleger, es werde untersucht, was Abraham nach dem Fleisch erlangt hat. Wenn diese Erklärung gefällt, würde »nach dem Fleisch« soviel bedeuten wie »natürlich« oder »aus sich selbst heraus«. Es ist aber wahrscheinlich, die Hinzufügung an dieser Stelle mit dem Wort »Vater« zu verbinden. Außerdem pflegen sich uns nämlich bekannte Beispiele mehr einzuprägen: ausdrücklich wäre die Würde des Volkes, mit der sich die Juden allzu sehr brüsteten, wiederum benannt. Einige glauben, dass dies verächtlich hinzugefügt sei; in diesem Sinne werden an anderer Stelle die Söhne Abrahams fleischlich genannt, die es im geistlichen Sinn und rechtmäßig ganz und gar nicht sind. Ich aber sehe es so, dass der Ausdruck den Juden in auszeichnender Weise eigen gewesen ist, und zwar deshalb, weil es vortrefflicher war, aufgrund der Natur und des Fleisches Kinder Abrahams zu sein als allein durch Adoption – wenn doch nur gleichzeitig der Glaube hinzukäme. [Paulus] anerkennt also,

cedit ergo Iudaeis propius coniunctionis vinculum, sed tantum ut eos magis promoveat, ne a patris sui exemplo discedant.

2 *Si enim Abraham.* Epicherema est, id est imperfecta ratiocinatio, quae in hanc formam colligi debet, ›Si Abraham operibus iustificatus est, potest suo merito gloriari. Sed non habet unde glorietur apud Deum. Ergo non ex operibus iustificatus est.‹ Ita membrum illud, *sed non apud Deum*, est minor propositio syllogismi. Huic attexi debet conclusio quam posui, tametsi a Paulo non exprimitur. Gloriationem vocat, quum licet praetendere aliquid nostrum, cui merces in iudicio Dei debeatur. Eam quum Abrahae adimat, quis nostrum sibi guttam meriti arrogabit?

3 *Quid enim Scriptura dicit?* Probatio est minoris, seu assumptionis, ubi negavit Abrahae esse argumentum gloriandi. Nam si Abraham ex eo iustificatur quod amplectitur fide bonitatem Dei, sequitur nullam esse eius gloriam, quia nihil suum affert, nisi miseriae agnitionem, quae misericordiam quaerat. Siquidem pro confesso praesumit, fidei iustitiam, subsidium esse et quasi asylum peccatori qui operibus destituitur. Nam siqua esset Legis vel operum iustitia, in ipsis hominibus resideret, fide autem, quod sibi deest, aliunde mutuantur; ideoque apte vocatur imputativa fidei iustitia. Locus porro qui citatur ex Genesi. 15. 6 sumptus est, ubi verbum credendi non ad particulare aliquod dictum restringi debet, sed ad totum salutis foedus et adoptionis gratiam, quam dicitur Abraham fide apprehendisse. Refertur quidem illic promissio seminis futuri, sed quae in gratuita adoptione fundata erat. Notandum vero, nec salutem sine Dei gratia, nec Dei gratiam sine salute promitti. Rursum nec in Dei gratiam, nec in spem salutis nos vocari, quin iustitia simul offeratur. Hoc posito videre licet eos theologiae principia non tenere, qui Mosis testimonium a Paulo violenter torqueri putant. Quia enim particularis est illic promissio, rite et probe fecisse Abraham intelligunt qui crediderit, et eatenus probatum fuisse a Deo. Sed in eo falluntur, primum quod non
81 anim-|adverterunt, illud ›credere‹ ad totum complexum extendi. Quare ad unum membrum restringi non debebat. Praecipua autem hallucinatio est, quod a gratiae Dei testimonio non ordiuntur. Atque hoc agit Deus ut

dass die Juden ein eigenes verbindendes Band haben, aber nur, damit sie sich vom Beispiel ihres Vaters nicht entfernen.

2 *Wenn aber Abraham.* Das ist ein Epicherem, das heißt eine unvollkommene Schlussfolgerung, die in folgende Formulierung gefasst werden muss: »Wenn Abraham aus Werken gerechtfertigt ist, kann er sich seines Verdienstes rühmen, aber hat dann keinen Ruhm bei Gott. Folglich ist er nicht aus Werken gerechtfertigt.« Das andere Satzglied: *aber nicht bei Gott* ist die weniger betonte Grundannahme der Schlussfolgerung. An diese muss die Folgerung angehängt werden, wie ich es getan habe, auch wenn es von Paulus so nicht ausgedrückt wird. Er nennt es Prahlerei, wenn wir etwas von uns vorzeigen würden, was im Gericht Gottes einen Lohn verdiente. Wenn er diesen aber schon Abraham aberkennt, wer von uns könnte sich auch nur einen Tropfen Verdienst anmaßen?

3 *Was aber sagt die Schrift?* Es folgt jetzt der Beweis für die [zunächst] weniger betonte Grundannahme bzw. für die Hinzufügung, mit der [Paulus] verneint, dass Abraham einen Grund habe, sich selber zu rühmen. Denn wenn Abraham dadurch gerechtfertigt wird, dass er im Glauben die Güte Gottes annimmt, folgt daraus, dass sein Ruhm nichts ist, weil er nichts Eigenes vorbringt außer der Erkenntnis des Elends, die nach Barmherzigkeit fragt. Wobei [Paulus] ja als bekannt voraussetzt, dass die Gerechtigkeit des Glaubens eine Zuflucht und gleichsam ein Asyl für den Sünder ist, der seine Werke hinter sich zurücklässt. Denn wenn es eine Gerechtigkeit aus dem Gesetz oder aus den Werken gäbe, so würde sie in den Menschen selber wohnen; durch den Glauben aber wird von Außen entlehnt, was ihnen fehlt. Deshalb spricht [Paulus] aber auch zu Recht von der zugerechneten Gerechtigkeit des Glaubens.

Die zitierte Stelle stammt aus Gen 15,6. Das Wort »Glauben« muss nicht auf eine bestimmte Stelle beschränkt werden, sondern bezieht sich auf den ganzen Bund des Heils und die Gnade der Annahme an Kindes Statt, die Abraham – wie es heißt – durch den Glauben ergriffen hat. Zwar bezieht sich diese Verheißung auf die zukünftige Nachkommenschaft, aber diese ist gegründet in der Gnade der Annahme an Kindes Statt.

Zu bemerken ist aber, dass kein Heil ohne die Gnade Gottes und keine Gnade Gottes ohne das Heil verheißen wird, und wiederum: Wir werden weder zu Gottes Gnade noch zur Hoffnung auf das Heil berufen, ohne dass [uns] gleichzeitig die Gerechtigkeit angeboten wird.

Die, die glauben, dass das Zeugnis des Mose von Paulus gewaltsam verdreht wurde, haben offensichtlich die Anfänge der Theologie nicht verstanden. Weil aber die Verheißung an dieser Stelle steht, glauben sie, dass Abraham recht und ordentlich gehandelt habe, weil er geglaubt habe, und insofern von Gott anerkannt worden sei. Aber dabei täuschen sie sich. Erstens weil sie nicht darauf Acht geben, dass »glauben« sich auf den ganzen Komplex bezieht: deshalb darf es nicht auf ein Glied beschränkt werden. Vor allem aber ist es ein gedankenloses Reden, nicht beim Zeugnis der Gnade Gottes anzufangen. Gott macht

Abraham et suae adoptionis, et paterni favoris reddat certiorem; sub quo aeterna per Christum salus comprehenditur. Quare Abraham credendo nihil quam oblatam sibi gratiam amplectitur, ⟨70⟩ ne irrita sit. Si hoc illi imputatur in iustitiam, sequitur non aliter esse iustum, nisi quia Dei bonitate confisus, omnia ab ipso sperare audet. Neque enim quid de illo homines senserint, Moses recitat, sed qualis apud Dei tribunal habitus fuerit. Abraham ergo in promissione oblatam sibi Dei benignitatem apprehendit, qua sibi iustitiam communicari sentiebat. Hanc promissionis et fidei relationem necessarium est, ad statuendam iustitiam, intelligere; quoniam eadem est hic inter Deum et nos ratio, quae apud Iurisconsultos inter datorem et donatarium. Neque enim iustitiam aliter consequimur, nisi quia sicuti Euangelii promissione nobis defertur, ita eius possessionem fide quasi cernimus. Quomodo conciliandus sit Iacobi locus, qui nonnihil contrarius videtur, supra adnotavi; et illic fusius, Domino dante, exponam. Tantum notemus, eos quibus iustitia imputatur, iustificari; quando haec duo a Paulo tanquam synonyma ponuntur. Unde colligimus, non disputari quales sint in se homines, sed quo loco Deus ipsos censeat. Non quod separetur a gratuito Dei favore puritas conscientiae et vitae integritas, sed quia ubi causa quaeritur cur nos Deus amet, ac pro iustis agnoscat, Christum prodire necesse est, qui sua nos iustitia induat.

4 *Ei quidem qui operatur, merces non imputatur secundum gratiam, sed secundum debitum.*
5 *Ei vero qui non operatur, credit autem in eum qui iustificat impium, imputatur fides sua in iustitiam.*

4 *Ei qui operatur.* Operantem vocat non quisquis bonis operibus addictus est (quod studium vigere debet in omnibus Dei filiis), sed qui suis meritis aliquid promeretur. Similiter non operantem, cui nihil debetur operum merito. Neque enim fideles vult esse ignavos; sed tantum mercenarios esse vetat, qui a Deo quicquam reposcant quasi iure debitum. Et iam prius admonuimus, non hic disseri qualiter vitam instituere nos oporteat, sed quaeri de salutis causa. Argumentatur autem a con-
82 trariis, Deum non rependere nobis iusti-|tiam ut debitam, sed acceptam

es ja so, dass er Abraham seine Annahme an Kindes Statt und die väterliche Gunst gewiss gewährt: darunter ist das ewige Heil durch Christus zu verstehen. Deshalb nimmt Abraham durch sein Vertrauen nichts außer der ihm angebotenen Gnade an, damit sie wirksam ist. Wenn dies jenem zur Gerechtigkeit angerechnet wird, folgt daraus, dass er nicht anders gerecht ist: er hat ja auf die Güte Gottes vertrauend alles von [Gott] zu hoffen gewagt. Mose berichtet also nicht, was über [Abraham] die Menschen gedacht haben, sondern wie er vor dem Richterstuhl Gottes dastand. Abraham hat also in der Verheißung die ihm angebotene Gnade Gottes angenommen, wodurch er erfuhr, dass ihm die Gerechtigkeit zuteil wurde. Es ist nötig, diesen Zusammenhang von Verheißung und Glaube zu erkennen, damit die Gerechtigkeit zustande kommt. Der Grund nämlich ist, dass es zwischen Gott und uns so ist wie bei den Rechtsgelehrten zwischen Schenkendem und Beschenktem. Denn wir erlangen die Gerechtigkeit nur aufgrund der Tatsache, dass wir so, wie sie uns durch die Verheißung des Evangeliums verliehen wird, im Glauben gleichsam als unseren Besitz erkennen. So ist auch die Stelle des Jakobus zu verstehen, die davon ein wenig abzuweichen scheint, wie ich bereits erklärt habe. Ich will das noch ausführlicher darlegen, wenn der Herr mir dies erlaubt.[1]
Dabei wollen wir bemerken, dass die, denen die Gerechtigkeit angerechnet wird, gerechtfertigt werden; beides wird von Paulus gleichsam synonym gebraucht. Daraus schließen wir, dass nicht erörtert werden muss, wie die Menschen in sich sind, sondern wie Gott sie beurteilt. Nicht dass von der freien Gnade Gottes ein reines Gewissen und integres Leben getrennt werden sollten; aber wo der Grund gesucht wird, warum Gott uns liebt und als gerecht erkennt, muss Christus zum Vorschein kommen, der uns mit seiner Gerechtigkeit umkleidet.

4 *Dem aber, der mit Werken umgeht, dem wird Lohn nicht aus Gnade zugerechnet, sondern aus Pflicht.*
5 *Wenn aber der, der nicht mit Werken umgeht, an den glaubt, der die Gottlosen gerecht macht, wird ihm sein Glaube zur Gerechtigkeit angerechnet.*

4 *Dem aber, der umgeht.* Nicht jeder, dem gute Werke zugeschrieben werden, ist gemeint, denn der Eifer sich zu regen gehört zu allen Kindern Gottes, sondern [Paulus] nennt denjenigen einen, der mit Werken umgeht, der sich mit eigenen guten Taten irgendein Verdienst erwerben will. Ähnlich bezeichnet er denjenigen, der nicht mit Werken umgeht, als einen, der sich durch die Werke kein Verdienst erwirbt. Er will ja nicht, dass die Gläubigen träge seien, sondern er verbietet nur, dass sie nach Lohn gieren, den sie von Gott wie ein geschuldetes Gut einfordern. Schon früher habe ich in Erinnerung gebracht, dass an dieser Stelle nicht erörtert wird, wie wir unser Leben ordnen müssen, sondern dass nach dem Grund des Heils gefragt wird. Es wird also von Gegensätzen

1 Vgl. J. Calvin, Kommentar zu Jakobus 2,14–26 (CO 55,403–407).

ultro ferre. Ac Bucero quidem accedo, qui formam argumentandi indicat, non esse sumptam ab uno verbo, sed ab integra sententia, in hunc modum, ›Siquis sit qui promereatur aliquid opere suo, res promerita non imputatur illi gratis, sed ut debita redditur. Fides reputatur in iustitiam, non quod ullum a nobis meritum afferat, sed quia Dei bonitatem apprehendit. Ergo iustitia non debetur nobis, sed gratis confertur‹. Nam quia nos precario iustificat Christus per fidem, semper in ea nostri exinanitionem considerat Paulus. Quid enim credimus nisi Christum esse expiationem, ut nos Deo reconciliet? ⟨71⟩ Idem aliis verbis habetur ad Galatas 3. 11, ›Quod ex Lege nemo iustificetur, patet; nam »iustus fide vivet«. Atqui Lex non est ex fide; sed qui fecerit haec, vivet in ipsis‹. Quia enim Lex operibus mercedem promittit, inde concludit, fidei iustitiam quae gratuita est, cum illa operaria non convenire. quod non stabit si fides operum respectu iustificet. Observandae sunt diligenter istae collationes quibus omne meritum prorsus expungitur.

5 *Credit autem in eum.* Plena energiae periphrasis, qua et fidei et iustitiae substantiam naturamque expressit. Clare enim definit non quatenus meritoria virtus est fides, iustitiam nobis conferre, sed quatenus Dei gratiam nobis impetrat. Neque enim Deum modo pronuntiat datorem iustitiae, sed nos iniustitiae damnat, ut nostrae inopiae succurrat Dei liberalitas. In summa, nemo ad fidei iustitiam perveniet, nisi qui in se erit impius. Nam haec periphrasis ad circunstantiam loci aptanda est, quod aliena iustitia nos ornet fides, quam a Deo mendicat. Atque hic rursus Deus iustificare nos dicitur, dum peccatoribus gratis ignoscit, et amore dignatur quibus iure irasci poterat; dum scilicet nostram iniustitiam misericordia sua abolet.

6 *Quemadmodum etiam David finit beatitudinem hominis, cui Deus imputat iustitiam absque operibus.*
7 *Beati quorum remissae sunt iniquitates, et quorum tecta sunt peccata.*
8 *Beatus vir cui non imputavit Dominus peccatum.*

her argumentiert: Gott gibt uns keine Gerechtigkeit, weil er sie uns schuldete, sondern aus freien Stücken bringt er die Annahme hervor. Ich stimme Bucer zu, nach dem die Form der Argumentation nicht auf ein Wort, sondern auf den ganzen Satz hinweist.[2] In etwa heißt es dies: »Wenn jemand etwas durch sein eigenes Werk erwerben will, wird jenem der Verdienst nicht umsonst zugeeignet, sondern als Geschuldetes.« Der Glaube wird zur Gerechtigkeit gerechnet, aber nicht, weil er irgendein von uns Erbrachtes hinzuträgt, sondern weil er die Güte Gottes ergreift. Folglich schuldet [Gott] uns die Gerechtigkeit nicht, sondern wendet sie uns umsonst zu.

Denn weil Christus uns aus Gnade durch den Glauben rechtfertigt, erwägt Paulus dabei immer wieder den Untergang von dem, was uns ausmacht. Wir aber glauben allein, dass Christus unsere Sühne ist, so dass er uns mit Gott versöhnt. Dasselbe ist mit anderen Worten in Gal 3,11 gesagt: »Dass aus dem Gesetz keiner gerechtfertigt wird, ist klar, denn ›der aus Glauben Gerechte wird leben‹«, Nun aber ist das Gesetz nicht aus Glauben, sondern der solches tut, wird darin leben. Weil aber das Gesetz für Werke Lohn verheißt, schließt [Paulus] daraufhin, dass die Gerechtigkeit des Glaubens, die umsonst ist, mit jener aus Werken nicht zusammenpasst. Denn es wird keinen Bestand haben, wenn der Glaube im Blick auf die Werke rechtfertigt. Diese Gegensätze, mit denen jeder Verdienst völlig ausgeschlossen wird, sind sorgsam zu betrachten.

5 *Er glaubte aber an ihn.* Eine ausdrucksstarke Umschreibung, mit der [Paulus] Substanz und Natur von Glauben und Gerechtigkeit ausgedrückt hat. Er beschreibt nämlich deutlich, dass der Glaube – nicht weil er eine verdienstvolle Tugend wäre – uns die Gerechtigkeit bringt, sondern weil er uns die Gnade Gottes bringt. Denn er zeigt Gott nicht nur als Geber der Gerechtigkeit, sondern er verurteilt uns für die Ungerechtigkeit, damit die Freigebigkeit Gottes unserem Mangel abhelfe. Zusammengefasst heißt das, dass keiner zur Gerechtigkeit des Glaubens gelangen wird, der nicht in sich selber gottlos ist. Denn diese Umschreibung muss im Zusammenhang der Stelle gesehen werden, dass der Glaube uns mit einer fremden Gerechtigkeit schmückt, die er von Gott erbettelt. Und wiederum wird hier gesagt, dass Gott uns rechtfertigt, indem er Sündern umsonst vergibt, und mit seiner Liebe die würdigt, denen er mit Recht zürnen könnte: er vernichtet nämlich mit seiner Barmherzigkeit unsere Ungerechtigkeit.

6 *Wie auch schon David sagt, dass die Seligkeit allein dem Menschen gehört, dem Gott die Gerechtigkeit zurechnet ohne Werke:*

7 *Selig sind, welchen ihre Ungerechtigkeiten vergeben und ihre Sünden bedeckt sind.*

8 *Selig ist der Mann, dem der Herr die Sünde nicht zurechnet. [Ps 32,1f.]*

2 M. Bucer, Ennarationes zu Röm IV,4 (Operantis merces non imputatur) und zu Röm IV,5 (Non operati vero, credenti autem).

6 *Finit beatitudinem hominis.* Hinc perspicimus, merum esse eorum
83 cavillum qui opera Legis intra caeremonias limitant, | quando nunc opera simpliciter et sine adiecto vocat, quae prius dicebat opera Legis. Si nemo inficiari potest, simplicem et non restrictam loquutionem qualis nunc occurrit, promiscue de opere quolibet intelligendam, id perpetuo in tota disputatione valere debet. Nihil enim minus consentaneum, quam caeremoniis solis vim iustificandi adimi, quum opera indefinite Paulus excludat. Huc accedit oppositum membrum, quod Deus homines iustificet, peccatum non imputando. Quibus etiam verbis docemur, iustitiam Paulo nihil esse quam remissionem peccatorum. Postremo hanc quoque remissionem gratuitam esse, quia sine operibus imputatur; quod et ›remissionis‹ nomen indicat. Non enim remittit creditor, cui numeratum est, sed qui nomen sponte inducit, mera liberalitate. Eant nunc qui delictorum veniam satisfactionibus ⟨72⟩ redimere docent, a qua Paulus argumentum petit ad gratuitum iustitiae donum asserendum. Quomodo enim illis cum Paulo conveniet? Aiunt illi, operibus satisfaciendum Dei iustitiae, quo peccatorum veniam impetremus. Contra hic ratiocinatur, iustitiam fidei gratuitam esse ac sine operibus, quoniam a peccatorum remissione pendeat. Vitiosa certe esset ratiocinatio, siqua in remissione peccatorum opera intercederent. Nec minus iisdem Prophetae verbis ineptiae Scholasticorum dissipantur, de dimidia remissione. Culpa remissa, poenam retineri a Deo nugantur. Propheta autem clamat, non tecta modo peccata esse, hoc est in conspectu Dei sublata; sed etiam addit, non imputari. Quomodo conveniat, Deum poenam eorum exposcere quae non imputet? Manet ergo salva nobis pulcherrima sententia, ›Iustificari fide, qui gratuita peccatorum remissione coram Deo purgatus sit‹. Praeterea hinc gratuitae iustitiae perpetua in totam vitam duratio colligi potest. Nam quum David diuturno conscientiae suae cruciatu fatigatus, in hanc vocem erumpat, de experientia certe sua loquitur; atqui iam per annos complures Deum coluerat. Ergo post magnos progressus tandem expertus miseros esse omnes qui ad Dei tribunal vocantur; non aliam obtinendae beatitudinis viam esse clamat,

6 *Er sagt, dass die Seligkeit dem Menschen.* Hier sehen wir deutlich, dass es nichts anderes als eine Ausflucht ist, wenn man die Werke des Gesetzes auf die Zeremonien beschränkt, obwohl [Paulus] sie einfach Werke nennt ohne irgendeinen Zusatz, die er zuvor Werke des Gesetzes genannt hat. Wenn niemand leugnen kann, dass im ganzen Werk ohne Unterschiede eine einfache und klare Sprache, wie sie nun allenthalben uns entgegentritt, zu erkennen ist, so muss das fortlaufend für die ganze Disputation gelten. Es gibt ja auch nichts Unvernünftigeres, als allein den Zeremonien die Kraft der Rechtfertigung zuzuschreiben, wo doch Paulus die Werke davon ausschließt. Auf der anderen Seite kommt hinzu, dass Gott die Menschen rechtfertigt, indem er ihnen die Sünden nicht zurechnet. Auch aus diesen Worten erkennen wir, dass nach Paulus die Gerechtigkeit nichts anderes ist als die Vergebung der Sünden. Schließlich ist auch diese Vergebung Gnade, weil sie ohne Werke zugerechnet wird: das zeigt auch der Begriff Vergebung an. Denn ein Gläubiger, dem bezahlt worden ist, vergibt nicht; vielmehr geschieht es, wie es der Begriff »freiwillig« anzeigt, allein aus Freigebigkeit. Diejenigen aber sollen verschwinden, die lehren, durch Entschuldungsleistungen für die Missetaten Gnade erreichen zu können: von dieser [sc. Gnade] her sucht Paulus das Argument dafür, das Geschenk der Gerechtigkeit frei in Anspruch zu nehmen. Wie wird es nun für solche Leute zu einer Übereinstimmung mit Paulus kommen können? Sie sagen, wir müssten der Gerechtigkeit Gottes mit unseren Werken Genüge tun, um die Vergebung der Sünden zu erlangen.

Das Gegenteil wird hier gefolgert: Die Gerechtigkeit des Glaubens ist Gnade und geschieht ohne Werke, weil sie ja von der Vergebung der Sünden abhängt. Falsch ist die Überlegung, dass bei der Vergebung der Sünden die Werke mit im Spiel sind. Nicht weniger wird durch ebendiese Prophetenworte die Torheit der Scholastiker[3] vernichtet, die die halbe Vergebung lehren. Sie schwatzen, dass die Schuld vergeben, die Strafe aber vor Gott bestehen bleibe. Aber der Prophet sagt, dass die Sünde nicht nur bedeckt sei, das heißt, vor Gottes Angesicht verborgen, sondern er fügt hinzu: sie wird nicht zugerechnet. Wie aber passt es zusammen, dass Gott ihre Strafe fordert, die er gar nicht zurechnet?

Es bleibt also für uns unverändert beim wunderschönen Satz, dass der durch den Glauben gerechtfertigt ist, der durch die gnädige Sündenvergebung vor Gott gereinigt ist. Außerdem kann von daher gefolgert werden, dass diese gnadenhafte Gerechtigkeit das ganze Leben hindurch andauert. Denn David spricht, als er durch lange Gewissensqualen erschöpft diesen Satz ausruft, ganz sicher von seiner eigenen Erfahrung. Und er hatte doch Gott schon über viele Jahre hinweg gedient. Folglich ruft er, der nach großen Erkenntnisschritten endlich begriffen hat, dass alle, die vor den Richterstuhl Gottes gerufen werden, sich im Elend befinden, aus, dass es keinen anderen Weg zum Erlangen der Selig-

3 Parker, 81, verweist auf Thomas von Aquin, Summa Theologiae III, qu. 86, art. 4; Bonaventura, In sent. IV, dist. 18, p. 1, art. 2, q. 2; vgl. Inst. (1539) IX,48 (CO 1,721f.); Inst. (1559) II,4,29 (OS 4,118f.).

quam si Dominus nos in gratiam recipiat, peccata non imputando. Ita probe refellitur eorum commentum qui fidei iustitiam non nisi initiale esse nugantur, ut deinde fideles operibus possessionem iustitiae retineant, quam nullis meritis adepti sunt. Quod autem opera interdum
84 dicuntur in iustitiam imputari, et aliae | quoque beatitudines recensentur, nihil de Pauli sententia detrahit. Refert Psalmus, imputatum esse Phinees sacerdoti Domini in iustitiam, quod sumpto de scortatore et meretrice supplicio, vindicarit opprobrium Israelis. Nempe hominem audimus facinus iustum edidisse. Sed uno facto personam non iustificari scimus. Requiritur enim perfecta, et numeris suis omnibus consummata obedientia, ut sonat promissio, ›Qui fecerit haec, vivet in ipsis‹. Quomodo ergo imputatur illi haec ultio in iustitiam? Certe iustificatum prius esse Dei gratia oportuit. Qui enim iam Christi iustitia sunt induti, ii non sibi modo propitium habent Deum, sed operibus quoque suis, quorum maculae et naevi, Christi puritate obteguntur ne in rationem veniant. Unde nullis sordibus infecta opera, iusta reputantur; non aliter quam eiusmodi indulgentia placere Deo quodlibet humanum opus palam est. Quod si fidei iustitia unica causa est cur iusta opera habeantur, vide quam insulse arguant, quia iustitia operibus tribuatur, non solius esse fidei iustitiam. Ego autem invictum argumentum oppono contra, iniustitiae damnatum iri opera omnia, nisi sola fide homo iustificetur. Simile est de beatitudine. Pronuntiantur beati qui timent Dominum, qui ambulant ⟨73⟩ in viis eius, qui meditantur eius Legem die ac nocte. Sed quia nemo id praestat qua decet perfectione, ut Dei mandato ad plenum respondeat, irritae sunt omnes eiusmodi benedictiones, donec purificati ac mundati peccatorum remissione, beati reddimur. Atque ita quidem ut capaces fiamus eius beatitudinis, quam Dominus ob studium Legis ac bona opera, servis suis pollicetur. Ergo et operum iustitia, effectus est iustitiae fidei; et beatitudo ex operibus, effectus beatitudinis, quae sita est in peccatorum remissione. Si causa destrui ab effectu suo nec debet, nec potest, importune facturi sint, siqui studeant fidei iustitiam per opera evertere. Sed cur non liceat (dicet quispiam) testimoniis illis contendere, operibus hominem iustificari ac beatum reddi? Verba enim Scripturae non magis sonant, fide iustificari hominem, et Dei

keit gebe, als dass der Herr uns in Gnaden annimmt, indem er uns die Sünde nicht zurechnet. So widerlegt er sicher deren Trugschluss, die da schwätzen, dass die Gerechtigkeit des Glaubens nur ein Anfang sei, infolgedessen sie diese als Gläubige durch die Werke festhalten sollen, welche sie ja doch ohne verdienstvolle Taten erlangt haben.

Die Tatsache aber, dass zuweilen gesagt wird, die Werke werden zur Gerechtigkeit angerechnet, und auch anderes als Seligkeit aufgeführt wird, nimmt von dem Lehrsatz des Paulus nichts weg.

Der Psalm sagt, dass Phineas, dem Priester Gottes, zur Gerechtigkeit gerechnet wurde, dass er die Schande Israels ausgelöscht habe, indem er Hurer und Dirnen bestrafte [Ps 106,30]. Wir hören, dass der Mann offenbar eine gerechte Tat getan hat; wir wissen aber, dass durch eine Tat eine Person nicht gerechtfertigt werden kann. Es ist aber ein perfekter und vollkommener Gehorsam nötig, wie die Verheißung sagt: »Der solches tut, wird darin leben.« [Dtn 4,1]. Wie also wird dieser Bestrafungsakt jenem zur Gerechtigkeit angerechnet? Es steht fest, dass er vorher aus Gnade gerechtfertigt worden ist. Wer aber schon mit der Gerechtigkeit Christi umkleidet ist, der hat den gnädigen Gott nicht nur für sich selber, sondern auch für seine Werke. Durch die Reinheit Christi werden ihre Flecken und Runzeln bedeckt, damit sie nicht mehr in Rechnung gestellt werden. Von daher gelten die Werke als nicht vom Schmutz befleckt und gerecht. Es ist klar, dass anders als durch Gnade von dieser Art kein menschliches Werk gottgefällig ist. Wenn aber nun die Gerechtigkeit des Glaubens der einzige Grund ist, warum Werke als gerecht betrachtet werden: siehe, wie albern reden sie daher, dass die Gerechtigkeit den Werken zugesprochen wird und nicht allein die Gerechtigkeit des Glaubens sei.

Ich kann nur das unwiderlegte Argument dagegen setzen, dass alle Werke der Ungerechtigkeit verdammt werden, wenn nicht der Mensch allein durch Glauben gerechtfertigt wird. Ähnlich ist das mit der Seligkeit. Selig werden genannt, die den Herrn fürchten, die auf seinen Wegen gehen, die über sein Gesetz nachsinnen Tag und Nacht [Ps 1,1f.; Ps 128,1]. Aber weil niemand das mit der geschuldeten Vollkommenheit vollbringt, so dass er Gottes Auftrag völlig entspricht, sind alle diese Seligpreisungen unnütz, bis wir durch die Vergebung der Sünden gereinigt und gesäubert selig gemacht werden.

Und es gilt auch, dass wir nur so seiner Seligkeit teilhaftig werden, die Gott seinen Dienern wegen des Fleißes im Gesetz und den guten Werken verheißt. So ist also die Gerechtigkeit der Werke eine Wirkung der Gerechtigkeit des Glaubens, und die Seligkeit aufgrund der Werke ist eine Wirkung der Seligkeit, die in der Vergebung der Sünden gründet. Wenn nun aber der Grund nicht von seiner Wirkung getrennt werden darf und auch nicht kann, ist es ein missliches Unternehmen, wenn etliche sich bemühen, die Gerechtigkeit des Glaubens durch die der Werke zu vertreiben. Aber warum – so könnte jemand einwenden – sollte es nicht erlaubt sein, aufgrund jenes Zeugnisses zu behaupten, dass der Mensch durch die Werke gerechtfertigt und selig gemacht wird? Denn die Worte der Schrift lassen nicht mehr davon vernehmen, dass der

misericordia beatum esse, quam operibus. Nempe consideranda est hic tam series causarum, quam gratiae Dei dispensatio. Quia enim locum non habet quicquid pronuntiatur de operum vel iustitia, vel beatitudine, nisi unica haec fidei iustitia praecesserit, et sola partes omnes impleat, hanc erigi ac stabiliri oportet, ut illa, tanquam fructus ex arbore, inde nascatur et emergat.

85 | 9 *Beatitudo ergo ista in Circuncisionem modo, an et in praeputium competit? Dicimus enim quod imputata fuit Abrahae fides in iustitiam.* 10 *Quomodo igitur imputata fuit? in Circuncisione quum esset, an in praeputio? non in Circuncisione, sed in praeputio.*

Quia Circuncisionis et Praeputii tantum fit mentio, inscite colligunt multi, non aliud in quaestionem venire, quam non acquiri iustitiam ex caeremoniis legalibus. Sed attendere convenit cum quo hominum genere Paulus disputet. Scimus enim hypocritas, dum in genere opera meritoria iactant, fucam tamen obtendere in externis larvis. Iudaeis quoque sua fuit peculiaris ratio, qui crasso Legis abusu, a vera solida iustitia alienati erant. Dixit Paulus, neminem esse beatum nisi quem sibi Deus gratuita venia reconciliat. Unde sequitur omnes esse maledictos, quorum opera in iudicium veniunt. Iam tenetur caput hoc, non propria dignitate, sed Dei misericordia iustificari homines. Sed nondum id satis est, nisi peccatorum remissio praecedat omnia opera, quorum primum fuit Circuncisio, quae Iudaicum populum initiabat in Dei obedientiam. Proinde in eo quoque demonstrando pergit. Semper meminerimus, Circuncisionem hic tanquam initiale (ut ita loquar) iustitiae legalis opus recenseri. Neque enim ea Iudaei gloriabantur, tanquam gratiae Dei symbolo, sed quasi meritoria Legis observatione. ⟨74⟩ Ideo se aliis praeferebant, quasi plus afferrent coram Deo praestantiae. Iam videmus non de uno ritu litem agitari, sed comprehendi sub una specie quicquid est operum legalium, hoc est, quibus deberi posset merces. Ideo autem praecipue nominari Circuncisionem, quia fundamentum erat legalis iustitiae. Atqui Paulus ex opposito contendit, ›Si iustitia Abrahae est peccatorum remissio (quod secure ipse pro confesso assumit); ea autem Abrahae obtigit ante Circuncisionem; sequitur ergo, peccatorum

Mensch durch den Glauben gerechtfertigt wird und durch die Barmherzigkeit Gottes selig ist, als davon, dass es durch Werke geschehe. Hier ist nun nach der Reihenfolge der Gründe zu fragen, wie die Austeilung der Gnade geschieht. Es ist nur dann am richtigen Ort, wenn die Gerechtigkeit oder Seligkeit nach den Werken so verstanden wird, dass ihr die Gerechtigkeit des Glaubens vorangeht und allein alle Plätze einnimmt: Dies muss aufgebaut und standhaft gemacht werden, damit jenes, gleichwie die Frucht aus dem Baum, von dort gründet und wächst.

9 *Bezieht sich jene Seligpreisung nur auf die Beschneidung oder auch auf die Unbeschnittenen? Wir aber sagen, dass der Glaube Abraham zur Gerechtigkeit angerechnet wurde.*

10 *Wie ist er ihm denn zugerechnet worden? Als er beschnitten oder als er unbeschnitten war? Nicht als er beschnitten, sondern als er unbeschnitten war.*

Weil so häufig Beschnittenheit und Unbeschnittenheit erwähnt werden, erwägen viele in Unkenntnis, dass es in der Frage nur darum gehe, ob die Gerechtigkeit aus vorgeschriebenen Zeremonien erreicht werden kann. Es ist aber nötig zu beachten, mit welchen Menschen Paulus disputiert: wir wissen, dass es Heuchler sind, die allgemein verdienstliche Werke vor sich her tragen; das aber zeigen sie wie Schminke einer äußerlichen Maske. Auch den Juden war dieser Grund zu Eigen, indem sie sich mit grobem Missbrauch des Gesetzes von der wahren und echten Gerechtigkeit entfremdet hatten. Paulus hat gesagt, dass niemand selig ist, wenn Gott ihn nicht in gnädiger Vergebung versöhnt; daraus folgt, dass alle verdammt sind, deren Werke ins Gericht kommen.
Als Hauptaussage wird nunmehr dies festgehalten, dass die Menschen nicht durch die eigene Würdigkeit, sondern durch Gottes Barmherzigkeit gerechtfertigt werden. Aber das ist noch nicht genug, wenn nicht die Vergebung der Sünden allen Werken vorangeht, deren erstes die Beschneidung ist, die das jüdische Volk zum Gehorsam gegen Gott geweiht hat. Im Weiteren geht er voran, auch dies zu zeigen. Wir sollen uns immer erinnern, dass die Beschneidung hier gleichsam als Anfangswerk, wie ich es formulieren möchte, zur Gerechtigkeit aus dem Gesetz verstanden wird. Und doch rühmten sich die Juden dieser [Gerechtigkeit] nicht als einem Zeichen der Gnade Gottes, sondern sie rühmten sich der auf Verdienst angelegten Beachtung des Gesetzes. Darum meinten sie, anderen voraus zu sein, als ob sie vor Gott mehr vorzuweisen hätten. Wir sehen schon, dass es sich beim Disput nicht nur um diesen einen Brauch handelt: sondern unter dieser einen Gestalt sind alle Gesetzeswerke zu verstehen, d.h. die, denen Verdienst zuzukommen scheint. Deshalb wird auch zuerst die Beschneidung genannt, weil sie das Fundament der Gerechtigkeit des Gesetzes war. Paulus vergleicht es daher mit dem Gegenteil: »Wenn nämlich die Gerechtigkeit Abrahams aus der Vergebung der Sünden kommt (das er selbst sicher als Bekenntnis hat), die Abraham vor der Beschneidung zuteil

remissionem non dari praecedentibus meritis.‹ Vides argumentum esse ab ordine causarum et effectuum. Causa enim semper effectu suo prior est. Atqui iustitia fuit in Abrahamo Circuncisione superior.

11 *Et signum accepit Circuncisionis, sigillum iustitiae fidei quae fuerat in praeputio: ut esset pater omnium credentium per praeputium, quo ipsis quoque imputetur iustitia:*
12 *Et pater Circuncisionis non iis qui sunt ex Circuncisione tantum, sed qui insistunt vestigiis fidei quae fuit in praeputio patris nostri Abrahae.*

86 | 11 *Et signum accepit.* Per anticipationem ostendit, non tamen fuisse vanam superfluamque Circuncisionem, tametsi non iustificaret. Quandoquidem alium haberet valde praeclarum usum, utpote cuius officium erat iustitiam fidei obsignare, ac veluti ratam facere. Atque interim a fine ipso insinuat, non esse iustitiae causam. Tendit enim ad confirmandam fidei iustitiam, et eam quidem iam in praeputio comparatam. Ergo nihil illi derogat aut detrahit. Hic porro habemus insignem locum, de communi sacramentorum usu. Sunt enim (teste Paulo) sigilla, quibus et Dei promissiones cordibus nostris quodammodo imprimuntur, et sancitur gratiae certitudo. Ac tametsi per se nihil iuvant, Deus tamen qui gratiae suae instrumenta esse voluit, arcana Spiritus sui gratia efficit ne profectu careant in electis. Et quanvis reprobis tantum mortuae sint ac inutiles figurae, vim tamen suam et naturam semper retinent; quia etsi nostra incredulitas effectu illorum nos privat, non tamen Dei veritatem labefactat vel extinguit. Quare maneat hoc fixum, sacra symbola esse testimonia quibus gratiam suam Deus cordibus nostris obsignat. De Circuncisionis symbolo peculiariter istud dicendum, repraesentatam illic fuisse duplicem gratiam. Pollicitus fuerat Deus Abrahae semen benedictum, ex quo salus toti mundo speranda erat. Hinc pendebat ⟨75⟩ illa promissio, ›Ero tibi in Deum‹. Gratuita igitur reconciliatio in Deo, in signo illo inclusa fuit. Et analogia congruebat, ut in promissum semen respicerent fideles. Exigebat vicissim Deus integritatem ac sanctimoniam vitae; symbolo indicabat quomodo ad eam perveniretur, nempe si in homine circuncideretur quicquid nascitur in carne, quia tota natura vitiosa est. Admonebat ergo Abrahamum externo signo, ut spiritualiter carnis suae

geworden ist, folgt daraus, dass der Vergebung der Sünden nicht die Verdienste vorangehen.« Es ist das Argument der Ordnung von Ursache und Wirkung. Die Ursache aber geht immer der Wirkung voraus, und deshalb war die Gerechtigkeit bei Abraham vor der Beschneidung.

11 *Und das Zeichen der Beschneidung empfing er als Siegel der Gerechtigkeit des Glaubens, die er als Unbeschnittener schon hatte: dass er der Vater aller werde, die glauben, ohne beschnitten zu sein, damit es ihnen zur Gerechtigkeit angerechnet wird.*
12 *Und auch der Vater der Beschnittenen, nicht allein derjenigen, die beschnitten sind, sondern auch derjenigen, die in den Fußtapfen des Glaubens wandeln, der in unserem Vater Abraham war, als er noch nicht beschnitten war.*

11 *Und er empfing das Zeichen.* Durch die Vorwegnahme zeigt er an, dass die Beschneidung gleichwohl nicht inhaltslos und überflüssig gewesen ist, obwohl sie nicht zur Rechtfertigung beigetragen hat, da sie ja einen anderen, ganz vortrefflichen Nutzen hatte: Ihr Auftrag war es ja, die Gerechtigkeit aus Glauben zu besiegeln und sie gleichsam gültig zu machen. Und so teilt sie unterdessen aufgrund ihres eigenen Endes mit, dass sie nicht Ursache der Gerechtigkeit ist. Sie zielt auf die Bestätigung der Gerechtigkeit aus Glauben und darauf, dass diese schon in der Unbeschnittenheit gewährt wurde; sie hebt also jene nicht auf und nimmt ihr nichts weg. Weiterhin haben wir also hier eine ausgezeichnete Stelle über den allgemeinen Gebrauch der Sakramente: sie sind nämlich nach dem Zeugnis des Paulus Zeichen, mit denen die Verheißungen Gottes unseren Herzen gleichsam eingraviert und die Gewissheit seiner Gnade bestätigt werden. Obwohl sie aus sich selber heraus nicht helfen, wirkt dennoch Gott, der wollte, dass sie Instrumente seiner Gnade sind, durch die verborgene Gnade seines Geistes, dass sie in den Erwählten nicht ohne Wirkung sind. Und wie sehr sie auch für die Verworfenen nur tote und unnütze Darstellungen sind, behalten sie dennoch immer ihre Kraft und ihre Natur: Denn, auch wenn unser Unglaube uns ihrer Wirkung beraubt, so untergräbt und löscht er Gottes Wahrheit dennoch nicht aus. Deshalb bleibt dies fest bestehen, dass die heiligen Zeichen Zeugnisse sind, mit denen Gott seine Gnade in unsere Herzen eingraviert. Vom Zeichen der Beschneidung ist als Eigentümlichkeit auszusagen, dass es jene Gnade doppelt repräsentiert: Gott hatte Abraham den gesegneten Nachkommen verheißen, aus dem das Heil der ganzen Welt zu erhoffen war. Hiermit hing jene Verheißung zusammen: »Ich will dein Gott sein.« [Gen 17,7]. Die gnädige Versöhnung mit Gott war also in diesem Zeichen eingeschlossen. Und die Ähnlichkeit trug dazu bei, dass die Gläubigen auf den verheißenen Nachkommen blickten. Andererseits forderte Gott die Integrität und Heiligkeit des Lebens: mit dem Zeichen [der Beschneidung] deutete er an, wie man dazu gelangt: wenn nämlich im Menschen alles das weg geschnitten wird, was aus dem Fleisch geboren ist – und das ist ja die ganze verderbte Natur. Er ermahnte also Abraham mit dem äußeren

corruptionem circuncideret, quo etiam allusit Moses (Deuter. 10.16). Quo autem indicaret non esse hominis opus, sed Dei, circuncidi voluit teneros infantes, qui per aetatem nondum exequi poterant id mandatum. Nam spiritualem Circuncisionem esse Divinae virtutis opus, non tacuit Moses; quemadmodum habes Deuteronomii 30.6, ›Circuncidet Dominus cor tuum, etc.‹ Prophetae id ipsum multo clarius postea explicarunt. Duae denique, ut Baptismi hodie sunt, ita olim Circuncisionis erant partes; nempe tam vitae novitatem, quam peccatorum remissio-
87 nem testari. Caeterum quod | in Abrahae persona Circuncisio posterior iustitia fuit, non semper in sacramentis locum habet; sicut apparet in Isaac et posteris. Sed Deus semel edere tale ab initio specimen voluit, nequis externis rebus salutem affigeret.

Ut esset pater. Nota quomodo Abrahae Circuncisio fidem nostram confirmet de iustitia gratuita. Est enim obsignatio iustitiae fidei, ut nobis quoque credentibus iustitia imputetur. Atque ita singulari artificio in adversarios retorquet Paulus, quae poterant ab illis obiectari. Si enim ipsa Circuncisionis veritas ac vis est in praeputio, non est cur tantopere se evehant Iudaei supra Gentes. Sed quum dubitatio iniici possit, ›An non ergo exemplo Abrahae, nos quoque oporteat Circuncisionis sigillo eandem iustitiam confirmare? cur eam Apostolus praetermisit?‹ Nempe quia putabat satis ex suis verbis quaestionem expediri. Nam ubi admissa fuerit haec sententia, Circuncisionem valere duntaxat ad obsignandam Domini gratiam, sequitur hodie nobis esse supervacuam, qui signum habemus eius loco Divinitus institutum. Quia ergo ubi Baptismus est, nullus iam restat Circuncisionis usus, noluit de eo frustra disceptare quod nequaquam dubium erat, cur scilicet in Gentibus fidei iustitia non obsignetur, si similitudinem habent cum Abrahamo. ›Credere per Praeputium‹ est Gentes sua sorte contentas non interponere Circuncisionis tesseram. Atque ita praepositio διὰ; ponitur loco ἐν.

12 *Non iis qui sunt ex Circuncisione*. ›Esse‹ hoc loco accipitur pro ›censeri‹. Nam carnales Abrahae filios perstringit, qui nihil habentes praeter Circuncisionem ⟨76⟩ externam, ipsa secure gloriantur. Istud enim alterum quod praecipuum est negligunt, ut Abrahae fidem imitentur, qua una salutem ille adeptus est. Hinc apparet quam solicite discernat fidem a sacramento; non solum nequis hoc sine illa contentus sit, perinde acsi ad iustificandum sufficeret, sed etiam ut illa sola partes omnes impleat. Nam dum Iudaeos qui sunt circuncisi iustificari fate-

Zeichen, dass er die Verderbtheit seines Fleisches geistlich beschneide, wie es auch Mose Dtn 10,16 andeutet. Dadurch aber zeigt er an, dass es nicht des Menschen, sondern Gottes Werk ist: er wollte, dass die zarten Kinder beschnitten werden, die aufgrund ihres Alters dieses Gebot noch nicht befolgen konnten. Denn dass die Beschneidung ein Werk geistlicher Kraft ist, sagt Mose, wie es in Dtn 30,6 zu lesen ist: »Der Herr wird dein Herz beschneiden …« Die Propheten haben gerade dies später viel klarer ausgeführt. Schließlich hatte einst die Beschneidung wie heute auch die Taufe zwei Teile: sie sollte nämlich ebenso das neue Leben wie die Vergebung der Sünden bezeugen. Außerdem [ist noch zu erwähnen], dass in der Person Abrahams die Beschneidung nach [dem Erwerb] der Gerechtigkeit geschah. Das ist bei den Sakramenten nicht immer so, wie es bei Isaak und seinen Nachkommen zu sehen ist. Aber Gott wollte einmal gleich zu Anfang solch ein Beispiel geben, damit keiner das Heil an äußere Dinge hängt.

Damit er Vater sei. Beachte, auf welche Weise Abrahams Beschneidung unseren Glauben an die gnädige Gerechtigkeit bestätigt. Sie ist nämlich eine Versiegelung der Gerechtigkeit des Glaubens, damit auch uns Glaubenden die Gerechtigkeit zugerechnet wird. So wendet Paulus geschickt einen Einwand, der ihm von seinen Gegnern vorgehalten wurde, auf diese zurück. Denn wenn gerade die Wahrheit und Kraft der Beschneidung auch im Zustand der Unbeschnittenheit gilt, so können sich die Juden nicht so sehr über andere Völker erheben. Aber wenn sich der Zweifel einstellen kann, »ob es denn nicht nach dem Beispiel Abrahams nötig ist, dass auch wir durch das Zeichen der Beschneidung dieselbe Gerechtigkeit bestätigen – warum geht der Apostel an dieser Frage vorüber?« Weil er glaubte, dass die Frage aus seinen Worten genügend beantwortet sei. Denn er hatte schon gesagt, dass die Beschneidung dazu stark sei, die Gnade Gottes zu versiegeln: daraus folgt, dass sie heute für uns überflüssig ist, weil wir an ihrer Stelle ein göttliches Zeichen haben. Wo also nun die Taufe ist, da ist kein Platz mehr für die Beschneidung. Er wollte darüber nicht umsonst streiten, weil kein Zweifel mehr bestand, warum denn die Gerechtigkeit des Glaubens bei den anderen Völkern nicht versiegelt wird, wenn sie [doch bereits] mit Abraham Ähnlichkeit haben. »Glauben, ohne beschnitten zu sein« bedeutet, dass die Völker, mit ihrem Geschick zufrieden, nicht noch [sich zusätzlich] das Kennzeichen der Beschneidung aufdrücken. Das wird auch durch die Präposition »διὰ« anstelle von »ἐν« verdeutlicht.

12 *Nicht allein derjenigen, die beschnitten sind,* also für die, die dafür gehalten werden. [Paulus] wendet sich gegen die fleischlichen Söhne Abrahams, die nichts als die äußere Beschneidung haben, sich zugleich aber dessen rühmen. Sie vernachlässigen aber das andere, das geboten ist, dass sie nämlich dem Glauben Abrahams nachzufolgen hätten; allein durch ihn hat er das Heil erlangt. Hier ist deutlich, wie sorgfältig [Paulus] den Glauben vom Sakrament unterscheidet: Nicht allein, dass sich keiner am Sakrament, als ob es zur Rechtfertigung genügen würde, ohne den Glauben zufrieden geben kann, sondern auch, dass der Glaube allein alles erfüllt. Denn während er bekennt,

tur, diserte excipit modo in fide nuda insistant Abrahae exemplo. Quid enim sibi vult fides in praeputio, nisi ut ostendat solam nec aliunde adiutam sufficere? Cavendum ergo nequis dimidiando, simul duas iustificandi causas misceat. Eadem ratione revincitur scholasticum dogma, de discrimine sacramentorum Veteris et Novi testamenti. Illis enim vim iustificandi adimunt, his attribuunt. Atqui si rite Paulus ratiocinatur,
88 dum Circuncisionem non iustificare ex eo probat, quod | fide iustificatus est Abraham, apud nos quoque militat eadem ratio, ut negemus Baptismo iustificari homines, quando eadem fide, qua Abraham, iustificantur.

13 *Non enim per Legem promissio Abrahae et semini eius data est, ut esset haeres mundi: sed per iustitiam fidei.*

13 *Non enim.* Iam Legis et fidei antithesin quam prius attigerat, clarius repetit, quae diligenter notanda est. Quoniam si nihil a Lege mutuatur fides ut iustificet, inde intelligimus, nonnisi in Dei misericordiam respicere. Commentum porro eorum qui de caeremoniis hoc dictum esse volunt, nullo negotio refellitur; quia siquid afferent opera ad iustificationem, dicendum potius erat, non per Legem scriptam, sed per legem naturae. Atqui non spiritualem vitae sanctitatem opponit caeremoniis Paulus, sed fidem eiusque iustitiam. Summa igitur est, Abrahae promissam fuisse haereditatem, non quia Legis observatione id esset promeritus, sed quia fide iustitiam adeptus erat. Et certe (ut mox Paulus subiiciet) tunc solida demum pace fruuntur conscientiae, ubi donari gratis sentiunt quod iure non debetur. Hinc etiam sequitur, Gentibus nihilo minus quam Iudaeis commune esse beneficium, cuius causa ad utrosque aeque pertinet. Nam si sola Dei bonitate fundata est salus hominum, eius cursum arcent et impediunt quantum in se est, qui ab ea excludunt Gentes.
⟨77⟩ *Ut esset haeres mundi*. Quum de aeterna salute nunc agatur, videtur parum tempestive Apostolus lectores ad mundum transferre. Sed

dass die Juden, die beschnitten sind, gerechtfertigt werden, fügt er deutlich hinzu: nur wenn sie nach dem Beispiel Abrahams am Glauben allein festhalten. Was will er für sein Anliegen denn mit »Glauben, ohne beschnitten zu sein« zeigen, wenn nicht das, dass der der Glaube allein, ohne dass er von irgendwoher unterstützt wird, [voll] genügt? Man muss sich also davor hüten, dass jemand nach einer Aufspaltung zugleich die beiden Gegenstände der Rechtfertigung vermischt. Aus eben dieser Überlegung wird die Lehre der Scholastiker[4] widerlegt, die zwischen den Sakramenten des Alten und Neuen Testaments trennen: den ersten fehle die Kraft der Rechtfertigung, den letzteren wäre sie zu Eigen. Wenn Paulus mit seinen Überlegungen Recht hat, dass die Beschneidung nicht rechtfertige, weil Abraham durch den Glauben gerechtfertigt wurde, beweist das, dass auch bei uns dieselbe Begründung gilt. Deshalb verneinen wir, dass Menschen durch die Taufe gerechtfertigt werden, sondern sie werden durch denselben Glauben wie Abraham gerechtfertigt.

13 *Denn die Verheißung, die Abraham und seinen Nachkommen gegeben wurde, dass er der Erbe der Welt sein solle, geschah nicht durch das Gesetz, sondern durch die Gerechtigkeit des Glaubens.*

13 *Denn nicht.* Zwischen Gesetz und Glaube besteht ein Gegensatz, den [Paulus] vorher erwähnt hat, jetzt deutlicher wiederholt und der sorgfältig zu beachten ist. Denn wenn der Glaube nichts vom Gesetz borgt, um zu rechtfertigen, erkennen wir von dort aus, nur auf die Barmherzigkeit Gottes zu schauen. Nun aber wird der Einwand derer, die wollen, dass hier nur von den Zeremonien geredet werde, ohne Mühe widerlegt: Denn wenn die Werke etwas zur Gerechtigkeit beitragen würden, so hätte [Paulus] eher formulieren müssen: nicht »durch das geschriebene Gesetz«, sondern »durch das Gesetz der Natur«. Paulus aber stellt gegen die Zeremonien nicht die geistliche Heiligkeit des Lebens, sondern den Glauben und seine Gerechtigkeit. Also lautet das Ergebnis, dass Abraham das Erbe nicht verheißen worden ist, weil er dies durch die Beachtung des Gesetzes verdient hätte, sondern weil er die Gerechtigkeit aus dem Glauben erlangt hat. Und sicher (wie Paulus bald darlegt) wird dann vollends das Gewissen einzigartigen Frieden genießen, weil es erfährt, dass umsonst geschenkt wurde, was ihm rechtmäßig nicht zustand. Hier folgt auch, dass den Völkern nicht weniger als den Juden die Gabe gemeinsam ist, die sich auf beide in gleicher Weise bezieht. Denn wenn allein durch die Güte Gottes das Heil der Menschen begründet ist, stehen ihrem Lauf diejenigen im Weg, die – soweit es an ihnen liegt – die Völker von ihr ausschließen.
Dass er der Erbe der Welt sei. Weil es nun um das ewige Heil geht, scheint der Apostel die Leser unpassend auf die Welt zu verweisen.

4 Parker, 88, verweist auf Petrus Lombardus, Sent. IV, dist. 1, § 5 (PL 192,840); vgl. Thomas von Aquin, Summa Theologiae III, q. 62, art. 6; vgl. Inst. (1539) XVI,23 (CO 1,954); Inst. (1559) IV,14,23 (OS 5,280f.).

generaliter hoc verbo comprehendit instaurationem quae a Christo speranda erat. Praecipua quidem fuit vitae restitutio; collapsum tamen totius mundi statum reparari oportuit. Ideo Christum omnium Dei bonorum haeredem Apostolus nuncupat ad Hebr. 1.2, quia adoptio quam eius gratia adepti sumus, haereditatis possessionem a qua in Adam excidimus, nobis restituit. Quia vero sub typo terrae Chanaan non modo spes caelestis vitae Abrahae proposita fuit, sed plena et solida Dei benedictio, iure Apostolus dominium mundi ei promissum fuisse
89 docet. Huius gustum quendam in praesenti vita delibant pii; | quia utcunque inopiae angustiis saepe premantur, quia tamen quae in eorum usum creavit Deus, tranquilla conscientia participant, eoque propitio et volente fruuntur terrenis beneficiis non secus ac pignoribus vel arrhis vitae aeternae, nihil illis obstat sua paupertas quominus caelum, terram, et mare sui iuris esse agnoscant. Divitias mundi licet ingurgitent impii, nihil suum vocare possunt; quin potius furto rapiunt; quia cum Dei maledictione usurpant. Magnum vero piis suae egestatis solatium est, quod tenuiter victitando, nihil tamen alienum furantur. Sed legitimum ex caelestis Patris manu demensum recipiunt, donec plenam haereditatis suae possessionem cernant, dum eorum gloriae servient creaturae omnes. Nam in hunc finem renovabitur et terra et caelum, ut pro suo modo ad illustrandum Dei regnum in partes accedant.

14 *Si enim ii qui sunt ex Lege, haeredes sunt: exinanita est fides, et abolita est promissio.*
15 *Nam Lex iram efficit: siquidem ubi non est Lex, neque etiam transgressio.*

14 *Si enim qui sunt ex Lege.* Ab impossibili vel absurdo arguit, non promissam fuisse Abrahae quam a Deo gratiam obtinuit, ex pacto legali, vel operum intuitu. Quia si interposita esset haec conditio, Deum eos solos dignari adoptione qui merentur, vel qui Legem praestant, nemo confidere auderet, ad se pertinere. Quis enim tantae sibi perfectionis est conscius, ut sibi haereditatem ex Legis iustitia deberi statuat? Exinanita ergo fides esset; quia impossibilis conditio non modo suspensas et anxias teneret animas, sed trepidationem quoque incuteret. Ita evanesceret ⟨78⟩ promissionum effectus, quia nihil prosunt nisi fide acceptae. Quod si ad hanc unam rationem auscultandam adversariis nostris aures essent, non magno negotio dirimeretur quod inter nos est certamen. Praesumit Apostolus pro re indubia, nequaquam Dei

Aber allgemein versteht er unter diesem Wort die Erneuerung, die von Christus her zu erhoffen war. Das Wichtigste ist zwar die Wiederherstellung des Lebens, dennoch ist es nötig, dass die ganze verfallene Welt wiederhergestellt wird. Ebenso benennt der Apostel in Hebr 1,2 Christus als Erben über alles, weil die Annahme, die wir durch seine Gnade bekommen haben, uns den Besitz des Erbes wiederherstellt, aus dem wir in Adam herausgefallen waren. Weil aber Abraham im Bild des Landes Kanaan nicht nur die Hoffnung auf das himmlische Leben verheißen wurde, sondern auch der volle und bleibende Segen Gottes, lehrt der Apostel zu Recht, dass ihm die Herrschaft über die Welt verheißen worden ist. Einen Geschmack davon bekommen die Frommen im gegenwärtigen Leben nur zuweilen, weil sie oft durch die Ängste ihrer Nöte bedrückt werden. Aber dennoch haben sie mit ruhigem Gewissen Anteil an dem, was Gott zu ihrem Gebrauch geschaffen hat; und sie genießen aufgrund seiner Güte und seines Willens die irdischen Wohltaten als Unterpfand und Angeld des ewigen Lebens. Und ihre Armut hindert sie nicht, Himmel, Erde und das Meer als ihr Eigentum zu erkennen. Die Gottlosen können sich wohl mit dem Reichtum dieser Welt voll fressen, sie können aber nichts ihr Eigentum nennen: eher ist es Raub, weil sie es sich unter Schmähung Gottes aneignen. Doch bleibt den Frommen bei ihrer Dürftigkeit der große Trost, dass sie bei bescheidenen Lebensverhältnissen sich doch nichts Fremdes aneignen, sondern das ihnen rechtmäßig Zustehende aus der Hand des himmlischen Vaters empfangen, bis sie schließlich den vollen Besitz ihres Erbes sehen, wobei alle Geschöpfe ihrer Herrlichkeit dienen werden. Denn zu dem Ziel werden Himmel und Erde erneuert werden, dass sie auf ihre Weise dazu beitragen, das Reich Gottes ans Licht zu bringen.

14 *Wenn aber die aus dem Gesetz Erben sind, so ist der Glaube leer und die Verheißung ist abgetan.*
15 *Denn das Gesetz bewirkt den Zorn; wo aber das Gesetz nicht ist, da ist auch keine Übertretung.*

14 *Wenn aber die aus dem Gesetz sind.* [Paulus] argumentiert von der Unmöglichkeit oder vom Widersinn her: die Gnade, die Abraham von Gott erhalten hat, wurde ihm nicht aufgrund gesetzlichen Vertrages oder im Blick auf Werke verheißen. Denn wenn dies als Bedingung dazwischen getreten wäre, dass Gott nur die zur Annahme an Kindes Statt würdigte, die Verdienste erwerben oder die das Gesetz erfüllen, könnte niemand darauf vertrauen, dass er dazu gehört. Wer ist sich aber solcher Vollkommenheit gewiss, dass er annimmt, ihm stehe das Erbe aus der Gerechtigkeit des Gesetzes zu? Dann wäre der Glaube leer. Denn diese unmögliche Bedingung würde die Seelen nicht nur im Zustand des Schwankens und der Angst festhalten, sondern auch Verwirrung einflössen. Und damit würde die Wirkung der Verheißungen verschwinden, weil sie ja ohne Annahme durch den Glauben nichts nützen.
Wenn doch unsere Gegner Ohren hätten, um nur diese Überlegung anzuhören, so wäre es sicher leicht, das, was zwischen uns steht, auszuräu-

promissionibus constare suam efficaciam nisi certa animi fiducia eas recipimus. Quid autem futurum est, si Legis observatione fundetur hominum salus? Conscientiae nihil habebunt certitudinis, sed perpetua inquietudine vexatae, tandem desperationi succumbent. Promissio inde ipsa sine fructu evanescet, cuius complementum a re impossibili pen-
90 debit. Eant nunc qui miseram plebem docent, operi-|bus sibi salutem comparare; quum Paulus diserte pronuntiet abolitam esse promissionem, si in opera recumbat. Sed apprime cognitu necessarium est illud: Fidem in nihilum redigi, si operibus fulciatur. Nam et inde discimus quid sit fides, et qualem oporteat esse operum iustitiam, cui secure confidere possint homines. Perire fidem docet Apostolus, nisi in Dei bonitate secure acquiescit anima. Non est ergo fides, aut Dei aut veritatis eius nuda agnitio, ac ne simplex quidem persuasio quod Deus sit, quod verbum eius sit veritas, sed Divinae misericordiae certa notitia ex Euangelio concepta, quae pacem conscientiae apud Deum ac requiem conciliet. Summa ergo est, Quod si in Legis observatione reponatur salus, nullam habere eius fiduciam animus poterit; imo quaecunque a Deo promissiones nobis offerentur, irritae cedent. Ita deplorati ac perditi sumus, si relegamur ad opera, dum quaerenda est salutis causa vel certitudo.

15 *Nam Lex iram efficit.* Confirmatio proximae sententiae a contrario Legis effectu. Nam quum Lex nihil quam ultionem generet, non potest afferre gratiam. Bonis quidem ac integris viam vitae monstraret, sed quatenus vitiosis ac corruptis praecipit quid debeant, praestandi autem vires non subministrat, reos apud Dei tribunal peragit. Quae enim est naturae nostrae vitiositas, quo magis docemur quid rectum sit ac iustum, eo apertius nostra iniquitas detegitur, maximeque contumacia; atque hoc modo gravius Dei iudicium accersitur.

Iram pro Dei iudicio accipe, in quo significatu passim occurrit. Qui exponunt, iram peccatoris inflammari Lege, quia Legislatorem odit et execratur, quem videt suis cupiditatibus adversari, argute id quidem dicunt, sed parum apte ad praesentem locum. Paulum enim nihil aliud voluisse, quam ex Lege solam condemnationem nobis omnibus instare, cum ⟨79⟩ verbi communis usus, tum vero ratio quam mox attexuit, palam facit.

men. Der Apostel vermutet unzweifelhaft, dass die Verheißungen Gottes ihre Wirkung keineswegs erzielen können, wenn wir sie nicht mit dem sicheren Vertrauen der Seele aufnehmen. Was aber wird geschehen, wenn das Heil der Menschen auf der Beachtung des Gesetzes basiert? Die Gewissen werden keine Gewissheit haben, sondern, von immer währender Unruhe gequält, erliegen sie schließlich der Verzweiflung. Von daher verschwindet die Verheißung selbst ohne Frucht, weil ja ihre Erfüllung von einer unmöglichen Sache abhängt. Es sollen nun diejenigen sich entfernen, die das arme Volk lehren, sich das Heil durch Werke zu erwerben. Paulus erklärt stattdessen klar, dass die Verheißung zugrunde geht, wenn sie auf Werken beruht. Aber besonders nötig ist es, dies zu erkennen: Der Glaube ist nichts, wenn er sich auf Werke stützt. Denn auch daher können wir erkennen, was der Glaube ist und wie eine Werkgerechtigkeit beschaffen sein muss, auf die die Menschen unbesorgt ihr Vertrauen setzen könnten.

Der Apostel lehrt, dass der Glaube untergeht, wenn sich die Seele nicht auf die Güte Gottes unbesorgt verlässt. Der Glaube ist also nicht die nackte Erkenntnis Gottes oder seiner Wahrheit, und nicht einmal die einfache Überzeugung, dass Gott existiert und dass sein Wort die Wahrheit ist, sondern die gesicherte, aus dem Evangelium empfangene Kenntnis der göttlichen Barmherzigkeit, die dem Gewissen Friede und Ruhe bei Gott verschafft.

Zusammengefasst also heißt es: Wenn das Heil auf der Beachtung des Gesetzes beruht, wird die Seele nichts haben können, worauf sie vertrauen kann; ebenso werden alle Verheißungen, die uns von Gott angeboten werden, unwirksam werden. So sind wir verloren und verdorben, wenn wir uns auf Werke verlassen; es ist aber nach dem Grund und der Gewissheit des Heils zu suchen.

15 *Denn das Gesetz bewirkt Zorn.* Die Bestätigung des vorhergehenden Satzes wird jetzt durch die gegenteilige Wirkung des Gesetzes belegt. Denn weil das Gesetz nur Strafe hervorbringt, kann es keine Gnade bringen. Es würde zwar den Guten und den Rechtschaffenen den Weg zum Leben zeigen, aber soweit es Verdorbenen und Schlechten vorschreibt, was sie tun müssen, bietet es die Kräfte, es zu halten, nicht und führt sie als Angeklagte vor Gottes Richterstuhl. Derart ist die Verderbtheit unserer Natur, dass je mehr wir gelehrt werden, was richtig und gerecht ist, desto offener tritt unsere Ungerechtigkeit und am meisten unser Trotz zu Tage; so führen wir auf diese Weise ein strengeres Urteil Gottes herbei.

»Zorn« steht hier wie auch an anderen Stellen für das Gericht Gottes. Was die anbetrifft, die darlegen, dass der Zorn des Sünders durch das Gesetz entzündet wird, weil er ja den Gesetzgeber hasst und verflucht, weil er sieht, dass dieser seinen Begierden entgegensteht [, so ist zu sagen]: sie sprechen dies zwar scharfsinnig aus, aber es passt zu wenig zu dieser Stelle. Paulus hat nämlich nichts anderes sagen wollen, als dass aus dem Gesetz uns allen nur die Verdammnis droht; sowohl der übliche Gebrauch des Wortes als auch die Überlegung, die er wenig später hinzugefügt hat, macht das deutlich.

Ubi non est Lex. Secunda probatio, qua id ipsum quod dixerat confirmatur. Obscurum enim alioqui futurum erat, quomodo a Lege in nos accenderetur ira Dei, nisi ratio magis appareret. Ea autem est, quia cognitione iustitiae Dei per Legem percepta, eo gravius peccamus in Deum, quo minus excusationis nobis superest. Merito enim graviorem poenam sustinent qui voluntatem Dei cognitam aspernantur, quam qui ignorantia impingunt. Non loquitur autem Apostolus de simplici
91 iustitiae transgressione a qua nemo eximitur, sed transgres-|sionem appellat, ubi animus edoctus quid Deo placeat, quidve displiceat, fines voce Dei sibi definitos sciens ac volens perrumpit. Atque ut uno verbo dicam, transgressio hic non simplex delictum, sed destinatam in violanda iustitia contumaciam significat. Particulam οὗ quam adverbialiter accipio, alii vertunt ›cuius‹; acsi relativum esset pronomen. Verum prior lectio melius quadrat, quae etiam magis recepta est. Utramlibet sequaris lectionem idem manet sensus, ›Qui Lege scripta non est institutus, eum, si peccet, non esse reum tantae transgressionis, quantae convincitur qui Legem Dei contumaciter infregit ac dissipavit.‹

16 *Propterea ex fide, ut secundum gratiam: quo firma sit promissio universo semini: non ei quod est ex Lege solum, sed etiam quod est ex fide Abrahae: qui est pater omnium nostrum*
17 *(Sicut scriptum est, Quod patrem multarum gentium posui te) coram Deo cui credidit, qui vivificat mortuos, et vocat ea quae non sunt, tanquam sint.*

16 *Propterea ex fide*. Absolutio argumenti, quod totum in hanc summam possis colligere, ›Si per opera nobis eveniat haereditas salutis, collabetur eius fides, abrogabitur eius promissio. Sed utranque oportet esse certam. Ergo per fidem nobis obtingit, ut in sola Dei bonitate fundata eius stabilitas, certum effectum habeat‹. Vide ut Apostolus fidem ex firma stabilique certitudine aestimans, haesitantiam ac dubitationem pro incredulitate ducat, qua et fides aboleatur, et abrogetur promissio. Et tamen haec est dubitatio, quam Scholastici appellant coniecturam moralem; et, si Deo placet, fidei loco substituunt.
⟨80⟩ *Ut secundum gratiam*. Hic primo ostendit Apostolus, fidei nihil proponi praeter meram gratiam; et hoc esse eius obiectum, ut vulgo

Wo das Gesetz nicht ist. Der zweite Beweis, durch den [Paulus] das, was er vorher gesagt hat, bestätigt. Dunkel wäre nämlich überhaupt geblieben, wie der Zorn Gottes durch das Gesetz gegen uns entfacht wird, wenn kein weiterer Grund sich zeigte. Es ist aber so, dass wir durch die im Gesetz empfangene Erkenntnis der Gerechtigkeit Gottes umso schwerer gegen Gott sündigen, je weniger uns die Möglichkeit der Entschuldigung bleibt. Zu Recht bekommen die eine größere Strafe, die den ihnen bekannten Willen Gottes zurückweisen, als die, die durch Unwissenheit dagegen verstoßen.
Der Apostel spricht aber nicht von der einfachen Übertretung der Gerechtigkeit, von der sich niemand ausnehmen kann, sondern er nennt Übertretung, wo die Seele, die genau über das, was Gott gefällt und was ihm nicht gefällt, unterrichtet ist, die Grenzen, die ihr durch das Wort Gottes bezeichnet sind, wissentlich und willentlich durchbricht. Und um es mit einem Wort zu sagen: hier ist die Überschreitung kein einfaches Vergehen, sondern sie bezeichnet den Trotz, der darauf abzielt, Gottes Gerechtigkeit zu verletzen.
Das Wort »wo«, das ich adverbial verstehe, übersetzen andere mit »wessen«, als ob es ein Relativpronomen ist; die erste Lesart passt besser und ist auch die gebräuchlichere.
Unabhängig von der Lesart bleibt der Sinn derselbe, »dass der, der im geschriebenen Gesetz nicht unterwiesen wurde, sich nicht einer so großen Übertretung schuldig macht, wenn er sündigt, wie der, der das Gesetz Gottes trotzig durchbrochen und außer Kraft gesetzt hat.«

16 *Deshalb aus Glauben, damit [die Gerechtigkeit] aus der Gnade ist: dadurch ist die Verheißung für die gesamte Nachkommenschaft unumstößlich. Nicht für die aus dem Gesetz allein, sondern auch für die, die es durch den Glauben Abrahams sind: er ist der Vater von uns allen*
17 *– wie geschrieben steht: Ich habe dich zum Vater vieler Völker gesetzt – vor Gott, dem er geglaubt hat, der die Toten auferweckt und ruft das, was nicht ist, damit es sei.*

16 *Deshalb aus Glauben.* [Es folgt jetzt die] Vollendung der Argumentation, die man insgesamt so zusammenfassen könnte: »Wenn uns das Erbe des Heils durch die Werke zukäme, so würde der Glaube daran zerbrechen und die Verheißung darauf beseitigt; beides aber muss gewiss sein. Also wird uns durch den Glauben zuteil, dass die Beständigkeit, die allein in der Güte Gottes wurzelt, eine gesicherte Wirkung hat.« Der Apostel schätzt den Glauben aufgrund der festen und beständigen Gewissheit hoch und hält die Unentschlossenheit und den Zweifel für Unglauben, der sowohl den Glauben vernichtet als auch die Verheißung zerstört. Und dennoch ist es dieser Zweifel, den die Scholastiker moralische Vermutung nennen und den sie, als ob es Gott gefalle, an die Stelle des Glaubens setzen.
Damit sie aus der Gnade ist. Hier zeigt der Apostel zunächst, dass dem Glauben nichts außer der bloßen Gnade gegeben wird und dass

loquuntur. Nam si ad merita spectaret, perperam gratuitum esse inferret Paulus quicquid ipsa a Deo nobis impetrat. Iterum aliis verbis repetam: Si gratia est quicquid fide consequimur, iacet omnis operum consideratio. Sed omnem ambiguitatem clarius dirimit quod proxime sequitur, nempe tunc demum firmam stare promissionem, ubi in gratiam re-
92 cumbit. Hoc enim verbo confirmat Paulus, quandiu operibus | insistunt homines, dubios pendere, quia promissionum fructu se fraudant. Hinc etiam colligere promptum est, gratiam non pro dono regenerationis, ut quidam imaginantur, sed pro gratuito favore sumi. Quia ut regeneratio nunquam perfecta est, ad placandas animas nunquam sufficeret, nec per se ratam faceret promissionem.

Non ei quod est ex Lege solum. Haec particula quum alibi significet eos qui praeposteri Legis zelotae, illius iugo sese obstringunt, ac fiducia eius superbiunt, significat hic simpliciter gentem Iudaicam cui Lex Domini tradita fuerat. Nam quicunque Legis imperio devincti manent, eos maledictioni esse obnoxios alibi Paulus docet. Ideoque certum est a gratiae participatione excludi. Non ergo servos Legis designat qui operum iustitiae addicti, Christo renuntiant, sed Iudaeos qui in Lege educati, Christo nomen dabant. Caeterum ut clarior sit sententia, sic resolve, ›Non iis tantum qui ex Lege sunt, sed omnibus qui fidem imitantur Abrahae, etiam si Legem prius non habuerint‹.

Qui est pater omnium nostrum. Relativum habet vim causalis particulae. Vult enim eo probare, Gentes esse huius gratiae consortes, quia eodem oraculo quo delata est Abrahae haereditas et semini eius, Gentes in eius semen fuerunt accitae. Siquidem positus dicitur non unius gentis pater, sed multarum gentium; quo praesignata est futura gratiae propagatio quae tunc intra unum Israelem continebatur. Nisi enim ad eos extenderetur benedictio promissa, non poterant in Abrahae sobole censeri. Praeteritum verbi tempus, usu Scripturae vulgari, notat Divini consilii certitudinem. Nam etsi nihil tunc minus apparebat, quia sic tamen ordinaverat Dominus, vere dicitur constitutus multarum gentium pater. Testimonium Mosis parenthesi includatur, quo haec sententia cohaereat, *qui est pater omnium nostrum coram Deo etc*. Necesse enim fuit simul explicare quae istius cognationis forma esset, ne in carnali generatione nimium gloriarentur Iudaei. Dicit ergo esse *patrem coram*

sie sein Objekt ist, wie man allgemein sagt. Denn wenn [der Glaube] auf Verdienste blickte, hätte Paulus fälschlich behauptet, dass uns alles von Gott aus Gnaden zukommt. Wiederum mit anderen Worten: Wenn alles, was wir im Glauben erlangen, Gnade ist, ist jede Betrachtung der Werke gegenstandslos. Aber noch klarer hebt er jede Zweideutigkeit auf, weil er umgehend fortfährt, dass die Verheißung nur dann feststeht, wenn sie sich auf die Gnade stützt. Mit diesem Wort bestätigt Paulus aber, dass die Menschen, solange sie sich auf Werke stützen, als Zweifelnde wanken, weil sie sich ja der Frucht der Verheißung berauben. Daraus ist leicht der Schluss zu ziehen, dass Gnade nicht für die Gabe der Wiedergeburt steht, wie einige annehmen, sondern es steht für die gnädige Gunst. Denn weil die Wiedergeburt nie vollkommen ist, reicht sie nie zum Frieden unserer Seelen aus und kann von sich aus der Verheißung keine Gültigkeit verschaffen.

Nicht allein dem, der aus dem Gesetz ist. Diese Partikel bezeichnet andernorts die, die sich als Eiferer des Gesetzes auszeichnen, die sich seinem Joch unterwerfen und durch ihren zuversichtlichen Glauben hochmütig sind. Hier aber bezeichnet es einfach das jüdische Volk, dem das Gesetz des Herrn überliefert worden ist.

Denn alle die, die im Herrschaftsbereich des Gesetzes bleiben, sind auch seinem Fluch unterworfen, lehrt Paulus an anderer Stelle [Gal 3,13]. Deshalb ist es sicher, dass sie von der Teilhabe an der Gnade ausgeschlossen werden. Er bezeichnet also nicht die als Sklaven des Gesetzes, die aufgrund ihrer Verpflichtung den Werken der Gerechtigkeit gegenüber Christus absagen, sondern die Juden, die – im Gesetz erzogen – sich zu Christus bekannten. Übrigens ist der Satz klarer, wenn er so gelöst wird: »Nicht allein denen, die aus dem Gesetz sind, sondern alle, die dem Glauben Abrahams nachfolgen, auch wenn sie das Gesetz zuvor nicht hatten.«

Der ist der Vater von uns allen. Das Relativpronomen ist hier kausal zu verstehen. Denn [Paulus] will beweisen, dass die Völker an der gleichen Gnade teilhaben, weil durch die gleiche Weissagung, die das Erbe Abraham und seinem Samen zusprach, auch die Völker zu seinem Samen gezählt werden. Denn es wird gesagt, dass er nicht als Vater eines, sondern vieler Völker eingesetzt worden ist. Dadurch ist die künftige Ausbreitung der Gnade angekündigt, die sich damals auf das eine Israel erstreckte. Denn die verheißene Segnung würde sich nicht auf sie beziehen, wenn sie nicht auch zu Abrahams Nachkommenschaft gezählt würden. Das Vergangenheitstempus des Wortes zeigt nach dem üblichen Schriftgebrauch die Sicherheit des göttlichen Ratschlusses. Denn wenn auch damals noch nichts zu sehen war: weil Gott es ja so geordnet hatte, ist es recht gesagt, dass er zum Vater vieler Völker bestimmt ist.

Das Zeugnis des Mose ist in Parenthese eingeschlossen, weshalb der Satz im Zusammenhang lautet: Er ist der Vater von uns allen vor Gott. Es ist aber nötig, gleichzeitig auszuführen, wie diese Verwandtschaft aussieht, damit sich die Juden keineswegs ihrer fleischlichen Herkunft rühmen.

Deo quod idem valet ⟨81⟩ acsi nominaret spiritualem. Id enim iuris non a carne propria, sed a Dei promissione habet.

17 *Cui credidit qui vivificat mortuos*. Hoc circuitu declaratur ipsissima substantia fidei Abrahae, ut eius exemplo transitus quoque fiat ad Gentes. Mirifica enim via perveniendum illi erat ad promissionem quam audiebat ex ore Domini, quum nullum eius signum extaret. Promitteba-
93 tur semen ut vegeto ac vivido. At ipse emortuus erat. Ergo | oportebat erigi cogitationem eius in virtutem illam Dei qua mortuos vivificat. Iam nihil absurdi est si Gentes, aridae alioqui et emortuae, in communionem inseruntur. Qui enim ob id gratiae capaces negat, iniuriam Abrahae facit, cuius fides ea cogitatione subnixa est, nihil interesse an mortuus sit, qui a Domino vocatur ad vitam; cui dum loquitur, facile est sua potentia mortuos suscitare. Hic praeterea typum et exemplar habemus universalis nostrae vocationis, quo nobis ob oculos statuitur ortus noster, non in primam nativitatem, sed spem futurae vitae; nempe dum a Domino vocamur, ex nihilo nos emergere. Qualescunque enim videamur, ne scintillam quidem habemus ullius boni quod nos regno Dei aptos reddat. Ut enim potius idonei simus ad audiendam Dei vocationem, emori nos penitus nobismet oportet. Haec est vocationis conditio, ut qui mortui sunt, a Domino suscitentur, qui nihil sunt, aliquid eius virtute esse incipiant. ›Vocandi‹ verbum, ad praedicationem restringi non debet, sed more Scripturae usitato, pro ›suscitare‹ capitur, idque ad virtutem Dei magis exprimendam, qui solo nutu quos vult erigit.

18 *Qui praeter spem super spe credidit: ut esset pater multarum gentium: secundum quod dictum erat, Sic erit semen tuum.*

18 *Qui praeter spem*. Si ita legamus, sensus erit, ›Quum nullum occurreret argumentum, imo quum omnia pugnarent, credere tamen non destitit‹. Et sane nihil fidei magis adversum est, quam mentes nostras oculis affigere, ut ex eorum intuitu petamus sperandi materiam. Potest etiam legi ›supra spem‹, et forsan magis apposite; quasi diceret, ipsum sua fide longe superasse quicquid concipere poterat. Nisi enim sursum alis caelestibus evolet fides, ut omnes carnis sensus procul despiciat, in luto mundi semper haerebit. Quum autem ›spei‹ vocabulum Paulus

Also sagt er, dass er der Vater vor Gott sei, was soviel wie geistlich heißt. Das bedeutet, dass er seinen Anspruch nicht aufgrund der fleischlichen Art, sondern aufgrund der Verheißung Gottes hat.

17 *Dem er geglaubt hat, der die Toten lebendig macht.* Diese Umschreibung erklärt das ureigene Wesen des Glaubens Abrahams, wie nach [Abrahams] Beispiel der Übergang auch zu den Völkern geschehen sollte. Denn auf wundersamem Wege musste er zu der Verheißung gelangen, die er aus dem Munde des Herrn hörte, wobei es durch kein Zeichen bestätigt wurde. Nachkommen wurden verheißen, als ob er körperlich rege und lebendig sei – doch war er sterbend. Also musste er seine Gedanken auf die Kraft Gottes richten, mit der er Tote lebendig macht. Deshalb ist es auch nicht widersinnig, wenn die Völker, die sonst trocken und sterbend sind, in seine Gemeinschaft aufgenommen werden. Wer nämlich aufgrund dieses äußeren Zustandes diese als Empfänger der Gnade verneint, tut Abraham Unrecht, dessen Glaube sich auf die Überlegung stützt: es ist nicht wichtig, ob jemand tot ist, der vom Herrn ins Leben gerufen wird; wenn [Gott] so spricht, ist es leicht, durch seine Macht Tote zu erwecken.

Hier haben wir außerdem ein Vorbild und Beispiel unserer allgemeinen Berufung, durch die uns unser Ursprung vor Augen gestellt wird, nicht aufgrund der ersten Geburt, sondern aufgrund der Hoffnung auf das ewige Leben; denn als wir von Gott gerufen wurden, kamen wir aus dem Nichts empor.

Wie auch immer wir sonst beschaffen sind, haben wir keinen Funken jenes Guten, das uns geeignet für das Reich Gottes macht. Es ist nötig für uns, dass wir ganz sterben, damit wir fähig werden, den Ruf Gottes zu hören.

Dies ist die Bestimmung des Rufes: Die tot sind, werden vom Herrn auferweckt, und die, die nichts sind, fangen durch seine Kraft an, etwas zu sein.

Das Wort »Rufen« darf nicht auf die Predigt beschränkt werden, sondern es steht nach üblichem Schriftgebrauch für das »Auferwecken«; und das bringt die Kraft Gottes besser zum Ausdruck, der allein durch einen Wink die aufrichtet, die er will.

18 *Der hat ohne Hoffnung auf Hoffnung geglaubt, dass er ein Vater vieler Völker werde, wie gesagt wurde: So soll dein Same sein.*

18 *Der hat ohne Hoffnung.* Wenn wir es so lesen, kommt als Sinn heraus: »Er hat nicht aufgehört zu glauben, auch wenn ihn kein Argument unterstützte, auch wenn alles dagegensprach.« Und es ist ja kein größerer Gegensatz zum Glauben vorhanden, als wenn wir unsere Sinne an die Augen hängen und aus ihrer Einsicht Ursache zur Hoffnung zu erlangen suchen. Man kann auch lesen: »über die Hoffnung hinaus«, und möglicherweise passt das besser. Dann hätte er gesagt: er sei durch seinen Glauben weit über das hinausgelangt, was zu erfassen war. Denn wenn der Glaube nicht mit himmlischen Flügeln zum Himmel emporsteigt und so alles Sinnen des Fleisches weit verachtet, wird er immer am Schmutz der Welt hängen.

in eadem sententia bis usurpet, priore loco significat sperandi argumentum quod ex natura et carnis ratione capi potest, secundo loco fidem a Deo datam significat, hoc sensu, ›Quum sperandi ⟨82⟩ materia non esset, tamen spe in Domini promissionem incubuit. Atque ad sperandum satis esse putavit quod Dominus promiserat, utcunque res esset per se incredibilis‹.

Secundum quod dictum erat. Ita vertere placuit, ut referatur ad Abrahae
tempus. Vult enim dicere Paulus, Abrahamum quum ad desperationem
94 plurimae tentationes eum impellerent, ne deficeret, ani-|mum ad id
quod sibi promissum erat convertisse, ›Semen tuum aequabit stellas caeli, et arenas maris‹. Nam consulto testimonium truncatum adduxit, quo nos acueret ad Scripturae lectionem. Religiose enim id ubique in citanda Scriptura curant Apostoli, ut nos ad diligentiorem eius lectionem accendant.

19 *Ac fide minime debilitatus, non consideravit suum ipsius corpus iam emortuum, centenarius quum fere esset: nec emortuam vulvam Sarae:*
20 *Nec vero in Dei promissionem per incredulitatem disquisivit: sed roboratus est fide, tribuens gloriam Deo:*
21 *Ac certo persuasus quod ubi quid promisit, possit etiam praestare.*
22 *Ideo et imputatum illi est in iustitiam.*

19 *Ac fide.* Si mavis, altera negatione omissa, poteris ita efferre, ›Nec debilitatus fide, consideravit suum ipsius corpus‹. Sed hoc nihil ad sensum refert. Nunc vero propius demonstrat quid potuerit impedire, imo prorsus avertere Abrahamum a promissione recipienda. Semen illi ex Sara promittebatur; quum nec ipse ad generandum, nec Sara ad concipiendum natura habilis esset. Quicquid in seipso ac circa se intueri poterat, promissionis effectui adversabatur. Ergo ut locum Divinae veritati faceret, ab iis quae in conspectu erant, animum retraxit, et quasi seipsum oblitus est. Neque tamen intelligas, omnino non respexisse illum ad effoetum suum corpus; quum Scriptura contra testetur, ita ratiocinatum secum fuisse, ›Num viro centum annorum nascetur proles? et Sara quae nonagenaria est, pariet?‹ Sed quoniam omissa illa consideratione, totum suum sensum Domino resignavit, dicit Apostolus non considerasse. Et sane maioris fuit constantiae, ab ea re quae se oculis ultro ingerebat, cogitationem distrahere, quam si nihil tale in mentem ei venisset. Effoetum porro fuisse Abrahae corpus

Paulus aber verwendet das Wort »Hoffnung« in demselben Satz zweimal: an der ersten Stelle bezeichnet er den Grund der Hoffnung, der aus der Natur oder aus der fleischlichen Vernunft erfasst werden kann; an der zweiten Stelle bezeichnet er den von Gott gegebenen Glauben in dem Sinn: »Auch wenn die Ursache zu hoffen nicht da war, stütze sich [Abraham] dennoch in Hoffnung auf Gottes Verheißung und glaubte, dass genug Hoffnung auf das bestand, was Gott versprochen hatte, auch wenn die Sache an sich unglaubwürdig war.«

Wie denn gesagt war. Es ist richtig, es so zu sagen, damit es sich auf die Zeit Abrahams bezieht. Paulus will nämlich sagen, dass Abraham, auch wenn viele Versuchungen ihn zur Verzweiflung anfochten, seine Seele, damit er nicht abfiel, auf das ausgerichtet habe, was ihm verheißen war: »Dein Same soll zahlreich sein wie die Sterne am Himmel und der Sand am Meer.« [Gen 22,17]. Denn mit Absicht gibt er das Zeugnis nur unvollständig an, um uns zur Lektüre der Schrift zu reizen. Die Apostel nämlich sorgen gewissenhaft überall beim Zitieren der Schrift dafür, dass sie uns zur sorgfältigen Lektüre der Schrift anfeuern.

19 *Und im Glauben wurde er nicht schwach, erwog auch nicht, dass sein eigener Leib schon erstorben war, weil er schon fast hundert Jahre alt war, und auch nicht den erstorbenen Leib der Sara.*
20 *Tatsächlich zweifelte er nicht durch Unglauben an der Verheißung Gottes, sondern er war stark im Glauben und gab Gott die Ehre*
21 *und war fest davon überzeugt, dass er das, was er versprochen hat, auch tun kann.*
22 *Deshalb ist ihm dies auch zur Gerechtigkeit angerechnet worden.*

19 *Und im Glauben.* Anstelle der doppelten Verneinung kann es auch so heißen: »Er sah nicht, im Glauben entmutigt, seinen eigenen Leib an.« Aber das trägt zum Sinn nichts aus. Nun aber zeigt [Paulus] genauer, was Abraham hätte aufhalten, ja mehr noch [dem Glauben] entfremden können, die Verheißung zu empfangen. Der Nachkomme wurde ihm aus der Sara verheißen, obwohl er selbst nicht zeugungsfähig war und Sara aufgrund der natürlichen Gegebenheiten nicht mehr schwanger werden konnte.

Alles, was er bei sich selbst oder seiner Umgebung dazu sehen konnte, widerstrebte der Wirkung der Verheißung. Deshalb wandte er, um der Wahrheit Gottes Platz zu schaffen, seine Seele von allem ab, was vor Augen stand; er verließ gleichsam sich selbst. Nun darf man das nicht so verstehen, dass er seinen erstorbenen Leib gar nicht in den Blick genommen hätte –, da ja die Schrift dagegen bezeugt, dass er bei sich erwogen habe: »Es kann doch mir, einem hundertjährigen Mann, kein Sohn geboren werden, und Sara, die neunzig Jahre alt ist, nicht gebären?« Aber weil er, jene Überlegung beiseite schiebend, seinen ganzen Sinn auf Gott hin richtete, sagt der Apostel: Er hat auch nicht erwogen. Und es ist ein Zeichen seiner großen Standhaftigkeit, das Nachdenken über das, was unmittelbar vor Augen steht, sein zu lassen, als wenn Derartiges einem nicht in den Sinn käme.

aetate ipsa ante Domini benedictionem, satis clare probatur tum hic, tum Genes. 17 et 18, ut Augustini opinio nullo modo sit admittenda, qui alicubi putat in sola Sara impedimentum fuisse. Nec movere nos debet obiectionis absurditas, quae ipsum ad eam solutionem confugere coegit. Ridiculum ⟨83⟩ esse putat, ut effoetus dicatur Abraham anno centesimo, qui aliquanto post tempore complures liberos sustulerit. Eo enim ipso magis spectabilem potentiam suam reddidit Deus, quod qui
95 prius fuerat instar marcidi atque aridi | trunci, ubi caelesti benedictione reviguit, non modo procreando Isaac sufficiat, sed quasi in floridam aetatem restitutus, aliis postea generandis vires habeat. Atqui excipiet quispiam, praeter naturae ordinem non esse ut vir ea aetate generet. Ut fatear prodigium non esse, parum tamen abest a miraculo. Deinde cogita quot laboribus, molestiis, peregrinationibus, difficultatibus exercitatus tota vita fuisset sanctus ille vir. Ac fatendum erit, non magis aetate fractum, quam laboribus attritum exhaustumque fuisse. Postremo non simpliciter, sed per comparationem effoetum vocatur eius corpus. Non enim consentaneum erat, ut qui in flore ac robore aetatis non fuisset gignendo idoneus, cassus virtute nunc demum inciperet.

Quod ait, *non fuisse debilem fide*, sic accipe, ›Non vacillasse, aut fluctuatum esse, ut solemus in rebus ambiguis‹. Duplex enim est fidei debilitas. Una, quae tentationibus adversis succumbendo, excidere nos a Dei virtute facit. Altera, quae ex imperfectione quidem nascitur, non tamen fidem ipsam extinguit. Nam nec mens unquam sic illuminata est, quin maneant multae ignorantiae reliquiae; nunquam sic est animus stabilitus, quin multum haereat dubitationis. Cum iis ergo carnis vitiis, ignorantia scilicet et dubitatione, assiduum est fidelibus certamen, in quo certamine fides eorum graviter concutitur saepe et laborat; verum superior tandem evadit, ut dici possint in ipsa infirmitate firmissimi.

20 *Nec vero in Dei promissionem*. Quanquam veterem interpretem et Erasmum non insector, versio tamen mea ratione non caret. Videtur

Dass der Leib Abrahams eben aus Altersgründen schon vor der Segnung erstorben war, folgt genügend klar aus Genesis 17 und 18[5]. So ist der Auffassung Augustins[6] keinesfalls zuzustimmen: er meint nämlich an irgendeiner Stelle, dass allein Sara das Hindernis gewesen sei. Der Widersinn des Einwandes, mit dem er selbst zu dieser Lösung flieht, muss uns nicht bewegen. Er meint, es sei lächerlich, dass der einhundertjährige Abraham, der einige Zeit später einige Kinder gezeugt habe, erstorben genannt würde.

Gerade dadurch nämlich hat Gott seine Macht sichtbar gemacht, dass der, der zuvor wie ein schlaffer und dürrer Baumstumpf gewesen war, sobald er durch himmlische Segnung wieder ergrünt war, nicht nur zur Zeugung des Isaak genug vermochte, sondern, nachdem er gewissermaßen in ein blühendes Alter zurückversetzt war, später die Kräfte hatte, andere hervorzubringen.

Nun könnte jemand einwenden, dass es gar nicht außerhalb der Natur sei, dass ein Mann in diesem Alter zeuge. Ich gestehe, dass es keine Ungeheuerlichkeit ist und gleichwohl ist es nicht weit von einem Wunder entfernt.

Denn es ist auch zu erwägen, unter wie viel Arbeit, Mühen, Wanderschaft und Schwierigkeiten sich dieser heilige Mann sein ganzes Leben hindurch bewährt hat: dann wird zu bekennen sein, dass er nicht allein aufgrund des hohen Alters gebrochen, sondern auch aufgrund der Mühen aufgerieben und erschöpft gewesen ist. Schließlich wird sein Leib nicht einfach so, sondern aufgrund seiner Verfassung »erstorben« genannt. Denn es war nicht natürlich, dass er, der in der Blüte und Stärke seines Lebens nicht zeugungsfähig war, später ohne diese Kraft angefangen hätte.

Wenn er sagt, *dass er nicht schwach im Glauben gewesen ist,* so heißt das nicht, dass er gewankt oder geschwankt habe, wie es uns geht, wenn wir zweifeln.

Es gibt nämlich eine zweifache Schwachheit des Glaubens: die eine, die uns, indem wir Anfechtungen erliegen, von Gottes Kraft trennt; die andere, die gleichsam aus der Unvollkommenheit geboren wird und dennoch den Glauben gerade nicht auslöscht.

Denn unser Sinn ist nie so erleuchtet, dass nicht viele Reste an Unkenntnis übrig blieben: niemals ist die Seele so fest, dass nicht viel Zweifel bliebe. Der Kampf mit diesen Lastern des Fleisches, nämlich Unwissenheit und Zweifel, begleitet die Glaubenden; in diesem Kampf wird ihr Glaube oft schwer und heftig erschüttert und muss sich mühen, aber er kommt schließlich siegreich heraus, so dass man sagen kann, dass sie gerade in ihrer Schwachheit sehr stark sind.

20 *Tatsächlich nicht an Gottes Verheißung.* Auch wenn ich den alten Interpreten und Erasmus[7] nicht folge, entbehrt meine Version nicht der

5 Vgl. bes. Gen 18,11f.

6 Augustinus, Quaestionum in Heptateuchum Libri Septem I,XXXV (PL 34,557f.) und I,LXX (PL 24,566).

7 Parker, 96, verweist auf Erasmus, Novum Testamentum omne, Vers. 1–5: verum ad promissionem die non haesitabat incredulitate (Vers 1: incredulitate);

enim Apostolus voluisse dicere, Abraham non examinasse ad incredulitatis trutinam, an praestare posset Dominus quod promittebat. Id proprie est disquirere in aliquid, quum diffidentia illud excutimus, nec volumus nisi penitus discussum, ubi credibile apparet, admittere. Rogavit quidem quomodo evenire id posset, at illa fuit admirantis interrogatio, qualis virginis Mariae, dum ab Angelo sciscitabatur quomodo futurum esset quod nuntiabat, et similes. Sancti ergo, dum nuntius illis de operibus Dei affertur, quorum magnitudo captum eorum excedit, in admirationem quidem prosiliunt, sed ex admiratione mox transeunt ad virtutem Dei suspiciendam. Impii autem sciscitando irrident, et
96 quasi fabulosum respuunt. Qualiter | vides fieri a Iudaeis, dum rogant Christum quomodo possit dare carnem ⟨84⟩ suam manducandam. Hac ratione Abraham non reprehenditur quod riserit, ac quaesierit quomodo viro centum annorum ac nonagenariae mulieri nasceretur puer; quia in suo stupore locum nihilominus dabat Divini verbi potentiae. Contra in Sara similis risus et quaestio reprehensione non caret, quia vanitatis insimulabat Dei promissum. Haec si applicentur ad praesentem causam, patebit non aliam fuisse originem iustificationis Abrahae, quam Gentium. Sunt ergo contumeliosi in patrem suum Iudaei, si Gentium vocationi, tanquam absurdae, reclamant. Nos quoque meminerimus, eandem esse nostram omnium conditionem quae fuit Abrahae. Quae circa sunt, omnia Dei promissionibus adversantur. Immortalitatem pollicetur; nos mortalitate et corruptione circundamur. Pro iustis se nos habere pronuntiat; peccatis sumus cooperti. Propitium se ac benevolum nobis esse testatur; indicia externa iram eius minantur. Quid ergo agendum? Nos ac nostra omnia clausis oculis praeterire decet, nequid nos impediat, vel remoretur quominus Deum credamus veracem.

Sed roboratus est. Opponitur superiori membro ubi dictum fuerat, non fuisse fide debili; perinde acsi diceret, constantia firmitudineque fidei vicisse incredulitatem. Nemo enim ex hac lucta victor evadet, nisi qui arma et robur ex Dei verbo mutuabitur.

Quod addit, *dedisse gloriam Deo*, in eo notandum est, non posse Deo plus honoris deferri, quam dum fide obsignamus eius veritatem; sicuti rursum nulla ei gravior contumelia inuri potest, quam dum respuitur

Begründung. Denn es scheint, dass der Apostel sagen wollte, Abraham habe die Waage des Unglaubens nicht abgewogen, ob Gott das gewähren könne, was er verheißen hat. Denn eigentlich untersuchen wir alles, wenn wir es aufgrund von Misstrauen erforschen, und wollen nur das zulassen, was uns nach intensiver Prüfung glaubwürdig erscheint. Zwar fragte er, wie das wohl geschehen könne; aber das war eine Frage der Verwunderung, so wie bei der Jungfrau Maria, als sie vom Engel zu erfahren suchte, wie geschehen könne, was er angekündigt hatte, und dergleichen.

Wenn die Heiligen eine Botschaft von den Werken Gottes erreicht, die sie nicht zu erfassen vermögen, geraten sie gewiss in Verwunderung; aber von der Verwunderung kommen sie bald zur Bewunderung der Kraft Gottes. Die Ungläubigen aber spotten, wenn sie nachfragen, und weisen es gleichsam als Fabel zurück. So wie es bei den Juden geschah, als sie Christus fragten, wie er sein Fleisch zu essen geben könne. Deshalb wurde Abraham nicht dafür gerügt, dass er gelacht und gefragt hatte, wie einem hundertjährigen Mann und einer neunzigjährigen Frau ein Sohn geboren werden könnte. Denn er gab in seinem Staunen der Macht des göttlichen Wortes nichtsdestoweniger seinen Platz. Dagegen blieben das ähnliche Lachen und die Frage bei Sara nicht ohne Rüge, weil sie die Verheißung Gottes des leeren Geschwätzes verdächtigte.

Wenn dies auf die gegenwärtige Begründung bezogen wird, ist klar, dass der Ursprung der Rechtfertigung Abrahams kein anderer als der der Völker war. Also schmähen die Juden ihren Vater, wenn sie der Berufung der Völker als widersinnig widersprechen. Wir haben auch daran zu denken, dass für uns alle dieselbe Bedingung gilt, die für Abraham bestand. Alles, was um uns herum ist, widerspricht den Verheißungen Gottes. Er verheißt Unsterblichkeit, wir sind umgeben von Sterblichkeit und Verderben. Er kündigt an, dass er uns als Gerechte betrachtet, wir aber sind von der Sünde bedeckt. Er bezeugt, dass er uns gegenüber gewogen und wohlwollend ist, äußere Zeichen drohen seinen Zorn an. Was also ist zu tun? Es ist nötig, dass wir mit geschlossenen Augen an uns und allem, was zu uns gehört, vorbeigehen, damit es uns nicht hindert oder vom Glauben an Gottes Wahrhaftigkeit wegbewegt.

Sondern er wurde stark. Das ist als Gegensatz zum vorhergehenden Satzglied gesagt, dass er nicht schwach im Glauben wurde. Deshalb wird auch gesagt, dass er durch die Beständigkeit und Festigkeit des Glaubens den Unglauben besiegt habe. Niemand geht aus diesem Kampf nämlich als Sieger hervor, der nicht die Waffen und Stärke aus dem Worte Gottes entlehnt.

Weil er hinzufügt, *dass er Gott die Ehre gegeben habe,* ist hier zu beachten, dass wir Gott nicht mehr Ehre geben können, als wenn wir seine Wahrheit im Glauben versiegeln; ebenso kann man ihm keine größere Schmach antun, als wenn man die von ihm persönlich ange-

Erasmus, In Novum Testamentum Annotaiones, 258F: id est, non dijudicavit aut disquisivit, quod est diffidentis; Vulgata: in repromissione etiam Dei non haesitavit diffidentia.

oblata ab ipso gratia, vel eius verbo derogatur authoritas. Quare hoc in eius cultu praccipuum est caput, promissiones eius obedienter amplecti. Veraque religio a fide incipit.

21 *Quod ubi quid.* Quia fatentur omnes Dei potentiam, nihil eximium de fide Abrahae videtur dicere Paulus. Sed experientia ostendit nihil magis esse rarum vel difficile, quam Dei virtuti tribuere quem meretur honorem. Nullum enim tam exiguum vel leve obstaculum est, quo non arceri ab opere manum Dei fingat caro. Hinc fit ut in minimis quibusque tentationibus nobis effluant Dei promissiones. Extra certamen quidem nemo (ut dixi) Deum omnia posse negat; verum simulac obiicitur aliquid quod cursum promissionum Dei impediat, Dei virtutem e suo
97 gradu deiicimus. Quare ut apud nos ius | suum et honorem obtineat, ubi ad comparationem venitur, ita statuere necesse est, non minus ipsam ad superanda mundi obstacula sufficere, quam validus est solis fulgor ad ⟨85⟩ discutiendas nebulas. Solemus quidem semper excusare quod nihil Dei potentiae derogemus, quoties haesitamus de eius promissis; quia scilicet haesitandi causam minime praebeat imaginatio (quae perversa et in Deum palam blasphema foret, liberalius verbo promittere, quam praestare queat) sed is quem sentimus in nobis, defectus. Atqui Dei potentiam non satis evehimus, nisi putamus nostro vitio esse superiorem. Fides ergo non imbecillitatem, miseriam, defectum proprium spectare debet; sed attendere toto studio ad solam Dei virtutem. Nam si iustitia vel dignitate nostra niteretur, nunquam conscenderet ad considerandam Dei potentiam. Atque hoc examen est incredulitatis de quo nuper loquebatur, ubi Domini potentiam nostro modo metimur. Neque enim imaginatur fides Deum posse quicquid vult, ut interim ipsum in otio sedentem relinquat, sed potius in continuo actu locat eius virtutem. Praesertim vero ad verbi effectum eam applicat, ut prompta sit Dei manus ad exequendum quicquid ore protulit. Miror cur Erasmo relativum masculinum placuerit; nam etsi non variat propterea sensus, proprius tamen ad Graeca Pauli verba accedere libuit. Scio passivum esse verbum, sed modica deflexione mollienda fuit asperitas.

22 *Ideo et imputatum, etc.* Hinc iam clarius patet cur et quomodo Abrahae iustitiam contulerit sua fides, nempe quia verbo Dei innixus, promissam gratiam non repudiavit. Ac sedulo tenenda est, memoriaeque commendanda ista fidei ad verbum relatio. Nihil enim plus conferre

botene Gnade zurückweist oder wenn man seinem Wort die Autorität abspricht. Deshalb ist das Allerwichtigste bei seiner Verehrung, seine Verheißungen gehorsam anzunehmen; die wahre Gottesverehrung fängt mit dem Glauben an.

21 *Das, was er.* Weil alle Gottes Macht bekennen, scheint Paulus nichts Besonderes über den Glauben Abrahams zu sagen. Aber die Erfahrung zeigt, dass nichts seltener und schwieriger ist, als Gott die ihm zukommende Ehre zu geben. Denn kein Hindernis ist so klein oder leicht, dass das Fleisch nicht auf den Gedanken verfällt, von diesem Werke werde die [helfende] Hand Gottes ferngehalten, dass uns selbst in den kleinsten Versuchungen von daher die Verheißungen Gottes entschwinden. Außerhalb einer Anfechtung verneint jeder, dass Gott nicht alles kann. Aber gleichzeitig stoßen wir Gottes Kraft von ihrem Platz, wenn uns irgendetwas, was dem Lauf der Verheißungen Gottes entgegenspricht, in den Weg tritt. Damit er also bei uns sein Recht und seine Ehrenstellung behält, muss man es in einem Vergleich so sagen: sie ist nicht weniger fähig, die Hindernisse der Welt zu überwinden als das Leuchten der Sonne zum Verscheuchen des Nebels.

Wir pflegen uns zwar immer wieder zu entschuldigen, dass wir Gottes Macht nichts absprechen, auch wenn wir oft an seinen Verheißungen zweifeln. Denn den Grund des Zweifels bewirkt selbstverständlich die falsche und offenbar frevlerische Vorstellung, dass Gott in seinem Wort mehr verspricht, als er erfüllen könne, sondern die Schwachheit, die wir in uns spüren. Das aber ist unser Fehler. Folglich heben wir Gottes Macht auch gar nicht genug empor, außer wenn wir glauben, dass sie stärker als unser Verschulden ist. Der Glaube darf also nicht auf die eigene Schwäche, das eigene Elend oder die eigene Schwachheit schauen, sondern muss mit ganzem Eifer auf die Kraft Gottes allein setzen. Denn wenn [der Glaube] sich auf unsere Gerechtigkeit und Würdigkeit stützte, schwänge er sich niemals auf, Gottes Macht zu betrachten.

Und fernerhin ist ein solches Abwägen, von dem vorhin die Rede war, ein Zeichen des Unglaubens, weil wir Gottes Macht nach unserem Maß messen. Der Glaube bildet sich aber nicht ein, dass Gott kann, was er will, um ihn zwischenzeitlich müßig dasitzen zu lassen, sondern er verortet [Gottes] Kraft im ständigen Wirken. Vor allem aber bezieht er sie auf die Wirkung des Wortes, dass nämlich Gottes Hand bereit ist, alles auszuführen, was er mit dem Mund verheißen hat. Ich wundere mich, warum Erasmus das maskuline Relativpronomen vorzieht. Auch wenn sich deshalb der Sinn nicht ändert: Eher hätte es ihm doch gefallen müssen, den griechischen Worten des Paulus beizupflichten. Ich weiß aber, dass das Verb im Passiv steht: so war durch die Art der Flexion die Schwierigkeit zu erleichtern.

22 *Deshalb ist es ihm ...* Hier ist schon deutlicher, warum und wie Abrahams Glaube ihm die Gerechtigkeit gebracht hat, weil er sich nämlich auf das Wort Gottes stützte und die verheißene Gnade nicht zurückwies. Es ist mit Sorgfalt zu beachten und ins Gedächtnis zu rufen, wie die Beziehung des Glaubens zum Wort ist. Denn der Glaube kann

fides nobis potest, quam a verbo acceperit. Quare non protinus iustus erit qui generali tantum confusaque notitia imbutus, Deum veracem esse statuet, nisi in promissione gratiae quiescat.

23 *Non est autem scriptum propter ipsum tantum, imputatum fuisse illi:*
24 *Sed etiam propter nos, quibus imputabitur credentibus in eum, qui excitavit Iesum Dominum nostrum ex mortuis,*
98 | 25 *Qui traditus fuit propter delicta nostra, et excitatus propter nostram iustificationem.*

23 *Non est autem scriptum.* Quoniam probatio ab exemplo (ut supra admonuimus) non semper firma est, ne id in quaestionem veniat, diserte asserit Paulus in Abrahae persona editum fuisse specimen communis ⟨86⟩ iustitiae, quae peraeque ad omnes spectat. Locus quo admonemur de capiendo exemplorum fructu in Scripturis. Historiam esse vitae magistram, vere dixerunt Ethnici. Sed qualiter ab ipsis traditur, nemo in ea tuto proficiat. Sola Scriptura sibi iure vindicat eiusmodi magisterium. Primum enim generales praescribit regulas, ad quas unamquanque historiam exigamus, quo profectui nostro serviat. Deinde ad liquidum discernit, quae facta imitanda, et quae cavenda. Doctrinam vero, in qua praecipue versatur, sibi peculiarem habet; ut providentiam Domini erga suos iustitiam ac bonitatem, erga reprobos iudicia demonstret. Quod ergo de Abraham recitatur, negat Paulus eius causa duntaxat scriptum. Neque enim res est quae pertineat ad singularem unius ac certae personae vocationem, sed iustitiae obtinendae ratio describitur, quae una perpetuaque inter omnes est. Atque id in communi fidelium patre, in quem omnium oculos esse intentos decet. Proinde si pure ac pie sacras historias tractare libet, meminerimus sic tractandas esse, ut solidae doctrinae fructum inde referamus. Ac partim quidem illae nos instituunt ad formandam vitam, partim ad fidem confirmandam, partim ad timorem Domini excitandum. Ad vitam formandam valebit sanctorum imitatio, si ab illis sobrietatem, castitatem, dilectionem, patientiam, modestiam, mundi contemptum, aliasque virtutes discamus. Ad fidei confirmationem faciet Dei auxilium, quod illis praesens semper fuit. Consolationem adferet in rebus adversis protectio, et paterna quam de ipsis semper gessit, cura. Iuvabunt nos Dei iudicia, et sup-

uns nicht mehr geben, als er vom Wort bekommen hat. Deshalb wird weiterhin auch der nicht gerecht sein, der von allgemeiner und unklarer Erkenntnis erfüllt behauptet, Gott sei wahrhaftig, wenn er [seinerseits] nicht in der Verheißung der Gnade [Gottes] zur Ruhe kommt.

23 *Es ist aber nicht allein seinetwegen geschrieben, dass es ihm zugerechnet wurde,*
24 *sondern auch wegen uns, denen es zugerechnet werden wird, die wir an den glauben, der Jesus Christus, unseren Herrn, von den Toten auferweckt hat,*
25 *der um unserer Sünden willen dahingegeben und um unserer Rechtfertigung willen auferweckt worden ist.*

23 *Es ist aber nicht geschrieben.* Weil der Beweis, der von einem Beispiel (wie wir oben erwähnt haben) abhängt, nicht immer fest gegründet ist, betont Paulus, damit dies nicht in Frage gestellt wird, ausdrücklich, dass das in der Person Abrahams Gegebene ein allgemeines Beispiel der Gerechtigkeit ist, die gleichermaßen auf alle bezogen ist. Die Stelle ermahnt uns, sich die Früchte der Beispiele in den Schriften anzueignen. Die Geschichte, so haben die Heiden richtig gesagt, ist Lehrmeisterin des Lebens; aber in der Weise, wie sie von ihnen überliefert ist, verhilft sie niemandem zur Sicherheit. Allein die Schrift beansprucht zu Recht für sich das Lehramt dieser Art. Zunächst schreibt sie uns nämlich allgemeine Grundsätze vor, mit denen wir jedes einzelne Geschehen beurteilen sollen, wodurch sie unserem Fortschreiten dient. Dann unterscheidet sie deutlich und klar, welche Taten nachzuahmen sind und wovor wir uns zu hüten haben. Die Verkündigung aber, um die sie sich vor allem dreht, enthält sie in besonderer Weise: sie zeigt uns die Vorsehung des Herrn, die Gerechtigkeit und Güte gegenüber den Seinen und die Gerichte gegen die Verworfenen.
Was also über Abraham geschrieben ist, das ist nach Paulus nicht allein um seinetwillen geschrieben. Denn es ist keine Sache, die sich auf die Berufung einer einzelnen, bestimmten Person bezieht. Vielmehr wird die Art und Weise der Erlangung der Gerechtigkeit beschrieben – die Art und Weise, die für alle eine und immer dieselbe ist, und zwar, weil er der gemeinsame Vater der Gläubigen ist, auf den sie alle ihre Augen richten sollen. Wenn es also gefällt, die heiligen Geschichten rein und ehrfürchtig zu behandeln, sollen wir daran denken, sie so zu behandeln, dass wir die Frucht der festen Verkündigung daraus empfangen. Teilweise unterrichten sie uns nämlich in der [rechten] Lebensführung, teilweise zur Stärkung des Glaubens, und teilweise ermuntern sie zur Gottesfurcht.
Zur [rechten] Lebensführung gehört die Nachahmung der Heiligen, wobei wir von ihnen Nüchternheit, Uneigennützigkeit, Liebe, Geduld, Bescheidenheit, Verachtung der Welt und andere Tugenden lernen. Zur Stärkung des Glaubens geschieht Gottes Hilfe, die ihnen immer gegenwärtig war. Trost in Widerwärtigkeiten bringt der Schutz und die väterliche Sorge, die er ihm immer gewährte.

plicia in sceleratos edita, si metum incutiant qui reverentia et pietate corda nostra imbuat. Quod autem ait, *non propter illum solum*, eo videtur subindicare, partim quoque scriptum eius gratia. Unde quidam intelligunt, in Abrahae laudem commemorari quid fide adeptus sit; quia Dominus servos suos aeternae memoriae vult esse commendatos: sicut dicit Solomon, ›nomen eorum fore benedictum‹. Sed quid si accipias simplicius? Non propter ipsum duntaxat, acsi privilegium aliquod
99 singulare | foret, quod in exemplum trahere non conveniat; imo ad nostram institutionem pertinere, quos eadem ratione iustificari oporteat. Hic certe aptior erit sensus.

24 *Credentibus in eum*. Quid valeant istae paraphrases, supra admonui: nempe eas inseruit Paulus, ut pro locorum circunstantia fidei substantiam varie designent; cuius non ultima est pars Christi resurrectio, quae nobis est futurae vitae hypostasis. ⟨87⟩ Si dixisset simpliciter, ›credere nos in Deum‹, non ita promptum fuisset colligere quid hoc ad obtinendam iustitiam faceret. Sed dum prodit in medium Christus, et in sua resurrectione certum vitae pignus offert, aperte constat ex quo fonte fluat iustitiae imputatio.

25 *Qui traditus fuit*. Pluribus eandem quam proxime attigi, doctrinam prosequitur et illustrat. Nostra enim magnopere interest, non modo mentes nostras ad Christum dirigi, sed distincte monstrari quomodo salutem nobis acquisierit. Quanquam autem Scriptura, ubi de salute nostra agitur, in una Christi morte subsistit, longius tamen nunc progreditur Apostolus. Nam quia eius consilium erat, explicatius tradere salutis causam, duo eius membra enumerat. Ac primo quidem dicit, morte Christi expiata esse peccata. Deinde eiusdem resurrectione partam esse iustitiam. Summa vero est, ›Ubi fructum mortis Christi et resurrectionis tenemus, nihil ad implendos omnes iustitiae numeros deesse‹. Neque enim dubium est quin mortem a resurrectione separans, ruditati nostrae sermonem accommodet; quia alioqui verum est, Christi obedientia, quam in morte exhibuit, partam fuisse nobis iustitiam; ut etiam proximo capite docebit. Sed quia resurgendo patefecit Christus, quantum morte sua profecisset, haec quoque distinctio ad docendum apta est, ›Sacrificio, quo expiata sunt peccata, inchoatam fuisse salutem nostram; resurrectione vero demum fuisse perfectam‹. Nam

Uns helfen Gottes Gerichte und Bestrafungen gegen die Übeltäter, wenn wir uns Furcht einflössen lassen, die unsere Herzen mit Ehrfurcht und Frömmigkeit erfüllt.

Dass [Paulus] aber sagt *nicht wegen diesem allein* scheint darauf hinzudeuten, dass es teilweise auch um seinetwillen geschrieben wurde. Deshalb sagen manche, dass es zum Lobe Abrahams erwähnt wurde, was er durch den Glauben erlangt hat. Denn der Herr will, dass seine Diener in ewigem Gedächtnis bleiben, wie Salomo sagt: »Ihr Name bleibt gesegnet.« [Spr 10,17]. Aber wenn es einfacher zu verstehen ist? Nicht allein um seinetwillen: Das soll auch, wenn es irgendein einzelnes Vorrecht geben würde, nicht zum Einzelbeispiel führen, sondern sich auf unsere Unterrichtung beziehen, die wir auf dieselbe Weise gerechtfertigt werden sollen. Das wird wohl der näher liegende Sinn sein.

24 *Denen, die an ihn glauben.* Was jene Paraphrasen bedeuten, habe ich oben bereits erwähnt. Paulus nämlich baut sie ein, damit sie nach den jeweiligen Umständen der Stellen den wahren Kern des Glaubens auf verschiedenerlei Weise bezeichnen: die Auferstehung ist ein wesentlicher Teil, der uns der tragende Grund des zukünftigen Lebens ist. Wenn er einfach gesagt hätte, »dass wir an Gott glauben«, so wäre nicht deutlich gewesen, was dieses zur Erlangung der Gerechtigkeit ausmacht. Aber dann tritt Christus in die Mitte und bietet uns in seiner Auferstehung ein gewisses Pfand des Lebens an. Daher wird deutlich, aus welcher Quelle die Zurechnung der Gerechtigkeit fließt.

25 *Der dahingegeben ist.* Mit mehreren Worten geht er derselben Lehre, die ich unlängst gestreift habe, nach und erläutert sie. Für uns nämlich ist es von großem Interesse, dass unsere Seelen nicht nur auf Christus ausgerichtet werden, sondern dass deutlich gezeigt wird, wie er uns das Heil erworben hat. Die Schrift nämlich gründet, wo sie von unserem Heil handelt, dieses einzig im Tod Christi; der Apostel führt es nun weiter aus.

Denn weil es sein Ratschluss war, ausführlicher den Grund des Heils zu erläutern, bringt er zwei Aussagen:

Zuerst sagt er nämlich, dass durch den Tod Christi die Sünden gesühnt sind, und daraufhin, dass durch seine Auferstehung die Gerechtigkeit hervorgebracht worden ist.

Das Fazit aber ist, dass uns da, wo wir die Frucht des Todes Christi und der Auferstehung bedenken, nichts zum Erlangen der vollkommenen Gerechtigkeit fehlt. Denn es gibt keinen Zweifel: wenn er den Tod von der Auferstehung trennt, so passt er die Rede unserer Unwissenheit an. Denn es ist ja wahr, dass durch den Gehorsam Christi, den er im Tod verwirklicht hat, uns die Gerechtigkeit hervorgebracht worden ist: so zeigt er es im nächsten Kapitel.

Aber weil Christus durch die Auferstehung offenbart hat, welcher Nutzen aus seinem Tod erwächst, vermag diese Unterscheidung auch dies zu lehren: »Mit dem Opfer, durch das die Sünden gesühnt sind, hat unser Heil angefangen; aber mit der Auferstehung ist es vollendet worden.«

iustitiae principium est, nos reconciliari Deo; complementum autem, abolita morte vitam dominari. Significat ergo Paulus satisfactionem pro peccatis nostris in cruce fuisse peractam. Nam ut Christus nos in gratiam Patris restitueret, reatum nostrum ab ipso aboleri oportuit; quod fieri non poterat nisi poenam, cui solvendae pares non eramus,
100 nostro nomine lueret. Castigatio enim pacis | nostrae super eum, inquit Iesaias. Traditum vero dicit potius, quam mortuum, quia expiatio ab aeterno Dei beneplacito pendet, qui hoc modo placari voluit.

Excitatus propter iustifcationem. Quia non satis fuisset Christum se irae et iudicio Dei obiicere, ac debitam peccatis nostris maledictionem subire, nisi eius quoque evaderet victor, et receptus in caelestem gloriam, sua intercessione Deum nobis placaret, resurrectioni, per quam mors absorpta est, vis iustificandi ascribitur. Non quod sacrificium crucis, quo reconciliati sumus Deo, nihil ad iustitiam contulerit; sed quia ⟨88⟩ in nova vita huius gratiae perfectio clarius apparet. Ceterum non possum iis assentiri qui secundum hoc membrum ad vitae novitatem referunt. Nam de ea nondum coepit agere Apostolus; deinde certum est eodem pertinere utrunque membrum. Proinde si iustificatio renovationem significet, propter peccata fuisse mortuum, eo sensu dictum esset, ut nobis mortificandae carnis gratiam acquireret; quod nemo concedit. Ergo quemadmodum mortuum dixit propter peccata, quia soluta in morte peccatorum poena, nos a mortis calamitate liberavit, ita nunc dicitur suscitatus ad nostram iustificationem, quoniam sua resurrectione vitam solide nobis instauravit. Primum enim manu Dei percussus est, ut in persona peccatoris, peccati miseria defungeretur. Deinde in vitae regnum exaltatus est, ut iustitia ac vita suos donaret. De iustificatione ergo imputativa adhuc loquitur; atque hoc ipsum confirmabit quod statim sequetur proximo capite.

Denn der Ursprung der Gerechtigkeit ist, dass wir mit Gott versöhnt werden: die [unabdingbare] Ergänzung aber, dass nach der Vernichtung des Todes das Leben herrscht.

Paulus zeigt also, dass die Genugtuung für unsere Sünden am Kreuz vollendet worden ist. Denn damit Christus uns in die Gnade des Vaters zurückbrachte, war es nötig, dass er unsere Schuld austilge; das konnte nur dadurch geschehen, dass er in unserem Namen die Strafe zahlte, die wir zu zahlen nicht fähig waren.

Die Strafe liegt auf ihm, damit wir Frieden haben, sagt Jesaja [Jes 53,5]. »Dahingegeben« aber sagt mehr als gestorben: denn die Sühne war von Gottes ewigem Wohlgefallen abhängig, der sich auf diese Weise mit uns aussöhnen wollte.

Um unserer Rechtfertigung willen auferweckt. Es wäre nicht genug gewesen, wenn Christus sich dem Zorn und dem Gericht Gottes ausgesetzt und die wohlverdienten Schmähungen wegen unserer Sünden auf sich genommen hätte, wenn er nicht auch als Sieger daraus hervorgegangen und in die himmlische Herrlichkeit aufgenommen worden wäre und uns Gott so durch sein Eintreten versöhnte.

Der Auferstehung, durch die der Tod verschlungen ist, wird die Kraft der Rechtfertigung zugeschrieben; nicht, dass das Opfer des Kreuzes, durch das wir mit Gott versöhnt sind, nichts zur Gerechtigkeit beigetragen hätte. Aber im neuen Leben erscheint die Vollendung dieser Gnade heller. Außerdem kann ich denen nicht zustimmen, die diese zweite Aussage auf die Erneuerung des Lebens beziehen, denn davon handelt der Apostel hier noch nicht; außerdem ist es sicher, dass sich beide Aussagen auf dasselbe beziehen.

Wenn daher die Rechtfertigung Erneuerung bezeichnen würde, dann wäre damit gesagt, dass er wegen unserer Sünden gestorben ist, damit er uns die Gnade der Abtötung des Fleisches erwerbe. Das aber kann niemand annehmen.

Also sagt er: Wie er wegen der Sünden gestorben ist, damit er im Tod die Strafe des Sünders abtrage und uns vom Unheil des Todes befreit hat, so wird uns nun gesagt, dass er zu unserer Rechtfertigung auferweckt worden ist, indem er uns durch seine Auferstehung das Leben dauerhaft wiederhergestellt hat.

Zuerst ist er nämlich durch die Hand Gottes zerschlagen worden, damit er in der Person des Sünders das Leiden der Sünde beendete, und daraufhin wurde er im Reich des Lebens erhöht, damit er den Seinen die Gerechtigkeit und das Leben schenkte. [Paulus] spricht hier also über die zugerechnete Gerechtigkeit, und was er hier sagt, wird gleich im nächsten Kapitel [ausführlicher] folgen.

CAPUT V

1 *Iustificati ergo ex fide, pacem habemus apud Deum per Dominum nostrum Iesum Christum:*
2 *Per quem accessum habuimus fide in gratiam istam in qua stetimus, et gloriamur super spe gloriae Dei.*

1 *Iustificati ergo*. Incipit Apostolus ab effectis illustrare id quod de fidei iustitia hactenus asseruit. Itaque totum hoc caput in amplificationibus positum est; quae tamen non minorem vim explicandi, quam confirmandi habeant. Dixerat enim prius fidem aboleri si ex operibus quae-
101 ritur iustitia, quia perpetua inquietudo miseras | animas turbabit, quae nihil solidum in se reperient. Nunc ex opposito docet, quietas et tranquillas reddi, ubi fide iustitiam adepti sumus.
Pacem habemus. Singularis iustitiae fidei fructus. Nam siquis ab operibus conscientiae securitatem petere velit, (quod in profanis et brutis hominibus cernitur), frustra id tentabit. Aut enim contemptu vel oblivione Divini iudicii sopitum est pectus, aut trepidatione ac formidine quoque plenum est, donec in Christum recubuerit. Ipse enim solus est pax nostra. Pax ergo, conscientiae serenitatem significat, quae ex eo nascitur quod Deum sibi reconciliatum sentit. Eam nec Pharisaeus habet, qui falsa operum fiducia turget, nec stupidus peccator, qui vitiorum dulcedine ebrius, non inquietatur. Quanquam enim neuter apertum bellum videtur habere, quemadmodum is qui peccati sensu feritur, quia tamen non vere accedunt ad iudicium Dei, nequaquam concordiam cum illo habent. Stupor enim conscientiae, ⟨89⟩ quidam est veluti a Deo recessus. Ideo pax erga Deum ebriae carnis securitati opponitur; quia hoc primum est, ut quisque se ad reddendam vitae rationem expergefaciat. Nemo autem se coram Deo intrepide sistet, nisi gratuita reconciliatione fretus; quia quandiu iudex est Deus, terreri omnes et turbari oportet. Quod validissimo argumento est, adversarios nostros nihil aliud quam sub umbra garrire, quum operibus arrogant iustitiam. Nam conclusio

Kapitel 5

1 *Da wir nun gerecht geworden sind durch den Glauben, haben wir Frieden mit Gott durch unsern Herrn Jesus Christus.*

2 *Durch ihn haben wir den Zugang im Glauben zu dieser Gnade, in der wir stehen, und rühmen uns der Hoffnung auf die Herrlichkeit Gottes.*

1 *Da wir nun gerecht geworden sind.* Der Apostel beginnt damit, das bislang von der Gerechtigkeit durch den Glauben Gesagte an ihren Wirkungen aufzuzeigen. Deshalb besteht das ganze Kapitel aus Verstärkungen [des zuvor Gesagten], die dies nicht nur zu erklären, sondern auch zu bekräftigen vermögen. Denn zuerst hatte [Paulus] gesagt, dass der Glaube zunichte gemacht werde, wenn man die Gerechtigkeit in den Werken suche [Röm 3,27f.; 4,4f.], da ja die fortdauernde Unruhe die armen Seelen, die keine Gewissheit mehr in sich selbst finden, verwirren werde. Nun jedoch lehrt er, dass sich Ruhe und Frieden dort einstellen, wo wir die Gerechtigkeit im Glauben empfangen haben.

Wir haben Frieden. Das ist die einzigartige Frucht der Gerechtigkeit durch den Glauben. Denn wer die Ruhe des Gewissens durch die Werke zu gewinnen sucht, was bei unreligiösen und dummen Menschen beobachtet werden kann, wird sie vergeblich suchen. Denn entweder schlummert ihr Herz, indem es dem göttlichen Gericht gleichgültig gegenübersteht und es aus den Augen verliert, oder es ist erfüllt von Furcht und Zittern, bis es in Christus seine Ruhe findet. Er allein ist nämlich unser Friede.

Friede bezeichnet die Heiterkeit des Gewissens, die aus dem Bewusstsein der Versöhnung mit Gott entsteht. Diesen [Frieden] hat weder der Pharisäer, der vor falschem Vertrauen auf seine Werke strotzt, noch der bornierte Sünder, der trunken ist vom Reiz der Übertretungen und darüber nicht beunruhigt ist. Obwohl nun beide offenbar keinen offenen Krieg [mit Gott] führen wie der Mensch, der vom Bewusstsein seiner Sünde angefochten ist, leben sie doch keinesfalls in Harmonie mit Gott, weil sie nicht wirklich zu seinem Richterstuhl treten. Denn die Gleichgültigkeit ihres Gewissens kommt einem Rückzug vor Gott gleich. Deshalb wird der Friede mit Gott der Sicherheit des trunkenen Fleisches gegenübergestellt. Denn das ist das Erste, dass ein jeder zur Besinnung kommt, um von seinem Leben Rechenschaft abzulegen. Keiner aber wird ohne Zittern vor Gott treten, wenn er auf die Versöhnung aus freier Gnade nicht fest vertraut. Solange Gott der Richter ist, müssen alle sich fürchten und ängstigen. Der stärkste Beweis dafür, dass unsere Gegner nur von Trugbildern schwätzen, besteht darin, dass sie Gerechtigkeit für die Werke beanspruchen. Dieser Schluss des Pau-

haec Pauli, ex principio illo pendet, semper titubare miseras animas, nisi in Christi gratia quiescant.

2 *Per quem habuimus accessum*. Nam reconciliatio nostra cum Deo Christo fulta est. Ipse enim solus est dilectus Filius; nos vero omnes natura filii irae. Sed gratia haec nobis per Euangelium communicatur; quia est ministerium reconciliationis, cuius beneficio quodammodo inducimur in regnum Dei. Merito itaque in Christo certum gratiae Dei pignus nobis ante oculos Paulus statuit, quo nos ab operum fiducia melius abstrahat. Et accessus quidem nomine, initium salutis a Christo esse docens, praeparationes excludit, quibus stulti homines Dei misericordiam se antevertere putant; acsi diceret, Christum nihil promeritis obviam venire, manumque porrigere. Postea subiicit continuo, eiusdem gratiae tenore fieri ut firma stabilisque salus nobis maneat. Quo significat, perseverantiam non in virtute industriave nostra, sed in Christo fundatam esse. Quanquam simul, quum dicit nos stetisse, indi-
102 cat quam altas agere radices debeat in piorum cordi-|bus Euangelium, ut ipsius veritate firmati adversus omnes diaboli et carnis machinas stabiles consistant. Et hoc verbo fidem non fluxam esse aut unius diei persuasionem significat, sed fixam et alte animis insidentem, ut tota vita perseveret. Non igitur qui subito impetu ad credendum impellitur, fidem habet, ut inter fideles numeretur, sed qui constanter et fixo (ut ita loquar) pede residet in statione Divinitus sibi ordinata, ut semper Christo adhaereat.

Et gloriamur super spe. Hinc nimirum spes futurae vitae et emergit et exultare audet, quod velut iactis fundamentis, in Dei gratia constitimus. Sensus enim Pauli est, quanvis nunc in terra peregrinentur fideles, fiducia tamen sua caelos transcendere, ut futuram haereditatem tranquilli in sinu foveant. Atque hic evertuntur pestilentissima duo sophistarum dogmata. Alterum quo iubent Christianos esse contentos coniectura morali in percipienda erga se Dei gratia. Alterum quo tradunt omnes esse incertos finalis perseverantiae. Atqui nisi et certa in praesens

lus beruht auf dem Grundprinzip, dass die armen Seelen stets wanken, solange sie in der Gnade Christi nicht Ruhe finden.

2 *Durch ihn haben wir den Zugang.* Unsere Versöhnung mit Gott beruht auf Christus. Denn er ist der einzige geliebte Sohn. Wir jedoch sind alle von Natur aus Kinder des Zorns. Durch das Evangelium aber wird uns eine solche Gnade geschenkt, dass es den Dienst der Versöhnung gibt, durch dessen Wohltat wir in das Reich Gottes gleichsam eingeführt werden. Darum stellt uns Paulus mit Recht in Christus ein sicheres Unterpfand vor Augen, um unser Vertrauen auf die Werke umso wirksamer zu entkräften. Und mit der Bezeichnung »Zugang« lehrt er uns, den Anfang des Heils bei Christus zu suchen. So schließt er alle Vorbereitungen aus, mit denen dumme Menschen meinen, dem Erbarmen Gottes zuvorkommen zu können[1], als ob er sagen würde: Christus kommt uns, die wir ohne Verdienst dastehen, entgegen und reicht uns seine Hand. Sodann fährt er fort: Es geschieht durch den andauernden Lauf derselben Gnade, dass unser Heil fest und zuverlässig bleibt. Dadurch deutet er an, dass das Beharren nicht auf unserer Leistung oder Anstrengung, sondern auf Christus beruht. Wenn er »wir stehen« sagt, macht er zugleich darauf aufmerksam, wie tiefe Wurzeln das Evangelium in den Herzen der Glaubenden schlagen muss, damit sie in seiner Wahrheit gefestigt werden und gegen alle Listen des Teufels und des Fleisches standhaft bleiben. Durch dieses Wort bringt er zum Ausdruck, dass der Glaube keine flüchtige Laune ist, sondern fest und tief im Gemüt verwurzelt ist, um das ganze Leben hindurch auszuharren. Einen Glauben, der den [wahrhaft] Glaubenden eignet, hat also nicht der, der durch einen plötzlichen Impuls zum Glauben getrieben wird, sondern nur der, der standhaft und, um es so auszudrücken, festen Fußes auf dem ihm von Gott zugewiesenen Posten verharrt, so dass er stets Christus anhängt.

Und rühmen uns der Hoffnung. Der Grund für das Entstehen der Hoffnung auf das künftige Leben und für den Mut, darüber zu frohlocken, liegt freilich darin, dass wir in der Gnade Gottes wie auf einem festen Fundament stehen. Paulus meint damit dies: Obwohl die Glaubenden jetzt auf Erden Wandernde sind, steigt ihr Vertrauen doch über alle Himmel empor, so dass sie sich das künftige Erbe in ihrem Innersten getrost warm halten. Damit stürzen nun zwei der verderblichsten Lehrsätze der Sophisten in sich zusammen: der eine, demzufolge sich die Christen mit einer moralischen Mutmaßung über den Empfang der ihnen zukommenden Gnade Gottes bescheiden müssen[2]; der andere, demzufolge jeder über das endgültige Beharren im Unklaren bleibt[3].

1 Vgl. Concilium Tridentinum, Sess. VI, Cap. 5f. (DH 1525–1527); J. Calvin, Die Akten des Trienter Konzils (1547), CO 7,444–447, in: CStA 3,140–147; vgl. auch Inst. (1559) II,2,4f.

2 Vgl. G. Biel, Collectorium circa quattuor libros Sententiarum, Liber II, Dist. 27, Quaest. I, P–Q, ed. W. Werbeck/U. Hofmann, Tübingen 1984, 524–526.

3 Vgl. Thomas v. Aquin, STh II–1, q 112, Art. 5; Concilium Tridentinum, Sess. VI, Cap. 13 (DH 1541) und Can. 16 (DH 1566); vgl. J. Calvin, Die Akten des

intelligentia, et in futurum constans ac minime dubia sit persuasio, quis gloriari auderet? Spes gloriae Dei nobis per Euangelium affulsit, quod ⟨90⟩ testatur nos fore consortes Divinae naturae. Quum enim videbimus Deum facie ad faciem, similes ei erimus 2. Pet. 1.4, et 1. Iohan. 3.2.

3 *Neque id modo, sed gloriamur etiam in afflictionibus: scientes quod tribulatio patientiam efficiat,*
4 *Patientia vero probationem, probatio autem spem.*
5 *Porro spes non pudefacit: quoniam dilectio Dei diffusa est in cordibus nostris per Spiritum sanctum qui datus est nobis.*

3 *Neque id modo.* Nequis obiiceret per ludibrium, Christianos tamen cum sua gloria hic miris modis vexari et conteri, quae conditio longe abest a foelicitate, obiectionem illam praevenit, ac pronuntiat, non tantum nihil impediri pios calamitatibus quominus beati sint, sed eorum quoque gloriam inde promoveri. Ad id probandum ratiocinatur ab effectu. Et utitur quidem eleganti gradatione, qua tandem concludit, in salutem ac bonum nostrum vergere, quascunque patimur aerumnas. Quod autem dicit sanctos in tribulationibus gloriari, non ita est intelligendum acsi res adversas non extimescerent et refugerent, vel nulla ea-
103 rum acerbitate premerentur ubi incidunt (nam nec | patientia inde nasceretur, nisi esset amaritudinis sensus), sed quia dolendo ac gemendo, ingenti tamen consolatione non carent, quod sibi indulgentissimi Patris manu in suum bonum, quicquid ferunt, dispensari reputant, merito dicuntur gloriari. Ubicunque enim profectus est salutis, illic non deest gloriandi materia. Hinc ergo docemur quis sit tribulationum nostrarum finis: siquidem filios Dei praestare libet. Debent enim ad patientiam nos assuefacere. Ac nisi faciant, opus Domini vanum et irritum nostra pravitate redditur. Unde enim probat, non obstare piorum gloriae res adversas, nisi quia patienter eas ferendo, Dei auxilium sentiunt, quod eorum spem alit et confirmat? Ergo qui patientiam non discunt, male proficere certum est. Nec obstat quod in Scripturis extant quaedam sanctorum querelae desperationis plenae. Nam ad tempus interdum

Wenn es aber keine sichere Erkenntnis für die Gegenwart und keine feste und gewisse Vorstellung für die Zukunft gäbe: Wer sollte das Wagnis eingehen, sich [der Hoffnung] zu rühmen? Die Hoffnung auf die Herrlichkeit Gottes strahlt uns durch das Evangelium entgegen, das Zeugnis davon ablegt, dass wir Teilhaber der göttlichen Natur sein werden. Wenn wir nämlich Gott von Angesicht zu Angesicht sehen, werden wir ihm gleich sein (II Petr 1,4 und I Joh 3,2).

3 *Nicht allein aber das, sondern wir rühmen uns auch der Bedrängnisse, weil wir wissen, dass Bedrängnis Geduld bringt,*
4 *Geduld aber Bewährung, Bewährung aber Hoffnung.*
5 *Hoffnung aber lässt nicht zuschanden werden; denn die Liebe Gottes ist ausgegossen in unsere Herzen durch den Heiligen Geist, der uns gegeben ist.*

3 *Nicht allein aber das.* Damit keiner spöttisch einwirft, dass die Christen trotz ihres Rühmens auf vielfältige Weise unter Qualen und Leiden leben – ein Zustand, der sich von der Glückseligkeit deutlich unterscheidet –, kommt [Paulus] diesem Einwand zuvor und erklärt: Das Unheil vermag den Frommen nicht nur nicht im Wege zu stehen, so dass sie unglücklich wären, sondern fördert sogar noch ihr Rühmen. Um dies zu bekräftigen, argumentiert er mit der Wirkung [des Unheils]. Stufenweise führt er die Rede empor, um auf ihrem Höhepunkt endlich den Schluss zu ziehen, dass alle erlittene Mühsal zu unserem Heil und Segen beiträgt. Was aber den Satz betrifft, dass sich die Heiligen in ihren Bedrängnissen rühmen, darf dieser nicht so verstanden werden, als ob sie Widrigkeiten nicht fürchten würden und meiden möchten oder als ob sie bei ihrem Eintreten durch ihre Härte keinen Schaden erleiden würden. Wenn sie nämlich das Unglück nicht fühlen würden, könnte aus ihm keine Geduld erwachsen. Weil ihnen aber im Schmerz und im Seufzen der große Trost bei dem Gedanken nicht fehlt, dass ihnen alle Widerfahrnisse durch die Hand des gütigsten Vaters zu ihrem Besten auferlegt werden, heißt es zu Recht: Sie rühmen sich. Denn wo es ein Fortschreiten auf dem Weg zum Heil gibt, fehlt der Anlass zum Rühmen nicht. Daraus lernen wir also, welches Ende unsere Bedrängnisse haben, wenn wir uns als Kinder Gottes erweisen wollen. Denn [die Bedrängnisse] sollten uns zur Geduld anleiten. Wenn sie das aber nicht erreichen, erweist sich Gottes Werk aufgrund unserer Verdorbenheit als leer und wirkungslos. Denn wodurch will er beweisen, dass Widrigkeiten dem Rühmen der Frommen nicht im Weg stehen, wenn nicht dadurch, dass sie im geduldigen Ertragen Gottes Hilfe empfinden, die ihre Hoffnung nährt und festigt? Wer also keine Geduld erlernt, kann sicherlich kaum Fortschritte machen. Dem steht nicht entgegen, dass es in der Schrift manche Klagen der Heiligen gibt, die ihre Verzweiflung zum Ausdruck bringen. Denn gelegentlich bedrängt und bedrückt

Trienter Konzils (1547), CO 7,444–447, in: CStA 3,140–147; Inst. (1539) IV, CO 1,470f.; Inst. (1559) III,2,38–40.

ita suos urget Dominus ac constringit, ut vix respirare illis liceat, ac consolationis reminisci. Sed momento reducit in vitam, quos in mortis caligine prope demerserat. Ita semper in illis adimpletur quod ait Paulus, ›In omnibus premimur, at non anxii reddimur; laboramus, at non destituimur; persecutionem patimur, at non deserimur; deiicimur, at non perimus‹.

Tribulatio patientiam. Id non ex natura tribulationis, qua videmus bonam hominum partem ad obstrependum Deo, atque etiam ad maledicendum instigari. Verum ubi in contumaciae locum successit ⟨91⟩ interior mansuetudo quae per Spiritum Dei infunditur, et quae per eundem suggeritur consolatio, generandae patientiae instrumenta fiunt tribulationes, quae in obstinatis nihil quam indignationem et fremitum excitare queunt.

4 *Patientia probationem.* Iacobus in simili gradatione diversum videtur sequi ordinem; quia dicit ex probatione esse patientiam. Sed diversa verbi acceptio intellecta, utrunque conciliabit. Paulus enim probationem accipit pro experientia quam de certa Dei protectione sumunt fideles, ubi eius auxilio freti, omnes difficultates superant; nempe dum patienter ferendo, consistunt stabiles, experiuntur quantum valeat Domini virtus, quam pollicitus est suis semper adfuturam. Iacobus eandem vocem usurpat pro ipsa tribulatione, iuxta communem Scripturae usum; quia per eas servos suos probat et examinat Deus. Unde et ›tentationes‹ saepe dicuntur. Quantum igitur ad praesentem locum, tunc proficimus ut decet in tolerantia, quum reputamus eam nobis stetisse Dei potentia, atque ita in futurum spem capimus, nunquam Dei gratiam
104 nobis defuturam, quae semper nobis in | necessitate succurrerit. Quare subiicit, ex probatione spem oriri; quia ingrati sumus acceptis iam beneficiis, nisi eorum recordatione, spem imposterum confirmamus.

5 *Spes non pudefacit.* Hoc est, habet certissimum salutis exitum. Unde constat, nos rebus adversis in hunc finem exerceri a Domino, ut his gradibus salus nostra provehatur. Non possunt ergo miseriae nos reddere miseros, quae pro suo modo beatitudinis sunt adminicula. Sic probatum est quod dixerat, esse piis inter medias afflictiones gloriandi materiam.

Quoniam dilectio Dei. Non refero ad proximum verbum duntaxat, sed ad totam praecedentem sententiam. Ideo, inquam, tribulationibus ad patientiam nos acui, et patientiam Divini auxilii esse nobis expe-

der Herr die Seinen in der Weise, dass sie kaum atmen und sich ihres Trostes entsinnen können. Aber im Nu führt er die ins Leben zurück, die er beinahe in das Dunkel des Todes gestürzt hätte. So bewahrheiten sich immer wieder die Worte des Paulus: »Wir sind von allen Seiten bedrängt, aber wir ängstigen uns nicht. Uns ist bange, aber wir verzagen nicht. Wir leiden Verfolgung, aber wir werden nicht verlassen. Wir werden unterdrückt, aber wir kommen nicht um.« [II Kor 4,8f.].

[Dass] Bedrängnis Geduld [bringt]. Dies hat seine Ursache nicht im Wesen der Bedrängnis, die offensichtlich einen großen Teil der Menschen dazu reizt, gegen Gott zu murren und ihn sogar zu verfluchen. Wenn sich aber der Trotz zur inneren Nachfolge wandelt, die durch den Geist Gottes eingegossen wird, und in den Trost, der durch denselben [Geist] vermittelt wird, dann erweisen sich die Bedrängnisse, die bei den Hartnäckigen nichts als Widerwillen und Unzufriedenheit hervorbringen, als wirksam für das Entstehen der Geduld.

4 *Geduld [aber] Bewährung.* Jakobus scheint in einer ähnlichen Steigerung der Wortfolge eine andere Reihenfolge zu wählen, da er sagt, dass die Geduld aus der Bewährung hervorgeht [Jak 1,3f.].[4] Wenn man nun die unterschiedliche Bedeutung des Wortes [Bewährung] beachtet, lassen sich beide Stellen miteinander in Einklang bringen. Paulus versteht unter »Bewährung« die Erfahrung aller Glaubenden hinsichtlich der sicheren Bewahrung durch Gott, wenn sie im Vertrauen auf seine Hilfe alle Schwierigkeiten überwinden. Im geduldigen Ertragen bleiben sie standhaft und machen die Erfahrung, wie stark Gottes Kraft ist, deren Beistand er den Seinen für immer versprochen hat. Jakobus verwendet entsprechend dem allgemeinen Sprachgebrauch dasselbe Wort für die Bedrängnis selbst, da Gott durch sie seine Diener auf die Probe stellt und prüft. Darum werden [Bedrängnisse] auch oft »Anfechtungen« genannt. Was nun unsere Stelle betrifft, gelangen wir zu der erforderlichen Geduld, wenn wir daran denken, dass wir sie Gottes Macht verdanken. Darum schöpfen wir für die Zukunft die Hoffnung, dass uns Gottes Gnade, die uns in der Not immer zur Seite gestanden hat, niemals fehlen wird. Deswegen fügt [Paulus] hinzu: Hoffnung erwächst aus Bewährung. Denn wir würden uns angesichts der empfangenen Wohltaten als undankbar erweisen, wenn wir unsere Hoffnung auf die Zukunft nicht dadurch bekräftigen, dass wir uns an sie erinnern.

5 *Hoffnung lässt nicht zuschanden werden.* Das bedeutet: Am Ende dürfen wir ganz gewiss unser Heil erwarten. Deshalb steht fest, dass der Herr uns mit Widrigkeiten zu dem Zweck auf die Probe stellt, um unser Heil Stufe für Stufe zu fördern. So kann uns das Elend, das auf seine Weise ein Hilfsmittel zur Seligkeit ist, nicht in Verzweiflung stürzen. Nun sind seine Worte bewiesen, dass die Frommen Anlass haben, sich mitten in den Bedrängnissen zu rühmen.

Denn die Liebe Gottes. Ich beziehe dies nicht nur auf den letzten Satz, sondern auf den gesamten vorhergehenden Gedankengang. Es gilt:

4 Vgl. J. Calvin, In Epistolam Iacobi (1551), CO 55,385.

rimentum quo ad spem magis animemur; quia utcunque premamur ac iamiam conterendi videamur, non tamen desinimus Divinam erga nos benevolentiam sentire, quae uberrima est consolatio, ac multo amplior, quam si omnia prospere cederent. Siquidem ut adverso infensoque Deo misera est ipsa, quae videtur in speciem foelicitas; ita eodem propitio certum est vel calamitates ipsas in prosperum laetumque successum exituras. Quandoquidem omnia oportet servire arbitrio Creatoris, qui pro suo erga nos paterno favore (ut iterum repetet Paulus capite 8) omnia crucis exercitia in salutem nostram temperat. Haec Divinae erga nos dilectionis notitia cordibus nostris instillata est per Spiritum Dei. ⟨92⟩ Nam et ab auribus, et oculis, et mentibus hominum abscondita sunt quae praeparavit Deus bona cultoribus suis; solus est Spiritus qui potest ea patefacere. Et multam habet emphasin participium ›diffusa‹. Significat enim adeo uberem esse Divini in nos amoris revelationem, ut corda nostra impleat. Sic autem per omnes partes effusa, non modo tristitiam in rebus adversis mitigat, sed quasi suave condimentum, amabiles reddit tribulationes. Datum praeterea hunc Spiritum dicit, gratuita scilicet Dei bonitate erogatum, non autem redditum nostris meritis. Quemadmodum probe Augustinus adnotavit, qui tamen in expositione dilectionis Dei hallucinatur. Exponit nos constanter adversa tolerare, et hac ratione in spem confirmari, quia Spiritu regenerati, Denm diligamus. Pia quidem sententia, sed nihil ad Pauli mentem. ›Dilectio‹ enim hic non active, sed passive capitur. Et certum est, non aliud doceri a Paulo, quam hunc verum esse omnis dilectionis fontem,
105 quod persuasi sunt | fideles, a Deo se amari. Nec leviter duntaxat hac persuasione tincti sunt, sed animos prorsus delibutos habent.

6 *Christus enim, quum adhuc essemus infirmi secundum rationem temporis, pro impiis mortuus est.*
7 *Vix sane pro iusto quis moriatur: nam pro bono forsan aliquis etiam mori audeat.*

Wir werden durch Bedrängnisse zur Geduld angespornt, und Geduld verschafft uns die Erfahrung der göttlichen Hilfe, die uns noch stärker zur Hoffnung ermutigt. Denn auf welche Weise wir auch immer dem Anschein nach bedrängt und schon zerrieben werden, lassen wir dennoch nicht davon ab, empfindsam zu sein für die göttliche Güte uns gegenüber, die der reichhaltigste Trost und viel größer ist, als wenn sich alles glücklich fügen würde. Wenn nun Gott gegen uns ist und zürnt, erweist sich selbst das als Elend, was dem Anschein nach Glück ist. Ist er aber uns gegenüber gnädig, so besteht die Gewissheit, dass selbst das Unglück einen glücklichen und fröhlichen Ausgang nimmt. Schließlich muss alles dem Willen des Schöpfers dienen, der gemäß seiner väterlichen Güte uns gegenüber, wie sie Paulus in Kapitel 8 wiederholt [Röm 8,28], alle Anfechtungen des Kreuzes zu unserem Heil wendet. Diese Gewissheit der göttlichen Liebe uns gegenüber ist in unsere Herzen durch den Heiligen Geist eingegossen. Es ist nämlich vor den Ohren, Augen und Gedanken der Menschen verborgen, welche Güter Gott denen bereitet hat, die ihn ehren. Der Geist allein kann sie offenbar machen [I Kor 2,9; vgl. Jes 64,3]. Dem Partizip »ausgegossen« kommt eine erhebliche Bedeutung zu. Denn es bezeichnet die überreiche Offenbarung der göttlichen Liebe an uns, auf dass sie unser ganzes Herz erfüllt. Indem sie sich in jeden Teil von uns ergießt, lindert sie nicht nur die Traurigkeit im Unglück, sondern macht wie ein mildes Gewürz die Bedrängnisse liebenswert.

Weiter sagt er, dass dieser Geist verliehen wurde, und zwar geschenkt durch die grundlose Güte Gottes, nicht jedoch als Lohn für unsere Verdienste. So beschreibt es auch Augustin treffend, der allerdings bei der Erklärung der Liebe Gottes gedankenlos daherredet. Ihm zufolge können wir das Unglück geduldig ertragen und werden in unserer Hoffnung bestärkt, wenn wir Gott aufgrund der Wiedergeburt durch den Geist lieben.[5] Das ist zwar ein frommer Satz, der aber mit der Ansicht des Paulus nichts zu tun hat. Hier nämlich wird »Liebe« nicht im aktiven, sondern im passiven Sinn verstanden.[6] Ebenfalls steht fest, dass Paulus nichts anderes lehren will als dies: Die wahre Quelle aller Liebe besteht darin, dass die Glaubenden davon überzeugt sind, von Gott geliebt zu werden. Von dieser Überzeugung lassen sie sich nicht nur beiläufig berühren. Vielmehr sind ihre Herzen davon vollkommen durchdrungen.

6 *Denn Christus ist schon zu der Zeit, als wir noch schwach waren, für uns Gottlose gestorben.*
7 *Nun stirbt kaum jemand um eines Gerechten willen; um eines Guten willen wagt er vielleicht zu sterben.*

5 Augustin, De spiritu et littera 3,5 (PL 44,203); De patientia 17,14 (PL 40,619).

6 Origenes, Commentaria in Epistolam B. Pauli ad Romanos (PG 14,997); Augustin, De spiritu et littera 3,5 (PL 44,203); De patientia 17,14 (PL 40,619); Dionysius, Enarrationes piae et eruditae in omnes B. Pauli Epistolas, in: Opera omnia, Tom. XIII, Monstrolii 1901, 41a.

8 *Confirmat autem erga nos charitatem suam Deus, quod peccatores quum adhuc essemus, Christus pro nobis mortuus est.*
9 *Multo igitur magis iustificati nunc per sanguinem eius, servabimur per ipsum ab ira.*

6 *Christus enim quum adhuc*. In versione non ausus sum mihi tantum permittere, ut transferrem ›secundum tempus quo infirmi eramus‹; qui sensus tamen magis placebat. Argumentum autem a maiori ad minus hic orditur, quod multis verbis postea prosequetur. Quanquam orationis filum non adeo distinctum contexit, sed nihil sensum conturbabit inordinata orationis structura. ›Si Christus‹, inquit, ›impiorum misertus est, si Patri inimicos reconciliavit, si hoc effecit mortis suae virtute, multo nunc facilius iustificatos servabit; in gratiam restitutos, in eadem retinebit; praesertim quum ad mortem nunc vitae eius efficacia accedat‹. ›Tempus infirmitatis‹ quidam intelligunt, quo coepit Christus primum manifestari mundo. Et infirmos putant vocari homines, qui sub Legis paedagogia similes essent pueris. Ego ad unumquenque nostrum refero, et tempus notari dico quod reconciliationem cuiusque cum Deo praecedit. Siquidem ut omnes nascimur filii irae, ita in ea maledictione detinemur, donec fiamus Christi participes. Et infirmos appellat, qui nihil in se nisi vitiosum habent. Nam eosdem continuo post impios appellat. Neque vero novum est, vocem ›infirmitatis‹ hoc sensu accipi. Sic pudenda ⟨93⟩ corporis membra, infirma vocat (1. Corin. 12.22), et praesentiam corporis infirmam, quae nihil dignitatis habet (2. Corinth. 10. 10). Atque haec significatio paulo post saepius occurret. Quum ergo infirmi essemus, id est nequaquam digni vel idonei quos respiceret Deus, eo tempore Christus mortuus est pro impiis; quia initium pie-
106 tatis est | fides, a qua alieni erant omnes pro quibus est mortuus. Quod etiam competit in vetustos patres, qui iustitiam ante eius mortem erant consequuti. Nam id beneficium a futura eius morte habebant.
7 *Pro iusto*. Particulam, γὰρ affirmative, seu declarative, potius quam causaliter exponere ratio me coegit. Sententia hoc valet, ›Rarissimum

8 *Gott aber bekräftigt seine Liebe zu uns dadurch, dass Christus für uns gestorben ist, als wir noch Sünder waren.*
9 *Um wie viel mehr werden wir durch ihn bewahrt werden vor dem Zorn, nachdem wir jetzt durch sein Blut gerecht geworden sind!*

6 *Denn Christus [ist], als [wir] noch.* Ich habe nicht gewagt, mich zu der Übersetzung durchzuringen: »Zu der Zeit, als wir schwach waren«, obwohl mir dieser Sinn besser gefiel. Hier nämlich verläuft der Schluss vom Größeren zum Geringeren, was Paulus später noch ausführlich zeigen wird.[7] Obwohl er seinen Redefaden noch nicht so weit verwoben hat, kann dennoch die Unordnung im Aufbau seiner Rede ihren eigentlichen Sinn nicht verdunkeln. Er will sagen: »Wenn sich Christus der Ungläubigen erbarmt hat, wenn er die Feinde mit dem Vater versöhnt hat, wenn er dies durch die Kraft seines Todes geleistet hat, um wie viel leichter wird er jetzt die Gerechtfertigten bewahren und die in seiner Gnade erhalten, die er in Gnaden angenommen hat, zumal nun zu seinem Tod die Wirksamkeit seines Lebens hinzutritt.« Unter »Zeit der Schwachheit« verstehen einige [die Zeit], in der Christus begann, sich erstmals der Welt zu offenbaren.[8] Sie nehmen an, dass diejenigen als Schwache bezeichnet werden, die unter der Anleitung des Gesetzes noch gleichsam Kinder waren. Ich [jedoch] beziehe den Ausdruck auf jeden Einzelnen von uns und verstehe unter »Zeit« diejenige, die der Versöhnung eines jeden mit Gott vorausgeht. Da wir nun alle als Kinder des Zorns geboren werden, stehen wir solange unter diesem Fluch, bis wir Glieder Christi werden. Und schwach nennt er die, die nichts als Verderben in sich tragen. Diese nun nennt er im Folgenden Gottlose. Es ist nichts Neues, das Wort »Schwachheit« in diesem Sinn zu verstehen. So bezeichnet er die weniger ehrbaren Körperteile (I Kor 12,22) und seine eigene körperliche Erscheinung als schwach, weil sie keine Würde besitzen (II Kor 10,10). Diese Bedeutung wird uns etwas später noch häufiger begegnen [V.8.10; II Kor 11f.]. Als wir also noch schwach waren, das heißt, als wir in keiner Weise würdig und geeignet waren, um von Gott angeschaut zu werden, zu dieser Zeit ist Christus für uns Gottlose gestorben. Denn der Beginn der Gottesverehrung ist der Glaube, von dem alle, für die Christus gestorben ist, entfremdet waren. Das trifft auch auf die Väter des Alten Bundes zu, die vor seinem Tod die Gerechtigkeit erlangt haben. Diese Wohltat nämlich gewannen sie aus seinem noch bevorstehenden Tod.
7 *Um eines Gerechten willen.* Aus guten Gründen lege ich die Partikel γὰρ eher in einem bekräftigenden oder erklärenden Sinn als in einem begründenden Sinn aus. Der Satz bedeutet dann: »Unter Men-

7 Es handelt sich um das rhetorische Stilmittel des Schlusses a maiori ad minus.
8 Vgl. Erasmus, In Novum Testamentum Annotationes, in: Opera omnia, Tom. 6, Nachdr. Hildesheim 1962, 583F–584D, der folgende Theologen zitiert: Ambrosiaster, In Epistolam ad Romanos (PL 17,94), Origenes, Commentaria in Epistolam B. Pauli ad Romanos (PG 14,998), Theophylact, In Epistolam ad Romanos (PG 124,401) und Pelagius, In Epistolam ad Romanos (PL 30,667).

sane inter homines exemplum extat, ut pro iusto mori quis sustineat‹. Quanquam illud nonnunquam accidere possit. Verum ut id demus, pro impio tamen mori qui velit, nemo hominum reperietur. Id Christus fecit. Ita est amplificatio a comparatione, quia tale beneficentiae exemplum quale erga nos Christus edidit, inter homines non extet.

8 *Confirmat autem.* Quum verbum συνίστησι dubiae sit significationis, aptius est praesenti loco pro ›confirmare‹ accipi. Non enim hoc propositum est Apostolo, nos ad gratiarum actionem incitare, sed fiduciam et securitatem animarum stabilire. Confirmat ergo, id est certissimam ac solidissimam erga nos charitatem suam declarat, quod impiorum causa Christo Filio non pepercit. In hoc enim apparet eius dilectio, quod amore non provocatus, sponte nos prior dilexit, ut ait Iohannes. Peccatores hic vocantur (ut pluribus aliis locis) qui toti vitiosi sunt, ac peccato addicti; ut Iohan. 9. 31, ›Peccatores non exaudit Deus‹; hoc est nequam ac sceleratos homines. ›Mulier peccatrix‹, hoc est, probrosae vitae.

Idque melius patet ex antitheto, quod mox sequitur: *iustificati per eius sanguinem.* Nam quum haec duo inter se opponat, et iustificatos dicat qui liberati sunt a peccati reatu, consequens est, peccatores esse eos qui propter sua maleficia damnati sunt. Summa est, ›Si peccatoribus iustitiam acquisivit Christus morte sua, nunc iustificatos multo magis proteget ab interitu‹. Atque hoc postremo membro comparationem minoris et maioris ad suam doctrinam applicat. Neque enim satis esset partam nobis semel salutem esse, nisi Christus eandem ad extremum incolumem et firmam assereret. Id vere nunc contendit Apostolus, minime timendum esse ne Christus in medio stadio gratiae suae cursum abrumpat. Nam ex quo Patri nos reconciliavit, talis est nostra conditio, ut suam erga nos gratiam efficacius exerere et in dies augere velit.

⟨94⟩ 10 *Si enim, quum inimici essemus, reconciliati sumus Deo per mortem Filii eius, multo magis reconciliati servabimur per vitam ipsius.*

107 | 10 Expositio est superioris sententiae cum amplificatione sumpta ex comparatione vitae et mortis. ›Inimici‹, inquit, ›eramus, quum ad

schen kommt es fürwahr sehr selten vor, dass es einer auf sich nimmt, für einen Gerechten zu sterben.« Auch wenn dies bisweilen geschehen kann, müssen wir doch einräumen, dass sich gewiss kein Mensch finden lässt, der für einen Gottlosen sterben will. Das [aber] tat Christus. So wird die Aussage durch den Vergleich gesteigert, dass es einen solchen Beweis der Wohltat unter den Menschen nicht gibt, wie sie Christus uns gegenüber erwiesen hat.

8 *[Gott] aber bekräftigt.* Das Verb συνίστησι hat mehrere Bedeutungen. An dieser Stelle ist die Übersetzung »bekräftigen« die geeignetste. Denn der Apostel hat nicht die Absicht, uns zu Dankeserweisen aufzurufen, sondern das Vertrauen und die Gewissheit der Herzen zu stärken. [Gott] bekräftigt also, das heißt, er erklärt seine zuverlässige und wahrhaftige Liebe zu uns, da er seinen Sohn Christus um der Gottlosen willen nicht verschont hat. Darin nämlich zeigt sich seine Liebe, dass er uns von sich aus zuvor geliebt hat, ohne durch unsere Liebe dazu veranlasst zu sein, wie Johannes sagt [Joh 3,16; I Joh 4,9–12]. Sünder werden hier, wie an vielen anderen Stellen, die Leute genannt, die voller Laster sind und sich der Sünde hingeben. Von ihnen heißt es Johannes 9,31: »Gott erhört die Sünder nicht.« Gemeint sind damit unwürdige und verbrecherische Menschen. Unter der »sündigen Frau« wird eine Frau mit einem verwerflichen Lebenswandel verstanden [Lk 7,37].

Dieser Sachverhalt wird aus dem sodann folgenden Gegensatz noch deutlicher: *Nachdem wir durch sein Blut gerecht geworden sind.* Indem er [Sünder und Gerechtfertigte] einander gegenüberstellt und diejenigen Gerechtfertigte nennt, die von der Anklage ihrer Sünde befreit worden sind, folgt daraus, dass diejenigen Sünder sind, die wegen ihrer Verbrechen verurteilt wurden. Dahinter steht folgender Gedanke: »Wenn Christus den Sündern durch seinen Tod Gerechtigkeit erworben hat, um wie viel mehr wird er jetzt die Gerechtfertigten vor dem Verderben bewahren.« Mit diesem letzten Abschnitt wendet er den Vergleich zwischen dem Geringeren und dem Größeren[9] auf seine Unterweisung an. Es würde nämlich nicht ausreichen, dass Christus uns einmal das Heil erworben hätte, wenn er es nicht bis zum Schluss unversehrt und beständig erhalten würde. Der Apostel tritt ausdrücklich dafür ein, es bestehe kein Anlass zur Furcht, dass Christus mitten im Rennen den Lauf seiner Gnade abbricht. Denn seit er uns mit dem Vater versöhnt hat, wurden wir in die Lage versetzt, dass er seine Gnade uns gegenüber wirksamer erweitern und von Tag zu Tag mehren will.

10 *Denn wenn wir mit Gott versöhnt worden sind durch den Tod seines Sohnes, als wir noch Feinde waren, um wie viel mehr werden wir bewahrt werden durch sein Leben, nachdem wir nun versöhnt sind.*

10 Dies ist die Erklärung des vorigen Satzes, verstärkt durch den Vergleich zwischen dem Leben und dem Tod. »Wir waren Feinde«,

9 Zum Schluss a maiori ad minus vgl. Calvins Erklärung zu Röm 5,6.

propitiandum Patrem se medium Christus opposuit. Nunc sumus amici per eius reconciliationem. Si morte id effici potuit, vita multo erit potentior et efficacior. Habemus ergo ampla documenta, quae salutis fiduciam animis nostris confirment‹. Reconciliatos fuisse nos Deo per Christi mortem intelligit, quia sacrificium fuit expiationis quo placatus est Deus mundo, quemadmodum capite quarto docui. Sed videtur hic secum pugnare Apostolus. Nam si mors Christi Divini erga nos amoris pignus fuit, sequitur nos iam tunc fuisse illi gratos. Atqui nunc dicit inimicos fuisse. Respondeo, quia Deus peccatum odio habet, nos quoque illi esse exosos quatenus peccatores sumus. Quatenus autem arcano suo consilio nos in Christi corpus cooptat, odisse nos desinit. Sed reditio in gratiam nobis ignota est, donec fide in eam pervenimus. Itaque respectu nostri, semper sumus hostes, donec Christi mors ad propitiandum Deum intercedat. Atque hoc duplicis respectus discrimen notandum est. Neque enim aliter gratuitam Dei misericordiam agnoscimus, quam si constet Filio unigenito non pepercisse, quia nos amabat quo tempore inter ipsum et nos dissidium erat. Rursus beneficium Christi morte nobis praestitum non satis sentimus, nisi hoc nobis initium est nostrae cum Deo reconciliationis, ut persuasi simus, expiatione peracta, nunc esse nobis propitium qui prius iure infensus erat. Ita quum receptio in gratiam morti Christi ascribitur, sensus est, tunc sublatum esse reatum, cui alioqui obnoxii essemus.

⟨95⟩ 11 *Non solum autem: sed etiam gloriamur in Deo per Dominum Iesum Christum, per quem nunc reconciliationem accepimus.*

11 *Non solum autem.* Nunc ad summum gradum gloriandi conscendit. Nam dum gloriamur Deum esse nostrum, quicquid fingi vel optari potest bonorum consequitur, et ex hoc fonte manat. Non enim supremum tantum bonorum omnium est Deus, sed summam quoque ac singulas partes in se continet. Factus est autem noster per Christum. Ergo huc fidei beneficio pervenimus, ut nobis ad foelicitatem nihil desit. Nec frustra toties reconciliationem inculcat: primum ut discamus in Christi mortem oculos defigere quoties de salute nostra agitur; deinde ut sciamus non alibi collocandam esse fiduciam, quam in peccatorum expiatione.

sagt er, »als sich Christus als Mittler zur Versöhnung des Vaters zur Verfügung gestellt hat. Jetzt sind wir dank seiner Versöhnung Freunde. Wenn sein Tod dies für uns leisten konnte, um wie viel mächtiger und wirksamer wird sein Leben sein. Wir haben also glänzende Beweise, die die Gewissheit des Heils in unseren Herzen befestigen.« Er vertritt die Ansicht: Durch Christi Tod sind wir mit Gott versöhnt worden, weil dieser ein Sühnopfer wurde, durch das die Welt mit Gott versöhnt wurde, wie ich im vierten Kapitel gezeigt habe [Röm 4,25]. Hier aber scheint sich der Apostel zu widersprechen. Denn wenn Christi Tod ein Unterpfand der göttlichen Liebe uns gegenüber gewesen ist, so folgt daraus, dass wir ihm schon damals willkommen waren. Nun aber sagt er, dass wir Feinde gewesen sind. Meine Antwort lautet folgendermaßen: Weil Gott die Sünde hasst, sind wir ihm ebenfalls verhasst, sofern wir Sünder sind. Sofern er uns aber nach seinem geheimen Ratschluss zu [Gliedern am] Leib Christi erwählt, hört er auf, uns zu hassen. Von der Wiederaufnahme in seine Gnade wissen wir jedoch solange nichts, bis wir sie im Glauben ergreifen. Deshalb sind wir im Blick auf uns selbst stets Feinde, bis der Tod Christi dazwischentritt, um uns mit Gott zu versöhnen. Man beachte nun den Unterschied beider Blickrichtungen: Einerseits erkennen wir die gnädige Barmherzigkeit Gottes ausschließlich an der Tatsache, dass er seinen eingeborenen Sohn nicht verschont hat, da er uns schon zu der Zeit geliebt hat, als zwischen ihm und uns Streit war. Andererseits verstehen wir die Wohltat Christi, die er uns durch seinen Tod erwirkt hat, erst dann im Vollsinn, wenn sie für uns der Anfang unserer Versöhnung mit Gott ist. So gewinnen wir die Überzeugung, dass Gott, der uns zuvor zu Recht feindlich gegenüberstand, jetzt aufgrund der vollzogenen Sühne mit Wohlwollen gegenübertritt. Wenn also unsere Wiederaufnahme in die Gnade dem Tod Christi zugeschrieben wird, so bedeutet dies, dass die Anklage, nach der wir andernfalls schuldig gesprochen worden wären, nun aufgehoben wurde.

11 *Nicht allein aber das, sondern wir rühmen uns auch Gottes durch unsern Herrn Jesus Christus, durch den wir jetzt die Versöhnung empfangen haben.*

11 *Nicht allein aber das.* Jetzt schwingt er sich zum höchsten Grad des Rühmens auf. Denn wenn wir uns rühmen dürfen, dass Gott unser [Gott] ist, so folgt daraus alles, was man sich an Gütern ausdenken und wünschen kann, und fließt aus dieser Quelle. Gott nämlich ist nicht allein das höchste Gut, sondern er vereinigt die Gesamtheit [aller Güter] und ihre einzelnen Bestandteile auf sich. Durch Christus aber wurde er unser [Gott]. Daher ist es uns durch die Wohltat des Glaubens vergönnt, dass uns nichts zum Glück fehlt. Nicht umsonst schärft er immer wieder die Versöhnung ein: Erstens sollen wir lernen, unsere Augen immer, wenn es um unser Heil geht, auf Christi Tod zu richten. Zweitens sollen wir wissen, dass wir unser Vertrauen auf nichts anderes als auf die Sühne für unsere Sünden gründen dürfen.

108 | 12 *Quamobrem sicut per unum hominem peccatum in mundum introiit, et per peccatum mors: atque ita in omnes homines mors pervagata est: quandoquidem omnes peccaverunt.*
13 *(Nam usque ad Legem, peccatum erat in mundo: peccatum autem non imputatur, quum non est lex).*
14 *Sed regnavit mors ab Adam usque ad Mosen, etiam in eos qui non peccaverunt, ad similitudinem praevaricationis Adam, qui est figura futuri.*

12 *Quamobrem sicut*. Nunc eandem doctrinam exaggerare incipit ex comparatione contrariorum. Nam si Christus ideo venit ut nos redimeret a calamitate in quam inciderat Adam, ac suos omnes secum praecipitaverat, non possumus clarius perspicere quid habeamus in Christo, quam ubi nobis demonstratum fuerit quid in Adam perdiderimus. Etsi non omnia sint utrinque similia. Ideo et correctionem Paulus subiicit, quae suo loco videbitur; et nos praeterea siquid erit diversitatis observabimus. Nonnihil obscuram reddit orationem anacoluthos, quia non exprimitur in comparatione secundum membrum quod priori respondeat. Sed nos utrunque complanare studebimus, ubi ad eum locum ventum fuerit.
Peccatum in mundum introiit, et per, etc. Observa quem hic ponat ordinem. Peccatum enim praecessisse dicit, ex eo sequutam esse mortem. Sunt enim qui contendunt, nos ita peccato Adae esse perditos acsi nulla nostra culpa periremus, ideo tantum quasi ille nobis peccasset. Atqui diserte affirmat Paulus, in omnes propagatum esse peccatum qui eius poenam luunt. Atqui id deinde propius urget, quum rationem assignat paulo post, cur omnis Adae posteritas subiaceat mortis imperio. ›Nempe‹, inquit, ›quoniam omnes peccavimus‹; porro istud ›peccare‹, est corruptos esse et vitiatos. Illa enim naturalis pravitas quam e matris utero afferimus, tametsi non ita cito fructus suos edit, peccatum tamen est coram Domino, et eius ultionem meretur. Atque hoc est peccatum quod vocant originale. Nam ut Adam prima sua creatione, tam sibi quam posteritati Divinae gratiae dotes acceperat, sic a Domino excidens, naturam nostram in seipso corrupit, vitiavit, depravavit, perdidit. Abdicatus enim a Dei similitudine, semen nisi sui simile gignere non

12 *Deshalb, wie durch einen Menschen die Sünde in die Welt gekommen ist und der Tod durch die Sünde, so ist der Tod zu allen Menschen durchgedrungen, weil sie alle gesündigt haben.*
13 *Denn die Sünde war wohl in der Welt, ehe das Gesetz kam; aber wo kein Gesetz ist, da wird die Sünde nicht angerechnet.*
14 *Dennoch herrschte der Tod von Adam an bis Mose auch über die, die nicht gesündigt haben durch die gleiche Übertretung wie Adam, welcher ein Abbild dessen ist, der kommen sollte.*

12 *Deshalb, wie.* Jetzt beginnt er, das zuvor Dargelegte durch den Vergleich mit ihren Gegensätzen zu erweitern. Wenn nun Christus deshalb gekommen ist, um uns aus dem Elend zu erlösen, in das Adam gefallen war und alle seine Nachkommen mit sich hineingestürzt hatte, so können wir das, was wir an Christus haben, nicht deutlicher erkennen, als wenn uns vor Augen geführt wird, was wir in Adam verloren haben. Allerdings entsprechen sich auf beiden Seiten nicht alle Stücke. Deshalb nimmt Paulus eine Korrektur vor, die an der betreffenden Stelle erkennbar wird [V.13–17]. Auch wir werden weitere Unterschiede feststellen. Die Unvollständigkeit der Sätze[10] macht diese einigermaßen undurchsichtig, weil beim Vergleich der zweite Teil, der das Gegenstück zum vorhergehenden ist, nicht genannt wird. Wir aber werden uns bemühen, beides zueinander in Beziehung zu setzen, wenn uns eine entsprechende Stelle begegnet.

Die Sünde ist in die Welt gekommen, und durch .... Achte auf die Reihenfolge, die er hier wählt. Denn er sagt, dass die Sünde vorangegangen und aus ihr der Tod gefolgt ist. Es gibt aber Ausleger, die behaupten, dass wir lediglich deshalb durch die Sünde Adams zugrunde gerichtet worden sind – als ob wir nicht durch unsere eigene Schuld umkommen würden –, weil jener gleichsam an unserer statt gesündigt hatte.[11] Paulus jedoch erklärt ausdrücklich, dass die Sünde auf alle Menschen übergegangen ist und sie ihre Strafe erleiden müssen. Er zeigt das im Folgenden noch deutlicher, wenn er etwas später den Grund angibt, warum die ganze Nachkommenschaft Adams der Herrschaft des Todes unterworfen ist. »Weil wir alle gesündigt haben«, sagt er. »Sündigen« heißt hier, dass wir alle verdorben und durchtrieben sind. Denn jene natürliche Verkehrtheit, die wir von Mutterleib an mit uns herumtragen, ist vor dem Herrn Sünde und verdient seine Strafe, auch wenn sie ihre Früchte nicht sofort zeigt. Diese Sünde trägt nun den Namen Erbsünde. Denn wie Adam bei seiner ersten Erschaffung für sich und seine Nachkommen die Gaben der göttlichen Gnade empfangen hatte, so hat er, als er vom Herrn abfiel, mit seiner eigenen auch unsere Natur verdorben, geschändet, entstellt und zugrunde gerichtet. Er hat das

10 Das Anakoluth ist ein rhetorisches Stilmittel, das einen Satzabbruch bzw. eine nicht folgerichtige Satzkonstruktion bezeichnet und zumeist eine engagierte Rede charakterisiert; vgl. W. Sanders, Art. Anakoluth, in: Historisches Wörterbuch der Rhetorik, hg. v. G. Ueding, Bd. 1, Darmstadt 1992, Sp. 485–495.

11 Vgl. Erasmus, In Novum Testamentum Annotationes, in: Opera omnia, Tom. 6, Nachdr. Hildesheim 1962, 585B–590B.

potuit. Peccavimus igitur omnes, quia naturali corruptione omnes imbuti sumus; ideoque iniqui ac perversi. Frivolum enim commentum fuit, quo olim Pelagiani verba Pauli eludere conati sunt, peccatum
109 imitatione diffusum esse ab Adam | in totum humanum genus; quia hoc modo Christus exemplar tantum esset iustitiae, non causa. Deinde hic non agi de actuali peccato, colligere promptum est; quia si reatum quisque sibi accerseret, quorsum conferret Paulus ⟨96⟩ Adam cum Christo? Sequitur ergo pravitatem nobis ingenitam et haereditariam notari.

13 *Usque ad Legem*. Haec parenthesis anticipationem continet. Quoniam enim non videtur esse absque Lege transgressio, dubitari poterat anne ante Legem esset peccatum. Post Legem fuisse, minime dubium erat. Tantum haerebat quaestio in tempore Legem praecedente. Respondet igitur, quanvis Deus nondum Lege scripta sententiam tulisset, maledictum tamen fuisse humanum genus, et quidem ab utero. Itaque multo minus absolvi peccati damnatione eos qui ante Legis promulgationem scelerate ac flagitiose vixerunt. Semper enim fuit Deus cui cultus deberetur, semper fuit aliqua iustitiae regula. Haec interpretatio plana est adeo ac dilucida, ut contrarias satis per se refellat.

Peccatum autem non imputatur. Sine Legis obiurgatione malis nostris quodammodo indormimus. Et quanquam nos male agere non nesciamus, obruimus tamen quantum in nobis est, ingerentem se mali notitiam, saltem subita oblivione delemus. Dum Lex arguit et obiurgat, quasi vellicando nos expergefacit, ut subinde redeamus ad cogitandum Dei iudicium. Significat ergo Apostolus, qua sunt homines perversi-

Ebenbild Gottes verloren und konnte nur solche Nachkommen zeugen, die ihm ähnlich waren. Folglich haben wir alle gesündigt, weil wir alle vom natürlichen Verderben durchdrungen und deshalb schlecht und verkehrt sind. Es ist in der Tat eine alberne Erfindung, mit der einst die Pelagianer die Worte des Paulus zu verspotten suchten, dass sich nämlich die Sünde durch Nachahmung von Adam auf das ganze Menschengeschlecht ausgebreitet habe.[12] Denn auf diese Weise wäre Christus nur das Vorbild, nicht aber der Grund der Gerechtigkeit. Weiter liegt der Schluss auf der Hand, dass an dieser Stelle von der Tatsünde gar nicht die Rede ist. Denn warum sollte Paulus Adam mit Christus vergleichen, wenn sich jeder die Schuld selbst zuziehen würde? Folglich geht es hier um die uns angeborene und vererbte Verkehrtheit.

13 *Ehe das Gesetz kam.* Dieser Einschub kommt einem Einwand zuvor. Denn da es ohne das Gesetz keine Übertretung zu geben scheint, konnte Zweifel bestehen, ob es vor dem Gesetz die Sünde schon gegeben hat. Dass es sie nach dem Gesetz gegeben hat, war völlig unbestritten. Nur über die Zeit, die dem Gesetz voranging, wurde unterschiedlich geurteilt. Also gibt [Paulus] die Auskunft, dass das Menschengeschlecht [schon damals], und zwar von Mutterleib an, unter dem Fluch gestanden hat, obwohl Gott noch kein Urteil durch ein geschriebenes Gesetz gesprochen hatte. Deshalb können diejenigen, die vor Erlass des Gesetzes ein verbrecherisches und schändliches Leben geführt haben, unter keinen Umständen von der Verurteilung ihrer Sünde freigesprochen werden. Denn stets war es Gott, dem die Ehre gebührte, stets gab es eine Regel der Gerechtigkeit. Diese Auslegung ist so deutlich und klar, dass sie gegensätzliche Erklärungen hinlänglich von selbst widerlegt.

Da wird die Sünde nicht angerechnet. Ohne die Zurechtweisung durch das Gesetz schlafen wir gewissermaßen auf unseren Fehlern ein. Obwohl wir uns unserer bösen Taten wohl bewusst sind, unterdrücken wir dennoch, soweit es uns möglich ist, die sich aufdrängende Erkenntnis des Bösen oder löschen sie zumindest aus, indem wir sie möglichst schnell vergessen. Indem das Gesetz uns anklagt und tadelt, bringt es uns durch dieses Aufstören gleichsam zur Besinnung, damit wir uns sodann das Gericht Gottes wieder in Erinnerung rufen. Also macht der Apostel darauf aufmerksam, in welcher Verkehrtheit die Menschen

12 Vgl. Augustin, De peccatorum meritis 1,9,9f. (PL 44,114f.). Die Pelagianer, die sich auf den aus Irland stammenden Mönch Pelagius (350/4–420) zurückführen, sind die Vertreter einer kirchlich-theologischen Richtung, die erhebliche Konflikte in der abendländischen Kirche (pelagianischer und semipelagianischer Streit), vor allem mit Augustin und dem Augustinismus, hervorgerufen hat. Ihre von einem asketischen Grundzug bestimmte Lehre besagt, dass der Mensch zwar aufgrund der Schöpfungsgnade die Fähigkeit besaß, nicht zu sündigen, aber dennoch zum Sünder wurde durch die freiwillige Nachahmung Adams. Somit ist Sünde keine anthropologische Grundorientierung des Menschen, sondern ein praktischer Prozess, der aufgrund von Gewohnheit und mangelnder Kraft zum Guten in Bewegung gehalten wird. Christus ist in diesem Konzept nicht mehr als das Vorbild des vollkommenen Gehorsams, an dem die Menschen ihren Lebenswandel auszurichten haben.

tate, quum Lege non excitarentur, boni et mali discrimine magna ex parte ablegato, secure et suaviter sibi indulsisse, quasi nullum esset Dei iudicium. Alioqui imputata fuisse hominibus a Deo flagitia, testimonio sunt supplicium Cain, diluvium quo totus orbis absorptus est, Sodomae clades, et poenae ob Abrahamum Pharaoni et Abimelech irrogatae; postremo plagae Aegyptiis inflictae. Homines quoque sibi vicissim imputasse, palam est ex tot querimoniis et expostulationibus, quibus alii alios iniquitatis insimulant. Rursum ex apologiis quibus studiose purgant sua facta. Unumquenque demum sibi et mali et boni fuisse conscium, crebra sunt exempla quae arguant. Sed utplurimum ad sua maleficia connivebant, ut sibi nihil imputarent in peccatum, nisi coacti. Ideo quum sine Lege imputari peccatum negat, comparative loquitur, quia scilicet ubi nullis Legis stimulis punguntur, in socordiam se demergunt. Hanc porro sententiam prudenter inseruit Paulus, ut inde melius discerent Iudaei quam gravem culpam ipsi sustinerent quos Lex aperte damnabat. Nam si a poena non fuerunt immunes quos
110 Deus nunquam ad suum tribunal reos citavit, quid | Iudaeis fiet quibus Lex suum reatum praeconis instar edicit? Imo iudicium denuntiat? Altera etiam potest adduci ratio cur diserte dicat peccatum regnasse ante Legem, non tamen fuisse imputatum; nempe ut sciamus causam mortis a Lege non prodire, sed tantum monstrari. Pronuntiat igitur statim a lapsu Adae omnes misere fuisse perditos, quanvis Lege demum patefactus ⟨97⟩ fuerit interitus. Particulam adversativam δὲ; si transferas ›quanquam‹, melius fluet contextus; quia sensus erit, licet sibi indulgeant homines, non tamen effugere Dei iudicium posse, etiam dum Lex eos non arguit.

[14] *Regnavit mors ab Adam.* Clarius explicat nihil hominibus profuisse quod ab Adam usque ad Legis promulgationem licenter et secure lascivierint, delectu boni et mali valere iusso. Adeoque sine Legis admonitione, sepulta fuerit peccati recordatio, quia peccatum nihilominus vigebat in condemnationem. Quare tunc quoque mors regnavit, quia iudicium Dei opprimere non potuit hominum caecitas ac durities.

14 *Etiam in eos qui non.* Quanquam hic locus de parvulis vulgo intelligitur, qui nullius peccati actualis rei, originali vitio pereunt, malo

gefangen sind, wenn sie nicht durch das Gesetz aufgeweckt werden, so dass sie den Unterschied von Gut und Böse zu einem großen Teil verdrängen und sich sorglos und genussvoll den Verlockungen hingeben, als ob es Gottes Gericht nicht gäbe. Dass im Übrigen Gott den Menschen ihre Untaten angerechnet hat, bezeugen uns die Strafe an Kain [Gen 4,12], die Sintflut, die die ganze Erde überschwemmt hat [Gen 7,23], der Untergang Sodoms [Gen 19,24f.], die um Abrahams willen über Pharao und Abimelech verhängten Strafen [Gen 12,17; 20,3] und schließlich die Plagen, die über die Ägypter gebracht wurden [Ex 7,14–12,30].

Auch die Menschen haben sich gegenseitig ihre Schuld angerechnet. Dies geht [einerseits] aus den vielen Klagen und Vorwürfen hervor, mit denen die einen den anderen ihre Verfehlung vorhalten, und andererseits aus den Entschuldigungen, mit denen sie eifrig ihre Taten rechtfertigen. Zahlreiche Beispiele belegen, dass jeder einzelne Mensch schließlich ein Bewusstsein für Gut und Böse besaß. Aber zumeist haben sie die Augen vor ihren eigenen Untaten verschlossen und sich diese nur dann als Sünde angerechnet, wenn sie dazu gezwungen wurden. Wenn [Paulus] deshalb behauptet, die Sünde werde ohne das Gesetz nicht angerechnet, meint er dies nur vergleichsweise, dass nämlich die Menschen in Sorglosigkeit versinken, sofern sie nicht durch die Stachel des Gesetzes gestochen werden. Paulus hat diesen Satz mit Bedacht eingefügt, damit die Juden umso besser erkennen, welch schwere Schuld sie, die das Gesetz öffentlich verurteilt hat, auf sich geladen haben. Denn wenn schon diejenigen, die Gott niemals als Angeklagte vor sein Gericht gerufen hat, nicht straffrei ausgingen, was soll dann den Juden geschehen, denen das Gesetz gleich einem Boten ihre Anklage verkündet, ja sogar das Urteil spricht? Es gibt aber noch einen anderen Grund, warum er ausdrücklich sagt, dass die Sünde schon vor dem Gesetz geherrscht hat, aber noch nicht angerechnet wurde. Wir sollen nämlich wissen, dass der Tod nicht vom Gesetz verursacht, sondern nur angekündigt wird. Er lehrt also, dass sofort mit dem Fall Adams alle Menschen in ihrem Elend verloren waren, obwohl ihr Untergang erst durch das Gesetz aufgedeckt wurde. Wenn man das Adversativpronomen δὲ mit »obwohl« übersetzt, passt es besser in den Zusammenhang. Dann lautet der Sinn: Die Menschen mögen sich den Verlockungen hingeben, dennoch können sie dem Gericht Gottes nicht entgehen, auch wenn sie das Gesetz nicht verurteilt.

[14] *Es herrschte der Tod von Adam an.* Noch klarer legt [Paulus] dar, dass den Menschen ihr leichtfertiges und sorgloses Leben, das sie von Adam bis zum Erlass des Gesetzes geführt und in dem sie den Unterschied von Gut und Böse aufgelöst haben, nichts genützt hat. Ohne die Mahnung des Gesetzes war die Erinnerung an die Sünde verschüttet, wobei die Sünde nichtsdestoweniger mächtig war zur Verdammnis. Darum hat auch damals der Tod geherrscht, weil der Menschen Blindheit und Verstockung das Gericht Gottes nicht aufhalten konnten.

14 *Auch über die, die nicht.* Obwohl diese Stelle üblicherweise auf die kleinen Kinder bezogen wird, die noch keiner Tatsünde schuldig

tamen communiter interpretari de iis qui sine Lege peccaverunt. Contexenda enim haec sententia est cum praecedentibus verbis, ubi dictum fuit, eos qui Lege carebant, non sibi imputasse peccatum. Illi ergo ad similitudinem transgressionis Adae non peccabant, quia non habebant ut ille, revelatam certo oraculo Dei voluntatem. Adamo enim vetuerat Dominus, fructum scientiae boni et mali attingere; istis mandatum nullum praeterquam conscientiae testimonium dederat. Voluit ergo Apostolus tacite innuere, hac diversitate inter Adamum et posteritatem non fieri ut damnatione eximantur. Interim quoque sub universali catalogo comprehendentur infantes.

Qui est figura futuri. Haec particula posita est vice alterius membri. Videmus etenim duntaxat alteram comparationis partem expressam, altera per anacoluthon praetermissa. Perinde ergo accipias acsi scriptum esset, ›Sicut per unum hominem intravit peccatum in universum mundum, et per peccatum mors, ita per unum hominem rediit iustitia, et per iustitiam vita‹. Quod autem dicit, Adam typum gerere Christi, non mirum est. Nam etiam in rebus maxime contrariis apparet semper aliqua similitudo. Quoniam igitur ut Adae peccato perditi sumus om-
111 nes, ita Christi iustitia reparamur, Adamum non | male vocavit Christi typum. Observa autem non vocari Adamum, peccati figuram, Christum iustitiae, (acsi tantum exemplo suo nobis praeirent), sed alterum cum altero conferri; ne cum Origene perperam hallucineris, et quidem pernicioso errore. Nam et philosophice profaneque disputat de humani generis corruptelis, et gratiam Christi non modo enervat, sed totam fere delet. Quo minus excusabilis est Erasmus, qui in excusando tam crasso delirio nimium laborat.

sind, aber wegen der Erbsünde umkommen[13], will ich sie doch lieber allgemeiner im Blick auf die deuten, die ohne das Gesetz gesündigt haben. Denn dieser Satz muss im Zusammenhang mit den vorangehenden Worten verstanden werden, denen zufolge sich die Menschen, die ohne das Gesetz waren, keine Sünde angerechnet haben. Diese Leute haben also nicht mit der gleichen Übertretung wie Adam gesündigt, weil ihnen im Unterschied zu Adam der Wille Gottes nicht durch eine deutliche Offenbarung erschlossen war. Denn der Herr hatte Adam verboten, die Frucht der Erkenntnis von Gut und Böse anzurühren. Jenen aber hatte er kein Gebot außer dem Zeugnis ihres Gewissens gegeben. Der Apostel wollte also vorsichtig andeuten, dass die Unterscheidung von Adam und seinen Nachkommen nichts zu ihrem Freispruch von der Verurteilung beiträgt. Unter diesen allgemeingültigen Grundsatz fallen auch die Kinder.

Welcher ein Abbild dessen ist, der kommen sollte. Dieser Satzteil steht an der Stelle des zweiten Satzgliedes [V.12]. Denn wir haben gesehen, dass lediglich der eine Teil des Vergleichs ausgeführt wurde. Der andere Teil ist mittels eines Satzabbruchs[14] ausgelassen worden. Darum soll man es so verstehen, als ob geschrieben stünde: »Wie durch einen Menschen die Sünde in die ganze Welt gekommen ist und durch die Sünde der Tod, so ist durch einen Menschen die Gerechtigkeit wiedergekehrt und durch die Gerechtigkeit das Leben.« Dass er aber sagt, Adam trage das Abbild Christi, verwundert nicht. Denn auch bei dem stärksten Gegensatz kommt stets eine bestimmte Entsprechung zum Vorschein. Weil wir also durch Adams Sünde zugrunde gegangen sind und durch die Gerechtigkeit Christi wiederhergestellt wurden, bezeichnet er durchaus geschickt Adam als Abbild Christi. Beachte aber, dass Adam nicht Abbild der Sünde und Christus nicht [Abbild] der Gerechtigkeit genannt wird, als ob sie uns nur durch ihr Beispiel vorangingen, sondern der eine mit dem anderen verglichen wird, auf dass du nicht mit Origenes gedankenlos und in einem verheerenden Irrtum daherredest.[15] Denn er stellt philosophische und unchristliche Erörterungen über die Verdorbenheit des menschlichen Geschlechts an und schwächt nicht nur die Gnade Christi, sondern richtet sie fast vollständig zugrunde. Noch weniger darf man Erasmus verzeihen, der allzu sehr darum bemüht ist, einen so groben Irrtum zu entschuldigen.[16]

13 Vgl. Erasmus, In Novum Testamentum Annotationes, in: Opera omnia, Tom. 6, Nachdr. Hildesheim 1962, 590D–591D; Dionysius, Enarrationes piae et eruditae in omnes B. Pauli Epistolas, in: Opera omnia, Tom. XIII, Monstrolii 1901, 44a; Ph. Melanchthon, Commentarii in Epist. Pauli ad Romanos recens scripti (CR 15,625).

14 Zum Anakoluth siehe oben Anm. 10.

15 Origenes, Commentaria in Epistolam B. Pauli ad Romanos (PG 14,1019–1021).

16 Erasmus, In Novum Testamentum Annotationes, in: Opera omnia, Tom. 6, Nachdr. Hildesheim 591D–F.

⟨98⟩ 15 *Sed non sicut delictum, ita et donum. Nam si unius delicto multi mortui sunt, multo magis gratia Dei, et donum Dei in gratia, quae fuit unius hominis Christi, in multos abundavit.*

15 *Sed non sicut delictum.* Iam sequuntur epanorthoseis, id est correctiones nuper allatae comparationis; in quibus tamen non ita anxie discutit Apostolus quicquid est inter Christum et Adam dissimile, sed occurrit erroribus, in quos proclivis alioqui lapsus fuisset. Nos vero quod deerit explicationi, attexemus. Quum autem multoties discriminis mentionem repetat, nulla tamen est repetitio in qua non sit ἀνανταπόδοτον, vel saltem ellipsis aliqua; quae sunt quidem orationis vitia, sed quibus nihil maiestati decedit caelestis Sapientiae quae nobis per Apostolum traditur. Quin potius singulari Dei providentia factum est ut sub contemptibili verborum humilitate, altissima haec mysteria nobis traderentur; ut non humanae eloquentiae potentia, sed sola Spiritus efficacia niteretur nostra fides. Nondum autem hic nominatim illam correctionis rationem exponit, sed simpliciter maiorem gratiae per Christum acquisitae amplitudinem esse docet, quam contractae per primum hominem damnationis. Quod Apostolum hic nonnulli argumentari putant, haud scio an satis firmum apud omnes futurum sit. Non inepte quidem inferri posset, ›Si tantum valuit in multorum perniciem Adae lapsus, multo magis in multorum bonum efficacem esse Dei gratiam‹. Quando in confesso est, Christum ad servandum longe esse potentiorem, quam Adamum ad perdendum. Sed quia refelli nequeant, siqui accipere citra illationem velint, utramlibet sententiam

15 *Aber nicht verhält sich's mit der Gabe wie mit der Sünde. Denn wenn durch die Sünde des Einen die Vielen gestorben sind, um wie viel mehr ist Gottes Gnade und Gabe den Vielen überreich zuteil geworden durch die Gnade des einen Menschen Christus.*

15 *Aber nicht verhält sich's [mit der Gabe] wie mit der Sünde.* Nun folgen Richtigstellungen[17], das heißt Korrekturen des oben angestellten Vergleichs. In ihnen diskutiert der Apostel nicht so eingehend den Unterschied zwischen Christus und Adam, sondern tritt den Irrtümern entgegen, in die sich andernfalls jemand kopfüber stürzen könnte. Was aber an Erklärung fehlt, werden wir ergänzen. Obwohl er vielfach den Unterschied [zwischen Christus und Adam] wiederholt, begegnet dennoch in jeder Wiederaufnahme [des Vergleichs] ein Satzabbruch[18] oder zumindest eine Wortauslassung[19]. In seiner Rede sind dies zwar Fehler, doch schmälert das, was der Apostel uns überliefert, nicht die Majestät der himmlischen Weisheit. Vielmehr hat es die einzigartige Vorsehung Gottes so eingerichtet, dass uns die höchsten Geheimnisse im Gewand von verachtenswert geringen Worten überliefert wurden. Darum soll unser Glaube nicht auf dem Vermögen menschlicher Rede, sondern allein auf der Kraft des Geistes beruhen.

Er legt an dieser Stelle den Grund seiner Korrektur noch nicht ausdrücklich dar, sondern erklärt schlicht, dass die durch Christus erworbene Gnade umfassender als die durch den ersten Menschen verursachte Verurteilung ist. Ich weiß nicht, ob allen hinreichend deutlich wird, was der Apostel nach der Meinung einiger [Ausleger] an dieser Stelle zeigen will.[20] Es könnte ja durchaus passend ergänzt werden: »Wenn schon der Fall Adams viele ins Verderben gebracht hat, um wie viel mehr muss die Gnade Gottes vielen zum Guten dienen.« Schließlich ist doch allgemein anerkannt, dass Christus eine viel größere Macht besitzt, um zu retten, als Adam, um zu verderben. Weil aber diejenigen nicht widerlegt werden können, die einer anderen Auffassung als diesem folgerichtigen Schluss zustimmen wollen, stelle ich [meinen

17 Die Epanorthosis ist ein rhetorisches Stilmittel, durch das nachträglich die Verbesserung eines zunächst gewählten eigenen oder fremden Ausdrucks durch einen zutreffenderen erzielt werden soll.

18 Das Anantapodoton bzw. Anapodoton, ein Sonderfall des Anakoluth (siehe oben Anm. 10), ist ein rhetorisches Stilmittel, das das Fehlen des erwarteten Nachsatzes innerhalb einer Satzperiode bezeichnet: Von einer zweiteilig korrespondierenden Konjunktion erscheint nur der erste Teil im Vordersatz, während der Nachsatz mit dem zweiten Teil der Konjunktion fehlt; vgl. J.A.E. Bons, Art. Anapodoton, in: Historisches Wörterbuch der Rhetorik, hg. v. G. Ueding, Bd. 1, Darmstadt 1992, Sp. 545–547.

19 Die Ellipse ist ein rhetorisches Stilmittel, das das Weglassen eines oder mehrerer Satzglieder bezeichnet, welche zum Verständnis nicht unbedingt notwendig sind; vgl. S. Matuschek, Art. Ellipse, in: Historisches Wörterbuch der Rhetorik, hg. v. G. Ueding, Bd. 2, Darmstadt 1994, Sp. 1017–1022.

20 Vgl. Thomas v. Aquin, Super Epistolas S. Pauli Lectura, ed. P.R. Cai, Vol. 1, Turin/Rom 1953, 79a; Ph. Melanchthon, Commentarii in Epist. Pauli ad Romanos recens scripti (CR 15,626).

per me liberum sit eligere. Tametsi quod proxime sequitur, non potest
censeri illatio: et tamen eiusdem est rationis. Unde probabile est, Pau-
112 lum simpliciter corrigere, vel exceptione moderari | quod de similitu-
dine Christi et Adae dixerat. Nota autem, non hic plures conferri cum
multis, (neque enim de hominum multitudine agitur) sed quum multos
perdiderit Adae peccatum, non minus habituram esse momenti Christi
iustitiam ratiocinatur ad multos servandos.

Quod *unius delicto periisse* nos tradit, sic accipe: quia ex ipso in nos corruptio transfusa sit. Neque enim sic perimus eius culpa, quasi extra culpam ipsi simus, sed quia eius peccatum, peccati nostri causa est, exitium nostrum illi Paulus adscribit. Peccatum nostrum voco, quod nobis ingenitum est, et cum quo nascimur.

Gratia Dei, et donum Dei in gratia. Gratia proprie delicto opponitur; donum quod ex gratia procedit, morti. Itaque gratia meram Dei bonitatem significat, vel gratuitum amorem, cuius specimen exhibit in Christo, ut nostrae miseriae succurreret. ⟨99⟩ Donum autem est fructus misericordiae qui ad nos pervenit, nempe reconciliatio qua vitam sumus adepti et salutem, iustitia, vitae novitas, et quicquid simile est. Unde perspicimus quam inscite gratiam definiant Scholastici, dum nihil aliud esse volunt quam qualitatem hominum cordibus infusam. Gratia enim proprie in Deo est effectus gratiae in nobis.

Ipsam autem dicit fuisse *unius hominis Christi*, quia Pater eum constituit fontem, ex cuius plenitudine omnes hauriant. Atque ita docet, ne guttam quidem vitae extra Christum posse reperiri; nec aliud esse inopiae nostrae et defectus remedium, quam si ipse ex sua abundantia in nos transfundat.

16 *Et non sicut per unum qui peccaverat, ita donum. iudicium enim ex uno in condemnationem: donum autem ex multis delictis in iustificationem.*

Lesern] die Entscheidung frei, welcher von beiden Meinungen sie den Vorzug geben. Auch wenn die unmittelbar folgende Passage nicht als ein folgerichtiger Schluss anzusehen ist, hat sie dennoch denselben Sinn. Daher liegt es nahe, dass Paulus das über die Entsprechung von Christus und Adam Gesagte hier einfach korrigiert oder durch eine Ausnahme näher bestimmt. Beachte aber, dass er an dieser Stelle nicht die größere Anzahl mit den Vielen vergleicht – denn es geht nicht um die große Anzahl von Menschen –, sondern den Schluss zieht: Da die Sünde Adams viele zugrunde gerichtet hat, wird die Gerechtigkeit Christi keine geringere Kraft haben, um viele zu retten.

Die Passage *Durch die Sünde des Einen sind [die Vielen] gestorben* ist so zu verstehen, dass von [Adam] aus das Verberben auf uns übergegangen ist. Denn wir gehen nicht durch seine Schuld zugrunde, als ob wir selbst ohne Schuld wären, sondern weil seine Sünde der Grund unserer Sünde ist, schreibt Paulus ihm die Urheberschaft für unsere Sünde zu. Unsere Sünde nenne ich das, was uns angeboren ist und mit dem wir auf die Welt kommen.

Gottes Gnade und Gabe durch die Gnade. Die Gnade steht der Sünde gegenüber, die Gabe, die aus der Gnade hervorgeht, dem Tod. Darum bezeichnet Gnade die reine Güte Gottes oder die unverdiente Liebe, für die er uns in Christus den Beweis liefert, um unserem Elend zu Hilfe zu eilen. Die Gabe aber ist die Frucht der Barmherzigkeit, die zu uns gelangt ist, nämlich die Versöhnung, mittels der uns das Leben und das Heil zuteil wurden, [sowie] die Gerechtigkeit, die Erneuerung des Lebens und alle entsprechenden Güter. Hier erkennen wir, wie ungelehrt die Scholastiker die Gnade definieren, wenn sie diese nur als eine Eigenschaft verstehen, die den Menschen in ihre Herzen eingegossen wird.[21] Gnade nämlich ist im eigentlichen Sinn nur in Gott, während in uns [nur] die Wirkung der Gnade ist.

Dabei spricht [Paulus] von der *[Gnade] des einen Menschen Christus*, weil der Vater ihn zur Quelle gemacht hat, aus deren Fülle alle schöpfen sollen. So macht er deutlich, dass sich außerhalb von Christus kein Tropfen Leben finden lässt und es auch kein anderes Heilmittel für unsere Not und unseren Mangel gibt, als dass er selbst uns mit seinem Überfluss überströmt.

16 *Und nicht verhält es sich mit der Gabe wie mit dem, was durch den einen Sünder geschehen ist. Denn das Urteil hat von dem Einen her zur Verurteilung geführt, die Gnade aber hilft aus vielen Sünden zur Gerechtigkeit.*

21 Vgl. Dionysius, Enarrationes piae et eruditae in omnes B. Pauli Epistolas, in: Opera omnia, Tom. XIII, Monstrolii 1901, 45a; Concilium Tridentinum, Sess. VI, Cap. 7 (DH 1528–1531); vgl. dazu J. Calvin, Die Akten des Trienter Konzils (1547), CO 7,448f., in: CStA 3,148–153; vgl. auch G. Biel, Collectorium circa quattuor libros Sententiarum, Liber IV, Dist. 14, Quaest. II, E 102f., ed. W. Werbeck/U. Hofmann, Tübingen 1975, 456.

16 Haec specialis correctionis ratio, quod ex delicto uno valuit reatus in nostram omnium damnationem; sed gratia, sive potius gratuitum donum, efficax est in iustificationem ex multis delictis. Est enim proximae sententiae declaratio; quia nondum expresserat quomodo aut qua in parte Adamum superet Christus. Hoc discrimine constituto, constat impie sensisse eos, qui tradiderunt nihil aliud in Christo nos recuperare, quam ut ab originali peccato seu corruptione ab Adamo contracta,
113 liberemur. Adde quod illa multa delicta a quibus | testatur nos Christi beneficio purgari, non modo intelligenda sunt quae unusquisque ante Baptismum admiserit, sed quibus sancti quotidie novum reatum contrahant, ac quorum merito damnationi subiacerent, nisi continuo gratia haec succurreret. Quum iudicio donum opponat, prius rigorem significat, sicut alterum gratuitam veniam. Ex rigore enim damnatio est, ex venia absolutio; vel (quod idem valet) si iure nobiscum agat Deus, sumus omnes perditi; nos autem gratis in Christo iustificat.

17 *Si enim unius delicto mors regnavit per unum: multo magis, qui exuberantiam gratiae et doni iustitiae acceperunt, in vita regnabunt per unum Iesum Christum.*

17 *Si enim unius delicto*. Generalem rursum correctionem subiicit, in quam magis insistit, quia ei nequaquam propositum est singulas partes exequi, sed praecipuam rei summam constituere. Antea pronuntiaverat gratiae vim magis quam delicti exuberasse. Hinc fideles consolatur ac confirmat, simul excitat, hortaturque ad reputandam Dei benignitatem. Hoc enim sibi vult ⟨100⟩ tam anxia repetitio, ut Dei gratia pro dignitate praedicetur, ut homines a sui fiducia ad Christum traducantur, ut eius gratiam adepti, plena fruamur securitate, unde tandem nascitur gratitudo. Huc autem summa tendit, ›Quia Christus Adamum superat; huius peccatum, illius vincit iustitia; huius maledictio, illius obruitur gratia; ab hoc mors profecta, illius vita absorbetur‹. Caeterum nec huius quoque comparationis membra inter se respondent. Dicere enim debuerat, vitae beneficium magis regnare ac vigere per gratiae exuberantiam. Pro eo dicit, fideles regnaturos, quod tantundem valet; quia

16 Dies ist der eigentliche Grund für die Richtigstellung [des Vergleichs zwischen Christus und Adam]: Die Anklage aufgrund einer einzigen Sünde reichte für die Verurteilung von uns allen aus, aber die Gnade oder vielmehr die unverdiente Gabe erweist sich als wirksam, um uns von unseren vielen Sünden frei zu sprechen. Dies ist nämlich eine Erklärung des vorangegangenen Satzes, der noch nicht ausdrücklich benannt hat, auf welche Weise oder in welcher Hinsicht Christus Adam überragt. Nachdem der Unterschied [zwischen Christus und Adam] festgestellt wurde, ist erwiesen, dass diejenigen gottlos gedacht haben, nach deren Überlieferung wir in Christus nichts anderes wiedergewinnen könnten, als dass wir von der Erbsünde oder von dem uns durch Adam bereiteten Verderbnis befreit würden. Beachte weiter, dass unter den vielen Sünden, von denen uns nach [Paulus'] Zeugnis Christus durch seine Wohltat reinigt, nicht nur die verstanden werden dürfen, die ein jeder vor seiner Taufe begangen hat. Vielmehr [geht es um die Sünden], mit denen sich die Heiligen täglich eine neue Anklage zuziehen und deren Verurteilung sie zu Recht preisgegeben wären, wenn ihnen nicht fortwährend diese Gnade zu Hilfe eilen würde. Wenn er dem Urteil die Gnade gegenüberstellt, weist das zuerst Genannte auf die Strenge und das andere auf die unverdiente Gnade hin. Denn aus der Strenge folgt die Verurteilung, aus der Gnade der Freispruch. Oder mit anderen Worten: Wenn Gott nach dem Recht mit uns verfahren würde, wären wir alle verloren. Aber er spricht uns aus Gnade in Christus gerecht.

17 *Denn wenn wegen der Sünde des Einen der Tod geherrscht hat durch den Einen, um wie viel mehr werden die, welche die Fülle der Gnade und der Gabe der Gerechtigkeit empfangen, herrschen im Leben durch den Einen, Jesus Christus.*

17 *Denn wenn wegen der Sünde des Einen.* Erneut fügt [Paulus] eine allgemeine Korrektur hinzu, bei der er noch länger verweilt. Denn es war keineswegs seine Absicht, jeden einzelnen Gegenstand zu untersuchen, sondern die Hauptgedanken zu behandeln. Zuvor hatte er erklärt, dass die Kraft der Gnade reichlicher als die der Sünde strömt. Nun tröstet und stärkt er die Glaubenden, zugleich treibt er sie an und ermahnt sie, an Gottes Güte zu denken. Mit dieser nachdrücklichen Wiederholung verfolgt er die Absicht, dass an Stelle der Ehre Gottes seine Gnade verkündigt wird, damit die Menschen ihr Vertrauen von sich fort auf Christus lenken, auf dass wir uns nach dem Empfang seiner Gnade vollkommener Gewissheit erfreuen. Aus ihr erwächst am Ende die Dankbarkeit. Der Hauptgedanke aber richtet sich darauf: »Weil Christus Adam übertrifft, besiegt seine Gerechtigkeit dessen Sünde und überdeckt seine Gnade dessen Fluch. Der Tod, der von [Adam] seinen Ausgang nahm, wird durch [Christi] Leben verschlungen.« Übrigens entsprechen sich auch die Glieder dieses Vergleichs nicht. Denn er hätte sagen müssen: Durch die Überfülle der Gnade herrscht die Wohltat des Lebens um vieles mehr und steht in Kraft. Stattdessen sagt er: Die

regnum fidelium in vita, est etiam vitae regnum in fidelibus. Porro duas hic differentias inter Christum et Adamum adnotare operae pretium est; quas non ideo subticuit Apostolus, quia negligendas censeret, sed quia praesentis argumenti nihil referebat eas enumerare. Prior est, quod peccato Adae non per solam imputationem damnamur, acsi alieni peccati exigeretur a nobis poena; sed ideo poenam eius sustinemus, quia et culpae sumus rei, quatenus scilicet natura nostra in ipso vitiata, iniquitatis reatu obstringitur apud Deum. At per Christi iustitiam alio modo in salutem restituimur. Neque enim ideo nobis accepta fertur, quia intra nos sit; sed quod Christum ipsum cum bonis suis omnibus, Patris largitate nobis donatum possidemus. Itaque donum iustitiae non qualitatem qua nos Deus imbuat, ut perperam quidam interpretantur,
114 sed gratuitam iustitiae imputatio-|nem significat. Exponit enim Apostolus quid intellexerit per nomen ›gratiae‹. Altera est, quod non ad omnes homines pervenit Christi beneficium, quemadmodum universum suum genus damnatione Adam involvit. Ac ratio quidem in promptu est. Nam quum ista quam ex Adam trahimus, maledictio in nos per naturam derivata sit, non mirum est si totam massam complectatur. At vero ut in participationem gratiae Christi veniamus, in eum inseri nos per fidem oportet. Ergo ut misera peccati haereditate potiaris, satis est esse hominem, residet enim in carne et sanguine. Ut Christi iustitia fruaris, fidelem esse necessarium est; quia fide acquiritur eius consortium. Infantibus peculiari ratione communicatur. Habent enim in foedere ius adoptionis, quo in Christi communionem transeunt. De piorum liberis loquor, ad quos promissio gratiae dirigitur. Nam alii a communi sorte nequaquam eximuntur.

18 *Itaque quemadmodum per unius delictum, in omnes homines in condemnationem: sic et per unius iustificationem, in omnes homines in iustificationem vitae.*

⟨101⟩ 18 Oratio est defectiva; quae plena erit, si vocabula ›condemnationis‹ et ›iustificationis‹ in nominativo legantur, ut certe resolvere

Glaubenden werden herrschen. Der Sinn ist der gleiche, weil die Herrschaft der Glaubenden im Leben auch die Herrschaft des Lebens in den Glaubenden ist. Weiter ist es der Mühe wert, an dieser Stelle auf zwei Unterschiede zwischen Christus und Adam hinzuweisen. Der Apostel hat sie nicht deshalb verschwiegen, weil er sie für unwichtig hielt, sondern weil ihre Erwähnung für den vorliegenden Gedankengang nichts ausgetragen hat.

Der erste [Unterschied zwischen Christus und Adam] lautet: Adams Sünde zieht uns nicht allein aufgrund ihrer Zurechnung die Verurteilung zu, als ob wir die Strafe für eine fremde Sünde tragen würden, sondern seine Strafe trifft uns, weil wir für die Schuld auch verantwortlich sind, da unsere in [Adam] verdorbene Natur vor Gott mit der Anklage der Ungerechtigkeit belegt ist und schuldig dasteht. Die Gerechtigkeit Christi hingegen stellt auf andere Weise unser Heil wieder her. Denn es heißt nicht, dass sie von uns angenommen wurde, weil sie in uns ist, sondern weil wir Christus selbst, den uns der Vater in seiner Freigebigkeit geschenkt hat, mit allen seinen Gütern besitzen. Deshalb bezeichnet »Gabe der Gerechtigkeit« keine Eigenschaft, mit der Gott uns ausstattet, wie einige es irrtümlich auslegen[22], sondern die unverdiente Anrechnung der Gerechtigkeit. Auf diese Weise legt der Apostel dar, was er unter dem Wort »Gnade« versteht.

Nun der zweite [Unterschied zwischen Christus und Adam]: Die Wohltat Christi gelangt nicht in der gleichen Weise zu allen Menschen, in der Adam dem gesamten Menschengeschlecht die Verurteilung zugezogen hat. Der Grund dafür liegt auf der Hand. Da nämlich der von Adam auf uns übergehende Fluch auf natürlichem Weg zu uns gekommen ist, kann es nicht verwundern, wenn er das ganze Geschlecht einnimmt. Um jedoch in die Gemeinschaft der Gnade Christi zu gelangen, müssen wir ihm durch den Glauben einverleibt werden. Zum Antritt der elenden Erbschaft der Sünde genügt es, ein Mensch zu sein, denn sie nistet sich in Fleisch und Blut ein. Wer [aber] in den Genuss der Gerechtigkeit Christi kommen will, muss gläubig sein, da man die Gemeinschaft mit ihm [nur] durch den Glauben erwerben kann. Den Kindern wird [die Gemeinschaft] auf eine besondere Weise mitgeteilt. Sie haben nämlich im Bund das Recht der Adoption, durch das sie in die Gemeinschaft mit Christus eingehen. Ich spreche von den Kindern der Glaubenden, auf die sich die Verheißung der Gnade bezieht. Die anderen stehen unter dem allgemeinen [menschlichen] Los.

18 *Wie es nun durch die Sünde des Einen für alle Menschen zur Verurteilung gekommen ist, so ist es auch durch die Gerechtigkeit des Einen für alle Menschen zur Rechtfertigung des Lebens gekommen.*

18 Der Satz ist unvollständig und wird dadurch vollständig, wenn man die Worte »Verurteilung« und »Rechtfertigung« im Nominativ

22 Vgl. G. Biel, Collectorium circa quattuor libros Sententiarum, Liber II, Dist. 26, Quaest. I, E 1–3, ed. W. Werbeck/U. Hofmann, Tübingen 1984, 502.

convenit, si sensum integrum habere libet. Est autem conclusio generalis eius comparationis quae praecessit. Iam enim omissa interiectae correctionis mentione, illam similitudinem absolvit, ›Quemadmodum unius delicto constituti sumus peccatores, ita Christi iustitiam esse efficacem ad nos iustificandos‹. Quanquam non ponit δικαιοσύνην, sed δικαίωμα Christi, ut admoneat, ipsum non sibi privatim fuisse iustum, sed iustitiam qua praeditus fuit, latius patere, ut collato sibi dono fideles locupletet. Communem omnium gratiam facit, quia omnibus exposita est, non quod ad omnes extendatur re ipsa. Nam etsi passus est Christus pro peccatis totius mundi, atque omnibus indifferenter Dei benignitate offertur, non tamen omnes apprehendunt. Possent etiam repeti duae illae voces quibus nuper usus est, ›iudicium‹ ac ›gratia‹, hoc sensu, ›Sicut iudicio Dei factum est ut peccatum unius in multorum condemnationem manaret, ita gratia in multorum iustificationem erit efficax‹. Iustificatio vitae (meo iudicio) pro absolutione capitur quae nobis vitam restituit, acsi ›vivificam‹ diceret. Nam inde spes salutis, si nobis propitius est Deus. Iustos autem esse oportet, ut simus ei accepti. Ergo ex iustificatione vita.

115 | 19 *Quemadmodum enim per inobedientiam unius hominis peccatores constituti sunt multi: sic et per obedientiam unius, iusti constituentur multi.*

Non est tautologia, sed necessaria proximae sententiae declaratio. Nam et unius hominis culpa nos ita reos esse ostendit, ut non simus insontes. Prius dixerat, nos damnari. Sed nequis innocentiam sibi arrogaret, subiicere etiam voluit, damnari unumquenque, quia peccator sit. Deinde quum pronuntiat, nos Christi obedientia constitui iustos, hinc colligimus, Christum, eo quod Patri satisfecerit, iustitiam nobis comparasse. Unde sequitur, iustitiae qualitatem esse in Christo, sed nobis acceptum ferri quod illi proprium est. Simul qualis sit Christi iustitia interpretatur, quum vocat ›obedientiam‹. Ubi adnotemus quaeso quid nos afferre in conspectum Dei oporteat, si velimus operibus iustificari; nempe Legis

liest – eine Lösung, die zur Ermittlung des richtigen Sinns gewiss Zustimmung findet. [Der Satz] enthält eine allgemeine Zusammenfassung des vorangegangenen Vergleichs. Denn er lässt die Erwähnung der eingeschobenen Korrektur beiseite und bringt die Entsprechung [von Christus und Adam] zur Sprache: »Wie wir durch die Sünde des Einen zu Sündern gemacht wurden, so verdanken wir unsere Rechtfertigung der Gerechtigkeit Christi.« Er schreibt indes nicht δικαιοσύνην [Gerechtigkeit], sondern δικαίωμα [Rechtfertigung], um uns zu erinnern, dass Christus nicht für seine eigene Person gerecht gewesen ist, sondern dass die ihm verliehene Gerechtigkeit umfassender war, um durch das ihm übertragene Geschenk die Glaubenden reich zu machen. [Paulus] erklärt die Gnade zum Gemeinbesitz für alle, weil sie allen angeboten wurde, nicht [jedoch], weil sie tatsächlich von allen ergriffen wird. Auch wenn Christus für die Sünden der ganzen Welt gelitten hat und aufgrund der Güte Gottes allen ohne Unterschied angeboten wird, so empfangen ihn dennoch nicht alle. Es können in diesem Sinn auch die beiden zuvor verwendeten Worte »Gericht« und »Gnade« einander gegenübergestellt werden: »So wie durch das Gericht Gottes die Sünde des Einen zur Verurteilung der Vielen führte, so wird sich die Gnade zur Rechtfertigung der Vielen als wirksam erweisen.« Unter der Rechtfertigung des Lebens ist meiner Ansicht nach der Freispruch zu verstehen, der uns das Leben wiedergebracht hat, als ob er »lebendigmachend« sagen würde. Denn die Hoffnung auf Heil beruht darauf, dass Gott uns gewogen ist. Um ihm [aber] angenehm zu sein, müssen wir gerecht sein. Also kommt das Leben aus der Rechtfertigung.

19 *Denn wie durch den Ungehorsam des einen Menschen die Vielen zu Sündern geworden sind, so werden auch durch den Gehorsam des Einen die Vielen zu Gerechten.*

Das ist keine Wiederholung[23], sondern eine notwendige Erklärung des vorangehenden Satzes. Denn [Paulus] zeigt, dass wir durch die Schuld des einen Menschen zu Angeklagten wurden, ohne dabei selbst unschuldig zu sein. Zuvor hatte er gesagt: Wir werden verurteilt. Damit aber keiner für sich selbst Unschuld beanspruchen kann, wollte er auch hinzufügen, dass jeder einzelne verurteilt wird, weil er ein Sünder ist. Wenn er sodann erklärt, dass wir durch den Gehorsam Christi Gerechte werden, schließen wir daraus, dass Christus uns durch seine Genugtuung gegenüber dem Vater die Gerechtigkeit erworben hat. Folglich findet sich der Inbegriff der Gerechtigkeit in Christus. Doch das, was ihm zu Eigen ist, wird uns zugerechnet. Zugleich legt er dar, was unter der Gerechtigkeit Christi zu verstehen ist, indem er sie »Gehorsam« nennt. Dabei wollen wir bitte bedenken, was wir [alles] vor das Angesicht Gottes bringen müssten, wenn wir durch unsere Werke

23 Die Tautologie ist ein rhetorisches Stilmittel, das die Wiedergabe eines Begriffs durch zwei oder mehr Wörter gleicher Bedeutung und Wortart (Synonyme) bezeichnet.

obedientiam, nec una quidem aut altera in parte, sed numeris omnibus absolutam. Nam si iustus ceciderit, non veniunt in memoriam omnes eius iustitiae priores. Est hinc quoque discendum, perversa consilia placendi Deo captari ab iis qui a seipsis excogitant quod illi obtrudant. Vera enim demum ratio est eiuscolendi, quum sequimur quod nobis praecepit, et obedientiam eius verbo praestamus. ⟨102⟩ Eant nunc qui operum iustitiam confidenter sibi arrogant, quae non aliter constat quam si adsit plena integraque Legis observatio. Atqui hanc nullibi reperiri certum est. Colligimus similiter, eos desipere qui conficta a seipsis opera Deo venditant, quae nihilo pluris reputat, quam stercora. Obedientia enim melior, quam victimae.

20 *Lex vero intervenit, ut abundaret delictum: ubi vero abundavit delictum, superabundavit et gratia.*
21 *Quo sicut regnavit peccatum per mortem, sic et gratia regnet per iustitiam in vitam aeternam, per Iesum Christum Dominum nostrum.*

20 *Lex autem intervenit.* Haec quaestio pendet ex eo quod ante dixerat, ante Legem publicatam peccatum fuisse. Nam eo audito, istud extemplo sequebatur, ›Quorsum igitur opus Lege?‹ Quare necessario quoque haec difficultas solvenda fuit. Sed quia tum non erat opportuna longior digressio, distulit in hunc locum. Ac nunc etiam obiter expedit, intercessisse Legem, ut peccatum abundaret. Neque enim totum Legis officium ac usum enarrat, sed partem unam duntaxat attingit, quae
116 praesenti causae congruebat. Docet enim, ut locus | fieret Dei gratiae, oportuisse hominibus suum exitium melius patefieri. Erant quidem naufragi ante Legem; quia tamen in suo interitu sibi videbantur natare, in profundum demersi sunt, quo illustrior fieret liberatio, quum inde praeter humanum sensum emergunt. Neque vero absurdum fuit, Legem hac partim de causa ferri, ut homines semel damnatos, bis damnet, quia nihil iustius est quam modis omnibus adduci homines, imo convictos trahi ut mala sua sentiant.

gerechtfertigt werden wollten: nämlich den Gehorsam gegenüber dem Gesetz, und zwar nicht nur teilweise, sondern einen [Gehorsam], der in jeder Hinsicht vollkommen ist. Denn wenn der Gerechte gefallen ist, wird all seiner früheren Gerechtigkeit nicht [mehr] gedacht werden. Daraus ist auch zu lernen, dass diejenigen verkehrte Pläne schmieden, um Gott zu gefallen, die sich selbst etwas ausdenken, mit dem sie sich ihm aufdrängen. Die wahre Art und Weise seiner Verehrung besteht [jedoch] darin, sich danach zu richten, was er uns geboten hat, und seinem Wort Gehorsam zu leisten. Wer sich selbstherrlich die Gerechtigkeit aus Werken anmaßt – diese kann es nur in der völligen und uneingeschränkten Befolgung des Gesetzes geben –, mag seiner Wege ziehen. Denn diese [Gerechtigkeit] lässt sich ohne jeden Zweifel nirgendwo finden. Ähnlich ziehen wir den Schluss, dass diejenigen eine Dummheit begehen, die Gott ihre selbsterfundenen Werke andrehen: diese gelten bei ihm nicht mehr als Kot. Gehorsam ist besser als Opfergaben.

20 *Das Gesetz aber ist dazwischen hineingekommen, damit die Sünde mächtiger würde. Wo aber die Sünde mächtig geworden ist, da ist doch die Gnade noch viel mächtiger geworden.*
21 *Damit, wie die Sünde geherrscht hat zum Tode, so auch die Gnade herrsche durch die Gerechtigkeit zum ewigen Leben durch Jesus Christus, unsern Herrn.*

20 *Das Gesetz aber ist dazwischen hineingekommen.* Dieser Gedanke beruht auf dem zuvor Dargelegten, nämlich dass es die Sünde [schon] vor dem Erlass des Gesetzes gegeben hat [V.13]. Aus dieser Feststellung ging sogleich diese Frage hervor: »Zu welchem Zweck wurde das Gesetz gegeben?« Es war also notwendig, auch diese Schwierigkeit zu lösen. Weil es aber in jenem Zusammenhang keine Gelegenheit zu einem längeren Exkurs gab, hat [Paulus] das auf die vorliegende Stelle verschoben. Jetzt legt er auch nur beiläufig dar, dass das Gesetz zwischen [Adam und Christus] hineingekommen ist, damit die Sünde mächtiger würde. Er beschreibt nicht den gesamten Nutzen und Gebrauch des Gesetzes, sondern greift lediglich einen Teilbereich heraus, der mit dem vorliegenden Thema zusammenhängt. Um der Gnade Gottes Raum zu schaffen, lehrt er nämlich, dass die Menschen über ihr Verderben besser in Kenntnis gesetzt werden müssten. Schließlich hatten sie ja schon vor dem Gesetz Schiffbruch erlitten. Da sie sich jedoch bei ihrem Untergang eingebildet haben, schwimmen zu können, wurden sie in die Tiefe gezogen, damit ihre Erlösung umso bemerkenswerter erschiene, wenn sie gegen alle menschliche Erwartung wieder auftauchen. Auch war es durchaus sinnvoll, ein Gesetz unter anderem aus dem Grund zu erlassen, um bereits verurteilte Menschen noch einmal zu verurteilen. Denn nichts ist gerechter, als dass die Menschen auf alle mögliche Weise dazu gebracht, ja [ihrer Sünde] überführt dazu gedrängt werden, ein Bewusstsein für ihre Verdorbenheit zu entwickeln.

Ut abundaret delictum. Quomodo hunc locum post Augustinum exponere soleant, notum est, quod scilicet irritetur eo magis cupiditas, dam Legis repagulis arcetur; quia naturale est homini niti in vetitum. Sed ego non aliud incrementum hic designari intelligo, quam notitiae et pervicaciae. Nam peccatum sub hominis oculos a Lege statuitur, ut assidue cogatur paratam sibi damnationem cernere. Ita peccatum conscientiam occupat, quod alio qui a tergo reiectum homines negligerent. Deinde qui prius iustitiae fines simpliciter transgrediebatur, nunc Lege posita, contemptor fit Divini imperii, ex quo ei innotuit Dei voluntas, quam sua libidine conculcat. Unde sequitur augeri peccatum per Legem, quia tunc spernitur authoritas Legislatoris, ac maiestas imminuitur.
⟨103⟩ *Superabundavit et gratia*. Postquam peccatum homines submersos tenuisset, gratia tum opitulata est. Docet enim eo melius illustrari gratiae magnitudinem, quod peccato exundante, tam ubertim se effundat, ut illud peccati diluvium non superet modo, sed etiam absorbeat. Atque hinc discendum, non ideo nobis propositam esse in Lege condemnationem ut in ea maneamus, sed ut agnita probe nostra miseria, ad Christum erigamur, qui missus est aegris medicus, captivis liberator, afflictis consolator, oppressis vindex. Ies. 61. 1.
21 *Quo sicut regnavit*. Ut peccatum mortis aculeus dicitur, quia nihil adversus hominem iuris mors habet nisi peccati causa, ita vim suam per mortem peccatum exequitur. Ideo dicitur imperium suum per illam exercere. In posteriore membro est synchysis, non tamen supervacua. Simplex fuisset antithesis, si ita dixisset, ›ut regnet iustitia per Christum‹. Verum non contentus Paulus opposuisse contraria contrariis, addit ›gratiam‹. Quo fortius infigeret memoriae, id totum non nostri esse meriti, sed Divinae beneficentiae. Prius dixerat mortem ipsam regnas-

Damit die Sünde mächtiger würde. Bekanntermaßen ist es seit Augustin üblich, diese Stelle so auszulegen, dass die Begierde dann, wenn sie durch die Schranken des Gesetzes eingedämmt wird, umso mehr hervorgelockt wird. Denn es ist dem Menschen von Natur aus zu Eigen, sich gegen das Verbotene aufzulehnen.[24] Ich aber verstehe [die Stelle] so, dass hier nur das Wachstum der Erkenntnis [der Sünde] und [ihrer] Hartnäckigkeit gemeint ist. Denn das Gesetz hält dem Menschen die Sünde derart vor Augen, dass er fortwährend die ihm zugedachte Verurteilung sehen muss. Auf diese Weise nimmt die Sünde, welche die Menschen andernfalls unbeachtet hinter sich werfen würden, das Gewissen in Besitz. Seitdem das Gesetz erlassen wurde, wird derjenige, der früher die Grenzen der Gerechtigkeit einfach übertreten hat, zum Verächter der göttlichen Weisung, die ihm den Willen Gottes offenbart hat. Diesen [Willen] tritt er in seiner Willkür mit Füßen. Folglich wird die Sünde durch das Gesetz gemehrt, weil die Autorität des Gesetzgebers verachtet und seine Majestät herabgesetzt wird.

Da ist doch die Gnade noch viel mächtiger geworden. Nachdem die Sünde die Menschen im Abgrund festgehalten hat, sorgte die Gnade für Abhilfe. Nach [Paulus] strahlt die Größe der Gnade umso leuchtender hervor, weil sie sich im Gefolge der überströmenden Sünde so reichlich ergießt, dass sie nicht nur diese Sintflut überwindet, sondern sogar in sich aufsaugt. Hieraus sollen wir lernen, dass uns das Gesetz unsere Verurteilung nicht darum vorhält, um in ihr zu verweilen. Vielmehr sollen wir, wenn wir unser Elend recht erkannt haben, zu Christus emporgehoben werden, der als Arzt den Kranken, als Erlöser den Gefangenen, als Tröster den Betrübten, als Beschützer den Bedrängten gesandt wurde (Jes 61,1).

21 *Damit, wie [die Sünde] geherrscht hat.* Wie die Sünde »Stachel des Todes« heißt [I Kor 15,56], weil der Tod nur wegen der Sünde ein Recht auf den Menschen hat, so vollstreckt die Sünde ihre Gewalt durch den Tod. Durch diesen, heißt es, übt sie ihre Herrschaft aus. Im letzten Satzteil liegt ein Bruch in der Wortfolge[25] vor, der aber durchaus mit Absicht vorgenommen wurde. Die Antithese[26] wäre einfach gewesen, wenn er gesagt hätte: »Damit die Gerechtigkeit durch Christus herrscht.« Aber Paulus hat sich nicht damit zufrieden gegeben, Gegensätze einander gegenüberzustellen, und fügt daher das Wort »Gnade« ein. So kann er umso stärker unserem Gedächtnis einprägen, dass dies Ganze [sc. die Gerechtigkeit] nicht auf unserem Verdienst, sondern

24 Augustin, Sermon 153,10 (PL 38,894); De spiritu et littera 4,6 (PL 44,203); Sedulius, In Epistolam ad Romanos (PL 103,58A–B); Petrus Lombardus, In Epistolam ad Romanos (PL 191,1398D–1399A); vgl. dazu auch Thomas v. Aquin, Super Epistolas S. Pauli Lectura, ed. P.R. Cai, Vol. 1, Turin/Rom 1953, 82b–83b.

25 Es handelt sich um das rhetorische Stilmittel der Synchysis, die einen Bruch bzw. eine Verletzung der Syntax bezeichnet.

26 Die Antithese ist ein rhetorisches Stilmittel, das eine pointierte Zusammenstellung von gegensätzlichen Worten oder Aussagen bezeichnet; vgl. J. Villwock, Art. Antithese, in: Historisches Wörterbuch der Rhetorik, hg. v. G. Ueding, Bd. 1, Darmstadt 1992, Sp. 722–750.

se; nunc peccato regnum tribuit, sed cuius finis vel effectus sit mors.
117 Et regnasse dicit, praeterito tempore. Non quod | regnare desierit in iis qui ex carne tantum et sanguine nati sunt, sed ita partitur inter Adam et Christum, ut suum utrique tempus assignet. Ergo simul ac vigere in singulis incipit Christi gratia, cessat peccati et mortis regnum.

auf der göttlichen Wohltat beruht. Zuvor hatte er gesagt, dass der Tod selbst geherrscht habe [V.14]. Jetzt schreibt er der Sünde die Herrschaft zu. Aber deren Ende oder Ziel ist der Tod. Und er sagt: Sie hat geherrscht, in der Vergangenheit. Nicht weil sie aufgehört hat, in denen zu herrschen, die nur von Fleisch und Blut geboren sind, sondern er unterscheidet zwischen Adam und Christus in der Weise, dass er jedem seine eigene Zeit zuweist. Sobald also die Gnade Christi in den einzelnen Menschen sich durchzusetzen beginnt, hat die Herrschaft der Sünde und des Todes ein Ende.

CAPUT VI

1 *Quid ergo dicemus? manebimus in peccato, ut gratia abundet?*
2 *Ne ita sit. qui mortui sumus peccato, quomodo adhuc vivemus in eo?*

1 *Quid ergo dicemus?* Hoc toto capite disseret Apostolus, perperam eos Christum discerpere, qui gratuitam ab ipso iustitiam nobis donari fingunt absque vitae novitate. Quanquam ultra progreditur, obiiciens, tunc videri gratiae dari locum si homines in peccato defixi iaceant. Scimus enim nihil magis esse proclive, quam ut sibi caro quovis praetextu indulgeat; deinde calumnias omnes excogitat Satan, quibus gratiae doctrinam infamet, quod ei non ita difficile est. Nam quum humano sensui παραδοξώτατον sit quicquid de Christo praedicatur, nihil novum videri debet si audita fidei iustificatione, caro toties tanquam ad diversos scopulos impingit. Pergendum est tamen, nec Christus ideo supprimendus quia multis sit in lapidem offensionis et petram scandali. Qua enim ratione impiis cedet in ruinam, piis vicissim in resurrectionem erit. Quanquam importunis quaestionibus semper est occurrendum, ⟨104⟩ nequid secum absurdi trahere videatur Christiana doctrina. Porro quod adversus Divinae gratiae praedicationem vulgatissimum est obiectum, nunc Apostolus exequitur; nempe si verum est, eo benignius ac largius subvenire nobis Dei gratiam, quo maiore peccati mole obruimur, nihil nobis magis expedire quam ut in peccati profundum demersi, novis subinde delictis iram Dei provocemus. Tunc enim demum magis copiosam nos sensuros, quo nihil melius optare licet. Modum autem refellendi postea videbimus.
2 *Ne ita sit.* Videtur quibusdam Apostolus duntaxat voluisse κατὰ δείνωσιν reprehendere tam importunam insaniam. Sed ex aliis locis

Kapitel 6

1 *Was sollen wir nun sagen? Wollen wir in der Sünde verharren, damit die Gnade noch größer werde?*
2 *Das sei ferne! Die wir der Sünde abgestorben sind, wie sollten wir ferner in ihr leben?*

1 *Was sollen wir nun sagen?* In diesem ganzen Kapitel spricht der Apostel davon, dass diejenigen, die meinen, Christus schenke uns die gnädige Gerechtigkeit, ohne uns zugleich ein neues Leben [zu verleihen], ihn in falscher Weise zertrennen. Er geht allerdings noch weiter und nimmt den Einwand auf, dass die Gnade erst dann so richtig zur Geltung zu kommen scheint, wenn die Menschen weiterhin der Sünde verhaftet bleiben. Wir wissen ja, dass das Fleisch zu nichts stärker neigt, als zu allem, was ihm als Vorwand zur Nachsicht mit sich selber dient. Ferner erfindet der Satan jede Art von Betrügereien, um die Lehre von der Gnade in Misskredit zu bringen, was ihm so nicht schwer fällt. Denn weil alles, was von Christus verkündigt wird, für die menschliche Vernunft ein Paradox (παραδοξώτατον) ist[1], kann es nicht überraschen, dass das Fleisch, wenn es [die Botschaft] von der Rechtfertigung aus Glauben gehört hat, immer wieder gleichsam an verschiedenste Klippen stößt. Dennoch gilt es, weiterzufahren und von Christus nicht deshalb zu schweigen, weil er für viele ein Stein des Anstoßes und ein Fels des Ärgernisses ist [vgl. Röm 9,13]. In gleicher Weise, wie er den Gottlosen zum Fall wird, wird er andererseits den Frommen zur Auferstehung. Lästigen Fragen muss man allerdings stets entgegentreten, damit nicht der Anschein entsteht, die christliche Lehre enthalte irgendwelche Ungereimtheiten. In der Folge setzt sich der Apostel mit dem allergeläufigsten Einwand gegen die Verkündigung der göttlichen Gnade auseinander, nämlich: Wenn es wahr ist, dass uns die Gnade Gottes umso freundlicher und großzügiger zu Hilfe kommt, je größer die Last unserer Sünden ist, so ist uns nichts förderlicher, als immer stärker in die Tiefen der Sünde zu versinken und mit immer neuen Sünden Gottes Zorn zu wecken. Denn dann werden wir [die Gnade] umso stärker erfahren, und es gibt ja nichts Wünschenswerteres als dies! Wie er ihn zurückweist, werden wir gleich sehen.
2 *Das sei ferne!* Einige meinen, der Apostel wollte eine derartige Verrücktheit lediglich dadurch zurückweisen, dass er sie verächtlich macht (κατὰ δείνωσιν)[2]. Aber aus anderen Stellen[3] geht hervor, wie

1 Vgl. I Kor 1,18–20.
2 Als Gestalt der rhetorischen »Indignatio«, vgl. H. Lausberg, Handbuch der literarischen Rhetorik, Bd. 1, 2. Aufl., München 1960, 239 (§ 438). Erasmus, Pa-

patet quam sit illi familiaris haec responsio, etiam in multa argumentatione, quemadmodum hic quoque valde diligenter obiectam calumniam
118 paulo post depellet. Prius tamen hac detestantis par-|ticula reiicit, quo lectores admoneat nihil minus esse consentaneum quam Christi gratiam iustitiae nostrae reparatricem vitia nostra alere.

Qui mortui sumus peccato. Argumentum a contrarii positione. Nam qui peccat, eum peccato vivere certum est. Nos mortui peccato sumus per Christi gratiam. Falsum ergo est, peccato quod abolet, vigorem dare. Sic enim res habet, nunquam sine regenerationis dono reconciliari Deo fideles. Imo in hunc finem nos iustificari, ut deinde vitae puritate Deum colamus. Nec vero nos Christus suo sanguine aliter abluit, suaque expiatione Deum nobis reddit propitium, quam dum nos facit Spiritus sui participes, qui nos in sanctam vitam renovat. Plusquam igitur praepostera esset operis Dei inversio, si occasione gratiae quae nobis in Christo offertur, peccatum vires colligeret. Neque enim medicina, morbi quem extinguit, fomentum est. Porro memoria tenendum est quod nuper attigi, Paulum non hic tractare quales nos Deus inveniat, dum vocat in societatem Filii sui, sed quales esse nos deceat, postquam nostri misertus, gratis nos adoptavit. Adverbio enim futuri temporis, qualis iustitiam sequi debeat mutatio, ostendit.

3 *Num ignoratis quod quicunque baptizati sumus in Christum Iesum, in mortem eius baptizati sumus?*
4 *Consepulti ergo sumus ei per Baptismum in mortem:* ⟨105⟩ *ut quemadmodum suscitatus est Christus ex mortuis per gloriam Patris, sic et nos in novitate vitae ambulemus.*

3 *Num ignoratis*. Proximam sententiam, quod scilicet peccatum in suis interimat Christus, probat a Baptismi effectu, quo initiamur in eius fidem. Nam extra controversiam est, induere nos Christum in Baptismo; et hac lege nos baptizari, ut unum cum ipso simus. Iam alterum principium sumit Paulus, nos in Christi corpus tunc vere coalescere, ubi mors eius fructum in nobis suum profert. Imo docet hanc mortis societatem, praecipue in Baptismo spectandam esse. Neque enim ablutio

typisch diese Antwort für ihn ist, auch dort, wo er ausführlicher argumentiert, und so wird er auch hier wenig später diese falsche Anklage auf sehr sorgfältige Weise abwehren. Zunächst weist er sie aber mit einem Ausruf des Abscheus zurück, um den Lesern so zu verstehen zu geben, dass es nichts Widersinnigeres gibt als [die Vorstellung], dass die Gnade Christi, die unsere Gerechtigkeit wiederherstellt, unsere Laster fördern würde.

Die wir der Sünde abgestorben sind. Wie sollten wir ferner in ihr leben? Der Beweis erfolgt von der Gegenseite her. Denn wer sündigt, der lebt zweifellos in der Sünde. Wir sind [aber] durch die Gnade Christi für die Sünde gestorben. Es ist folglich falsch, der Sünde, die [Christus] tilgt, eine Lebenskraft zuzumessen. Denn es ist so, dass die Glaubenden niemals ohne die Gabe der Wiedergeburt mit Gott versöhnt werden. Somit werden wir gerechtfertigt, um daraufhin Gott in der Reinheit des Lebens zu dienen. Wenn Christus uns durch sein Blut reinigt und uns durch sein Sühnopfer Gott gnädig macht, dann nicht anders als so, dass er uns zugleich an seinem Geist teilgibt, der uns zu einem heiligen Leben erneuert. Es wäre also die übelste Verkehrung des Werkes Gottes, wenn die Zeit der Gnade, die uns in Christus angeboten ist, die Sünde stärken würde. Die Medizin nährt ja auch nicht die Krankheit, welche sie tilgen will. Auch gilt es in Erinnerung zu behalten, was ich vorhin gesagt habe: Paulus spricht hier nicht davon, wie Gott uns vorfindet, wenn er uns in die Gemeinschaft seines Sohnes ruft, sondern wie wir sein sollen, nachdem er sich unser erbarmt und uns umsonst [als Kinder] angenommen hat. Indem er ein Adverb verwendet, das in die Zukunft weist, zeigt er, wie die der Rechtfertigung folgende Veränderung beschaffen sein soll.

3 *Oder wisst ihr nicht, dass wir alle, die wir auf Christus Jesus getauft wurden, auf seinen Tod getauft worden sind?*
4 *Wir sind also durch die Taufe auf seinen Tod mit ihm begraben worden, damit, wie Christus durch die Herrlichkeit des Vaters von den Toten auferweckt worden ist, so auch wir in einem neuen Leben wandeln.*

3 *Oder wisst ihr nicht.* [Paulus] begründet den vorangehenden Gedanken, dass nämlich Christus in den Seinen die Sünde beseitigt, von der Wirkung der Taufe her, durch welche wir in den Glauben an ihn eingeführt werden. Denn dass wir in der Taufe Christus anziehen, steht außer Frage, und wir werden getauft, um mit ihm eins zu sein. Darüber hinaus führt Paulus einen anderen Grundsatz an, dass wir nämlich dann wahrhaft mit dem Leib Christi zusammenwachsen, wenn sein Tod in uns seine Frucht trägt. Er lehrt sogar, dass diese Gemeinschaft des Todes vor allem in der Taufe zu ersehen ist. Denn in ihr wird [uns] nicht nur die Abwaschung, sondern auch die Abtötung und das Sterben des

raphrases in Novum Testamentum, in: Opera omnia, Tom. 7 (Leiden 1706), Nachdr. Hildesheim 1962, 794F.

3 Vgl. z.B. Röm 7,7ff; 9,14ff.

sola illic, sed mortificatio quoque, et veteris hominis interitus proponi-
119 tur. Unde palam fit, ex quo recipimur in Christi | gratiam, mortis eius efficaciam statim emergere. Porro quid valeat haec cum morte Christi societas, continuo sequitur.

4 *Consepulti ergo sumus*. Iam incipit indicare quorsum illud spectet, nos in Christi mortem baptizari, tametsi nondum plane explicat; ut scilicet nobis emortui, fiamus novi homines. Nam a mortis societate transitum merito facit ad vitae participationem. Quia haec duo inter se individuo nexu cohaerent, veterem hominem Christi morte aboleri, ut eius resurrectio iustitiam instauret, nosque efficiat novas creaturas. Et certe quum nobis in vitam datus sit Christus, quorsum referret nos cum ipso emori, nisi ut resurgamus in meliorem vitam? Ideoque non alia ratione, quod in nobis mortale est occidit, nisi ut vere nos vivificet. Porro sciamus Apostolum non hic simpliciter nos adhortari ad Christi imitationem, acsi diceret mortem Christi exemplaris vice esse, quod Christianis omnibus conveniat imitari. Nam certe altius conscendit; doctrinam enim profert, ex qua postea exhortationem eliciet sicuti promptum est. Haec autem est doctrina, ›Quod mors Christi efficax est ad nequitiam carnis nostrae extinguendam ac profligandam; resurrectio vero, ad suscitandam melioris naturae novitatem; quodque per Baptismum in istius gratiae participationem cooptamur.‹ Hoc fundamento iacto, exhortari Christianos opportunissime licet, ut suae vocationi respondere contendant. Adhaec non refert quod ista virtus non in ⟨106⟩ omnibus apparet baptizatis. Nam suo more Paulus, quia ad fideles est sermo, substantiam et effectum externo signo coniungit. Nam scimus fide eorum sanciri et ratum esse quicquid Dominus visibili symbolo offert. In summa, qualis sit Baptismi rite suscepti veritas docet. Sic ex Galatis quicunque in Christo baptizati essent, Christum induisse omnes testatur. Nimirum ita loquendum dum simul conveniunt Domini institutio et fides piorum. Nunquam enim nuda inaniaque habemus symbola, nisi ubi Divinae beneficentiae energiam nostra ingratitudo ac malignitas impedit.

Per gloriam Patris. Id est insignem virtutem qua se vere gloriosum declaravit, et veluti gloriae suae magnificentiam illustravit. Ita saepe in Scripturis eximio aliquo elogio insignitur Dei potentia, quae se
120 in | Christi resurrectione exeruit, neque id frustra. Magnopere enim refert, tam expressa incomparabilis Dei potentiae commemoratione non modo ultimae resurrectionis fidem, quae carnis sensum longe exuperat, sed alios quoque fructus, quos ex Christi resurrectione percipimus, apud nos magnifice extolli.

alten Menschen vor Augen gestellt. Von hier aus ist klar: Sobald wir in die Gnade Christi aufgenommen sind, beginnt auch die Wirkung seines Todes zum Vorschein zu kommen. Was diese Gemeinschaft mit dem Tode Christi aber bedeutet, folgt unmittelbar anschließend.

4 *Wir sind also mit ihm begraben worden.* Nun beginnt er darzulegen, was damit gemeint ist, dass wir in den Tod Christi getauft sind, obwohl er es noch nicht vollständig erklärt: dass wir nämlich uns selbst gestorben sind und neue Menschen werden. Mit Recht macht er den Schritt von der Gemeinschaft des Todes zur Teilhabe am Leben. Denn beides hängt untrennbar zusammen: Durch den Tod Christi ist der alte Mensch abgetan, damit seine Auferweckung die Gerechtigkeit aufrichtet und uns zu neuen Kreaturen macht. Wenn Christus uns zum Leben gegeben ist, wozu sollten wir denn mit ihm sterben, wenn nicht, um mit ihm zu einem besseren Leben aufzuerstehen? Er tötet somit das, was in uns sterblich ist, aus keinem anderen Grund, als um uns wahrhaftig aufzuerwecken. Wir wissen außerdem, dass uns der Apostel hier nicht einfach zur Nachahmung Christi auffordert, als ob er sagte, der Tod Christi sei wie ein Vorbild, das alle Christen nachahmen sollten. Er setzt vielmehr tiefer an. Er trägt nämlich eine Lehre vor, aus welcher er anschließend die Ermahnung ableiten kann, wie ja deutlich ist. Seine Lehre ist: »Christi Tod ist dazu wirksam, die Verderbtheit unseres Fleisches auszulöschen und zu vernichten; die Auferstehung aber dazu, eine neue, bessere Natur aufzurichten; durch die Taufe aber werden wir in die Teilhabe an dieser Gnade aufgenommen.« Nachdem dieses Fundament gelegt ist, ist nichts angebrachter, als die Christen zu ermahnen, sich anzustrengen, ihrer Berufung zu entsprechen. Dass diese Kraft nicht in allen Getauften sichtbar ist, spielt keine Rolle. Seiner Gewohnheit entsprechend verbindet Paulus Wesen und Wirkung mit dem äußerlichen Zeichen, spricht er doch zu den Glaubenden. Denn wir wissen, dass durch den Glauben bekräftigt und rechtsgültig gemacht wird, was Gott durch ein sichtbares Zeichen anbietet. Zusammengefasst: Er lehrt, worin die Wahrheit der recht verstandenen Taufe besteht. So versichert er den Galatern, dass alle, die auf Christus getauft sind, Christus angezogen haben. Dort, wo die Einrichtung des Herrn und der Glaube der Frommen zusammenkommen, muss man zweifellos so sprechen. Leere und bloße Zeichen sind nur dort, wo unsere Undankbarkeit und böser Wille die Kraft der göttlichen Gnade hindert.

Durch die Herrlichkeit des Vaters. Das heißt durch die unvergleichliche Kraft, durch welche er seine Herrlichkeit gezeigt und die Erhabenheit seiner Ehre dargestellt hat. In den Schriften wird Gottes Macht, wie sie in Christi Auferstehung am Werk war, oft mit erhabenen Ausdrücken bezeichnet, und dies nicht ohne Grund. Es ist nämlich von großer Bedeutung, dass durch die ausdrückliche Erinnerung an die unvergleichliche Macht Gottes nicht nur der Glaube an die letzte Auferstehung, die alles menschliche Verstehen bei weitem übersteigt, sondern auch die anderen Früchte, die wir aus Christi Auferstehung empfangen, bei uns auf das Höchste gepriesen werden.

5 *Nam si insititii facti sumus similitudini mortis eius, nimirum et resurrectionis participes erimus:*
6 *Illud scientes, quod vetus noster homo simul cum ipso crucifixus est, ut aboleretur corpus peccati, ut non ultra serviamus peccato.*

5 *Nam si insititii.* Confirmat verbis clarioribus quod iam posuerat argumentum. Nam similitudo quam adhibet, nihil iam ambiguum relinquit; quia insitio non exempli tantum conformitatem designat, sed arcanam coniunctionem, per quam cum ipso coaluimus, ita ut nos Spiritu suo vegetans, eius virtutem in nos transfundat. Ergo ut surculus communem habet vitae et mortis conditionem cum arbore in quam insertus est, ita vitae Christi non minus quam et mortis participes nos esse consentaneum est. Nam si insiti sumus in similitudinem mortis Christi, illa autem resurrectione non caret, ergo nec nostra sine resurrectione erit. Caeterum bifariam exponi possunt verba, vel nos Christo insitos esse in similitudinem mortis eius; vel simpliciter insitos esse similitudini. Prior lectio posceret dativum ⟨107⟩ Graecum ὁμοιώματι, ad modum notandum referri. Nec illam inficior habere pleniorem sensum. Sed quoniam altera magis quadrat simplicitati dictionis, eam praeferre visum est. Quanquam parvi interest, quum utraque in eundem recidat sensum. Chrysostomus existimat Paulum dixisse ›similitudinem mortis‹ pro ›morte‹, ut alibi, ›In similitudinem hominum factus‹. Verum ego in ista voce aliquid significantius perspicere mihi videor. Praeterquam quod valet ad inferendam resurrectionem, videtur huc tendere, quod non moriamur instar Christi, morte naturali, sed hanc nobis esse cum eius morte convenientiam; quia ut ipse morte defunctus est in carne, quam a nobis susceperat, ita emorimur in nobis, ut in eo vivamus. Non ergo eadem est mors, sed similis; quia spectanda est inter praesentis vitae interitum et spiritualem renovationem analogia.

121 | *Insititii.* Magna est vocabuli huius energia, et quae clare ostendit Apostolum non exhortari tantum, sed potius de Christi beneficio docere. Neque enim quicquam a nobis requirit quod studio industriave nostra praestandum sit, sed insitionem Dei manu factam praedicat. Non est autem cur singulis partibus metaphoram aut comparationem applicare studeas. Nam inter arborum insitionem et hanc nostram spiritualem oc-

5 Denn wenn wir zur Ähnlichkeit seines Todes eingepflanzt sind, so werden wir es auch zu seiner Auferstehung sein
6 indem wir erkennen, dass unser alter Mensch mitgekreuzigt worden ist, damit der Leib der Sünde kraftlos gemacht werde, auf dass wir nicht mehr der Sünde dienen.

5 *Denn wenn wir eingepflanzt sind.* Was er bereits dargelegt hatte, bestätigt er [nun] mit deutlicheren Worten. Der Vergleich, den er nämlich anführt, lässt keine Unklarheit mehr zu, denn Einpflanzung bezeichnet nicht nur eine Gleichförmigkeit mit einem Vorbild, sondern eine geheimnisvolle Verbindung, durch welche wir mit ihm derart zusammenwachsen, dass er uns mit seinem Geist ernährt und so seine Lebenskraft in uns übergehen lässt.[4] Wie der aufgepfropfte Zweig am Leben und Sterben des Baumes, in welchen er eingefügt ist, teilhat, so ist es nichts als natürlich, dass wir nicht weniger an Christi Leben als an seinem Tod Anteil haben. Denn wenn wir zur Ähnlichkeit des Todes Christi eingepflanzt sind, dieser [Tod] aber nicht ohne Auferstehung geblieben ist, so wird auch der Unsrige nicht ohne Auferstehung sein. Die Worte können übrigens auf zwei Weisen verstanden werden: Entweder, dass wir Christus eingepflanzt sind zur Ähnlichkeit seines Todes, oder einfacher, dass wir zu seiner Ähnlichkeit eingepflanzt sind. Bei der ersten Lesart würde der griechische Dativ ὁμοιώματι die Art und Weise genauer beschreiben. Ich bestreite nicht, dass dies einen volleren Sinn ergibt. Weil der andere aber der Schlichtheit der Rede besser entspricht, ist er zu bevorzugen. Der Unterschied ist allerdings unbedeutend, denn im Sinn kommen beide überein. Chrysostomus meint, dass Paulus mit dem Ausdruck »Ähnlichkeit des Todes« einfach »Tod« gemeint hat, wie er anderswo sagen kann, »er ist einem Menschen ähnlich geworden« [Phil 2,7].[5] Mir scheint allerdings, dass in diesem Ausdruck noch etwas Zusätzliches liegt: Abgesehen davon, dass er auf die Auferstehung weist, scheint er zu besagen, dass wir nicht wie Christus in natürlicher Weise sterben, sondern dass eine Gleichartigkeit besteht zwischen seinem und unserem Tod. Denn wie er in natürlicher Weise in dem Fleisch starb, das er von uns angenommen hatte, so sterben wir uns ab, um in ihm zu leben. Es ist somit nicht derselbe, sondern ein ähnlicher Tod, denn man muss die Analogie zwischen dem Sterben des zeitlichen Lebens und der geistlichen Erneuerung im Auge haben.
Eingepflanzt. Auf diesem Ausdruck liegt sehr viel Gewicht; er zeigt deutlich, dass der Apostel nicht einfach ermahnt, sondern vielmehr von Christi Wohltat spricht. Er fordert nämlich nichts von uns, was wir durch eigenen Fleiß und Eifer leisten sollten, sondern verkündet die durch Gottes Hand vollzogene Einpflanzung. Es ist allerdings nicht sinnvoll, die Metapher bzw. den Vergleich bis in die Einzelheiten hinein auszulegen. Denn der Unterschied zwischen der Einpflanzung in einen

4 Vgl. Inst. III,1,1.
5 Chrysostomus, Commentarius in Epistolam ad Romanos (PG 60,484f.).

curret statim diversitas; quod in illa surculus alimentum ducit a radice, fructus autem edendi nativam proprietatem retinet; in hac autem non modo vigorem ac succum vitae a Christo trahimus, sed in eius naturam ex nostra demigramus. Verum nihil aliud voluit notare Apostolus quam efficaciam illam mortis Christi, quae in carnis nostrae interitu se exerit, alteram quoque resurrectionis, ad renovandam in nobis meliorem spiritus naturam.

6 *Quod vetus homo noster*. Vetus homo, qualiter et Vetus testamentum, dicitur respectu novi. Vetus enim esse incipit, quum inchoata regeneratione sensim aboletur. Totam autem naturam significat quam afferimus ex utero, quae adeo regni Dei capax non est, ut interire eatenus oporteat, quatenus in veram vitam instauramur. Hunc veterem hominem dicit esse affixum cruci Christi, quia eius virtute conficitur. Ac nominatim allusit ad crucem, quo expressius indicaret non aliunde nos mortificari, quam ex eius mortis participatione. Neque enim iis consentio qui crucifixum magis quam mortuum vocasse exponunt, quia vivat adhuc ac vigeat aliqua ex parte. Vera quidem est sententia, sed quae praesenti loco parum congruit. ›Corpus peccati‹, quod paulo post subiicit, non carnem et ossa, sed massam designat. Homo enim naturae propriae relictus, massa est ex peccato conflata.

⟨108⟩ Finem abolitionis notat, quum dicit, *ne amplius serviamus peccato*. Unde sequitur, nos, quandiu sumus Adae filii, ac nihil quam homines, peccato sic esse mancipatos, ut nihil possimus aliud quam peccare; Christo vero insitos, a misera hac necessitate liberari. Non quod statim desinamus in totum peccare, sed ut simus tandem in pugna superiores.

7 *Qui enim mortuus est, iustificatus est a peccato.*

8 *Si vero mortui sumus cum Christo, credimus quod et vivemus cum eo:*

9 *Scientes quod Christus suscitatus ex mortuis, amplius non moritur, mors illi amplius non dominatur.*

122 | 10 *Quod enim mortuus est, peccato mortuus est semel: quod autem vivit, vivit Deo.*

11 *Sic et ipsi existimate vosmet esse mortuos quidem peccato, viventes autem Deo, In Christo Iesu Domino nostro.*

Baum und unserer geistlichen [Einpflanzung] wird bald einmal deutlich. Denn dort bezieht der aufgepfropfte Zweig zwar seine Nahrung aus der Wurzel, die Eigenart seiner natürlichen Frucht behält er aber bei. Hier aber beziehen wir nicht nur Kraft und Lebenssaft von Christus, sondern gehen aus unserer Natur in die seinige über. Der Apostel wollte nur die Wirksamkeit des Todes Christi beschreiben, die sich im Sterben unseres Fleisches zeigt, ebenso wie diejenige der Auferstehung zur Wiederherstellung der besseren Natur des Geistes in uns.

6 *Dass unser alter Mensch.* Vom alten Menschen wie auch vom alten Bund spricht man im Vergleich zum Neuen. Er beginnt nämlich dann alt zu sein, wenn er durch die angefangene Erneuerung allmählich abgetan wird. Gemeint ist unsere ganze Natur, die wir von Geburt an besitzen und welche derart unfähig ist, am Reich Gottes teilzuhaben, dass sie in dem Maße vergehen muss, in welchem wir zum wahren Leben wiederhergestellt werden. Von diesem alten Menschen sagt er, er sei mit Christus ans Kreuz geheftet, weil er durch dessen Macht besiegt wird. Er bezieht sich explizit auf das Kreuz, um so deutlicher zu machen, dass unsere Abtötung keinen anderen Grund hat als die Teilhabe an seinem Tod. Ich stimme denjenigen [Auslegern] nicht zu, die sagen, hier sei von »gekreuzigt« und nicht von »gestorben« die Rede, weil [der alte Mensch] immer noch lebt und wenigstens zum Teil noch kräftig ist.[6] Das ist zwar richtig, trifft aber nicht die Aussage dieser Stelle. »Der Leib der Sünde«, von dem er wenig später spricht, meint nicht Fleisch und Knochen, sondern das menschliche Gebilde als Ganzes. Der Mensch, insofern er seiner eigenen Natur überlassen ist, ist ein einziger aus der Sünde zusammengeschmolzener Klumpen.

Wenn er sagt *damit wir nicht weiter der Sünde dienen*, nennt er den Zweck der Abtötung. Daraus folgt, dass wir, solange wir Kinder Adams sind und nichts als Menschen, derart unter der Macht der Sünde stehen, dass wir nichts anderes tun können als sündigen. Als solche aber, die in Christus eingepflanzt sind, werden wir von diesem elenden Zwang befreit. Nicht so, dass wir sofort vollständig aufhören würden zu sündigen, aber so, dass wir im Kampf schließlich siegen werden.

7 *Denn wer gestorben ist, der ist von der Herrschaft der Sünde losgesprochen.*

8 *Sind wir aber mit Christus gestorben, so vertrauen wir darauf, dass wir auch mit ihm leben werden,*

9 *da wir wissen, dass Christus, von den Toten auferweckt, nicht mehr stirbt; der Tod hat keine Herrschaft mehr über ihn.*

10 *Denn was er gestorben ist, das ist er der Sünde ein für allemal gestorben: Was er aber lebt, das lebt er in Gott.*

11 *So sollt auch ihr euch als solche ansehen, die für die Sünde tot sind, aber für Gott leben in Christus Jesus, unserem Herrn.*

6 Hugo von St. Victor, Quaestiones et Decisiones in Epistolas D. Pauli. In Epistolam ad Romanos (PL 175,471D).

7 *Qui enim mortuus est*. Argumentum a mortis proprietate seu effectu. Nam si mors abolet omnes vitae actiones, nos qui peccato mortui sumus, ab eius actionibus cessare oportet, quas durante sua vita exercebat. ›Iustificatum‹ accipe pro ›absoluto‹, et a servitute vindicato. Nam quemadmodum ab accusationis vinculo liberatur qui absolvitur sententia iudicis, ita mors ab hac vita nos solvendo, ab omnibus eius officiis nos liberat. Porro quanquam inter homines nusquam extat tale exemplum, non est tamen cur vel inanem esse speculationem putes quod hic dicitur, vel animum despondeas, quod in eorum numero te non reperias qui carnem suam penitus crucifixerunt. Hoc enim opus Dei non primo quo in nobis inchoatur die, simul etiam perficitur, sed paulatim augescit, ac quotidianis incrementis paulatim ad finem perducitur. Sic ergo in summa habeto, ›Si Christianus es, oportere in te signum apparere communionis cum morte Christi; cuius fructus est, ut crucifixa sit caro tua cum suis concupiscentiis omnibus. Caeterum hanc communionem non ideo nullam esse, si reliquias carnis vivere adhuc in te sentias. Sed meditandum assidue eius augmentum, donec ad metam perventum sit‹. Bene enim est si mortificatur continenter caro nostra; neque parum profectum est, ubi regnum illi ademptum, Spiritui sancto cessit. Est altera mortis Christi communicatio de qua loquitur Apostolus, quum saepe alias, tum 2. Corint. 4, nempe crucis tolerantia, quam sequitur et vitae aeternae consortium.

8 *Si vero mortui sumus*. Hoc non in alium finem repetit, nisi ut declarationem subiiciat, quae postea sequitur, quod Christus semel excitatus, iam non moritur. Quo docere vult, hanc vitae novitatem tota vita esse Christianis persequendam. Nam si Christi imaginem in se repraesentare debent et ⟨109⟩ mortificatione carnis, et spiritus vita, illam semel in perpetuum fieri, hanc perpetuo durare necesse est. Non quod uno momento emoriatur caro in nobis, sicuti nuper diximus, sed quia retrocedere in ea mortificanda non liceat. Si enim in coenum nostrum revolvimur, Christum abnegamus, cuius nisi per vitae novitatem, consortes esse non possumus, sicut ipse vitam incorruptibilem agit.

123 | 9 *Mors illi amplius non dominatur*. Videtur innuere, semel dominatam Christo fuisse mortem. Et sane quum se pro nobis in mortem dedit quodammodo permisit se ac subiecit eius potestati. Ea tamen conditione ut impossibile esset eius doloribus ipsum vinctum detineri, succum-

7 *Denn wer gestorben ist.* Das Argument geht von der Eigenart und der Wirkung des Todes aus. Denn wenn der Tod alle Lebenstätigkeiten beendet, dann müssen wir, die wir der Sünde gestorben sind, von den durch sie bestimmten Handlungen, welche das Leben vormals prägten, ablassen. »Gerechtfertigt« meint »freigesprochen« und von der Knechtschaft erlöst. Denn wie jemand, der durch einen richterlichen Spruch freigesprochen ist, von allen Fesseln der Anklage befreit ist, so löst uns der Tod, indem er uns von diesem Leben befreit, auch von allen seinen Verpflichtungen.

Auch wenn sich unter den Menschen nirgends ein solches Beispiel findet, gibt es keinen Grund, das hier Gesagte für leere Spekulation zu halten oder den Mut zu verlieren, weil du dich nicht zu denjenigen zählen kannst, die ihr Fleisch bereits vollständig gekreuzigt haben. Denn dieses Werk Gottes wird nicht am ersten Tag, an dem es beginnt, auch schon in uns abgeschlossen, sondern es wächst allmählich und wird durch tägliches Wachstum vollendet. So wollen wir zusammenfassend festhalten: »Wenn du ein Christ bist, so muss bei dir ein Zeichen der Gemeinschaft mit dem Tod Christi sichtbar werden. Dessen Frucht ist es, dass dein Fleisch mit all seinen Begierden gekreuzigt wird. Diese Gemeinschaft ist nicht deshalb nichtig, weil du noch Überreste des Fleisches in dir lebendig spürst. Es geht allerdings darum, beständig auf Fortschritte bedacht zu sein, bis das Ziel erreicht ist.« Es ist gut, wenn unser Fleisch immerfort getötet wird, und es ist kein geringer Fortschritt, wenn sein Herrschaftsgebiet mehr und mehr dem Heiligen Geist weichen muss.

Es gibt auch noch eine andere Gemeinschaft mit dem Tod Christi, von welcher der Apostel sowohl in II Kor 4 wie an mehreren anderen Stellen spricht, nämlich durch das Tragen des Kreuzes, dem auch die Teilhabe am ewigen Leben folgt.[7]

8 *Sind wir aber gestorben.* Er wiederholt dies mit dem Ziel, eine Anknüpfung für die folgende Aussage zu gewinnen, nämlich dass Christus einmal vom Tod auferweckt wurde und nun nicht mehr stirbt. Er will damit ausdrücken, dass die Christen ihr ganzes Leben lang nach diesem neuen Leben streben sollen. Denn wenn sie das Bild Christi in sich tragen sollen, sowohl in der Abtötung des Fleisches wie im Leben des Geistes, so muss das Erste ein- für allemal geschehen sein, das Zweite aber ohne Unterlass andauern. Wie eben gerade bemerkt, [ist es also] nicht so, als ob unser Fleisch in einem Augenblick in uns abstürbe, vielmehr ist es nicht erlaubt, in jenem Abtötungsprozess wieder rückwärts zu gehen. Denn wenn wir uns in unserem Schmutz wälzen, verleugnen wir Christus, an dem wir nicht anders als durch das neue Leben Anteil haben können, so wie er selbst ein unauslöschliches Leben besitzt.

9 *Der Tod hat keine Herrschaft mehr über ihn.* Dies scheint zu implizieren, dass der Tod einmal über Christus geherrscht habe. Und in der Tat, als sich [dieser] für uns in den Tod gab, hat er sich in gewisser Weise ihm ausgeliefert und seiner Macht unterstellt, doch so, dass die Todesschmerzen ihn nicht binden, niederwerfen oder verschlingen

7 Vgl. Inst. III,8.

bere, vel absorberi. Itaque dominium eius ad momentum subeundo, in aeternum ipsam deglutivit. Quanquam simplicius loquendo, mortis dominium ad voluntariam mortis conditionem refertur, cui finem imposuit resurrectio. Summa est, ›Christum, qui nunc Spiritu suo fideles vivificat, vel suam illis vitam arcana virtute e caelis inspirat, mortis imperio exemptum fuisse quum resurrexit, ut ab eodem immunes suos omnes reddat‹.

10 *Peccato mortuus est semel.* Quod dixerat nos Christi exemplo in perpetuum a mortis iugo solutos esse, nunc ad sententiam suam accommodat, quod scilicet tyrannidi peccati amplius obnoxii non simus. Idque demonstrat a finali mortis Christi causa, quia scilicet mortuus est ut peccatum extingueret. Porro in forma loquendi notandum est quid Christo conveniat. Neque enim dicitur peccato mortuus, ut peccare desineret, qualiter ubi de nobis sermo est, accipi oportet, sed quia mortem obiit peccati causa, ut se ἀντίλυτρον statuens, vim et ius peccati in nihilum redigeret. Dicit autem semel perfunctum esse, non modo quia aeterna redemptione per unicam oblationem parta, factaque peccati per suum sanguinem purgatione fideles in aeternum sanctificavit, sed ut in nobis quoque mutua similitudo respondeat. Etsi enim mors spiritualis continuos in nobis progressus habet, semel tamen proprie mori dicimur, dum Christus suo sanguine nos Patri reconcilians, Spiritus quoque virtute simul regenerat.

Quod autem vivit. Sive ›apud Deum‹, sive ›in Deo‹ exponas, in eundem recides sensum. Significat enim vivere in regno Dei immortali et incorruptibili vitam nulli iam mortalitati obnoxiam, cuius figura in regeneratione piorum apparere debet. Hic memoria repetendum est similitudinis nomen. Neque enim in caelo nos dicit victuros, sicut illic Christus vivit, sed vitam novam, quam a regeneratione in ⟨110⟩ terra degimus, caelesti eius vitae facit conformem. Et quod debere nos peccato mori ad eius exemplum docet, non ita convenit ut eadem mors possit dici. Peccato enim morimur, quum moritur in nobis peccatum; aliter Christus, qui moriendo peccatum profligavit. Iam vero quod prius dixerat,
124 credere nos vitam fore nobis communem, ›credendi‹ verbo | satis ostendit, se de Christi gratia concionari. Nam si tantum officii moneret, haec erat loquendi ratio, ›Quando sumus Christo commortui, cum eo similiter vivendum est‹. Verbum autem ›credendi‹ denotat hic tractari fidei doctrinam quae in promissionibus sit fundata; acsi dictum esset,

konnten. Indem er sich seiner Herrschaft einen Moment lang unterordnete, hat er ihn für immer verschlungen. Um es einfacher auszudrücken: Die Herrschaft des Todes bezieht sich auf einen willentlich übernommenen Zustand, welchem die Auferstehung ein Ende bereitet hat. Zusammengefasst: »Christus, der jetzt die Glaubenden durch seinen Geist lebendig macht, oder vielmehr ihnen durch die verborgene Kraft vom Himmel her sein Leben einflößt, wurde durch seine Auferstehung der Herrschaft des Todes entnommen, um so alle, die zu ihm gehören, vom Tode frei zu machen.«

10 *Er ist der Sünde ein für allemal gestorben.* Wenn [Paulus] gesagt hatte, dass wir nach Christi Vorbild ein für allemal vom Joch des Todes befreit sind, so verwendet er das nun für seinen Gedanken, dass wir nicht mehr länger der Herrschaft der Sünde unterworfen sind. Er zeigt dies von der Zweckbestimmung des Todes Christi her auf, denn Christus ist ja gestorben, um die Sünde auszulöschen. Ferner ist zu beachten, was in dieser Formulierung Christus entspricht. Sie darf nicht so verstanden werden, als ob gesagt würde, Christus sei der Sünde gestorben, damit er zu sündigen aufhöre, was in Bezug auf uns gesagt werden muss; sondern: Weil er durch seine Hingabe als »Lösegeld« (ἀντίλυτρον) den Tod um der Sünde willen erlitten hat, hat er Kraft und Recht der Sünde zunichte gemacht. [Paulus] sagt nun, er hätte dies ein für allemal vollbracht; nicht nur, weil er mit einem einzigen Opfer die ewige Erlösung erworben und durch die vollbrachte Reinigung von der Sünde durch sein Blut die Glaubenden in Ewigkeit geheiligt hat, sondern auch, damit in uns eine ihm entsprechende Ähnlichkeit zum Vorschein kommt. Wenn das geistliche Absterben in uns auch ein kontinuierliches ist, so werden wir doch als einmal Gestorbene bezeichnet, indem Christus uns durch sein Blut mit dem Vater versöhnt und uns zugleich in der Kraft des Geistes neu erschafft.

Was er aber lebt. Der Sinn ist derselbe, ob man »bei Gott« oder »in Gott« übersetzt. Gemeint ist, dass er in Gottes ewigem und unvergänglichem Reich ein Leben lebt, das keiner Sterblichkeit mehr unterworfen ist und dessen Abbild in der Wiedergeburt der Frommen zur Erscheinung kommen soll. Hier ist noch einmal an den Ausdruck »Abbild« zu erinnern: [Paulus] sagt nicht, dass wir in gleicher Weise im Himmel leben werden, wie Christus im Himmel lebt. Vielmehr spricht er von der Gleichartigkeit des neuen Lebens, das wir seit der Wiedergeburt auf Erden führen, mit dem himmlischen Leben [Christi]. Und wenn er lehrt, wir sollen in Entsprechung zu dessen Beispiel der Sünde absterben, so heißt das nicht, dass derselbe Tod gemeint ist. Denn wir sterben der Sünde, wenn die Sünde in uns stirbt. Anders Christus, der im Sterben die Sünde besiegt hat. Wenn [Paulus] vorher gesagt hatte, dass wir glauben, dass wir das Leben Christi teilen werden, so zeigt er mit dem Ausdruck »Glauben« deutlich genug an, dass er von Christi Gnade spricht. Hätte er nur an unsere Pflicht erinnert, dann hätte er gesagt: »Wenn wir mit Christus gestorben sind, dann sollen wir auch mit ihm leben.« Das Wort »glauben« deutet aber an, dass hier von der Lehre des Glaubens die Rede ist, die in den Verheißungen gegründet ist; als

›Statuere debent fideles ita se Christi beneficio secundum carnem esse mortuos, ut vitae novitatem idem Christus ad finem usque continuet. Futurum vero tempus in verbo ›vivendi‹, non ad ultimam resurrectionem pertinet, sed simpliciter notat perpetuum vitae novae cursum, quandiu in mundo peregrinamur.

11 *Sic et ipsi existimate.* Additur iam illa quam attigi analogiae definitio. Nam quod Christum semel peccato mortuum esse, et aeternum Deo vivere dixerat, utrunque ad nos accommodans, quomodo nunc vivendo moriamur admonet, nempe ubi peccato renuntiamus. Sed illam quoque partem non omittit, ubi semel fide amplexi sumus Christi gratiam, licet tantum inchoetur carnis mortificatio in nobis, hoc tamen ipso peccati vitam extingui, ut deinde spiritualis novitas, quae Divina est, perpetuo duret. Nisi enim peccatum semel usque in finem in nobis occideret Christus, parum firma et stabilis esset eius gratia. Sensus ergo verborum est, ›Sic rem habere in vobis reputate, ut semel Christus in peccati interitum mortuus est, sic ut in posterum peccare desinatis, semel vos esse mortuos; imo quotidie pergendum in ea mortificatione quae in vobis coepta est, donec peccatum penitus extinguatur. Ut Christus excitatus est ad incorruptibilem vitam, ita vos Dei gratia renatos esse, ut totam vitam in sanctitate et iustitia traducatis; quando aeterna est, semperque vigebit haec, qua renovati estis, Spiritus sancti virtus‹. Caeterum retinere malui Pauli verba, In Christo Iesu, quam cum Erasmo vertere, ›per Christum‹, quia illo modo melius exprimitur insitio illa quae nos unum cum Christo facit.

⟨111⟩ 12 *Ne ergo regnet peccatum in mortali vestro corpore, ut illi obediatis in cupiditatibus suis:*
13 *Neque exhibeatis membra vestra arma iniustitiae peccato. sed exhibeatis vosmetipsos Deo, tanquam ex mortuis viventes: et membra vestra, arma iustitiae Deo.*

125 | 12 *Ne ergo regnet.* Exhortationem nunc orditur, quae sponte consequitur ex ea doctrina quam tradidit de nostra cum Christo societate. Tametsi peccatum in nobis residet, tamen absurdum esse ut ad exercendum regnum suum vigeat; quia supra ipsum eminere debet virtus sanctificationis, ut vita nostra testetur, nos vere esse membra Christi. Nuper admonui vocem ›corporis‹ non pro carne et cute et ossibus accipi,

ob er sagte: »Die Glaubenden sollen sich aufgrund der Wohltat Christi so als dem Fleisch nach gestorben ansehen, dass derselbe Christus ihr neues Leben bis zum Ende fortführt.« Die Zukunftsform des Verbs »leben« bezieht sich nicht auf die letzte Auferstehung, sondern bezeichnet einfach den ununterbrochenen Lauf des neuen Lebens während unserer ganzen irdischen Lebenszeit.

11 *So sollt auch ihr euch als solche ansehen.* Nun fügt [Paulus] die von mir bereits berührte Näherbestimmung der Analogie an. Wenn er gesagt hatte, dass Christus einmal der Sünde gestorben ist und nun ewig für Gott lebt, so wendet er nun beides auf uns an und zeigt uns, wie wir als Lebende sterben können, nämlich so, dass wir der Sünde entsagen. Er lässt aber auch den Teil nicht aus: Wo wir einmal im Glauben Christi Gnade ergriffen haben, ist damit das Leben in der Sünde selbst getilgt, so dass das geistgewirkte Neue, welches göttlich ist, nun das ganze Leben hindurch andauert, obgleich die Tötung des Fleisches in uns lediglich angefangen hat. Hätte Christus die Sünde nicht endgültig in uns getilgt, wäre seine Gnade schwankend und unbeständig. Die Worte wollen also besagen: »Versteht euch als solche, mit denen es sich folgendermaßen verhält: Wie Christus einmal zur Vernichtung der Sünde gestorben ist, so seid auch ihr einmal der Sünde gestorben, um von nun an von ihr abzulassen. Folglich müsst ihr in dieser Abtötung, die in euch angefangen hat, täglich fortfahren, bis die Sünde endgültig ausgelöscht ist. Wie Christus zu einem unverderblichen Leben auferweckt worden ist, so seid ihr aus der Gnade Gottes wiedergeboren, damit ihr das ganze Leben in Heiligkeit und Gerechtigkeit führt. Denn die Kraft des Heiligen Geistes, durch welche ihr erneuert worden seid, ist ewig und wird für immer kräftig sein.«

Übrigens möchte ich lieber die Worte des Paulus »in Christus Jesus« festhalten, als mit Erasmus »durch Christus« sagen[8], weil auf diese Weise die Einpflanzung, die uns mit Christus eins macht, besser festgehalten ist.

12 *Daher soll die Sünde nicht herrschen in eurem sterblichen Leibe, so dass ihr seinen Begierden gehorcht.*

13 *Gebt auch eure Glieder nicht der Sünde zu Werkzeugen der Ungerechtigkeit hin, sondern gebt euch selbst Gott hin als solche, die aus Toten lebendig geworden sind, und eure Glieder Gott zu Werkzeugen der Gerechtigkeit!*

12 *Daher soll [die Sünde] nicht herrschen.* Nun beginnt er mit der Ermahnung, die sich aus der von ihm vorgebrachten Lehre von unserer Gemeinschaft mit Christus von selbst ergibt. Obwohl die Sünde in uns bleibt, ist es doch abwegig anzunehmen, dass sie uns weiterhin beherrscht. Denn die Kraft der Heiligung muss sie doch überragen, so dass unser Leben davon zeugt, dass wir wahrhaft Glieder Christi sind. Ich habe vorhin darauf hingewiesen, dass der Ausdruck »Leib« nicht im Sin-

8 Erasmus, Paraphrases in Novum Testamentum, in: Opera omnia, Tom. 7 (Leiden 1706), Nachdr. Hildesheim 1962, 796A.

sed pro tota hominis massa, ut ita loquar. Id certius colligere licet ex praesenti loco; quia alterum membrum quod mox subiiciet de corporis partibus, ad animam quoque extenditur. Sic autem crasse Paulus terrenum hominem significat. Facit enim naturae nostrae corruptio, ut nihil origine nostra dignum spiremus. Sic etiam Deus, Genesis 6. 3, dum conqueritur hominem non secus ac brutas pecudes carnem esse factum, nihil illi nisi terrenum relinquit. Eodem spectat illud Christi, ›Quod natum est ex carne, caro est‹. Nam siquis excipiat, aliam esse animae rationem, in promptu est solutio, ›Ut nunc sumus degeneres, animas nostras terrae affixas esse, et sic corporibus addictas, ut a sua praestantia desciverint‹. Denique natura hominis corporea vocatur, quia privatus caelesti gratia, quaedam est fallax tantum umbra, vel imago. Adde quod hoc corpus a Paulo per contemptum vocatur mortale, ut doceat totam hominis naturam ad mortem et exitium inclinare. Iam vero peccatum appellat, primam illam pravitatem animis insidentem, quae nos ad peccandum impellit; ex qua proprie maleficia et flagitia omnia scaturiunt. Inter ipsum et nos statuit medias concupiscentias, ut illud sit loco regis, concupiscentiae sint velut edicta et imperia.

13 *Neque exhibeatis membra vestra.* Ubi semel peccatum in animo regnum occupavit, omnes nostri partes continuo in eius obsequium applicantur. Quare hic regnum peccati describit a consequentibus, quo melius ostendat quid praestandum sit nobis, si eius iugum excutere volumus. Similitudinem autem petit a re militari, quum membra nostra vocat arma, perinde acsi diceret, ›Quemadmodum miles arma semper habet parata, ut in usum conferat quoties a duce suo iussus fuerit, illis nunquam utitur, nisi ex eius nutu; ita Christiani debent reputare ⟨112⟩ omnes sui partes arma esse spiritualis militiae‹. Si ergo ulla sui parte ad pravitatem abutuntur, peccato merent. Atqui sacramentum militiae, Deo et Christo dixerunt, quo obstricti tenentur. Decet igitur eos procul esse ab omni commercio castrorum peccati.
126 Viderint | hic quo iure Christianum nomen fastuose obtendant, quorum singula membra, tanquam Satanae prostibula, in omnem foeditatem perpetrandam parata sunt. Contra nunc iubet ut nos totos sistamus Deo, nempe ut ab omni vagatione mentem atque animum coercentes, in quam nos abstrahunt carnis cupiditates, unius Dei nutum intueamur, ad excipienda ipsius iussa simus intenti, ad exequenda eius mandata simus accincti. Membra quoque nostra illius arbitrio destinata sint ac consecrata, ut nihil quam eius gloriam spirent omnes animae ac corpo-

ne von Fleisch, Haut und Knochen zu verstehen ist, sondern sozusagen das gesamte menschliche Gebilde meint. Dies kann aus der vorliegenden Stelle noch deutlicher geschlossen werden; denn der sich anschließende andere Teil [der Aussage] über die Körperglieder bezieht sich auch auf die Seele. In derart roher Weise beschreibt Paulus den irdischen Menschen. Denn die Verderbnis unserer Natur führt dazu, dass wir von nichts mehr beseelt sind, was unseres Ursprungs würdig wäre. So lässt auch Gott in Gen 6,3, wo gesagt wird, dass der Mensch nicht anders als die wilden Tiere aus Fleisch gemacht ist, ihm nur Irdisches übrig. Darauf blickt auch Christi Wort: »Was aus Fleisch geboren ist, ist Fleisch« [Joh 3,6]. Der Einwand, das Wesen der Seele sei doch etwas anderes, ist schnell aufgelöst: »Wir sind nämlich nun derart verdorben, unsere Seelen sind derart dem Irdischen verhaftet und dermaßen den Leibern hingegeben, dass nichts mehr von ihrer [ursprünglichen] Würde übrig ist.« Die Natur des Menschen wird außerdem als körperlich bezeichnet, weil sie, der himmlischen Gnade beraubt, nur noch eine Art trügerischer Schatten oder Trugbild ist. Dazu kommt, dass Paulus einen solchen Leib verächtlich als sterblich bezeichnet und so lehrt, dass die ganze menschliche Natur zu Tod und Vergänglichkeit hinneigt. Als Sünde aber bezeichnet er jene erste Verkehrtheit der Seele, die uns zum Sündigen antreibt und der letztlich alle Bosheiten und Laster entspringen. In die Mitte zwischen ihr und uns stellt er die Begierden, so dass erstere gleichsam die Königin ist, die Begierden aber deren Erlasse und Befehle.

13 *Gebt auch eure Glieder nicht.* Wo einmal die Sünde die Herrschaft in der Seele übernommen hat, werden alle unsere Glieder sogleich in ihren Dienst genommen. Deshalb beschreibt er hier die Herrschaft der Sünde aus de[re]n Folgen, um so besser zeigen zu können, was wir tun müssen, wenn wir ihr Joch abwerfen wollen. Er nimmt ein militärisches Beispiel auf, wenn er unsere Glieder als Waffen bezeichnet, als ob er sagte: »Wie die Soldaten ihre Waffen stets bereit halten, um sie gebrauchen zu können, sobald ihr Führer es ihnen befiehlt, sie aber nur dann gebrauchen, wenn er dies befiehlt, so sollen die Christen alle ihre Glieder als Waffen eines geistlichen Kampfes ansehen.« Wenn sie also eines ihrer Glieder in verkehrter und missbräuchlicher Weise benutzen, so dienen sie der Sünde. Sie haben aber Gott und Christus den Fahneneid geleistet und bleiben an ihn gebunden. Folglich gehört es sich für sie, sich von jedem Umgang mit dem Feldlager der Sünde fernzuhalten. So wird deutlich, wie sehr diejenigen, die ihre Glieder wie Dirnen des Teufels allezeit bereit halten, um jegliche Scheußlichkeit zu begehen, den Namen Christi missbrauchen. Dagegen fordert er uns nun auf, uns ganz Gott zur Verfügung zu stellen, so dass wir unseren Sinn und Geist von allem Umherschweifen, zu welchem uns unsere Begierden des Fleisches verleiten wollen, zügeln, und einzig auf den Wink Gottes sehen, bereit, seine Weisung zu empfangen, gerüstet, seinen Befehl auszuführen. Unsere Glieder sollen seinem Willen gewidmet und geweiht sein, so dass alle unsere Geistes- und Leibeskräfte nichts anderes als seine Ehre suchen. [Paulus] gibt auch den Grund an: Weil der Herr, nachdem das frühere Leben abgetan worden ist, uns nicht grundlos zu

ris nostri facultates. Et ratio additur, quia non frustra Dominus, abolita priore vita, in aliam nos creavit, quam actiones debent comitari.

14 *Peccatum enim vobis non dominabitur. non enim estis sub Lege: sed sub gratia.*
15 *Quid ergo? peccabimus, quia non sumus sub Lege, sed sub gratia? Absit.*
16 *Nescitis quod cui exhibuistis vos servos in obedientiam, eius servi estis cui obeditis: sive peccati, in mortem: sive obedientiae, in iustitiam?*
17 *Gratia autem Deo, quod fuistis servi peccati: obedistis vero ex animo typo doctrinae, in quem traducti estis.*
18 *Manumissi vero a peccato, servi facti estis iustitiae.*

14 *Peccatum vobis non dominabitur, etc.* In recitandis ac refellendis expositionibus quae nullam habent aut exiguam veri speciem, immorari non est necesse. Una est quae caeteris probabilius sustineri queat, quae scilicet dictionem ›sub Lege‹ accipit pro ›subiectum esse Legis literae, quae animum non renovat‹; ut rursum ›sub gratia‹ esse tantundem valeat ac ›Spiritu gratiae a pravis cupiditatibus liberatum esse‹. Sed neque ipsa mihi simpliciter probatur. Nam si recipimus hunc sensum, quorsum illa quae statim sequitur, interrogatio pertinebit? Peccabimusne quia non sumus sub Lege? Nunquam certe quaestionem eiusmodi subiecisset Apostolus, nisi intellexisset, nos a Legis rigore esse absolutos, ne amplius summo iure Deus nobiscum agat. Quare non est dubium quin hic aliquam ab ipsa Domini Lege manumissionem indicare voluerit. Verum omissa contentione, exponam breviter quod sentio. Videtur primum mihi hic esse consolatio, qua fideles confirmantur, ne in studio sanctimoniae deficiant ob imbecillitatis suae sensum. Exhortatus erat ut omnes ⟨114⟩ suas facultates in obsequium iustitiae applicarent. At quum circunferant carnis reliquias, necesse est
127 eos aliquantum claudicare. Proinde ne infirmitatis suae | conscientia fracti, animos despondeant, tempestive occurrit, interposita consolatione ex eo petita, quod iam non exiguntur eorum opera ad severum Legis examen, sed benigne ac indulgenter ea Deus accepta habet, remissa impuritate. Iugum Legis ferri non potest, ut non frangat vel atterat ferentes. Restat ergo ut fideles ad Christum confugiant, ac vindicem li-

einem anderen geschaffen hat – [so] sollen [unsere] Handlungen diesem entsprechen.

14 *Denn die Sünde wird keine Herrschaft über euch haben; ihr steht ja nicht unter dem Gesetz, sondern unter der Gnade.*
15 *Wie nun? Sollen wir sündigen, weil wir nicht unter dem Gesetz stehen, sondern unter der Gnade? Das sei ferne!*
16 *Wisst ihr nicht: wem ihr euch als Knechte zum Gehorsam hingebt, dessen Knecht seid ihr, welchem ihr gehorcht, entweder als Knechte der Sünde zum Tode oder als Knechte des Gehorsams zur Gerechtigkeit?*
17 *Gott aber sei Dank, dass ihr Knechte der Sünde gewesen, jedoch von Herzen gehorsam geworden seid der Gestalt der Lehre, der ihr übergeben worden seid.*
18 *Befreit aber von der Sünde, seid ihr der Gerechtigkeit dienstbar geworden.*

14 *Denn die Sünde wird keine Herrschaft über euch haben ...* Es ist nicht notwendig, sich damit aufzuhalten, Auslegungen wiederzugeben oder zu widerlegen, die nicht oder kaum den Anschein machen, Richtiges zu treffen. Von einer kann behauptet werden, dass sie wahrscheinlicher ist als die anderen, nämlich diejenige, die den Ausdruck »unter dem Gesetz« versteht als »dem Buchstaben des Gesetzes unterworfen, der das Herz nicht erneuert«; »unter der Gnade« andererseits würde dann meinen: »durch den Geist der Gnade von den schlechten Begierden befreit sein«. Aber auch das scheint mir nicht einfach schlechthin zutreffend. Wenn wir nämlich dieser Bedeutung folgen, worauf würde sich dann die gleich anschließende Frage beziehen: Sollen wir etwa sündigen, weil wir nicht mehr unter dem Gesetz stehen? Der Apostel hätte diese Frage gewiss nicht angefügt, wenn er nicht der Meinung gewesen wäre, dass wir von der Strenge des Gesetzes befreit sind, so dass Gott nicht mehr nach höchstem Recht mit uns umgeht. Es ist deshalb zweifellos so, dass er uns hier auf eine gewisse Befreiung vom Gesetz des Herrn selbst hinweisen wollte. Ohne auf Kontroversen einzugehen will ich kurz meine Sicht darlegen. Als erstes scheint mir hier eine Ermutigung vorzuliegen, mit welcher die Glaubenden bestärkt werden, trotz der Erkenntnis der eigenen Schwäche in ihrem Bestreben nach Heiligkeit nicht nachzulassen. [Paulus] hatte sie ermahnt, alle ihre Kräfte in den Dienst der Gerechtigkeit zu stellen. Weil sie aber Überreste des Fleisches mit sich tragen, ist es unvermeidlich, dass sie dies nur mit schwachen Schritten tun. Damit sie nun durch das Wissen um die eigene Schwachheit nicht gelähmt werden und den Mut verlieren, tritt er dieser Gefahr frühzeitig entgegen und tröstet sie damit, dass ihre Werke von nun an nicht mehr am strengen Maßstab des Gesetzes gemessen werden, sondern dass Gott sie gnädig und mit Milde annimmt und die Unreinheit vergibt. Das Joch des Gesetzes kann nicht getragen werden, ohne dass man daran zerbricht und aufgerieben wird. So bleibt nur, dass die Glaubenden bei Christus Zuflucht nehmen und

bertatis ipsum implorent. Ipse autem se talem exhibet. Nam ideo Legis subiit servitutem, cui debitor alioqui non erat, ut eos qui sub Lege erant redimeret, quemadmodum ait Apostolus. Ergo ›non esse sub Lege‹ significat non tantum mortua litera nobis praescribi quod nos in reatum addicat, quia ad praestandum simus impares, sed etiam obnoxios nos amplius non esse Legi, quatenus exigit perfectam iustitiam, edicta morte omnibus qui ab ulla parte declinaverint. Sub ›gratiae‹ nomine similiter intelligimus utranque redemptionis partem; hoc est, remissionem peccatorum qua iustitiam Deus nobis imputat, et sanctificationem Spiritus, per quam ad bona opera nos refingit. Particulam adversativam existimo positam pro rationali, quod non est infrequens; acsi dictum esset, ›Quia sumus sub gratia, ideo non sumus sub Lege‹. Nunc sensus erit perspicuus. Vult enim nos consolari Apostolus, ne animis fatiscamus in studio bene agendi, propterea quod multas imperfectiones adhuc in nobis sentiamus. Utcunque enim peccati aculeis vexemur, non potest tamen nos subigere, quia Spiritu Dei superiores reddimur, deinde in gratia constituti, sumus liberati a rigida Legis exactione. Hic porro intelligendum est quod pro confesso praesumit Apostolus, omnes qui gratia Dei destituti sunt, Legis iugo constrictos, sub damnatione teneri. Atque adeo id a contrario arguere licet, homines quandiu sub Lege sunt, peccati dominio subiacere.

15 *Quid ergo? etc.* Quia Dei mysteriis perpetuo carnis sapientia obstrepit, necessario subiicit hanc prolepsim. Nam quum Lex, bene vivendi sit regula, et moderandis hominibus data sit, putamus ea soluta, protinus corruere omnem disciplinam, frangi repagula, nullum denique manere delectum aut discrimen boni et mali. Atqui in eo fallimur, quod Legis abrogatione aboleri putamus quam Deus in ⟨114⟩ Lege commendat iustitiam; quum hoc ad recte vivendi praecepta minime trahen-
128 dum sit, quae Christus confirmat ac sancit potius quam | abroget. Atque haec quidem propria solutio est, nihil aliud quam maledictionem tolli, cui extra gratiam obnoxii sunt cuncti mortales. Sed Paulus quanvis id diserte non exprimat, oblique tamen ostendit.

16 *Absit. Nescitis, etc.* Non nuda est reiectio, ut quidam putaverunt, quasi malit talem quaestionem detestari quam refutare. Siquidem conti-

den Beschützer ihrer Freiheit selbst zu Hilfe rufen. Als dies gibt er sich nämlich selber zu erkennen. Denn er unterstellte sich deshalb der Knechtschaft des Gesetzes, dessen Schuldner er in keiner Weise war, um die, welche unter dem Gesetz waren, zu erlösen, wie der Apostel sagt [Gal 4,5]. Folglich bedeutet »nicht unter dem Gesetz sein« nicht nur, dass es ein toter Buchstabe ist, der uns vorgesetzt wird und uns zu Angeklagten macht, weil wir unfähig sind, es zu erfüllen, sondern auch, dass wir dem Gesetz auch insofern nicht mehr unterworfen sind, als es die vollkommene Gerechtigkeit fordert und das Todesurteil über alle ausspricht, die in irgendeinem Punkt davon abgewichen sind. Entsprechend verstehen wir unter dem Ausdruck »Gnade« beide Teile der Erlösung: Die Vergebung der Sünden, durch welche uns Gott die Gerechtigkeit anrechnet, und die Heiligung des Geistes, durch welche er uns wieder zu guten Werken instand setzt. Die adversative Konjunktion scheint mir kausal gebraucht, wie dies nicht selten vorkommt. Wie wenn er sagen würde: »Weil wir unter der Gnade sind, deshalb sind wir nicht mehr unter dem Gesetz.« Nun ist der Sinn deutlicher: Der Apostel will uns nämlich trösten, damit wir im Bestreben, Gutes zu tun, nicht deshalb entmutigt werden, weil wir noch viele Unvollkommenheiten in uns erkennen. Denn wie auch immer wir noch durch die Stacheln der Sünde gequält werden, sie können uns doch nicht besiegen, weil uns der Geist Gottes ihnen überlegen macht. Und weil wir unter der Gnade sind, sind wir von der strengen Forderung des Gesetzes befreit. Weiter müssen wir bedenken, dass der Apostel hier voraussetzt, dass alle, die der göttlichen Gnade nicht teilhaftig sind, dem Joch des Gesetzes unterworfen sind und unter der Verdammnis stehen. Und umgekehrt lässt sich sogar dies folgern, dass die Menschen, solange sie unter dem Gesetz sind, der Herrschaft der Sünde unterworfen bleiben.

15 *Wie nun?* ... Weil die Weisheit des Fleisches die Geheimnisse Gottes beständig stört, muss [Paulus] gleich anschließend einen möglichen Einwand vorwegnehmen. Denn wenn das Gesetz die Regel des guten Lebens ist und den Menschen zur Mäßigung gegeben wurde, meinen wir, dass, wenn es aufgelöst wird, alles sittliche Leben zerfällt, alle Schranken zerbrechen, und es schließlich weder die Möglichkeit des Wählens noch der Unterscheidung zwischen Gut und Böse mehr gibt. Wir irren uns aber, wenn wir meinen, dass durch die Abschaffung des Gesetzes auch die Gerechtigkeit, die Gott in seinem Gesetz fordert, abgetan ist. Denn dies bezieht sich in keiner Weise auf die Gebote des rechten Lebens, die Christus nicht abschafft, sondern vielmehr bestätigt und heiligt. Die eigentliche Erklärung ist die, dass nichts anderes abgeschafft ist als der Fluch, dem alle Sterblichen außerhalb der Gnade unterworfen sind. Obwohl Paulus dies nicht ausdrücklich sagt, deutet er es doch an.

16 *Das sei ferne! Wisst ihr nicht* ... Dies ist keine bloße Zurückweisung, wie einige gemeint haben[9], als ob er eine solche Frage lieber

9 Vgl. H. Bullinger, In Omnes Apostolicas Epistolas … commentarii, Tiguri 1537, p. 59.

nuo post sequitur confutatio a natura contrariorum, in hunc fere sensum: Inter Christi et peccati iugum plus est dissidii, quam ut ferre simul utrunque quis possit. Si peccamus, peccato nos addicimus in servitutem; atqui contra redempti sunt a tyrannide peccati fideles, ut Christo serviant. Ergo impossibile est peccato manere devinctos. Sed argumenti huius seriem ut a Paulo digesta est, propius excutere praestabit.

Cui obeditis. Hoc relativum habet vim rationalis particulae, ut saepe fit. Quemadmodum siquis dicat, ›Nullum est flagitii genus quod non cadat in parricidam, qui scelus omnium extremum, et immanitatem prope beluis ipsis exhorrendam in se admittere non dubitarit‹. Estque ducta Pauli ratio partim ab effectis, partim a natura correlativorum. Primum enim, si obediunt, servos esse colligit; quia obedientia testatur ius praecipiendi habere qui in obsequium suum ita cogit. Haec ab effectu servitutis est ratio; ex qua nascitur altera illa, ›Si vos servi, ergo vicissim penes ipsum est dominium‹.

Sive obedientiae. Improprie loquutus est. Nam si partes partibus reddere voluisset, dicendum erat ›sive iustitiae in vitam‹. Sed quum inversio verborum nihil impediret intellectum rei, maluit per nomen ›obedientiae‹ exprimere quid esset iustitia; in qua tamen metonymia est, quia pro ipsis Dei mandatis accipitur. Quod autem sine adiecto posuit hoc nomen, indicavit solum utique Deum esse cuius imperio conscientiae subiaceant. Ideo enim obedientia, etiam suppresso Dei nomine, ad Deum nihilominus refertur, quia multiplex esse non potest.

17 *Gratia autem Deo.* Applicatio est similitudinis ad praesentem causam; in qua, quum admonendi tantum essent, se iam non esse peccati servos, adiungit gratiarum actionem. Primum quo doceat non esse id proprii meriti, sed singularis ⟨115⟩ Dei misericordiae; simul ut ab ipsa gratiarum actione discant quantum sit Dei beneficium, eoque magis ad
129 peccati detestationem animentur. Agit autem gratias non eius | temporis respectu quo fuerunt peccati servi, sed pro liberatione quae sequuta est, dum esse defuerunt quod prius erant. Haec vero tacita prioris status cum praesenti comparatio emphasin continet. Calumniatores enim gratiae Christi perstringit Apostolus, dum ostendit, ea cessante, totum

abgewiesen als widerlegt haben wollte. Denn er fährt ja sogleich damit fort, sie vom Wesen des Gegensatzes her zu widerlegen, nämlich so: Der Unterschied zwischen dem Joch Christi und demjenigen der Sünde ist zu groß, als dass jemand beide zugleich tragen könnte. Wenn wir sündigen, begeben wir uns in die Knechtschaft der Sünde. Im Gegensatz dazu sind die Glaubenden von der Tyrannei der Sünde erlöst, so dass sie Christus dienen. Also ist es unmöglich, dass sie der Sünde verhaftet bleiben. Es ist nützlich, die Argumentation, wie sie Paulus verfolgt, genauer zu betrachten.

Welchem ihr gehorcht. Das Relativpronomen *welchem* ist hier in begründendem Sinne gebraucht, wie dies oft vorkommt. Im selben Sinn, wie man sagen kann: »Es gibt keine Schandtat, die von einem Verwandtenmörder nicht begangen werden kann, *welcher* nicht gezögert hat, das schlimmste Verbrechen, vor welchem sogar wilde Tiere zurückschrecken, zu begehen.« Paulus nimmt sein Argument teils aus den Wirkungen und teils aus dem Wesen der beiden Gegensätze. Zunächst schließt er daraus, dass sie »gehorchen«, dass sie Knechte sind. Denn die Tatsache des Gehorsams zeigt, dass derjenige, der andere zum Gehorsam zwingt, das Befehlsrecht innehat. Dies ist das Argument aufgrund der Wirkung der Knechtschaft. Das andere ergibt sich daraus: »Wenn ihr Knechte [der Sünde] seid, dann liegt die Herrschaft in ihren Händen«.

Oder [als Knechte] des Gehorsams. Hier hat er nicht ganz angemessen formuliert. Denn wenn er die beiden Teile in Entsprechung zueinander hätte setzen wollen, hätte er sagen müssen: »der Gerechtigkeit zum Leben«. Da die Änderung im Wortgebrauch aber das Verständnis der Aussage nicht stört, zieht er es vor anzugeben, worin die Gerechtigkeit besteht, indem er den Ausdruck »Gehorsam« verwendet; dies aber im Sinne einer Metonymie, denn er steht für die göttlichen Gebote selbst. Indem er diesen Ausdruck aber ohne weiteren Zusatz verwendet, zeigt er, dass Gott allein die Autorität ist, der die [menschlichen] Gewissen unterworfen sind. Der Gehorsam ist daher auf Gott zu beziehen, auch wenn dieser nicht ausdrücklich genannt ist, denn Gehorsam kann ja nicht aufgeteilt werden.

17 Gott aber sei Dank. Der Vergleich wird nun auf die gegenwärtige Frage angewandt. Obwohl es [Paulus] nur darum ging, [seine Leser] daran zu erinnern, dass sie nicht länger Knechte der Sünde sind, fügt er eine Danksagung an. Er tut dies zunächst, um ihnen [damit] zu sagen, dass dies nicht ihrem eigenen Verdienst, sondern allein dem Erbarmen Gottes zuzuschreiben ist. Zugleich sollen sie aus seiner Danksagung erkennen, wie groß Gottes Wohltat ist, und so umso mehr zur Verabscheuung der Sünde gebracht werden. Die Danksagung des Paulus bezieht sich nicht auf den Zeitraum, in welchem sie Knechte der Sünde gewesen waren, sondern auf die Befreiung, die erfolgt ist und durch welche sie aufhörten zu sein, was sie vorher gewesen waren. Die Betonung liegt auf diesem impliziten Vergleich zwischen ihrem vorherigen und ihrem jetzigen Zustand. Den Verächtern der Gnade Christi tritt der Apostel entgegen, indem er zeigt, dass ohne die Gnade das gan-

humanum genus captivum teneri sub peccato. Simul autem ac se illa exerit, cessare peccati regnum. Hinc colligere licet, non ideo manumitti nos a servitute Legis, ut peccemus, quia Lex non ante suum dominium perdit, quam Dei gratia nos sibi vindicat, ut iustitiam in nobis instauret. Ideoque impossibile est, peccato nos subesse, quum in nobis regnat Dei gratia. Diximus enim prius, sub hoc nomine contineri Spiritum regenerationis.

Obedistis ex animo. Hic etiam externae literae arcanam Spiritus virtutem ex opposito confert Paulus, acsi diceret Christum intus animos formare melius, quam si Lex minando et terrendo cogeret. Hoc modo diluitur calumnia illa, ›Si nos a Legis subiectione Christus liberet, afferre peccati licentiam‹. Quandoquidem non ad effraenem lasciviam suos emittit, ut sine modestia exultent tanquam equi per campos soluti, sed traducit ad legitimam vivendi rationem. Quanquam vero Erasmus ›formam‹ vertere maluit post Veterem interpretem, ego ›typum‹ relinquere coactus sum, qua voce usus est Paulus; nisi quis forte ›exemplar‹ malit. Nam mihi expressam iustitiae imaginem videtur designare, quam cordibus nostris Christus insculpit. Ea autem respondet Legis praescripto, ad quod actiones omnes nostras formari decet, ut ne vel ad dextram, vel ad sinistram deflectant.

18 *Manumissi vero a peccato.* Sensus est, ›Absurdum est ut post manumissionem quis in servitutis conditione maneat. Statum enim libertatis quem accepit, tueri debet. Non ergo convenit, sub peccati imperium vos redigi, a quo per Christi manumissionem liberati estis. Argumentum a causa efficiente. Sequitur quoque alterum a causa finali, ›Ideo exempti estis a peccati servitute, ut in regnum iustitiae transiretis; itaque peccati oblitos penitus esse convenit, et totum animum ad iustitiam convertere, in cuius obsequium traducti estis‹. Observandum quomodo nemo possit iustitiae servire, nisi Dei potentia et beneficio prius a peccati tyrannide liberatus. Quemadmodum Christus ipse testatur, ›Si Filius vos liberaverit, vere liberi ⟨116⟩ eritis‹. Quae igitur erunt nostrae praeparationes ex virtute liberi arbitrii, si principium boni est ab ista manumissione, quam sola Dei gratia peragit?

ze Menschengeschlecht unter der Knechtschaft der Sünde steht; und zugleich, dass dort, wo diese zur Wirkung kommt, die Herrschaft der Sünde zu Ende ist. Von daher dürfen wir folgern, dass wir nicht von der Knechtschaft des Gesetzes befreit sind, um zu sündigen; denn das Gesetz verliert seine Herrschaftsgewalt [über uns] erst dann, wenn uns die Gnade Gottes für sich in Anspruch nimmt, um in uns die Gerechtigkeit wiederherzustellen. Es ist folglich unmöglich, dass wir uns der Sünde unterwerfen, wenn die Gnade Gottes in uns herrscht. Bereits vorher haben wir gesagt, dass in diesem Begriff die Wiedergeburt durch den Geist enthalten ist.

Von Herzen gehorsam. Paulus stellt hier zudem die verborgene Kraft des Geistes dem äußeren Buchstaben gegenüber und sagt gleichsam: Christus formt die Herzen innerlich besser als dies das Gesetz mit Zwang, Drohung und Erschrecken vermag. Damit wird die böswillige Kritik entkräftet, die sagt: »Wenn uns Christus von der Knechtschaft des Gesetzes befreit, bringt er uns die Freiheit zum Sündigen.« Es ist allerdings so, dass er seine Nachfolger nicht in eine völlige Zügellosigkeit entlässt, in maßlosen Übermut wie freigelassene Pferde, sondern er führt sie zu einer richtigen Lebensweise. Obwohl Erasmus lieber der alten Übersetzung entsprechend mit »Form« übersetzt[10], scheint es mir notwendig, den Audruck »Typus« beizubehalten, den Paulus verwendet, wenn nicht möglicherweise der Ausdruck »Vorbild« noch vorzuziehen ist. Denn mir scheint, dass [Paulus] die Gestalt der Gerechtigkeit bezeichnen will, welche Christus in unsere Herzen einzeichnet. Diese entspricht der Regel des Gesetzes, nach welcher alle unsere Taten gestaltet werden sollen, damit sie weder zur Rechten noch zur Linken [von ihr] abweichen.

18 Befreit aber von der Sünde. Der Gedanke ist der: »Es ist absurd, nach der Freilassung weiter unter den Bedingungen der Knechtschaft zu verbleiben, denn [nun] gilt es, den erlangten Stand der Freiheit zu bewahren. Denn es ziemt sich für euch nicht, wieder unter die Herrschaft der Sünde gebracht zu werden, von welcher ihr doch durch Christus frei gemacht worden seid.« Hier wird von der Wirkung her argumentiert. Es folgt aber noch ein anderes, auf das Ziel blickendes Argument: »Ihr seid von der Knechtschaft der Sünde befreit, um in den Herrschaftsbereich der Gerechtigkeit überführt zu werden. Es ziemt sich daher, dass ihr die Sünde vollständig vergesst und das ganze Herz der Gerechtigkeit zuwendet, in dessen Dienst ihr übergegangen seid.« Es ist zu beachten, dass niemand der Gerechtigkeit dienen kann, der nicht zuerst durch Gottes Macht und Güte von der Tyrannei der Sünde befreit worden ist. Wie Christus selbst bezeugt: »Wenn der Sohn euch frei macht, seid ihr in Wahrheit frei.« [Joh 8,36]. Wenn der Anfang des Guten von der Befreiung abhängt, die allein durch Gottes Gnade bewirkt wird, wie steht es dann um unsere Vorbereitungen aus der Kraft eines freien Willens?

10 Erasmus, Par. LB VII Paraphrases in Novum Testamentum, in: Opera omnia, Tom. 7 (Leiden 1706), Nachdr. Hildesheim 1962, 796E.

130 | 19 *Humanum dico propter infirmitatem carnis vestrae: quemadmodum exhibuistis membra vestra serva immunditiae et iniquitati, in iniquitatem: sic et nunc exhibete membra vestra serva iustitiae, in sanctificationem.*

19 *Humanum dico*. Humanitus se loqui dicit non quo ad substantiam, sed quo ad formam; sicuti Christus apud Iohan. 3. 12, terrena se offerre dicit, quum tamen de caelestibus mysteriis disserat. Sed non tam magnifice ut ferebat rerum dignitas, quod se ad captum rudis et tardi populi submitteret. Sic autem praefatur Apostolus, quo melius demonstret nimis crassam et improbam esse calumniam, ubi fingitur libertas a Christo parta licentiam peccandi dare. Simul etiam admonet fideles, nihil magis absurdum esse, vel etiam turpe ac pudendum, quam spiritualem Christi gratiam terrena manumissione apud ipsos minus valere; acsi diceret, ›Possem ex comparatione iustitiae et peccati ostendere quanto ferventius vos rapi oporteat in illius obsequium, quam huic sitis obsequuti. Verum ut aliquid condonem vestrae infirmitati, comparationem eiusmodi omitto. Ut tamen agam vobiscum summa indulgentia, hoc certe possum merito postulare, ne frigidius saltem vel negligentius colatis iustitiam, quam peccato paruistis.‹ Subest autem reticentiae species, quum plus aliquid volumus intelligi, quam verbis exprimamus. Nihilominus enim eos hortatur ad obedientiam iustitiae tanto studiosius obeundam, quanto dignior illa est cui serviatur, quam peccatum; tametsi videatur minus verbis postulare.
Quemadmodum exhibuistis. Hoc est, quum praesto antehac fuerint omnes vestri partes ad obsequium peccati, facile inde apparuit quam misere vos sibi mancipatos et addictos teneret carnis vestrae pravitas. Nunc ergo peraeque alacres ac prompti sitis ad capessendum Dei imperium; nec minor sit nunc ad bene agendum strenuitas, quam olim fuit ad peccandum. Non observat quidem ordinem antitheseos in aptandis utrinque partibus (quemadmodum 1. Thessalon. 4. 7, immunditiem sanctitati opponit). sensus tamen eius patet. Primum duas species ponit, ›immunditiem et iniquitatem‹ quarum prior castitati et sanctimoniae opponitur, altera ad iniurias spectat quibus laeduntur proximi. Deinde nomen ›iniquitatis‹ bis repetit, diverso sensu. Priore enim loco, rapinas, fraudes, periuria, et omne genus iniurias significat; secundo
131 universalem vitae corruptionem; ⟨117⟩ acsi ita positum | esset, ›Prostituistis membra vestra perpetrandis operibus iniquis, ut iniquitatis

19 *Ich rede nach menschlicher Weise wegen der Schwachheit eures Fleisches. Wie ihr nämlich eure Glieder dem Dienst der Unreinheit und der Gesetzeswidrigkeit hingegeben habt, so gebt jetzt eure Glieder dem Dienst der Gerechtigkeit hin zur Heiligung!*

19 *Ich rede nach menschlicher Weise.* Wenn er sagt, er spreche in menschlicher Weise, bezieht sich dies nicht auf den Inhalt, sondern auf die Gestalt [seiner Aussage]. So wie Christus nach Joh 3,12 sagt, er zeige sich mittels irdischer Dinge, während er doch von himmlischen Geheimnissen redete, aber nicht so, wie es die Würde der Sache erfordern würde, um sich dem Verständnis des ungebildeten und trägen Volkes anzupassen. Der Apostel schickt dies voraus, um damit deutlich zu machen, wie roh und unverschämt die Verleumdung ist, die auf der Erfindung beruht, die Freiheit, welche Christus gibt, sei eine Freiheit zur Sünde. Und zugleich weist er die Gläubigen darin zurecht, dass es nichts Absurderes, ja Hässlicheres und Schändlicheres gibt, als der geistlichen Gnade Christi weniger Geltung zuzugestehen denn einer irdischen Befreiung. Er sagt gleichsam: »Mit dem Vergleich zwischen der Gerechtgkeit und der Sünde könnte ich zeigen, mit wieviel mehr Eifer ihr zum Gehorsam gegenüber ersterer hingezogen sein solltet, als ihr zu letzterer hingezogen wart. Um eurer Schwachheit etwas entgegen zu kommen ziehe ich diesen Vergleich nicht. Auch wenn ich mit der größtmöglichen Nachsicht mit euch umgehe, kann ich doch gewiss von euch verlangen, dass eure Hingabe an die Gerechtigkeit zumindest nicht schwächer und nachlässiger ist, als ihr [früher] der Sünde gedient habt.« Hier scheint eine abgebrochene Rede vorzuliegen, so wie wenn wir wollen, dass mehr verstanden wird, als wir mit Worten wirklich ausdrücken. Obwohl es scheint, dass er explizit weniger fordert: Er ermahnt sie dennoch, sich dem Gehorsam der Gerechtigkeit mit einem Eifer hinzugeben, der um soviel größer ist, als die Sache, der gedient wird, die Sünde an Würde überragt.
Wie ihr nämlich [eure Glieder] hingegeben habt. Das meint: Die frühere Bereitschaft aller eurer Glieder, der Sünde zu gehorchen, zeigte, in welch erbarmungswürdiger Weise euch die Verdorbenheit eures Fleisches in Knechtschaft und Abhängigkeit hielt. Seid nun ebenso eifrig und bereit, der Herrschaft Gottes entgegenzustreben; das Bestreben, Gutes zu tun, sei nun nicht geringer, als es früher dasjenige war, zu sündigen. [Paulus] stellt hier nicht eine Antithese auf, wie er es in I Thess 4,7 mit der Unreinheit und der Heiligkeit tut; der Sinn ist aber dennoch deutlich: Zunächst nennt er zwei Arten [der Sünde], »Unreinheit und Gesetzeswidrigkeit«. Die erste Art stellt den Gegensatz zu Sittenreinheit und Heiligkeit dar, die zweite Art blickt auf Ungerechtigkeiten, welche wir gegenüber unseren Nächsten begehen. Ferner wiederholt er den Ausdruck »Ungerechtigkeit« zweimal in verschiedenem Sinn. Beim ersten Mal bedeutet es Raub, Betrug, Lüge und alle Arten von Unrecht. Beim zweiten Mal die allgemeine Verderbtheit des Lebens. Wie wenn gesagt würde: »Ihr habt eure Glieder zur Verfügung gestellt, um unrechte Werke zu vollbringen, so dass die Ungerechtigkeit in euch

regnum in vobis vigeret‹. ›Iustitiam‹ pro lege et regula iuste vivendi positam interpretor, cuius finis est sanctificatio, ut scilicet pure se fideles in Dei cultum consecrent.

20 *Quando enim servi fuistis peccati, liberi fuistis iustitiae.*
21 *Quem ergo fructum habuistis tunc in iis de quibus nunc erubescitis? siquidem finis eorum, mors.*
22 *Nunc vero manumissi a peccato, Deo autem in servitutem addicti, habetis fructum vestrum in sanctificationem: finem vero, vitam aeternam.*
23 *Stipendia enim peccati, mors: donum vero Dei, vita aeterna, in Christo Iesu Domino nostro.*

20 *Quando enim servi fuistis*. Repetit adhuc illam, cuius mentionem prius fecerat, inter iustitiae et peccati iugum discordiam. Sunt enim res adeo contrariae, peccatum et iustitia; ut qui alteri se devovit, necesse sit ab altero discedere. Id autem facit ut dum seorsum inspiciuntur, clarius appareat quid sit ab utroque sperandum. Discretio enim maiorem affert lucem considerandae uniuscuiusque rei naturae. Hinc ergo peccatum statuit, illinc iustitiam. Tum posito discrimine, ostendit quid utrinque consequatur. Meminerimus itaque Apostolum a contrariis adhuc argumentari, hoc modo, ›Quandiu peccati fuistis servi, emancipati eratis a iustitia; nunc versa sorte, servire vos iustitiae decet, quia estis a peccati iugo liberati‹. Liberos iustitiae vocat, qui nullo obsequii fraeno tenentur ad colendam iustitiam. Haec est carnis licentia, quae sic nos a Dei subiectione manumittit, ut diabolo mancipet. Misera ergo et maledicta libertas quae effraeni, vel potius rabioso, impetu in exitium nostrum exultat.

21 *Quem ergo fructum, etc*. Non poterat gravius exprimere quod volebat, quam appellando eorum conscientiam, et quasi in eorum persona pudorem confitendo. Pii enim simul atque illuminari incipiunt Christi Spiritu et Euangelii praedicatione, totam vitam praeteritam, quam extra Christum egerunt, damnabilem libenter agnoscunt; ac tantum abest ut conentur excusare, ut potius eos sui pudeat. Quinetiam hanc ignominiae suae recordationem perpetuo in animum revocant, quo sic pudefacti, verius ac propensius coram Domino humilientur.

132 | Nec otiosum est quod dicit, *nunc erubescitis*. Innuit enim, quam caeco nostri amore laboremus, dum peccatorum tenebris sumus obvoluti, qui

herrschte.« [Den Begriff] »Gerechtigkeit« verstehe ich als Ausdruck, der für das Gesetz und die Regel des rechten Lebens steht, deren Ziel die Heiligung ist, nämlich dass sich die Glaubenden in Reinheit dem Dienst Gottes weihen.

20 *Denn als ihr Knechte der Sünde wart, da wart ihr frei gegenüber der Gerechtigkeit.*
21 *Welche Frucht hattet ihr nun damals? Dinge, deren ihr euch jetzt schämt; denn ihr Ende ist der Tod.*
22 *Jetzt hingegen, da ihr von der Sünde befreit, aber Gott dienstbar geworden seid, habt ihr eure Frucht für die Heiligung und als das Ende das ewige Leben.*
23 *Denn der Sünde Sold ist der Tod, die Gnadengabe Gottes aber ist das ewige Leben in Christus Jesus, unserm Herrn.*

20 *Denn als ihr Knechte wart.* Paulus greift den Streit zwischen dem Joch der Sünde und der Gerechtigkeit auf, den er schon früher erwähnt hatte. Denn Sünde und Gerechtigkeit sind völlig gegensätzliche Dinge, so dass, wer sich dem einen hingibt, notwendig das andere verlässt. Indem er dies so tut, dass er jedes für sich betrachtet, wird deutlicher, was von jedem jeweils zu erhoffen ist. Die Unterscheidung vermag unser Verständnis der jeweiligen Natur der beiden zu erhellen. Auf die eine Seite stellt er die Sünde, auf die andere die Gerechtigkeit. Nachdem er diese Unterscheidung vorgenommen hat, zeigt er, was aus den beiden jeweils folgt. Erinnern wir uns daran, dass der Apostel immer noch in Gegensätzen argumentiert, nämlich in folgender Weise: »Solange ihr Diener der Sünde gewesen seid, wart ihr vom Herrschaftsbereich der Gerechtigkeit befreit. Nun ist die Lage umgekehrt: Es gehört sich für euch, der Gerechtigkeit zu dienen, denn ihr seid vom Joch der Sünde befreit.« Als »frei gegenüber der Gerechtigkeit« bezeichnet er diejenigen, die durch keine Zügel des Gehorsams dazu gebracht wurden, der Gerechtigkeit zu dienen. Dies ist die Freiheit des Fleisches, die uns vom Gehorsam gegenüber Gott befreit, um uns dem Teufel zu übereignen. Es ist daher eine elende und verfluchte Freiheit, die mit ungezügeltem oder vielmehr tollem Drang in unseren Untergang mündet.
21 *Welche Frucht nun ...* Eindringlicher konnte er sein Anliegen nicht vorbringen, als dadurch, dass er an ihre Gewissen appellierte und sie so gleichsam auf ihr Ehrgefühl ansprach. Sobald nämlich die Frommen anfangen, durch den Geist Christi und die Verkündigung des Evangeliums erleuchtet zu werden, anerkennen sie von sich aus, dass das ganze vorangehende Leben, welches sie außerhalb von Christus geführt hatten, verdammenswürdig ist. Weit davon entfernt, sich dafür zu entschuldigen, schämen sie sich vielmehr dafür. Dadurch, dass sie sich beständig ihrer Schande erinnern, werden sie derart beschämt, dass sie sich umso wahrhaftiger und williger vor Gott demütigen.
Es ist nicht überflüssig, wenn er anfügt *derer ihr euch nun schämt.* Er deutet damit an, wie blind die Selbstliebe ist, solange wir von Sündendunkel umhüllt sind, so dass wir einen derartigen Schmutz in uns selbst

tantas in nobis sordes non reputemus. Sola est lux Domini, quae potest oculos nostros aperire, ut perspicere queant latentem in carne nostra foeditatem. Ille igitur demum Christianae ⟨118⟩ philosophiae primordiis imbutus est qui sibi serio displicere, ac suae miseriae verecundia confundi bene didicit. Tandem a consequenti apertius etiamnum indicat quantum erubescere debeant, quum intelligant se fuisse in praecipitio mortis et ruinae propinquos, imo iam mortis portas ingressos, nisi Dei misericordia retracti essent.

22 *Habetis fructum vestrum in sanctificationem.* Quemadmodum duplicem peccati finem ante proposuit, ita nunc iustitiae. Peccatum in hac vita malae conscientiae tormenta affert, deinde aeternam mortem. Iustitia praesentem fructum colligimus, sanctificationem; in futurum speramus vitam aeternam. Haec, nisi supramodum stupidi simus, debent odium horroremque peccati, iustitiae vero amorem ac desiderium animis nostris ingenerare. Quod autem τέλος quidam interpretantur ›vectigal‹, non puto esse ex mente Apostoli. Nam etsi verum est, nos pendere poenam mortis peccato, non tamen verbum illud alteri membro conveniet cui aptatum est a Paulo. Nam vita non dicetur tributum iustitiae.

23 *Stipendia enim peccati.* Sunt qui putant odiose notari quam maligna solvatur merces peccatoribus, dum Paulus mortem obsoniis comparat; quae vox apud Graecos accipitur interdum pro cibariis militaribus. Potius videtur oblique perstringere caecos eorum appetitus, qui peccati illecebris exitialiter se inescant nos secus ac hamo pisces. Simplicius tamen erit pro ›stipendiis‹ accipere. Nam certe mors reprobis plus satis amplum est praemium. Est autem conclusio et quasi epilogus proximae sententiae. Neque tamen frustra aliis verbis idem iterum repetit; sed terrore duplicato magis detestabile reddere peccatum voluit.

Donum vero Dei. Falluntur qui hanc propositionem sic convertunt, ›Vita aeterna est donum Dei‹, quasi iustitia sit subiectum, donum Dei
133 sit praedicatum. Quia nihil ad antitheton ille sensus per-|tineret. Verum

nicht bemerken. Allein das Licht des Herrn kann unsere Augen öffnen, so dass sie die Hässlichkeit erkennen können, die in unserem Fleisch steckt. Erst derjenige ist daher mit den Anfängen der christlichen Weisheit vertraut, der recht gelernt hat, sich selbst zu missfallen und durch die Scham über seinen elenden Zustand verwirrt zu sein.[11] Aus den Folgen zeigt [Paulus] schließlich noch deutlicher, wie sehr Glaubende sich schämen müssen, da sie erkennen, dass sie nahe am Abgrund des Todes und des Verderbens gewesen waren; ja sie hätten die Tore des Todes bereits durchschritten, wenn sie nicht durch die Barmherzigkeit Gottes davon zurückgehalten worden wären.

22 *Jetzt habt ihr eure Frucht für die Heiligung.* Wie [Paulus] vorher den zweifachen Ausgang der Sünde dargelegt hatte, so tut er es nun mit der Gerechtigkeit. Die Sünde bringt in diesem Leben die Qual des schlechten Gewissens mit sich, dann aber den ewigen Tod. Gegenwärtige Frucht der Gerechtigkeit ist die Heiligung. Für die Zukunft erhoffen wir das ewige Leben. Wenn wir nicht über alle Maßen stumpfsinnig sind, sollte dies Hass und Abscheu vor der Sünde, in unseren Herzen aber Liebe zur Gerechtigkeit und das Verlangen nach ihr erzeugen. Was die Übersetzung von τέλος mit »Tribut« anbelangt, die einige vornehmen[12], glaube ich nicht, dass dies der Meinung des Apostels entspricht. Denn auch wenn es richtig ist, dass wir mit dem Tod die Strafe für die Sünde bezahlen, so passt dieser Ausdruck doch nicht zum anderen Teil, auf welchen ihn Paulus anwendet, denn vom Leben kann nicht gesagt werden, es sei Tribut der Gerechtigkeit.

23 *Denn der Sünde Sold.* Es gibt [Ausleger], die meinen, dass Paulus, indem er den Tod mit Essensproviant vergleicht, in beißendem Ton zeigen will, was für einen verderblichen Lohn die Sünder erhalten; der griechische Ausdruck wird nämlich gelegentlich für die Essensration der Soldaten gebraucht.[13] Er scheint allerdings eher diejenigen implizit zu tadeln, die sich in ihrem blinden Verlangen durch die Verlockungen der Sünde in verderblicher Weise anlocken lassen, gleichwie[14] Fische durch den Köder am Angelhaken. Dennoch ist es wohl einfacher, mit »Sold« zu übersetzen, denn gewiss ist der Tod ein hinreichend großer Lohn für die Verworfenen. Dies ist aber eine Folgerung und gleichsam ein Schlusswort zur vorangehenden Aussage. [Paulus] wiederholt dennoch nicht umsonst denselben Gedanken in anderen Worten. Vielmehr will er durch die zweifache Beschreibung des Schrecken erregenden Gegenstandes die Abscheu vor der Sünde verstärken.

Die Gnadengabe Gottes. Es ist falsch, diese Aussage umzudrehen [und zu sagen]: »Das ewige Leben ist die Gabe Gottes«, als ob die Gerechtigkeit das Subjekt, die Gabe Gottes das Prädikat wäre.[15] Denn dieser

11 Vgl. Inst. I,1.

12 Erasmus, In Novum Testamentum Annotationes, in: Opera omina, Tom. 6 (Leiden 1706), Nachdr. Hildesheim 1962, 595D.

13 Ebd.

14 Vermutlich Fehler im lateinischen Text: nos secus ac statt: non secus ac.

15 Melanchthon, MO 15,935.

ut iam docuit, peccatum nonnisi mortem parere, ita nunc subiungit, quod donum istud Dei, nostra scilicet iustificatio et sanctificatio vitae aeternae beatitudinem nobis afferat. Vel si mavis, quemadmodum mortis causa peccatum est, ita iustitia qua per Christum donamur, vitam aeternam nobis restituit. Interim tamen hinc certissime colligetur, salutem nostram Dei gratiae, meraeque beneficentiae totam esse. Poterat enim alioqui dicere, ›stipendium iustitiae esse vitam aeternam‹, ut membrum membro responderet. Sed videbat, donum Dei esse quo eam consequimur, non meritum nostrum. ⟨119⟩ Atque id quoque donum non unum, nec simplex esse. Nam Filii iustitia induti, Deo reconciliamur, et Spiritus virtute in sanctitatem regeneramur. Ideoque addidit, *in Christo Iesu*, quo nos ab omni propriae dignitatis opinione avocaret.

Sinn lässt die [paulinische] Antithese außer Acht. Denn die Sünde, wie [Paulus] schon gesagt [hatte], bringt nur den Tod hervor. So fügt er nun an, dass die Gabe Gottes, unsere Rechtfertigung und Heiligung, uns die Glückseligkeit des ewigen Lebens einbringt. Oder anders ausgedrückt: Gleichwie die Sünde die Ursache des Todes ist, so wird durch die Gerechtigkeit, mit welcher wir durch Christus beschenkt werden, für uns das ewige Leben wiederhergestellt. Mit Gewissheit können wir einstweilen daraus folgern, dass unser gesamtes Heil auf der Gnade und der reinen Wohltat Gottes beruht. Andernfalls hätte er formulieren können: »Der Lohn der Gerechtigkeit ist das ewige Leben«, so dass sich die Glieder der jeweiligen Aussagen entsprechen. Aber er sah, dass es die Gabe Gottes ist, durch welche wir es erlangen, nicht unser Verdienst. Aber auch diese Gabe ist nicht einfach eine einzelne, für sich bestehende. Denn als solche, die mit der Gerechtigkeit des Sohnes bekleidet und mit Gott versöhnt sind, werden wir auch durch die Kraft des Geistes zur Heiligkeit wiedergeboren. Daher ergänzt er *in Christus Jesus*, um uns von jeglicher Einbildung einer eigenen Würdigkeit abzuhalten.

CAPUT VII

1 *Num ignoratis fratres (scientibus enim Legem loquor) quod Lex dominatur homini quandiu vivit?*
2 *Nam viro subiecta mulier, viventi viro alligata est per Legem: quod si mortuus fuerit vir, soluta est a lege viri.*
3 *Proinde vivente marito, si alteri viro coniuncta fuerit, adultera vocabitur: quod si mortuus fuerit vir, liberata est a lege, ne amplius sit adultera si alteri nupserit.*
4 *Itaque fratres mei, vos quoque mortui estis Legi per corpus Christi: ut posthac alterius sitis, eius qui ex mortuis suscitatus est: ut fructificemus Deo.*

Tametsi quaestionem de abrogatione Legis sufficienter (ut in brevi) solverat, quia tamen et difficilis est, et multas ex se alias generare poterat, copiosius adhuc prosequitur quomodo Lex sit nobis abrogata. Deinde ostendit quanto id nostro bono fiat; quia dum nos sibi devinctos extra Christum tenet, nihil aliud quam damnare potest. Ac nequis ex eo Legem ipsam criminetur, obiectiones carnis excipit ac refutat, ubi locum insignem de usu Legis eleganter tractat.
1 *Num ignoratis*. Sit generalis propositio, Legem non in alium finem latam esse hominibus, quam ut praesentem vitam moderetur; apud mortuos nullum ei superesse locum. Cui postea hypothesin subiiciet, nos illi esse mortuos in Christi corpore. Alii intelligunt, tamdiu ma-
134 nere Legis imperium ad nos constringendos, dum ipsius | usus viget. Sed quoniam sententia haec obscurior est, neque tam proprie quadrat hypothesi, quae statim sequetur, eos sequi malo qui de viri non Legis vita dictum accipiunt. Ac interrogatio quidem plus energiae habet ad certitudinem eius quod dicitur, asserendam. Ostendit enim illud nemini

Kapitel 7

1 *Wisst ihr nicht, Brüder (ich rede nämlich mit denen, die das Gesetz kennen), dass das Gesetz den Menschen beherrscht solange er lebt?*
2 *Denn die Frau, die dem Mann untergeordnet ist, ist – solange sie lebt – durch das Gesetz an ihren Mann gebunden. Wenn der Mann aber stirbt, ist sie nach dem Gesetz vom Mann gelöst.*
3 *Demnach nennt man Ehebruch, wenn sie sich mit einem anderen Mann verbindet, obwohl ihr Ehemann lebt. Wenn der Mann aber stirbt, ist sie frei vom Gesetz, so dass sie keine Ehebrecherin ist, wenn sie einen anderen Mann heiratet.*
4 *Daher seid auch ihr, meine Brüder, dem Gesetz gestorben durch den Leib Christi, dass ihr von nun an eines anderen seid, nämlich des, der aus dem Tod auferweckt worden ist, damit wir Gott Frucht bringen.*

Auch wenn die Frage über die Abschaffung des Gesetzes ausreichend (wenn auch nur kurz) behandelt wurde, widmet sich [Paulus] noch einmal detaillierter der Frage, warum das Gesetz für uns abgeschafft wurde; denn [dieses Thema] ist schwierig und birgt mancherlei andere Fragen in sich. Des weiteren zeigt er, wie sehr jenes zu unserem Besten geschieht: Denn solange das Gesetz uns außerhalb Christi festhält, kann es nichts anderes als Verdammnis bringen. Und damit daraus nicht dem Gesetz selbst ein Vorwurf erwächst, nimmt [Paulus] die fleischlichen Einwände auf und widerlegt sie; dabei legt er stilvoll eine ausgezeichnete Darlegung über den Gebrauch des Gesetzes vor.
1 *Wisst ihr nicht.* Die Hauptthese ist, dass das Gesetz aus keinem anderen Grund den Menschen gegeben wurde, außer um das gegenwärtige Leben zu regeln; bei den Toten bleibt ihm also kein Recht. Darauf baut später der Untersatz auf, dass wir durch Christi Leib dem Gesetz abgestorben sind. Andere meinen, dass die Herrschaft des Gesetzes uns so lange beschränkt, wie sein Gebrauch selbst lebendig ist.[1] Aber da diese Auslegung unklarer ist und auch nicht durch den sofort folgenden Untersatz verständlich wird, folge ich lieber denen, die das über das Leben Gesagte vom Menschen [und] nicht vom Gesetz annehmen. Und diese Schlussfolgerung besitzt mehr Aussagekraft, um Gewissheit zu beanspruchen, als was jene sagen. [Paulus] erklärt nämlich,

1 Calvin bezieht sich nach PARKER, 135, Anm. 1, auf die Auslegung des Erasmus, der Origenes zitiert. Origenes schreibt z. St.: »›Das Gesetz hat Geltung für einen Menschen nur zu Lebzeiten‹ – nicht des Menschen, sondern des Gesetzes muß man beziehen.« Origenes, Commentarii in epistulam ad Romanos, lat./dt., eingel. u. übers. v. TH. HEITHER, Fontes Christiani Bd. 2, Freiburg u.a. 1993, 241.

eorum vel novum, vel ignotum, sed in confesso peraeque esse inter omnes.

Scientibus enim Legem loquor. Haec parenthesis eodem est referenda, quo propositio, acsi diceret, sibi compertum non tam Legis imperitos esse ipsos, ut de eo dubitarent. Quanquam autem de omnibus simul legibus posset utrunque intelligi, de Lege tamen Dei de qua nunc quaestio agitatur, satius est accipere. Quod putant quidam Legis scientiam tribui Romanis, quia suo imperio et iure bonam orbis partem ⟨120⟩ regerent, puerile est. Nam partim Iudaeos, vel alios hospites, partim homines plebeios et obscuros alloquitur. Imo Iudaeos maxime respicit, quibuscum negotium erat de Legis abrogatione. Ne vero captiose secum agi putent, vulgare ac omnibus notum principium sumere se ostendit, cuius minime ignari essent, qui educati a pueritia fuerant in Legis doctrina.

2 *Nam viro subiecta mulier, etc*. Simile adducit, quo probet nos a Lege ita esse solutos, ut nihil in nos imperii proprie ac suo iure amplius retineat. Tametsi autem aliis rationibus probare id poterat, quia tamen optime congruebat ad rem illustrandam exemplum coniugii, vice confirmationis sumptam inde similitudinem inseruit. Caeterum nequis conturbetur, quod inter se comparata membra non omnino respondent, praemonendi sumus, Apostolum data opera voluisse exigua inversione deflectere asperioris verbi invidiam. Debuerat dicere, ut ordine similitudinem contexeret, ›Mulier post mortem viri soluta est a coniugii vinculo; Lex quae locum habet mariti erga nos, mortua est nobis; ergo sumus ab eius potestate liberi‹. Sed ne offenderet Iudaeos verbi asperitate, si dixisset Legem esse mortuam, deflexione est usus, dicens nos Legi esse mortuos. Nonnullis quidem videtur argumentari a minori ad maius. Quia tamen vereor ne id coactius sit, priorem intellectum, qui simplicior est, magis probo. Totum ergo argumentum in hanc seriem dirigendum est, ›Mulier viventi viro per Legem subdita est, ut transire
135 ad alium non | possit; post viri mortem soluta est eius legis vinculo, ut libere, quem velit, sibi inducat maritum.

dass jenes niemandem unter ihnen neu noch unbekannt, sondern ganz selbstverständlich ist.

Ich rede nämlich mit denen, die das Gesetz kennen. Diese Parenthese muss auf jenes bezogen werden, was die Hauptthese besagt: Gleichsam als ob er – für den Fall, dass sie darüber zweifeln – sagt, dass nicht des Gesetzes Unkundige überführt werden. Obwohl man dabei wiederum an jegliches Gesetz denken könnte, ist es dennoch besser, an Gottes Gesetz zu denken, um das sich nun die Frage dreht. Dass einige meinen, [Paulus] schreibe die Kenntnis des Gesetzes dem römischen Volk zu, weil sie mit ihrem Reich und Recht einen Großteil der Erde regieren, ist töricht.[2] Denn er spricht teils Juden oder andere Fremde, teils den gemeinen oder unbekannten Mann an. Ja vielmehr, [Paulus] hat besonders die Juden im Blick, mit welchen er über die Abschaffung des Gesetzes verhandelte. Damit sie aber nicht glauben, dass mit ihnen betrügerisch gehandelt werde, stellt er einen alltäglichen und allen bekannten Grundsatz auf, der denen leichter zugänglich ist, die von Kindheit an in der Lehre des Gesetzes erzogen wurden.

2 *Denn die Frau, die dem Mann untergeordnet ist …* [Paulus] zieht einen Vergleich heran, mit dem er beweist, dass wir vom Gesetz derart gelöst sind, dass nichts von seiner Macht und seinem Rechtsanspruch uns weiter bindet. Obwohl er jenes auch auf anderen Wegen hätte beweisen können, fügt er dennoch – weil nämlich das Beispiel der Ehe bestens zur Verdeutlichung geeignet ist – einen von dort gewonnenen Vergleich zur Bekräftigung ein.

Weiter könnte stören, dass die Glieder des Vergleichs nicht gänzlich zueinander passen, daher müssen wir vorher ermahnen, dass der Apostel sich mit einer Wortumstellung bemühte, die Anstößigkeit der Worte abzumildern. Wenn er dem Aufbau des Vergleichs gefolgt wäre, hätte er sagen müssen: »Die Frau ist nach dem Tod des Mannes vom Band der Ehe befreit. Das Gesetz, das die Stelle des Gatten gegen uns einnimmt, ist für uns gestorben. Daher sind wir von seiner Macht frei.« Aber damit er nicht die Juden durch die Schärfe der Worte anstoße, wenn er sagen würde, dass das Gesetz gestorben ist, mildert er ab, indem er sagt: Wir sind dem Gesetz gestorben.

Einige erkennen darin freilich eine Schlussfolgerung vom Kleineren auf das Größere.[3] Weil ich jedoch befürchte, dass jene Interpretation aufgezwungener ist, befürworte ich stärker das erste Verständnis, das einfacher ist. Daher ist die Beweiskette folgende: »Die Frau ist dem Mann, so lange sie lebt, durch das Gesetz untergeordnet, damit sie nicht zu einem anderen gehen kann; nach dem Tod des Mannes ist jenes Band des Gesetzes gelöst, damit sie frei ist, einen anderen Mann zu heiraten, wenn sie will.«

2 Nach PARKER, 134, Anm. 2, ist das u.a. Pseudo-Ambrosius mit seiner Römerbriefauslegung.

3 Calvin bezieht sich nach PARKER, 134, Anm. 3 auf die Römerbriefauslegung von Martin Bucer.

Tum sequitur applicatio: Lex velut maritus noster fuit, sub cuius iugo detinebamur, donec nobis mortua est. Post Legis mortem Christus nos assumpsit; id est, a Lege solutos adiunxit sibi. Ergo Christo e mortuis suscitato copulati, adhaerere ei soli debemus; atque ut aeterna est Christi vita post resurrectionem, ita posthac nullum futurum est divortium.

Porro ›Legis‹ nomen non eodem ubique sensu hic ponitur, sed nunc ius mutuum coniugii, nunc imperium mariti cui subiicitur mulier, nunc Mosis doctrinam significat. Ac tenendum quidem est, Paulum eam duntaxat partem quae propria est Mosis ministerio, hic attingere. Nam quatenus decem praeceptis tradidit Deus quid rectum sit, vitamque nostram instituit, nulla somnianda est nobis Legis abrogatio; quia vigere perpetuo debet Dei voluntas. Itaque diligenter meminerimus, non esse hanc a iustitia quae in Lege ⟨121⟩ docetur solutionem, sed a rigida exactione, et ea quae inde sequitur, maledictione. Non ergo bene vivendi regula quam Lex praescribit, abrogata est; sed qualitas illa quae libertati per Christum partae opponitur, nempe dum summam perfectionem requirit, et quia non praestamus, constringit nos sub aeternae mortis reatu. Caeterum quia nolebat hic decidere quale esset ius coniugii, non fuit solicitus de recensendis causis quae mulierem a viro liberam faciant. Itaque perperam hinc peteretur certa doctrina.

4 *Per corpus Christi.* Primum Christus erecto crucis trophaeo, triumphavit de peccato. Quod ut fieret, oportuit conscindi chirographum quo tenebamur obligati. Chirographum illud Lex est, quae dum vim suam exercet, peccato nos obaeratos reddit, ideoque vocatur peccati virtus. Huius ergo chirographi inductione liberati sumus in corpore Christi, dum cruci affixum est. Sed ultra progreditur Apostolus, nempe solutum fuisse Legis vinculum, non ut nostro arbitrio vivamus, sicuti mulier vidua sui iuris est dum in caelibatu degit, sed alteri marito nos iam esse devinctos; imo de manu (quod aiunt) in manum a Lege ad Christum nos transiisse. Interea sententiae duritiem mitigat, quum dicit Christum, ut nos insereret in suum corpus, a iugo Legis nos liberasse. Nam etsi Christus ultro Legi se ad tempus subiecit, non tamen aequum
136 est Legem ei dominari. Porro libertatem quae | sibi propria est, suis quoque membris communicat. Itaque nihil mirum si Legis iugo eos eximit quos sibi copulat sacro nexu, ut unum sint cum eo corpus.

Dann folgt die Anwendung: Das Gesetz war für uns wie der Ehemann, unter dessen Joch wir gehalten wurden, bis es uns starb. Nach dem Tod des Gesetzes hat uns Christus angenommen; jenes heißt, er verbindet sich mit denen, die vom Gesetz befreit wurden. Daher: Nachdem Christus von den Toten auferweckt wurde, müssen wir allein ihm anhängen, und weil das Leben Christi nach der Auferstehung ewig ist, wird es daher keine Scheidung mehr geben.

Sicher hat der Begriff »Gesetz« nicht überall die hier gebrauchte Bedeutung, sondern bezeichnet mal das gegenseitige Eherecht, mal die Macht des Ehemannes, dem die Frau untergeordnet ist, mal die Lehre des Moses. Und sicherlich ist Paulus hier so zu verstehen, dass er jenen Teil anspricht, der den Dienst des Mose betrifft. Denn weil Gott in den zehn Geboten überliefert hat, was richtig ist und was unser Leben ordnet, ist die Abschaffung des Gesetzes keinesfalls zu erträumen, denn der Wille Gottes muss ewig herrschen. Also erinnern wir uns sorgfältig, dass nicht diese Loslösung von der Gerechtigkeit, die im Gesetz ist, gelehrt wird, sondern die Loslösung von der drohenden Forderung und von dem daraus folgenden Fluch. Abgeschafft wurde daher nicht die Regel zum rechten Leben, die das Gesetz vorschreibt, sondern jene Eigenschaft des Gesetzes, die der Freiheit durch Christus entgegensteht, nämlich wenn das Gesetz die höchste Vollkommenheit verlangt und – weil wir das nicht erfüllen – uns des ewigen Todes schuldig erklärt. Weil er hier übrigens nicht erörtern will, wie das Eherecht beschaffen ist, kümmerte er sich nicht darum, die Gründe aufzuführen, weswegen eine Frau vom Mann geschieden werden kann. Daher ist es falsch, von hier eine sichere Lehraussage zu suchen.

4 *Durch den Leib Christi.* Erstens, Christus hat durch das hoch erhobene Siegeszeichen des Kreuzes über die Sünde gesiegt. Das geschieht so, dass die Handschrift, die uns verschuldet hält, zerrissen wird. Die Handschrift ist jenes Gesetz [Kol 2,14], das uns, solange es seine Macht ausübt, durch die Sünde als Schuldner festhält, und daher bezeichnet man es als Kraft der Sünde. Wir sind daher im Leib Christi durch die Vernichtung der Handschrift befreit, weil sie ans Kreuz geheftet wurde. Aber der Apostel fährt weiter fort: Natürlich wurde das Band des Gesetzes nicht gelöst, damit wir nach unserem Willen leben, wie die Witwe ihre eigene Herrin ist, solange sie ehelos lebt, sondern wir sind bereits einem anderen Mann verpflichtet, nämlich – wie man sagt – von einer Hand in die andere übergegangen: vom Gesetz zu Christus. Jedoch mildert er die Härte des Gedankens, wenn er sagt, dass Christus uns vom Joch des Gesetzes befreit hat, um uns in seinen Leib einzufügen. Denn auch wenn Christus sich freiwillig auf Zeit dem Gesetz unterworfen hat, hat das Gesetz ihn dennoch nicht gleichermaßen beherrscht. Nun aber teilt er die Freiheit, die ihm eigen ist, auch seinen Gliedern mit. Daher überrascht es nicht, wenn er jene vom Joch des Gesetzes befreit, die er durch ein heiliges Band an sich bindet, damit sie mit ihm eins im Leib seien.

Eius qui suscitatus est. Iam diximus Christum in Legis vicem substitui, nequa extra ipsum fingatur libertas, neve quis a Lege divortium facere audeat, sibi nondum mortuus. Hac vero periphrasi usus est, ad notandam vitae aeternitatem, quam a resurrectione adeptus est Christus; ut sciant Christiani, copulam hanc fore perpetuam. Porro de spirituali coniugio Christi cum Ecclesia, clarius ad Ephesios cap. 6.
Ut fructificemus Deo. Causam finalem semper adiungit, nequid licentiae quispiam carni suae et eius concupiscentiis hoc praetextu indulgeat, quod a Legis servitute nos asseruit Christus. Nam secum nos Patri in sacrificium obtulit, et in hunc finem nos regenerat, ut vitae novitate fructificemus Deo. Scimus autem quos a nobis fructus postulet caelestis Pater, nempe sanctitatis et iustitiae. Nec vero id libertati ⟨122⟩ nostrae derogat, si Deo servimus. Imo si volumus tanto Christi beneficio frui, posthac non licet nisi de promovenda Dei gloria cogitare, cuius causa nos Christus assumpsit; alioqui manemus non Legis modo, sed peccati mortisque mancipia.

5 *Quum enim essemus in carne, affectus peccatorum qui sunt per Legem, in membris nostris operabantur ad fructificandum morti.*
6 *Nunc vero soluti sumus a Lege, mortui ei in qua detinebamur: ut serviamus in novitate spiritus, et non in vetustate literae.*

5 *Quum enim essemus.* A contrario dilucidius adhuc ostendit quam perperam Legis zelotae sub eius imperio adhuc detineant fideles. Quandiu enim dominatur ac viget literalis Legis doctrina absque Christi Spiritu, non cohibetur carnis lascivia, sed potius ebullit. Unde sequitur non stabiliri iustitiae regnum, nisi dum nos Christus a Lege manumittit. Simul Paulus admonet quae opera nos deceant solutos a Lege. Quandiu ergo iugo Legis detinetur homo, assidue peccando, nihil quam mortem conciliare sibi potest. Si Legis servitus solum peccatum generat, ergo manumissio quae contraria est, ad iustitiam debet tendere; si illa ad mortem ducit, ergo haec ad vitam. Sed ipsa Pauli verba expendamus.

Der auferweckt wurde ... Wir haben bereits gesagt, dass Christus an die Stelle des Gesetzes tritt, so dass weder irgendeine Freiheit außerhalb von ihm gefunden wird, noch irgendwer eine Scheidung vom Gesetz wage, der sich selbst noch nicht gestorben ist. Hier aber weist [Paulus] mittels einer Umschreibung auf das ewige Leben hin, das Christus durch die Auferstehung erlangt hat, damit die Christen wissen, dass dieser Bund ewig hält. Sicherlich behandelt Epheser 6 die geistliche Ehe Christi mit der Gemeinde deutlicher.

Damit wir Gott Frucht bringen ... Er fügt die Zweckursache[4] immer hinzu, damit nicht irgendjemand unter diesem Vorwand der Freiheit, dass Christus uns von der Knechtschaft des Gesetzes befreit hat, seinem Fleisch und seiner Begierde gegenüber nachgiebig ist. Denn Christus hat uns mit sich selbst dem Vater geopfert, und er schenkt uns deshalb ein neues Leben, damit wir in dem neuen Leben Gott Frucht bringen. Aber wir wissen, welche Früchte der himmlische Vater von uns fordert, nämlich Heiligkeit und Gerechtigkeit. Und wenn wir Gott dienen, schmälert jenes nicht unsere Freiheit. Im Gegenteil, wenn wir so große Wohltaten Christi genießen wollen, ist zukünftig nichts erlaubt, außer auf die Förderung der Ehre Gottes bedacht zu sein. Sonst bleiben wir nicht nur Sklaven des Gesetzes, sondern Sklaven der Sünde und des Todes.

5 *Denn solange wir im Fleisch waren, wirkten die sündigen Leidenschaften, die sich durch das Gesetz regen, in unseren Gliedern, um dem Tod Frucht zu bringen.*
6 *Nun aber sind wir vom Gesetz befreit und ihm abgestorben, das uns gefangen hielt, damit wir in dem neuen Wesen des Geistes dienen und nicht im alten Wesen des Buchstabens.*

5 *Denn solange wir waren.* Mit einem Gegensatz zeigt er noch deutlicher, wie verkehrt die fanatischen Ansprüche der Gesetzeseiferer sind, unter deren Machtanspruch die Gläubigen bis jetzt festgehalten werden. Denn solange das buchstäbliche Verständnis des Gesetzes ohne den Geist Christi herrscht und blüht, wird die Zügellosigkeit des Fleisches nicht im Zaum gehalten, sondern bricht vielmehr noch hervor. Daraus folgt, dass das Reich der Gerechtigkeit erst aufgerichtet wird, wenn Christus uns vom Gesetz befreit. Gleichzeitig ermahnt Paulus, welche Werke uns, die wir vom Gesetz befreit wurden, gebühren. Also: Solange der Mensch ans Joch des Gesetzes gefesselt ist, muss er ununterbrochen sündigen und kann sich nichts außer den Tod einbringen. Wenn die Knechtschaft des Gesetzes nur Sünde hervorbringt, muss die Freilassung, die das Gegenteil ist, auf Gerechtigkeit abzielen; wenn jenes zum Tod führt, muss dieses zum Leben führen. Aber

4 Herkömmlich werden vier Arten von Ursachen unterschieden: 1) materielle Ursache (*causa materialis*), 2) Formursache (*causa formalis*), 3) Wirkursache (*causa efficiens*) und 4) Zweckursache (*causa finalis*). Bei letzterer geht es um den Sinn und Zweck einer Sache.

137 Dum eius temporis statum descri-|bere vult, quo Legis imperio subiacebamus, dicit nos in carne fuisse. Unde intelligimus, eos omnes qui sub Lege sunt, nihil aliud inde consequi, quam ut externo eius Spiritu feriantur ipsorum aures sine fructu et efficacia, quandoquidem Dei Spiritu intus destituti sunt. Itaque necesse est penitus eos vitiosos ac perversos manere, donec sanando morbo melius remedium succedat. Et nota formulam Scripturae usitatam, ›in carne esse‹, pro eo quod est solis naturae dotibus esse praeditum, sine singulari gratia qua electos suos Deus dignatur. Porro si totus hic vitae status in vitio ponitur, apparet nullam animae nostrae partem naturaliter integram esse, nec aliam vim esse liberi arbitrii, nisi ut pravos affectus tanquam iacula in omnes partes emittat.

Affectus peccatorum qui sunt per Legem. Hoc est, Lex in nobis excitabat pravos affectus, qui suam efficaciam in omnibus nostri partibus exerebant. Nulla enim pars erat quae non serviret pravis affectibus. Hoc est Legis opus, si non accesserit interior ille magister Spiritus, corda nostra magis accendere, ut in tales cupiditates ebulliant. Sed observa hic Legem conferri cum vitiosa hominis natura; cuius perversitas ac libido quo magis iustitiae repagulis ⟨123⟩ coercetur, eo furiosius erumpit. Addit rursus, quandiu affectus carnis sub Lege dominabantur, eos fructificasse morti, ut Legem ostendant per se exitialem fuisse. Unde sequitur eos desipere qui mortiferam servitutem tantopere appetunt.

6 *Nunc vero soluti a Lege.* Suum a contrariis argumentum persequitur, Si Legis vinculum adeo nihil ad carnem fraenandam valebat, ut peccandi incitamentum magis foret, ideo nos solvi necesse est, ut peccare desinamus. Si ideo a Legis servitute sumus manumissi ut Deo serviamus, perperam faciunt qui inde captant peccandi licentiam, perperam loquuntur qui docent laxata esse hoc modo concupiscentiis fraena. Nota ergo, nos tum a Lege solvi, quum ab eius rigida exactione et maledictione absolutos, Spiritu suo nos imbuit Deus, quo in viis suis ambulemus.

Mortui ei. Haec pars rationalis est, vel potius modum subindicat quo liberati sumus; videlicet dum Lex eatenus est nobis abrogata, ne intolerabili eius onere premamur; vel ne inexorabilis eius rigor nos maledictione obruat.

betrachten wir genau die paulinischen Worte. Wenn er den Zustand jener Zeit beschreiben will, in der wir der Herrschaft des Gesetzes unterworfen waren, sagt er, dass wir im Fleische waren. Von daher wird deutlich: Alle, die unter dem Gesetz stehen, erlangen von dort nur, dass ihre Ohren äußerlich durch seinen Geist berührt werden, ohne Frucht und Wirksamkeit [hervorzubringen], da sie nun einmal keinen Anteil an Gottes Geist haben. Unvermeidbar bleiben daher jene im Innersten sündig und verkehrt, bis ein besseres Heilmittel kommt, um den Körper zu heilen. Und beachte die Redewendung der Schrift »im Fleisch sein« für jenen, der allein mit den Gaben der Natur ausgestattet ist, ohne die besondere Gnade, mit der Gott seine Auserwählten würdigt. Nun aber, wenn im gesamten Leben ein Zustand der Verfehlungen herrscht, ist offensichtlich kein Teil unserer Seele von Natur aus heil, noch hat der freie Wille irgendeine andere Fähigkeit, außer schlechte Leidenschaften wie Pfeile in alle Bereiche [unseres Seins] zu schießen.

Die sündigen Leidenschaften, die sich durch das Gesetz regen. Das heißt: das Gesetz entfachte in uns die schlechten Leidenschaften, die ihre Wirksamkeit in alle Bereiche [unseres Seins] streuten. Es gab nämlich keinen Teil, der sich nicht von den schlechten Leidenschaften beherrschen ließ. Das ist das Werk des Gesetzes, wenn nicht jene innerliche Leitung durch den Geist dazukommt, damit unsere Herzen stärker entfacht werden, so dass sie an derartigen Begierden übersprudeln. Aber beachte hier, dass das Gesetz mit der schädlichen Natur des Menschen verbunden wird; je mehr dessen Verkehrtheit und Begierde durch die Schranken der Gerechtigkeit gezügelt wird, desto rasender bricht sie hervor. Und noch einmal fügt [Paulus] hinzu: Solange die Leidenschaften des Fleisches unter dem Gesetz herrschen, bringen sie dem Tod Frucht, um zu zeigen, dass das Gesetz für sich allein verderblich war. Daraus folgt, dass jene töricht sind, die so sehr nach der todbringenden Knechtschaft trachten.

6 *Nun aber sind wir vom Gesetz befreit.* Er setzt seine Argumentation mit einem Gegensatz fort: Wenn gerade die Fesseln des Gesetzes nichts zur Bändigung des Fleisches beitrugen, sondern sogar der Reiz zum Sündigen noch größer wurde, ist es deswegen notwendig, dass wir befreit werden, damit wir aufhören zu sündigen. Wenn wir von der Knechtschaft des Gesetzes deswegen befreit wurden, damit wir Gott dienen, dann handeln die falsch, die von dort her eine Lizenz zum Sündigen ableiten, dann reden die falsch, die lehren, dass auf diese Weise die Zügel der Begierden gelockert wurden. Folglich merke: Wir wurden daher vom Gesetz befreit, damit wir von seiner starren Geltung und seinem Fluch befreit werden, und Gott uns mit seinem Geist erfüllt, durch den wir auf seinen Wegen wandeln.

Und ihm abgestorben. Dies ist der begründende Teil; er zeigt auf besondere Weise auf, wozu wir befreit wurden. Offensichtlich werden wir doch insofern vom Gesetz befreit, dass wir nicht durch seine unerträgliche Last erdrückt werden oder seine unerbitterliche Härte uns nicht mit Fluch überschüttet.

In novitate spiritus. Spiritum literae opponit, quia antequam ad Dei
138 voluntatem voluntas nostra per Spiritum sanctum formata sit, non | habemus in Lege nisi externam literam; quae fraenum quidem externis nostris actionibus iniicit, concupiscentiae autem nostrae furorem minime cohibet. Novitatem vero spiritui attribuit, quia in locum veteris hominis succedit; ut litera vetus dicitur, quae interit per Spiritus regenerationem.

7 *Quid ergo dicemus? Lex peccatum est? Absit. Sed peccatum non cognovi nisi per Legem. concupiscentiam enim non noveram, nisi Lex diceret, Non concupisces.*
8 *Occasione autem sumpta, peccatum per mandatum effecit in me omnem concupiscentiam.*

7 *Quid ergo di*. Quoniam dictum est, nos a Lege liberari oportere, ut in spiritus novitate Deo serviamus, videbatur hoc haerere vitium in Lege, quasi nos ad peccatum impelleret. Atqui quum illud supramodum absurdum sit, iure refellendum suscepit Apostolus. Quum autem rogat an peccatum sit, intelligit an peccatum sic generet ut illi imputari eius culpa debeat.
Sed peccatum non cognovi. Peccatum ergo in nobis, non in Lege residet. Quia eius causa est prava carnis nostrae cupiditas; in eius vero notitiam venimus ex agnitione iustitiae Dei quae nobis in Lege declaratur. Neque vero intelligas, nullum prorsus haberi discrimen inter aequum et iniquum sine Lege; 〈124〉 sed nos vel nimis esse hebetes in videnda nostra pravitate, vel dum nobis adulamur, prorsus reddi stupidos; quemadmodum etiam sequitur.
Concupiscentiam enim. Declaratio est igitur superioris sententiae, in qua demonstrat ignorationem peccati de qua loquutus erat, in eo fuisse sitam quod concupiscentiam suam non animadvertebat. Consulto autem in una specie insistit, in qua maxime regnat hypocrisis, cui semper annexa est supina indulgentia et securitas. Nunquam enim ita iudicio privantur homines, quin suum apud eos discrimen retineant externa opera. Imo coguntur etiam scelerata consilia et similes conatus damnare; quemadmodum facere nequeunt, quin rectae voluntati suam tribuant laudem. Sed vitium concupiscentiae occultius est, ac profundius reconditum; quo fit ut nunquam in rationem veniat quandiu iudicant ex suo sensu homines. Neque vero expertem eius se fuisse iactat; sed ita indulgebat sibi, ut latens illud in corde vitium non reputaret. Nam quum ad tempus deceptus foret, quando iustitiam non credebat impedi-

Im neuen Wesen des Geistes. Er stellt dem Buchstaben den Geist gegenüber; denn bevor unser Wille durch den Heiligen Geist nach Gottes Willen geformt wurde, haben wir im Gesetz nichts anderes als den äußerlichen Buchstaben, welcher gewiss unseren äußerlichen Handlungen einen Zügel anlegt, aber die Macht unserer Begierde keinesfalls zügelt. Er schreibt aber dem Geist ein neues Wesen zu, weil er an die Stelle des alten Menschen tritt. So spricht er vom alten Wesen des Buchstabens, das durch die Erneuerung des Geistes zugrunde geht.

7 *Was wollen wir also sagen? Ist das Gesetz Sünde? Das sei ferne. Aber ich erkannte die Sünde nicht außer durch das Gesetz. Ich wusste nämlich nichts von der Begierde, wenn das Gesetz nicht gesagt hätte: Du sollst nicht begehren.*
8 *Es nahm aber die Sünde Anlass am Gebot und bewirkte in mir alle Begierde.*

7 *Was wollen wir.* Weil ja gesagt wurde, dass wir vom Gesetz befreit werden müssen, damit wir in dem neuen Wesen des Geistes Gott dienen, scheint es hier, dass dem Gesetz ein Fehler anhaftet, so als ob es uns zur Sünde antreibt. Und weil jenes über die Maßen abwegig wäre, fängt der Apostel zu Recht an, dies zu widerlegen. Wenn er aber fragt, ob das Gesetz Sünde sei, dann meint er, ob das Gesetz die Sünde so hervorbringt, dass dem Gesetz die Schuld angerechnet werden muss.
Aber ich erkannte die Sünde nicht. Folglich sitzt die Sünde in uns und nicht im Gesetz, weil sie in der verkehrten Begierde unseres Fleisches begründet ist. Zu einer Sündenerkenntnis gelangen wir aber erst durch das Anerkennen der Gerechtigkeit Gottes, die uns im Gesetz dargelegt wurde. Aber natürlich musst du nicht glauben, dass man den Unterschied zwischen gerecht und ungerecht ohne das Gesetz überhaupt nicht kennen kann; aber wir sind entweder im Erkennen unserer Schlechtigkeit über die Maßen blind oder wir verehren uns selbst doch so, dass wir gänzlich geblendet werden; wie auch folgt.
Die Begierde nämlich. Erläutert den vorherigen Satz, indem er aufzeigt, dass die Unkenntnis der Sünde, von der er gesprochen hat, darin bestand, dass er seine Begierde nicht durchschaute. Absichtlich aber beharrt er auf diesem Punkt, in dem besonders Überheblichkeit herrscht und zu der immer auch die bequeme Nachlässigkeit und Sorglosigkeit gehört. Niemals nämlich werden die Menschen ihrer Urteilsfähigkeit so beraubt, dass sie die Unterscheidungsgabe bezüglich der äußeren Werke verlieren. Gewiss erscheinen doch auch verbrecherische Absichten und ähnliche Unternehmen verdammenswert, genauso wie sie auch dem rechten Wollen Lob zollen müssen. Aber der abgründige Fehler der Begierde sitzt tiefer und ist verborgener; daher kommt er den Menschen nicht in den Sinn, solange sie nach ihrem eigenen Maßstab urteilen. Und [Paulus] rühmt sich nicht, dass er darin erfahren war, sondern er war so nachsichtig mit sich, dass er jenen im Herzen verborgenen Fehler nicht tadelte. Denn zu jener Zeit lebte er

ri concupiscentia, tum demum intellexit se esse peccatorem, dum vidit
139 concupiscentiam Lege prohiberi, | qua nemo hominum vacuus est. Dicit Augustinus, hoc verbo totam Legem complexum esse Paulum; quod modo probe intelligatur, verum erit. Nam ubi Moses ostendit a quibus cavendum sit, ne proximum offendamus, subiicit interdictum concupiscentiae, quod ad illa omnia referendum est. Non dubium est quin superioribus praeceptis damnasset quoscunque pravos affectus animi nostri concipiunt; sed multum inter deliberatam voluntatem interest, et appetitus quibus titillamur. Hoc igitur ultimo praecepto tantam a nobis integritatem Deus exigit, ut nulla nos vitiosa cupiditas ad malum solicitet, utcunque non accedat consensus. Ideo dixi Paulum hic altius conscendere quam ferat communis hominum captus. Nam politicae quidem Leges consilia se, non eventus punire clamant. Philosophi etiam subtilius tam vitia quam virtutes locant in animo. Sed Deus hoc praecepto ad concupiscentiam usque penetrat, quae voluntate occultior est. Itaque vitii loco non censetur. Nec tantum apud Philosophos veniam obtinuit, sed hodie acriter contendunt Papistae, in regenitis non esse peccatum. Atqui Paulus se reatum suum deprehendisse ex hoc latente morbo dicit. Unde sequitur, quicunque eo laborant, minime esse excusabiles, nisi quatenus culpam Deus ignoscit. Tenenda interim est illa distinctio inter pravas libidines quae ad consensum usque perveniunt, et concupiscentiam quae sic corda titillat et afficit, ut in medio impulsu subsistat.

8 *Occasione autem sumpta.* A peccato ergo et carnis corruptione nascitur quicquid mali est; ⟨125⟩ in Lege est tantum occasio. Quanquam autem videri queat de excitatione modo loqui, qua per Legem instigatur cupiditas nostra ut in maiorem ebulliat insaniam, tamen ad cognitionem praecipue refero, acsi dictum foret, ›Detexit in me omnem concupiscentiam, quae dum lateret, quodammodo nulla esse videbatur‹. Neque tamen inficior quin acrius a Lege extimuletur caro ad concupiscendum, atque etiam hoc modo se in lucem proferat, quod et Paulo accidere potuit. Sed quod de manifestatione dixi, contextui videtur magis convenire. Continuo enim subiicit,

in Selbsttäuschung, weil er nicht glaubte, dass Gerechtigkeit durch Begierde verhindert wird; dann endlich verstand er, dass er Sünder ist, als er sah, dass die Begierde, von der kein Mensch frei ist, durch das Gesetz verboten wird. Augustin sagt, dass Paulus in diesem Wort das gesamte Gesetz meint; das ist richtig, wenn man es recht versteht. Denn dort, wo Mose [in den zehn Geboten] zeigt, vor was man sich hüten muss, damit wir den Nächsten nicht verletzen, stellt Mose ein Verbot der Begierde auf, auf das alle Gebote bezogen werden müssen. Ohne Zweifel verurteilt er mit den vorherigen Geboten all die schlechten Leidenschaften, die unsere Seelen sich ersinnen können; aber es gibt einen großen Unterschied zwischen dem willentlichen Wollen und dem Trieb, durch den wir angetrieben werden. Also hat Gott im letzten Gebot von uns – unabhängig von der willentlichen Entscheidung – soviel Redlichkeit gefordert, dass uns keine schlechte Begierde zum Bösen treibe. Daher sage ich, dass Paulus sich hier über die allgemeine Auffassungsgabe des Menschen erhebt: Behaupten gewiss die bürgerlichen Gesetze, die Absicht und nicht den Ausgang [einer Tat] zu bestrafen, verorten die Philosophen sogar die Laster und Tugenden tiefsinniger in der Seele; aber Gott dringt hier mit dieser Vorschrift ganz zur Begierde vor, die tiefer sitzt als der Wille. Daher pflegt man [diesem Fehler] keinen Ort zuzusprechen. Und nicht nur bei den Philosophen findet sich diese Nachsicht, sondern auch heute behaupten die Papisten leidenschaftlich, dass die Wiedergeborenen sündlos seien.[5] Paulus sagt nun aber, dass er seine Schuld, die aus dieser verborgenen Krankheit [kommt], erkannt hat. Woraus folgt, wer auch immer an ihr leidet, ist unentschuldbar, außer wenn Gott [selbst] die Schuld verzeiht. Jedoch bleibt jene Unterscheidung zwischen dem verkehrten Verlangen, das bis zur Willensentscheidung vordringt, und der Begierde, die das Herz so durchzieht und schwächt, dass [das Herz] auf halbem Weg stehen bleibt.

8 *Es nahm aber die Sünde Anlass.* Folglich entspringt alles, was schlecht ist, aus der Sünde und der Verkommenheit des Fleisches; das Gesetz bietet nur den Anlass. Obgleich es auch so aussehen könnte, dass nur vom Sündenanreiz gesprochen wird, mit dem unsere Begierde durch das Gesetz zum Hervorbrechen größeren Wahnsinns angestachelt wird, beziehe ich es dennoch vorzugsweise auf die Sündenerkenntnis, gleichsam als ob gesagt würde: »Es hat in mir alle Begierden aufgedeckt, die – solange sie verborgen waren – gewissermaßen nicht zu sehen waren.« Dennoch will ich nicht leugnen, dass das Fleisch vom Gesetz heftiger zur Begierde angestachelt wird und sich auch auf diese Weise ins Licht stellt, was auch Paulus erlebt hat. Aber was ich über die Offenbarung gesagt habe, dürfte doch besser in diesen Zusammenhang passen. Denn gleich darauf fährt er fort:

5 Parker, 139, Anm. 9, verweist auf das Trienter Konzil, das am 17. Juni 1546 beschlossen hat, dass Gott in den Wiedergeborenen nichts mehr haßt, vgl. Concilium Tridentini, Sess V,5 (DH 1515).

Sine Lege enim peccatum est mortuum.
9 *Ego autem vivebam sine Lege aliquando. Adveniente autem mandato, peccatum revixit:*
10 *Ego autem mortuus sum, et deprehensum est a me, mandatum quod erat in vitam, cedere in mortem.*
140 | 11 *Peccatum enim, occasione sumpta per mandatum, abduxit me a via, et per illud occidit.*
12 *Itaque Lex quidem sancta, et mandatum sanctum, et iustum, et bonum.*

Sine Lege enim peccatum. Clarissime exprimit quem sensum habeant superiora. Perinde enim est acsi diceret sepultam esse sine Lege peccati notitiam. Estque sententia generalis, cui mox exemplum suum accommodat. Quamobrem miror quid in mentem venerit interpretibus, ut verterent in praeterito imperfecto, acsi Paulus de se loqueretur; quum facile sit videre, illum a propositione universali voluisse incipere, deinde rem explanare suo exemplo.

9 *Ego autem vivebam.* Vult innuere, fuisse tempus quo sibi, vel apud se peccatum mortuum erat. Neque vero est intelligendum quod fuerit exlex aliquo tempore; sed istud ›vivebam‹ habet propriam connotationem, quia absentia Legis faciebat ut viveret, hoc est inflatus iustitiae suae fiducia vitam sibi arrogaret, quum tamen esset mortuus. Quo clarior sit sententia, sic resolve, ›Quum aliquando essem sine Lege, vivebam‹. Dixi autem emphaticum esse hoc verbum, quia iustum se fingendo, vitam quoque sibi arrogabat. Hic ergo est sensus, ›Quum seposita Legis cogitatione peccarem, sic sopitum erat peccatum quod non observabam, ut prope mortuum videretur. Ego contra, quia peccator mihi non videbar, acquiescebam in me, putans mihi domi esse vitam‹. Nam mors peccati, vita est hominis; rursum vita peccati, mors hominis. Verum quaeritur, quod fuerit illud tempus quo per Legis ignorantiam, sive (ut ipse loquitur) absentiam, sibi confidenter vitam arrogaret. Certum enim est, fuisse eruditum a puero in doctrina Legis; sed illa erat literalis theologia, quae suos discipulos non humiliat. Nam sicut alibi dicit, velum interpositum esse ne lucem vitae in Lege conspiciant Iudaei, ⟨126⟩ sic etiam ipse quantisper Spiritu Christi vacuus velatos habuit oculos, sibi in externa iustitiae larva placuit. Legem ergo absentem vocat, quae tametsi ob oculos obversaretur, non afficiebat

Denn ohne das Gesetz ist die Sünde tot.
9 *Auch ich habe einst ohne Gesetz gelebt, als aber das Gebot kam, wurde die Sünde lebendig.*
10 *Auch ich bin gestorben, und das Gebot, das mir zum Leben gegeben war, brachte mir den Tod.*
11 *Denn die Sünde nahm das Gebot zum Anlass, brachte mich vom Weg ab und tötete mich dadurch.*
12 *Somit ist das Gesetz gewiss heilig und das Gebot heilig und gerecht und gut.*

Denn ohne das Gesetz ist die Sünde. Dieser Satz verdeutlich vollkommen die Aussage des vorherigen. Ebenso hätte er nämlich sagen können, dass die Sündenerkenntnis ohne das Gesetz begraben liegt. Und das ist der allgemeine Satz, den er bald mit seinem eigenen Beispiel erläutert. Deshalb wundere ich mich darüber, was einigen Auslegern in den Sinn kommt, wenn sie das Imperfekt in die Vergangenheitsform verdrehen, so als ob Paulus über sich rede[6]; aber es ist leicht zu sehen, dass er mit einer allgemeinen Aussage beginnen will und danach die Sache mit seinem eigenen Beispiel erklärt.

9 *Auch ich habe gelebt.* Er will zu verstehen geben, dass es für ihn eine Zeit gab, in der die Sünde bei ihm wie gestorben war. Aber natürlich soll das nicht so verstanden werden, als ob er zu irgendeiner Zeit an kein Gesetz gebunden gewesen wäre; sondern jenes »ich habe gelebt« hat eine ganz bestimmte Bedeutung, weil die Abwesenheit des Gesetzes sein Leben bewirkte, d.h. aufgeblasen im Vertrauen auf seine Gerechtigkeit hat er sich das Leben angemaßt, obgleich er dennoch gestorben war. Damit der Satz deutlich wird, löse ihn so auf: »Als ich einst ohne Sünde war, habe ich gelebt.« Ich sage aber, dass dieses Verb zu betonen ist, weil er sich durch die sich selber ersonnene Gerechtigkeit Leben anmaßt. Das heißt: »Wenn ich auch sündigte, während ich die Erkenntnis des Gesetzes beiseite schob, lag die Sünde im Schlaf, so dass sie nahezu tot erschien, weil ich sie nicht bemerkt habe. Weil ich mich nicht als Sünder sah, ruhte ich aber in mir in dem Glauben, Leben zu besitzen.« Denn der Tod der Sünde bedeutet Leben für die Menschen, andersherum bedeutet das Leben der Sünde den Tod für den Menschen. In der Tat fragt man sich aber, welche Zeit das war, als er sich überheblich das Leben anmaßte in Unkenntnis oder (wie er selber sagt) in Abwesenheit des Gesetzes. Sicher ist doch, dass er von Kindheit an in der Lehre des Gesetzes unterrichtet wurde; aber jenes war eine buchstäbliche Theologie, die ihre Schüler nicht Demut lehrt. Denn wie er an anderer Stelle sagt: Eine Decke wurde aufgelegt, damit die Juden nicht das Licht des Lebens im Gesetz erkennen [II Kor 3,14], so hatte auch er selbst die Augen bedeckt, solange er ohne den Geist Christi war, und gefiel sich in der äußerlichen Maske der Gerechtigkeit. Daher spricht er vom abwesenden Gesetz, welches, auch wenn es sich vor Augen zeigte, ihn dennoch nicht im Ernst mit einer Empfindung

6 Vgl. nach PARKER, 140, Anm. 10, dazu Erasmus und Bucer.

tamen eum serio iudicii Domini sensu. Sic obtecti sunt velamine hypocritarum oculi, ut non videant quantum exigat praeceptum istud quo vetamur concupiscere.

Adveniente autem mandato. Sic advenientem e converso Legem nunc vocat, quae vere intelligi coepta sit. Illa ergo peccatum excitavit quasi
141 a mortuis, quia detexit Paulo quanta pravitate scaterent intima | cordis sui, et simul ipsum occidit. Meminerimus semper de ebria confidentia ipsum loqui, in qua desident hypocritae dum sibi adulantur, quia ad peccata sua connivent.

10 *Et deprehensum est a me.* Duo hic dicuntur, ›Quod praeceptum viam vitae nobis demonstret in Dei iustitia; ideoque datum sit, ut Legem Domini observantes vitam aeternam assequamur, si non obstaret nostra omnium pravitas‹. ›Caeterum quia nemo est nostrum qui Legi obtemperet, quin potius pedibus ac manibus praecipites volvimur in eam viam a qua nos revocat, non potest afferre nisi mortem‹. Sic distinguendum inter Legis naturam et vitium nostrum. Unde sequitur, quod Lex vulnus lethale nobis infligit accidentale esse; quemadmodum si morbus incurabilis remedio salubri magis exacerbetur. Fateor quidem accidens esse inseparabile, ideoque Legem alibi Euangelii respectu vocari ministerium mortis. Sed hoc tamen fixum manet, non suapte natura nobis esse noxiam, sed quia eius maledictionem corruptio nostra provocat et accersit.

11 *Abduxit me a via.* Verum quidem est, quanvis nos lateat Dei voluntas, nec praeloceat ulla doctrina, totam hominum vitam vagam et erroribus plenam esse; imo donec viam recte vivendi Lex monstret, nihil quam errare possumus. Sed quia tunc demum errorem sentire incipimus ubi Dominus alta voce nos coarguit, merito dicit Paulus, ›Ubi peccatum a Lege detegitur, nos a via abduci‹. Ergo verbum ἐξαπατᾷν, non de re ipsa, sed de notitia exponi debet; quia scilicet ex Lege palam fit quantum a recto cursu discesserimus. Ideo necessario vertendum fuit, ›a via abducere‹, quia hinc peccatoribus qui secure antea pergebant, taedium, et displicentia sui, dum se ad mortem properasse intelligunt postquam peccati foeditas a Lege in medium producta est. Porro nomen ›occasionis‹ ⟨127⟩ iterum inculcat, ut sciamus Legem per se non esse mortiferam, sed aliunde id contingere, et esse quasi adventitium.

12 *Itaque Lex quidem sancta.* Quidam in vocibus ›Legis‹ et ›mandati‹ putant esse geminationem; quibus ita assentior, ut statuam subesse

des göttlichen Gerichts versah. So sind die Augen der Heuchler mit einem Schleier bedeckt, dass sie nicht sehen, wie viel jene Vorschrift verlangt, durch die uns verboten wird zu begehren.

Als aber das Gebot kam. Im Gegensatz dazu benennt er nun das aufleuchtende Gesetz, welches er begann richtig zu verstehen. Jenes erweckte folglich die Sünde wie aus dem Tod, weil das Gesetz bei Paulus aufdeckte, wie viel tiefsitzende Schlechtigkeit in seinem Herzen loderte und ihn zugleich tötete. Wir erinnern uns, dass er immer noch von dem trunkenen Selbstvertrauen spricht, in dem Heuchler sich selbst anbetend schwelgen, weil sie die Augen vor ihren Sünden verschließen.

10 *Und es fand sich.* Hier wird zweierlei gesagt: »Das Gebot zeigt uns den Weg des Lebens in Gottes Gerechtigkeit und wurde deswegen gegeben, damit wir, die wir das Gesetz des Herrn beachten, das ewige Leben erlangen, wenn dem nicht unser aller Schlechtigkeit im Wege stünde.« »Zweitens, weil keiner von uns dem Gesetz gehorcht, sondern wir viel mehr darauf brennen, Hals über Kopf von jenem Weg abzukommen, auf den er uns ruft, kann das Gesetz nichts anderes bringen als den Tod.« So muss zwischen der Natur des Gesetzes und unserer Fehlerhaftigkeit unterschieden werden. Woraus folgt: Es ist nur eine Nebenwirkung, wenn das Gesetz uns eine tödliche Wunde zufügt, so wie wenn eine unheilbare Krankheit durch ein gutes Heilmittel stärker hervorbricht. Ich gestehe gewiss zu, dass diese Nebenwirkung vom Gesetz nicht zu trennen ist, so dass das Gesetz im Gegensatz zu der Zuflucht des Evangeliums als Dienst des Todes bezeichnet wird. Aber dies bleibt dennoch unumstößlich bestehen, dass nicht die Natur des Gesetzes uns schadet, sondern unsere Schlechtigkeit jenen Fluch erregt und bewirkt.

11 *Sie brachte mich vom Weg ab.* Wie sehr uns auch der Wille Gottes verborgen sein mag und keine Lehre uns erleuchtet, ist es in der Tat gewiss, dass das ganze Leben der Menschen unbeständig und voll Fehler ist; bis das Gesetz den Weg zum rechten Leben zeigt, können wir nichts als irren. Aber dann fangen wir endlich an, unseren Irrtum zu spüren, wenn Gott uns mit lauter Stimme anklagt. Darum sagt Paulus mit Recht: »Wo die Sünde vom Gesetz enthüllt wird, werden wir vom Weg abgebracht«. Daher muss das [griechische] Verb »betrügen« nicht auf die Sache selbst, sondern auf die Sündenerkenntnis bezogen werden, weil offensichtlich durch das Gesetz sichtbar wird, wie sehr wir vom rechten Weg abkommen. Daher muss »vom Weg abkommen« notwendiger Weise so gedeutet werden: Die sich früher in Sicherheit wiegenden Sünder befällt Ekel und Missfallen vor sich selbst, wenn sie erkennen, dass sie zum Tod eilen, nachdem das Gesetz die Abscheulichkeit der Sünde ans Licht gebracht hat. Nun aber verwendet [Paulus] wieder den Begriff »Anlass«, damit wir verstehen, dass nicht das Gesetz an sich tödlich ist, sondern dass aus den Begleitumständen seine gleichsam tödliche Giftdosis resultiert.

12 *Somit ist das Gesetz heilig.* Einige sehen in den Begriffen »Gesetz« und »Gebot« eine Doppelung; denen stimme ich derart zu, dass

nonnihil energiae; hoc est, Lex ipsa, et quicquid Lege praecipitur, id totum sanctum est, ergo summa dignitate reverendum; iustum, ergo
142 nullius iniustitiae insimulandum; bonum, ergo omni | vitio purum ac vacuum. Sic ab omni criminatione Legem vindicat, nequis in eam conferre ausit quod a bonitate, iustitia, sanctitate sit alienum.

13 *Quod ergo bonum est, mihi in mortem cessit? Absit, imo peccatum, ut appareat peccatum, per bonum operatur mihi mortem: ut fiat supramodum peccans peccatum per mandatum.*

Quod ergo bonum est. Hactenus sic Legem ab omnibus calumniis asseruit, ut dubium tamen adhuc restaret sitne illa causa mortis. Imo hic perplexae haerent humanae mentes, qui conveniat ex singulari Dei beneficio nihil quam exitium nos referre. Huic ergo nunc obiectioni respondet, negans ex ea esse mortem, quanvis eius occasione nobis a peccato inferatur. Tametsi autem videtur haec responsio pugnare in speciem cum eo quod prius dixit, se deprehendisse mandatum quod in vitam datum erat, in mortem cedere, nihil tamen pugnat. Antea siquidem intelligebat, nostra pravitate fieri ut Lege abutamur in nostrum exitium, contra quam ferat eius natura. Hic autem negat esse mortis materiam, ut illi mors imputari debeat. 2. ad Corinth. 3. 7, liberius de Lege loquitur, ubi vocat ›mortis administrationem‹. Verum id facit ut in contentione fieri solet, non Legis naturam, sed falsam adversariorum opinionem respiciens.
Imo peccatum, etc. Salva aliorum pace, sic legendum arbitror ut posui. Itaque hunc esse sensum, ›Quodammodo iustificatur peccatum antequam detegatur a Lege; quum vero Legis occasione revelatur, tunc vere accipit peccati nomen; eoque magis scelestum, atque (ut sic loquar) peccatorium tunc apparet, quod inversam Legis bonitatem in perniciem nostram convertit‹. Valde enim pestiferam rem esse oportet quae efficiat, ut quod alioqui salubre est natura, noxam afferat. Sensus est, ›Oportuisse per Legem detegi peccati atrocitatem, quia nisi peccatum immani quodam, vel enormi (ut loquuntur) excessu prorumperet, non

ich feststelle, dass manche der Eigenschaften nahe beisammen liegen, d.h. das Gesetz selbst und was das Gesetz vorschreibt ist ganz und gar heilig, daher muss man ihm tiefste Ehrfurcht entgegenbringen; gerecht, also darf man ihm gar keine Ungerechtigkeit vorwerfen; gut, also rein und frei von allen Fehlern. So befreit [Paulus] das Gesetz von jeglichem Vorwurf; niemand wage, das Gesetz zu messen, wenn ihm selbst Güte, Gerechtigkeit und Heiligkeit fehlen.

13 *Ist dann, was doch gut ist, mir zum Tode geworden? Das sei ferne! Im Gegenteil: Die Sünde, damit sie als Sünde sichtbar werde, bringt mir durch das Gute den Tod, damit die Sünde durch das Gebot überaus sündig werde.*

Ist denn, was doch gut ist. Bis hierher hat [Paulus] das Gesetz soweit von allen Vorwürfen befreit, dass nur noch der Zweifel bleibt, ob das Gesetz nicht die Ursache des Todes sei. Freilich verstrickt sich hier der menschliche Verstand in Verwirrung, wie es wohl zusammenpasse, dass eine außerordentliche göttliche Wohltat uns nichts als Verderben bringe. Daher antwortet [Paulus] nun gegen den Einwand und weist zurück, dass der Tod aus dem Gesetz folgt, obgleich er uns durch jenen Anlass von der Sünde zugefügt wird. Auch wenn diese Antwort im Widerspruch mit dem zu stehen scheint, was vorher gesagt wurde: »Er verstand, dass das Gebot, das zum Leben gegeben wurde, in den Tod führt«, widerspricht sich dennoch nichts. Vorhin meinte [Paulus], dass wir in unserer Verkehrtheit das Gesetz zum eigenen Tod missbrauchen, was seiner Natur widerspricht. Hier aber bestreitet er, dass es die Ursache des Todes sei, dass der Tod ihm angelastet werden müsste. II Korinther 3,7 spricht er freimütig über das Gesetz und nennt es dort ein »todbringendes Amt«. Wie im Streitgespräch üblich tut er das aber nicht mit Blick auf die Natur des Gesetzes, sondern im Hinblick auf die falsche Meinung der Gegner.

Im Gegenteil: Die Sünde … Ohne andere [Ausleger] verletzen zu wollen, muss meiner Meinung nach [dieser Vers so] gelesen werden, wie ich es dargelegt habe.[7] Demnach bedeutet es Folgendes: »Gewissermaßen wird die Sünde gerechtfertigt, bevor sie vom Gesetz enthüllt wird; als sie aber aus Anlass des Gesetzes enthüllt wurde, da nahm sie mit Recht den Namen der Sünde an, und so zeigt sich an ihm umso deutlicher das Widerwärtige und (wie ich unterstreichen möchte) das Sündhafte, weil sie die Güte des Gesetzes umstößt und in unser Verderben verkehrt.« Denn es muss eine schädliche Sache sein, die bewirkt, dass das, was sonst an sich heilsamer Natur ist, Schaden zufügt. Das bedeutet also: »Dass durch das Gesetz die Abscheulichkeit der Sünde aufgedeckt wird, weil sie nicht als Sünde erkannt wird, wenn die Sünde nicht in einem wirklich erschreckenden oder (wie sie sagen)

7 Die Vulgata und auch Luther lesen im Lateinischen nicht »im Gegenteil« (imo), sondern »aber« (sed). Vgl. nach PARKER, 140, Anm. 14, auch Erasmus' Annotationes.

agnosceretur peccatum‹. Excessus hic eo se violentius profundit, dum vitam convertit in mortem. Itaque tunc excusationi locus tollitur.

⟨128⟩ 14 *Scimus enim quod Lex spiritualis est: ego autem carnalis sum, venditus sub peccato.*
15 *Quod enim operor non intelligo. siquidem non quod volo, hoc ago: sed quod odi, hoc facio.*
16 *Si vero quod nolo, hoc facio: consentio Legi Dei quod sit bona.*
143 | 17 *Nunc vero non iam illud operor ego, sed quod habitat in me peccatum.*

14 *Scimus enim quod Lex.* Nunc propius committere inter se Legem et hominis naturam incipit, ut clarius intelligatur unde mortis vitium emergat. Deinde exemplum proponit hominis regenerati, in quo sic carnis reliquiae cum Lege Domini dissident, ut spiritus ei libenter obtemperet. Sed initio (ut diximus) nudam naturae et Legis comparationem proponit. Quum nullum sit in rebus humanis dissidium maius, quam spiritus et carnis: Lex spiritualis est, homo carnalis. Quae igitur convenientia naturae hominis cum Lege – nempe quae luci cum tenebris? Porro quod Legem ›spiritualem‹ vocat, non tantum eo significat, requirere interiores cordis affectus, ut nonnulli exponunt, sed pro ratione antitheti, habet oppositam significationem cum verbo ›carnalis‹. Priores illi sic exponunt: ›Lex spiritualis est: hoc est, non pedes tantum et manus ligat, quoad externa opera, sed cordis affectibus imposita est, syncerumque Dei timorem exigit‹. At hic antithesis expressa est inter carnem et spiritum. Porro ex contextu satis patebit, et iam ante etiam aliqua ex parte fuit ostensum, sub carne comprehendi quicquid afferunt homines ex utero. ›Caro‹ autem vocantur homines quales nascuntur, et quandiu suum ingenium retinent. Quia ut vitiosa sunt, ita nihil sapiunt vel spirant nisi crassum et terrestre. Spiritus contra corruptae naturae instauratio vocatur, dum nos Deus ad imaginem suam reformat. Inde autem loquendi ratio, quia Spiritus donum est quae in nobis refingitur novitas. Quare doctrinae Legis integritas vitiosae hominis naturae opponitur. Sensus est igitur, ›Lex caelestem quandam et Angelicam iustitiam requirit, in qua naevus nullus appareat, ad cuius munditiem nihil desideretur; ego autem carnalis homo nihil possum quam illi

außerordentlichem Ausmaß hervorbricht, wird die Sünde nicht erkannt werden.« Diese Maßlosigkeit ergießt sich durch das Gesetz heftiger und verwandelt Leben in Tod. Daher fällt nun jede Entschuldigung.

14 *Denn wir wissen, dass das Gesetz geistlich ist; ich aber bin fleischlich, unter die Sünde verkauft.*
15 *Denn ich weiß nicht, was ich tue. Denn was ich nicht will, das tue ich; sondern was ich hasse, das tue ich.*
16 *Wenn ich aber das tue, was ich nicht will, gebe ich zu, dass das Gesetz Gottes gut ist.*
17 *Nun tue aber nicht ich jenes, sondern die Sünde, die in mir wohnt.*

14 *Denn wir wissen, dass das Gesetz.* Nun setzt [Paulus] ein, noch genauer die Natur des Gesetzes der [Natur] des Menschen gegenüberzustellen, damit deutlicher wird, woher die Last des Todes kommt. Außerdem führt er das Beispiel eines wiedergeborenen Menschen an, in dem die Reste des Fleisches so dem Gesetz Gottes gegenüberstehen, dass der Geist dem Gesetz gern gehorcht. Aber, wie wir gesagt haben, bringt er zuerst eine einfache Gegenüberstellung von Natur und Gesetz. Denn im Menschen gibt es nichts Zerstritteneres als Geist und Fleisch: Das Gesetz ist geistlich, der Mensch fleischlich. Wie passt daher die menschliche Natur zum Gesetz – außer wie Licht zur Finsternis? Dass er nun aber das Gesetz geistlich nennt, bedeutet nicht nur die Erfordernis tiefster Herzensregungen, wie einige auslegen[8], sondern erzeugt eine Antithese durch den deutlichen Gegensatz zum Wort »fleischlich«. Frühere legten jenes so aus: »Das Gesetz ist geistlich, d.h. es bindet nicht nur Fuß und Hand hinsichtlich äußerer Werke, sondern wird den Herzensregungen aufgedrückt und bringt eine aufrichtige Gottesfurcht hervor.« Und wird hier mit dem Gegensatz von Fleisch und Geist ausgedrückt. Aus dem Zusammenhang wird hinreichend deutlich, wie zum Teil auch schon vorher gezeigt wurde, dass unter Fleisch zu verstehen ist, was auch immer die Menschen von Mutterleib an tun. So wie die Menschen geboren werden und so wie sie lebenslang ihre Natur behalten, werden sie als »Fleisch« bezeichnet. Weil sie so fehlerhaft sind, wissen sie nichts noch streben sie nach irgendetwas anderem als grobschlächtigen oder weltlichen [Dingen]. Geist wird dagegen die Erneuerung der verdorbenen Natur genannt, weil Gott uns nach seinem Bild neu schafft. Diese Redeweise leitet sich da her, dass der Geist ein Geschenk ist, der uns neu erschafft. Daher wird die Vollkommenheit der Gesetzeslehre der fehlerhaften menschlichen Natur gegenübergestellt. Das bedeutet also: »Das Gesetz fordert eine wahrlich himmlische und überirdische Gerechtigkeit, in der kein Makel zu sehen ist und an deren Reinheit nichts fehlt; ich aber kann als fleischlicher Mensch nichts, au-

8 Vgl. dazu die Römerbriefauslegung Philipp Melanchthons von 1532, in: Melanchthons Werke in Auswahl, Bd. 5: Römerbrief-Kommentar 1532, hg. v. R. Schäfer, Gütersloh 1965, 221f.

adversari‹. Illa autem Origenis expositio, quae tamen ante hoc tempus multis arrisit, indigna est quae refutetur. Legem spiritualem a Paulo vocatam dicit, quia non sit literaliter intelligenda Scriptura. Quod istud ad causam praesentem?

Venditus sub peccato. Hac particula declarat quid valeat per se caro. Natura enim non minus servus est peccati homo, quam empta mancipia, quibus heri non secus ac bobus vel asinis, pro libidine abutuntur. Sic prorsus agimur peccati imperio, ut tota mens, totum cor, omnes actiones in peccatum propendeant. Coactionem semper excipio. Sponte
144 enim peccamus, quia peccatum non esset, nisi voluntarium. ⟨129⟩ | Sed addicti sumus ita peccato, ut nihil sponte possimus quam peccare; quia malitia quae in nobis dominatur, huc nos rapit. Quare haec similitudo non coactam (ut loquuntur) astrictionem sonat, sed voluntarium obsequium, cui nos ingenita servitus addicit.

15 *Quod enim operor, non intelligo*. Nunc descendit ad exemplum magis particulare hominis iam regenerati, in quo utrunque quod intendit, clarius apparet; nempe et quanta sit discordia inter Legem Dei et hominis naturam, et quomodo nequaquam ex se mortem Lex generet. Siquidem quum homo carnalis tota animi propensione in libidinem peccandi ruat, videtur ita libera electione peccare, ut sit in potestate eius moderari sibi. Ut haec opinio perniciosissima apud omnes fere invaluit, hominem naturali facultate posse utrumlibet eligere, citra Divinae gratiae auxilium. At vero dum voluntas fidelis hominis Spiritu Dei ad bonum agitur, illic perspicue patet naturae pravitas quae obstinate resistit, et nititur in adversum. Ergo aptissimum in homine regenerato exemplum est, unde cognoscas quantum sit naturae nostrae dissidium cum Legis iustitia. Hinc etiam alterius membri demonstratio aptius petitur, quam ex nuda humanae naturae consideratione. Lex enim, quia in homine penitus carnali solam mortem parit, facilius illic insimulatur; quia dubium est unde vitium proveniat. In homine regenerato fructus salutares profert. Unde apparet, per carnem tantum obstare quominus vivificet, tantum abest ut a seipsa mortem generet. Quo igitur tota haec disputatio fidelius ac certius intelligatur, notandum est, hoc certamen de quo loquitur Apostolus, non prius extare in homine, quam Spiritu

ßer mich ihm zu widersetzen.« Jene Auslegung des Origenes aber, die dennoch vor unserer Zeit vielen gefiel, ist es nicht wert, widerlegt zu werden.[9] Er meint, dass das Gesetz von Paulus geistlich genannt wird, weil man die Schrift nicht wörtlich verstehen soll. Was hat jenes mit dem Vorliegenden zu tun?

Unter die Sünde verkauft. Dieser Satzteil erklärt, was das Fleisch für sich genommen wert ist. Denn von Natur aus ist der Mensch genauso Knecht der Sünde wie gekaufter Besitz, den die Eigentümer nicht anders als Ochs und Esel willkürlich missbrauchen. So werden wir ganz von der Macht der Sünde geleitet, so dass sich der ganze Geist, das ganze Herz und alle Taten der Sünde hingeben. Stetig setze ich die Sündeneintreibung fort. Wir sündigen nämlich freiwillig, weil es keine Sünde wäre, geschähe sie nicht willentlich. Aber wir sind der Sünde so verfallen, dass wir aus eigenem Antrieb nichts anderes tun können als zu sündigen; denn die in uns herrschende Bosheit treibt uns dorthin. Deswegen bedeutet dieser Vergleich nicht eine erzwungene Nötigung (wie man sagt), sondern einen willentlichen Gehorsam, den uns die angeborene Knechtschaft aufdrängt.

15 *Denn ich weiß nicht, was ich tue.* Nun wendet er sich einem besonderen Einzelfall eines bereits wiedergeborenen Menschen zu, durch den die doppelte Aussageabsicht deutlicher wird: Nämlich erstens, wie groß der Unterschied zwischen dem Gesetz Gottes und der Natur des Menschen ist, und zweitens, warum das Gesetz keineswegs aus sich heraus den Tod verursacht. Wenn sich der fleischliche Mensch wirklich mit voller Herzenskraft in die Lust zu sündigen stürzt, scheint er so aus freien Stücken zu sündigen, dass es in seiner Macht stünde, sich zu zügeln. Wie etwa diese gefährlichste Meinung bei vielen weit verbreitet ist, dass der Mensch ohne die Hilfe der göttlichen Gnade allein aus natürlichen Kräften heraus zwischen beidem wählen könnte. Wenn aber dagegen der Wille des gläubigen Menschen durch Gottes Geist zum Guten getrieben wird, dann ist die Schlechtigkeit der Natur glasklar sichtbar, die entschlossen dem Guten widerstrebt und aufs Gegenteil zusteuert. Daher ist der wiedergeborene Mensch für dich das geeignetste Beispiel, um zu erkennen, wie sehr unsere Natur mit der Gerechtigkeit des Gesetzes im Widerstreit liegt. Von hier aus wird auch der andere Aspekt des Arguments besser hergeleitet als von der bloßen Betrachtung der menschlichen Natur. Weil das Gesetz nämlich im noch ganz fleischlichen Menschen allein den Tod verursacht, wird es an dieser Stelle schnell beschuldigt, weil das Woher des Vergehens unklar ist. Im wiedergeborenen Menschen bringt es heilsame Früchte hervor. Von da aus ist deutlich, dass so sehr das Fleisch der belebenden Wirkung des Gesetzes entgegensteht, so sehr ist das Gesetz davon entfernt, aus sich heraus den Tod hervorzubringen. Um aber dieses gesamte Argument heilsgewiss zu erfassen, muss daher festgestellt werden, dass dieser Kampf, über den der Apostel spricht, sich erst im Menschen zeigt,

9 Vgl. dazu Origenes, Commentarii in epistulam ad Romanos, a.a.O., 269–277.

Dei fuerit sanctificatus. Nam homo naturae suae relictus, totus sine repugnantia in cupiditates fertur. Quanquam enim impii stimulis conscientiae lancinantur, neque ita sibi blandiri possunt in suis vitiis, ut non aliquem amaritudinis gustum sentiant, non possis tamen inde colligere, aut malum ab iis odio haberi, aut bonum amari. Tantum sic eos torqueri Dominus permittit, ut iudicium suum aliqua ex parte illis demonstret; non vero ut aut iustitiae amore, aut peccati odio afficiat. Hoc itaque inter eos ac fideles est discrimen, quod illi nunquam ita excaecati sunt et indurati animis, quin si appellantur de suis facinoribus, proprio conscientiae iudicio illa damnent. Etenim non plane est extincta in illis intelligentia, quin aequi et iniqui differentiam habeant. Interdum etiam propter mali sui sensum horrore concutiuntur, ut quandam in hac vita damnationis speciem sustineant. Nihilominus toto ex corde peccatum illis placet; ideoque in ipsum incumbunt sine vera affectus repugnantia. Illi enim conscientiae aculei, quibus punguntur, potius ex iudicii con-
145 tradictione nascuntur, quam ex contrario ⟨130⟩ voluntatis | affectu. Pii contra, in quibus coepta est Dei regeneratio, sic divisi sunt, ut praecipuo cordis desiderio ad Deum suspirent, caelestem iustitiam expetant, peccatum oderint; sed rursum carnis suae reliquiis in terram retrahantur. Itaque dum sic distrahuntur, vim ipsi naturae suae faciunt, et sibi fieri ab ipsa sentiunt. Neque iudicio rationis tantum coacti peccata sua damnant; sed quia serio cordis affectu ea abominantur, et in iis sibi displicent. Haec est lucta Christiana de qua Paulus ad Galatas loquitur, inter carnem et spiritum. Proinde bene dictum est, hominem carnalem totius animi consensu ac conspiratione in peccatum ruere, divisionem vero statim tum incipere primum ubi a Domino vocatus est, ac spiritu sanctificatus. Regeneratio enim inchoatur tantum in hac vita. Residuum carnis quod manet, corruptos suos affectus semper sequitur, atque ita pugnam contra Spiritum movet. Imperiti qui non reputant qua in re versetur Apostolus, aut quam agendi oeconomiam teneat, putant hominis naturam hic describi. Et sane talis est apud Philosophos descriptio humani ingenii. Verum Scriptura longe altius philosophatur, quia videt nihil in corde hominis remansisse praeter perversitatem, ex quo Adam imagine Dei spoliatus est. Ita Sophistae, quum liberum arbitrium defi-

wenn er durch den Geist Gottes geheiligt wurde. Denn der seiner Natur überlassene Mensch handelt ganz ohne Widerspruch zu seinen Begierden. Natürlich werden auch die Gottlosen von Gewissensbissen gequält und können sich selbst in ihren Fehlern nicht so schön reden, dass sie nicht irgendeinen bitteren Nachgeschmack spüren würden. Und dennoch kannst du von dort her weder folgern, dass sie das Schlechte hassen noch dass sie das Gute lieben. Gott sendet ihnen diese Qualen, um ihnen ansatzweise sein Gericht zu zeigen, aber er erfüllt sie nicht mit Gerechtigkeitsliebe oder Sündenhass. Das ist nämlich der Unterschied zwischen jenen und den Gläubigen: Die Gottlosen werden in ihren Herzen niemals so blind und verhärtet gemacht, dass sie – wenn sie wegen ihrer Verbrechen angeklagt werden – jene nicht mit dem eigenen Gewissensurteil verdammen würden. Und in der Tat ist in ihnen durchaus nicht jene Intelligenz ausgelöscht, dass sie nicht gerecht und ungerecht unterscheiden könnten. Bisweilen werden sie sogar von einem Gefühl des Entsetzens geschüttelt, so dass sie in diesem Leben eine gewisse Art der Verdammnis erfahren. Nichtsdestotrotz gefällt ihnen die Sünde aus ganzem Herzen, und deswegen stürzen sie sich in jene ohne wirklichen Widerspruch der Regungen. Jene Gewissensbisse, von denen sie getroffen werden, entspringen eher aus dem Widerspruch gegen das Gericht als aus einer gegenteiligen Willensäußerung. Die Gläubigen dagegen, in denen die Erneuerung Gottes begonnen hat, sind so gespalten, dass sie mit außerordentlicher Sehnsucht des Herzens nach Gott streben, die himmlische Gerechtigkeit erwarten und die Sünde hassen; andererseits aber werden sie mit ihrem verbleibenden Fleisch zur Erde zurückgezogen. Daher werden sie doch hin- und hergerissen, tun ihrer Natur Gewalt an und spüren, dass ihnen von ihr Gewalt widerfährt. Und nicht nur das Urteil der Vernunft drängt sie, ihre Sünde zu verwerfen, sondern sie verabscheuen diese ernsthaft mit ihren Herzensregungen und missfallen sich in ihr. Das ist der christliche Ringkampf zwischen Fleisch und Geist, von dem Paulus im Brief an die Galater spricht [Gal 5,17]. Demgemäß ist es gut gesagt, dass der fleischliche Mensch ganz und gar mit der Zustimmung und Einwilligung des Herzens in die Sünde stürzt, dass der innere Zwiespalt aber dann sofort anfängt, wenn der Mensch von Gott berufen und durch den Geist geheiligt wird. Denn die Erneuerung fängt nämlich in diesem Leben an. Der übrig bleibende Rest des Fleisches folgt immer seinen verdorbenen Leidenschaften und verursacht so den Kampf mit dem Geist. Unkundige, die nicht beachten, mit welcher Frage sich der Apostel beschäftig bzw. welche Argumentationslinie er führt, glauben, dass hier die Natur des Menschen beschrieben wird.[10] Und freilich beschreiben die Philosophen so die Natur des Menschen.[11] Aber die Schrift erörtert viel tiefsinniger, weil sie sieht, dass im Herzen des Menschen nichts außer Verkehrtheit bleibt, seitdem Adam des göttlichen Ebenbildes be-

10 Vgl. ausführlich dazu D.C. Steinmetz, Calvin in Context, Oxford 1995, 110–121.

11 Parker, 145, Anm. 19, weist u.a. auf Plato und Seneca hin.

nire volunt, vel aestimare quid valeat naturae facultas, in hunc locum insistunt. Atqui Paulus, ut iam dixi, non hic proponit nudam hominis naturam, verum qualis et quanta sit fidelium infirmitas, sub persona sua describit. In communi errore aliquandiu versatus est Augustinus. Verum loco propius excusso, non tantum retractavit quod male docuerat, sed libro ad Bonifacium primo, multis validis rationibus contendit, non aliter quam de renatis posse exponi. Et nos operam dabimus, ut ita esse lectores perspicue agnoscant.

Non intelligo. Significat se opera, quae ex infirmitate carnis admittit, non agnoscere ut sua, quoniam ea detestatur. Itaque non prorsus male Erasmus ›probandi‹ verbum posuit; sed quia ambiguum esse poterat, verbum ›intelligendi‹ retinere malui. Unde colligimus, recto iudicio sic
146 consentaneam esse Legis doctrinam, ut eius transgressio-|nem quasi rem brutam repudient fideles. Quia vero fateri videtur Paulus, se aliter docere quam Lex praecipiat, decepti fuerunt multi interpretes, qui putarunt eum sumpsisse alienam personam. Hinc ille vulgaris error, describi hoc toto capite ingenium hominis non regeniti. Atqui Paulus sub transgressione Legis omnes piorum lapsus intelligit, qui nec Dei timorem, nec studium recte agendi illis excutiunt. Itaque negat se facere quod Lex exigit, quia non praestat omnibus numeris, sed quodammodo fatiscit in suo conatu.

⟨131⟩ *Siquidem non quod volo.* Ne intelligas istud perpetuum in eo fuisse ut nihil boni unquam implere potuerit. Sed quaeritur duntaxat, se quod cupit non posse praestare, ut ea qua decet alacritate bonum persequatur, quia tenetur quodammodo alligatus. Rursum, deficere in quo minime vellet, quia carnis imbecillitate claudicat. Non facit igitur bonum quod vult pium pectus, quia non iusta strenuitate insistit. Facit malum quod non vult, quia stare desiderat, et labitur, vel saltem vacillat. Caeterum istud velle et nolle, ad spiritum referre oportet, qui

raubt wurde. So berufen sich die Sophisten auf diese Stelle, wenn sie den freien Willen definieren oder einschätzen wollen, was die natürliche Kraft vermag. Aber, wie ich schon gesagt habe, behandelt Paulus hier nicht die bloße Natur des Menschen, sondern beschreibt an seiner Person, wie beschaffen und wie groß die Schwäche der Gläubigen ist. Eine Zeit lang unterlag auch Augustin diesem verbreiteten Fehler.[12] Aber als er diese Stelle genau untersucht, nimmt er nicht nur zurück, was er falsch gelehrt hat, sondern versichert nachdrücklich im ersten Buch an Bonifatius mit vielen wahren Argumenten, dass es nicht anders als auf die Wiedergeborenen bezogen werden kann. Und wir haben uns Mühe gegeben, den Lesern zu verdeutlichen, dass diese Stelle so verständlicher ist.

Ich weiß nicht. [Das] bedeutet, dass er die Werke, die er aus der Schwachheit des Fleisches heraus begeht, nicht als seine anerkennt, da er ja diese verwirft. Daher verwendet Erasmus nicht ganz und gar falsch das Verb »billigen«[13], aber weil es mehrdeutig verstanden werden kann, behalte ich lieber das Verb »verstehen«. Daraus folgern wir, dass die Lehre des Gesetzes so mit dem rechten Urteil übereinstimmt, dass die Gläubigen eine Übertretung desselben wie eine dumme Sache zurückweisen. Weil Paulus aber den Anschein erweckt, dass er etwas anderes lehre, als was das Gesetz vorschreibt, wurden viele Ausleger verwirrt, die glaubten, dass dieses hier eine andere Person behaupte.[14] Das ist daher ein verbreiteter Fehler, dass in diesem gesamten Kapitel die Natur des noch nicht wiedergeborenen Menschen beschrieben werde. Aber Paulus versteht unter der Übertretung des Gesetzes jeden Fehltritt der Frommen, der bei ihnen weder die Gottesfurcht noch den Eifer richtig zu handeln zerstört. Er verneint daher, dass er tut, was das Gesetz lehrt, weil er es nicht in allen Punkten erfüllt, sondern gewissermaßen in seinem Bemühen ermüdet.

Denn was ich nicht will. Glaube nicht, dass dieser Zustand immerfort in ihm war, so dass er niemals irgendetwas Gutes hätte vollbringen können. Sondern es wird lediglich festgestellt, dass er nicht ausführen konnte, was er wollte, wie z.B. zu erreichen suchen, was sich im Eifer nach Gutem gebührt, weil er festgehalten wurde wie ein Gefesselter. Andererseits zu fallen, wo er es am wenigsten will, weil er aufgrund der Schwachheit des Fleisches hinkt. Daher tut er nicht das Gute, was das fromme Herz will, weil die erforderliche Tatkraft versagt. Er tut das Schlechte, was er nicht will: Er will stehen und fällt oder wankt wenigstens. Aber jenes Wollen und nicht Wollen muss auf den Geist

12 Augustin hat bis 419 diese Stelle auf die verzweifelte Situation des Sünders vor der Gnadenzuwendung verstanden. In der Auseinandersetzung mit den Pelagianern hat er jedoch seine Auslegung revidiert und bezieht diese Römerbriefstelle nun auf die Christen insgesamt und verurteilt seine vorherige Auslegung, vgl. dazu A.F.N. Lekkerkerker, Römer 7 und Römer 9 bei Augustin, Amsterdam 1942, und D.C. Steinmetz, Calvin, a.a.O., bes. 116f.

13 Wie Parker, 145, Anm. 22, darlegt, hat Erasmus nicht wie die Vulgata ›verstehen‹ (intellegere), sondern ›billigen‹ (probare) gelesen.

14 Neben anderen ist dies nach Parker, 146, Anm. 23, Nikolaus von Lyra und Erasmus.

primas in fidelibus tenere debet. Est quidem et sua carni voluntas. Sed Paulus quod praecipuo cordis affectu appetebat, vocat ›voluntatem‹; quod cum eo pugnabat, id vocat suae voluntati contrarium. Hinc vero colligere licet quod diximus, Paulum hic de fidelibus disserere, in quibus viget aliqua Spiritus gratia, quae illustret sanae mentis consensum cum iustitia Legis, quia in carnem non cadit peccati odium.

16 *Si vero quod nolo facio, consentio Legi.* Id est, dum cor meum in Lege acquiescit et oblectatur eius iustitia (quod certe fit ubi transgressionem odio habet) in eo sentit ac fatetur Legis bonitatem, ut satis vel experientia docente, convincamur Legi nihil mali esse imputandum, imo salutarem hominibus eam fore, si in recta puraque corda incideret. Hic autem consensus non est accipiendus qualem audimus in impiis, quorum sunt voces, ›Video meliora, proboque, Deteriora sequor‹. Item, ›Quae nocitura, sequar: fugiam, quae profore credam‹. Illi enim coacti faciunt, quod subscribunt in Dei iustitiam, a qua sunt alioqui prorsus aliena voluntate. At pius serio quoque et promptissimo pectoris desiderio consentit: quia nihil mallet quam in caelum evolare.

17 *Non iam operor illud.* Non est deprecatio se excusantis, acsi culpa vacaret; quo modo multi nugatores iustam defensionem habere se putant, qua tegant sua flagitia, dum in carnem ea reiiciunt. Sed est testificatio quam longe dissentiat a sua carne, spirituali affectu. Tanto enim
147 spiritus fervore feruntur in Dei obedientiam fideles, ut carnem | suam abnegent. Porro hic locus palam evincit, nonnisi de piis qui iam regeniti sunt Paulum disputare. Quandiu enim manet homo sui similis, quantus quantus est, merito censetur vitiosus. Atqui Paulus hic se negat totum a peccato occupari, imo ab eius servitute se eximit; acsi diceret, in aliqua tantum animae suae parte residere peccatum, quum ipse serio cordis affectu nitatur, et aspiret ad Dei iustitiam, reque ipsa demonstret Legem Dei se intus insculptam gestare.

18 *Novi enim quod non habitat in me (hoc est in carne mea) bonum. Siquidem velle adest mihi:* ⟨132⟩ *sed ut perficiam bonum, non reperio.*

19 *Non enim quod volo, facio bonum: sed quod nolo malum, id ago.*

bezogen werden, der in den Gläubigen den Vorsitz innehaben muss. Freilich besitzt auch das Fleisch seinen Willen. Aber Paulus nennt das »Willen«, was aus der zentralen Herzensregung folgt; was dagegen ankämpft, das nennt er das Gegenteil seines Willens. Hier aber wird nochmals deutlich, was wir bereits gesagt haben: Paulus spricht hier von den Gläubigen, in denen zu einem gewissen Grad die Gnade des Geistes lebt, welche das Zusammenstimmen von gesundem Geist und Gerechtigkeit des Gesetzes ermöglicht, weil im Fleisch das Übel der Sünde nicht schwindet.

16 *Wenn ich aber das tue, was ich nicht will.* Das heißt, so lange mein Herz im Gesetz ruht und in seiner Gerechtigkeit Wohlgefallen findet (was sicher geschieht, wenn es die Übertretung hasst), willigt es ins Gesetz ein und bekennt seine Güte. Weil so die Erfahrung hinreichend lehrt, sind wir davon überzeugt, dass dem Gesetz nichts Schlechtes zugerechnet werden darf, ja es sogar den Menschen Heil bringen würde, wenn es nur in rechte und reine Herzen fiele. Hier aber wird die Zustimmung nicht gegeben, denn wir hörten, wie beschaffen die Gottlosen sind, deren Stimmen sagen: »Ich sehe Besseres und heiße es gut, folge dem Schlechteren.« Ebenso: »Ich folge dem, was schaden wird, ich fliehe vor dem, von dem ich glaube, dass es nützen würde.« Jene handeln nämlich wie gezwungen, weil sie Gottes Gerechtigkeit unterschreiben, in ihr aber nahezu einen ihnen fremden Willen finden. Und der Fromme hingegen stimmt ernsthaft und mit entschlossenstem Wollen des Herzen zu; weil er nichts mehr will als in den Himmel zu eilen.

17 *Nun aber tue nicht ich jenes.* Das soll keine Entschuldigung sein, selbst wenn er frei von Schuld wäre. Viele Schwätzer glauben nun, darin eine wirksame Verteidigung zu finden, mit der sie ihre Schandtaten bedecken können, indem sie diese auf das Fleisch abwälzen. Aber das ist ein Zeugnis dafür, wie sehr sein Fleisch mit den geistlichen Regungen im Widerspruch steht. Denn die Gläubigen stürzen mit so großem Eifer in den Gottgehorsam, dass sie ihr Fleisch verleugnen. Nun aber beweist diese Stelle eindeutig, dass Paulus lediglich über die schon wiedergeborenen Gläubigen spricht. Solange der Mensch nämlich sich selbst gleich bleibt, wird er den Verdiensten nach als mangelhaft eingeschätzt, wie groß er auch immer sein mag. Aber Paulus weist hier dennoch zurück, dass er ganz von der Sünde beherrscht werde, ja er befreit sich sogar von ihrer Knechtschaft, wenn er nun doch sagt, dass nur in einem gewissen Teil seiner Seele die Sünde wohnt, weil er sich selbst ernsthaft auf die Herzensregungen stützt und ganz auf Gottes Gerechtigkeit ausgerichtet ist, und er beweist wirklich, dass ihm Gottes Gesetz tief eingeprägt ist.

18 *Denn ich weiß, dass in mir (d.h. in meinem Fleisch) nichts Gutes wohnt. Auch wenn bei mir das Wollen vorhanden ist, finde ich aber nicht, dass ich Gutes vollbringe.*

19 *Denn ich tue nicht das Gute, das ich will, sondern das Schlechte, das ich nicht will, tue ich.*

20 *Si vero quod nolo, ego id facio: non iam ego operor illud, sed quod habitat in me peccatum.*

18 *Novi enim.* Dicit nullum in se bonum habitare, quantum ad naturam. Idem ergo hoc valet acsi dictum foret, ›in me‹, ›quatenus ex me‹. Prima enim oratione damnat se totum pravitatis, quum fateatur nihil boni in se habitare; deinde correctionem subiicit, ne sit contumeliosus in Dei gratiam, quae ipsa quoque in eo habitabat, sed pars carnis non erat. Atque hic rursum confirmat sibi non de quolibet homine sermonem esse, sed tantum de fideli, qui propter carnis reliquias et Spiritus gratiam in seipso divisus est. Quorsum enim ista correctio, nisi pars aliqua a vitio immunis foret? Ideoque non carnalis. Nomine ›carnis‹ semper comprehendit omnes humanae naturae dotes, ac omnino quicquid in homine est, excepta spiritus sanctificatione. Quemadmodum ›Spiritus‹ vocabulo, quod illi opponere solet, significat partem animae quam Spiritus Dei a malitia repurgatam sic refinxit ut in ea refulgeat Dei imago. Utrunque igitur nomen, nempe tam ›carnis‹ quam ›Spiritus‹ in animam competit; sed alterum qua parte est regenerata, alterum qua naturalem adhuc affectum retinet.

Velle adest mihi. Non intelligit sibi nihil esse praeter inefficax desiderium; sed efficaciam operis negat respondere voluntati; quia remoram iniicit caro, ne exacte faciat quod facit. Sic etiam accipe quod sequitur, ›Facere malum quod non vult‹. Quia non modo impedit sua fideles caro, ne celeriter currant, sed opponit etiam multa obstacula ad quae impingant. Non faciunt igitur quia non implent qua decet alacritate. Proinde hoc ›velle‹ cuius meminit fidei promptitudo est, dum pios format Spiritus sanctus, ut praesto sint, suaque membra exhibere studeant ad praestandum Deo obsequium. Quia vero impar est facultas,
148 se reperire negat Paulus quod optandum esset, nempe | boni desiderii effectum. Eodem spectat quae proxime sequitur confessio, ›Eum non facere bonum quod cupit, sed potius malum quod non vult‹; quia scilicet fideles quamlibet recte animati sint, propriae tamen infirmitatis sibi conscii, nullum a se opus proficisci culpa vacuum censent. Nam quum Paulus non de paucis delictis piorum hic agat, sed in genere totum vitae eorum cursum designet, colligimus optima eorum opera semper aliqua vitii macula foedari; ut nulla speranda sit merces, nisi quatenus illis Deus ignoscit. Tandem repetit illam sententiam, quatenus praeditus est caelesti luce, iustitiae Legis se fidum esse testem ac subscriptorem.

20 *Wenn ich aber tue, was ich nicht will, dann tue nicht ich es, sondern die Sünde, die in mir wohnt.*

18 *Denn ich weiß.* Besagt, dass, soweit es die Natur angeht, nichts Gutes in ihm wohnt. Ebenso hätte er auch hier sagen können »in mir«, »was mich betrifft«. Mit der ersten Redewendung verurteilt er sich ganz aufgrund seiner Schlechtigkeit, indem er zu erkennen gibt, dass nichts des Guten in ihm wohnt. Ferner folgt eine Einschränkung, damit er nicht als verdammenswert in der Gnade Gottes erscheint, die auch in ihm selbst wohnt, aber nicht Teil des Fleisches ist. Aber wiederum betont er, dass von ihm selbst, nicht von irgendeinem beliebigen Menschen geredet wird, sondern nur von dem Gläubigen, der wegen des verbleibenden Fleisches und der Gnade des Geistes in sich gespalten ist. Wozu würde nämlich diese Einschränkung dienen, wenn nicht irgendein Teil vom Schaden unbehelligt bliebe und daher nicht fleischlich ist. Er fasst unter das Wort »Fleisch« immer alle menschlichen Naturanlagen und alles, was auch immer im Menschen ist, außer der Heiligung des Geistes. So wie er jenem das Wort »Geist« gegenüberzustellen pflegt, was den Teil der Seele bezeichnet, den Gottes Geist vom Bösen gereinigt hat und so wiederherstellt, dass in ihm die Ebenbildlichkeit Gottes aufstrahlt. Daher trifft beides, nämlich sowohl »Fleisch« als auch »Geist«, in der Seele aufeinander; das eine ist aber der wiederhergestellte Teil, das andere bewahrt bis jetzt die natürlichen Regungen.

Wollen habe ich wohl. Meint nicht, dass in ihm nicht nur ein unwirksames Begehren sei, sondern bestreitet, dass dem Wollen wirksame Taten folgen, weil das Fleisch eine Sperre aufrichtet, damit nicht genau das geschieht, was geschehen sollte. So ist auch das Folgende zu verstehen: »Das Schlechte, das ich nicht will, tue ich.« Denn das Fleisch verhindert nicht nur bei den Gläubigen, dass sie schnell laufen, sondern nötigt ihnen auch viele Hindernisse auf. Folglich handeln sie nicht, weil sie nicht vom nötigen Eifer beseelt sind. Ebenso erinnert das »Wollen« an die vorhandene Entschlossenheit des Glaubens, wenn der Heilige Geist die Frommen prägt, so dass sie zu Diensten sind und sich bemühen, ihre Gliedmaßen einzusetzen, um den Gottesdienst zu verrichten. Aber weil das eine [dem Fleisch] nicht ebenbürtige Fähigkeit ist, bestreitet Paulus, dass er erreicht, was zu wünschen wäre, nämlich die Ausführung des guten Willens. Ebendahin schaut das Bekenntnis, das als nächstes folgt: »Dass er nicht das Gute tut, das er begehrt, sondern lieber das Schlechte, dass er nicht will«; denn die Gläubigen können offensichtlich – wie sehr sie auch recht beseelt sein mögen – dennoch aufgrund ihrer Schwachheit von sich aus kein vollkommen schuldfreies Werk vollbringen. Weil Paulus nämlich hier nicht über einzelne Vergehen der Gläubigen spricht, sondern allgemein ihren gesamten Lebenslauf im Blick hat, folgern wir, dass auch ihre besten Werke immer mit irgendeinem Makel des Lasters befleckt sind; folglich ist kein Lohn zu erhoffen, außer wenn Gott jene Fehler verzeiht. Endlich bringt er jenen Satz, dass er gewissenhafter Zeuge und Verfechter der Gesetzesgerechtigkeit ist, weil er mit dem himmlischen Licht begabt ist. Wo-

Unde ⟨133⟩ sequitur, si nobis constaret pura naturae integritas, Legem non fore mortiferam. Nec vero per se adversam homini qui sana mente praeditus, a peccato abhorret. Verum sanitas a caelesti medico est.

21 *Reperio igitur Legem, volenti mihi facere bonum, quod mibi malum insideat.*
22 *Consentio enim Legi Dei secundum interiorem hominem.*
23 *Video autem alteram legem in membris meis, repugnantem legi mentis meae, et captivum me reddentem legi peccati quae est in membris meis.*

Hic quadruplicem Legem fingit Paulus. ›Legem Dei‹, quae sola proprie sic nuncupatur, quia est iustitiae regula, qua vita nostra recte formatur. Huic coniungit ›legem mentis‹, sic appellans propensionem fidelis animae ad obedientiam Divinae Legis, quia est quaedam nostri cum Lege Dei conformatio. Ex adversa parte opponit ›legem iniustitiae‹, ac sic allusione quadam appellat imperium, quod habet iniquitas tam in homine nondum regenerato, quam in carne hominis regenerati. Nam et tyrannorum iura, utcunque iniquissima sint, leges tamen dicuntur abusive. Huic ›legi peccati‹, respondere facit ›legem membrorum‹, hoc est concupiscentiam in membris sitam; propter eam quam habet cum iniquitate symphoniam. Quod ad primum membrum spectat, quia nomen Legis in proprio sensu accipiunt multi interpretes, subaudiunt κατὰ vel διὰ. Atque ita vertit Erasmus ›per Legem‹; acsi dixisset Paulus se Lege Dei magistra et duce deprehendere ingenitum sibi vitium. Verum ut nihil subaudias, bene fluet sententia, ›Fideles dum ad bonum nituntur, quandam in se tyrannicam legem reperire, quia eorum medullis et ossibus infixa sit vitiositas Legi Dei adversa et repugnans‹.
149 | 22 *Consentio enim Legi Dei.* Hic ergo vides qualis sit in piis animis divisio, ex qua oritur illa concertatio spiritus et carnis, quam Augustinus alicubi eleganter vocat ›luctam Christianam‹. Lex Dei ad iustitiae rectitudinem hominem vocat. Iniquitas quae est velut lex tyrannica Satanae, ad nequitiam instigat. Ad Divinae Legis obedientiam fert spiritus; caro in contrariam partem retrahit. Homo ita variis voluntatibus distractus, iam quodammodo duplex est. Sed quoniam principatum debet tenere spiritus, illa praecipue sese parte censet ac aestimat. Ideo

raus folgt: Wenn in uns die ganze Unversehrtheit der Natur vorhanden wäre, dann wäre das Gesetz nicht todbringend. Und [das Gesetz] ist in der Tat nicht aus sich heraus ein Gegner des Menschen, der begabt mit einem gesunden Verstand von der Sünde zurückweichen würde. Aber die Unversehrtheit kommt von der himmlischen Medizin her.

21 *So finde ich daher das Gesetz, dass mir, der ich das Gute tun will, das Schlechte anhängt.*
22 *Denn ich stimme dem göttlichen Gesetz zu nach dem inwendigen Menschen.*
23 *Ich sehe aber ein anderes Gesetz in meinen Gliedern, das mit dem Gesetz meines Geistes im Widerspruch liegt und mich gefangen hält im Gesetz der Sünde, das in meinen Gliedern ist.*

Hier stellt Paulus das Gesetz vierfach dar. Das »göttliche Gesetz«, das einzig zu Recht so bezeichnet wird, weil es die Regel der Gerechtigkeit ist, durch die unser Leben recht geformt wird. Damit verbindet er das »Gesetz des Geistes«, so nennt er die Neigung der gläubigen Seelen zum Gehorsam gegen das göttliche Gesetz, weil es eine gewisse Gleichbildung von uns mit dem göttlichen Gesetz bedeutet. Wie in einer Anspielung stellt er dem gegenüber das »Gesetz der Ungerechtigkeit« und nennt das Herrschaft, was die Ungerechtigkeit sowohl im noch nicht wiedergeborenen Menschen als auch im Fleisch der wiedergeborenen Menschen inne hat. Denn auch die Rechtsordnungen der Tyrannen, wie ungerecht sie auch sein mögen, werden dennoch missbräuchlicher Weise als Gesetze bezeichnet. Diesem »Gesetz der Sünde« entspricht das »Gesetz der Glieder«, d.h. die in unseren Gliedern befindliche Begierde, wegen der es ein Zusammenspiel mit der Ungerechtigkeit gibt. Mit Blick auf das erste Glied lesen viele Ausleger »aufgrund von« oder »durch« hinein, weil sie das Wort »Gesetz« im wesentlichen Sinne verstehen. So verdreht auch Erasmus »durch das Gesetz«, wenn auch Paulus sagt, dass er durch den Lehrmeister und durch die Leitung des göttlichen Gesetzes sein angeborenes Laster verstand. Aber damit du nichts hineinliest, klingt der Satz stimmig: »Derweil die Gläubigen aufwärts streben, finden sie in sich ein tyrannisches Gesetz, weil die Lasterhaftigkeit mit ihren Körpern und Knochen verbunden ist, die sich gegen das Gesetz Gottes wendet und gegen es kämpft.«
22 *Denn ich stimme nämlich dem göttlichen Gesetz zu.* Hier erkennst du nämlich, wie die Zerteilung der frommen Seelen aussieht, aus der jener Kampf zwischen Geist und Fleisch entspringt, den Augustin irgendwo elegant »christlichen Ringkampf« genannt hat. Das göttliche Gesetz ruft den Menschen zum rechten Tun der Gerechtigkeit. Die Ungerechtigkeit, die gleichsam das Gesetz des tyrannischen Satans ist, stachelt zur Nichtsnutzigkeit an. Zum Gehorsam gegenüber dem göttlichen Gesetz führt der Geist; das Fleisch zieht ins Gegenteil. Daher ist der Mensch in verschiedene Willen zerrissen; gewissermaßen ist es nun ein doppelter Willen. Aber da ja der Geist den Vorrang behalten muss, betrachtet und würdigt sich [Paulus] nach jenem besonderen Teil. Da-

Paulus ait, se captivum a carne sua vinciri; quia quod titillatur adhuc pravis concupiscentiis et commovetur, id coactio est respectu spiritualis desiderii, quod prorsus resistit. Caeterum notanda est diligenter acceptio interioris hominis et membrorum, quia plurimi quum male intelligerent, ad hunc scopulum impegerunt. Interior igitur homo non anima simpliciter dicitur, sed spiritualis eius pars ⟨134⟩ quae a Deo regenerata est. ›Membrorum‹ vocabulum residuam alteram partem significat. Nam ut anima est pars excellentior hominis, corpus inferior, ita spiritus superior est carne. Hac ergo ratione, quia spiritus locum animae tenet in homine; caro autem, id est corrupta et vitiata anima, corporis; ille interioris hominis, haec membrorum nomen obtinet. Alio quidem sensu capitur exterior homo, 2. ad Corinth. 4. 16. Sed praesentis loci circunstantia, quam posui interpretationem necessario exigit. Interior autem vocatur per excellentiam, quia cor et reconditos affectus possideat, quum appetitus carnis vagi sint, et quasi extra hominem. Vel certe perinde est acsi quis caelum terrae conferret. Nam contemptim Paulus membrorum appellatione designat quicquid in homine apparet, ut arcanam renovationem melius ostendat sensus nostros latere ac fugere, nisi quoad fide apprehenditur. Iam quum lex mentis haud dubie significet affectum rite compositum, perperam ad homines nondum regenitos torqueri hunc locum patet. Tales enim mente privatos esse docet Paulus, quia eorum anima a ratione degenerat.

24 *Miser ego homo, quis me eripiet a corpore mortis hoc?*
25 *Gratias ago Deo, per Iesum Christum Dominum nostrum. itaque idem ego mente servio Legi Dei: carne autem legi peccati.*

24 *Miser ego.* Claudit disputationem exclamatione vehementiae plena, qua docet non modo luctandum cum carne nostra esse, sed
150 assi-|duo gemitu deplorandam apud nos et coram Deo nostram infoelicitatem. Non quaerit autem a quo sit liberandus, quasi dubitans, ut increduli qui non tenent unicum esse liberatorem. Sed vox est anhelantis ac prope fatiscentis, quia non satis praesentem opem videat.

her sagt Paulus, dass er von seinem Fleisch fest umfangen ist. Denn das, was bisher durch die schlechten Begierden gereizt und bewegt wurde, wird zum Zwang mit Rücksicht auf das geistliche Begehren, was dem ganz wiederstrebt. Weiter muss sorgfältig auf die Annahme des innerlichen Menschen und seiner Glieder geachtet werden, weil viele – weil sie es missverstehen – hier eine Gefahr aufnötigen.[15] Daher wird der innere Mensch nicht einfach nur als Seele bezeichnet, sondern sein geistlicher Teil, der von Gott erneuert worden ist. Das Wort »Glieder« bezeichnet einfach den verbleibenden anderen Teil. Denn wie die Seele der ausgezeichnetere Teil des Menschen ist, der Körper aber untergeordnet, so ist der Geist höher als das Fleisch. Weil der Geist die Stelle der Seele im Menschen inne hat, das Fleisch aber (jenes ist der verdorbene und lasterhafte Teil der Seele) die des Körpers, verwendet er aus diesem Grund jenen Begriff des »inneren Menschen« und den der »Glieder«. In einem ganz anderen Sinn ist II Kor 4,16 vom äußeren Menschen die Rede. Aber hier verlangen die Umstände zwingend die von mir vorgelegte Interpretation. Innerlich wird er aber wegen seiner Vollkommenheit genannt, weil er ein Herz und tiefste Willensregungen besitzt, während hingegen die Regungen des Fleisches umherstreifen und sozusagen außerhalb des Menschen liegen. Und hierin liegt sicher ein Unterschied wie zwischen Himmel und Erde. Denn mit Verachtung beschreibt Paulus mit der Bezeichnung »Glieder«, was auch immer im Menschen sichtbar ist, wie er deutlich entgegenstellt, dass die innerliche Erneuerung unseren Sinnen gegenüber verborgen bleibt und nicht zu fassen ist, außer wo diese im Glauben angenommen wird. Wenn nun das Gesetz des Geistes ohne Zweifel eine recht zusammengesetzte Willensregung bezeichnet, ist deutlich, dass es falsch ist, diese Stelle auf den noch nicht wiedergeborenen Menschen zu beziehen. Paulus lehrt nämlich, dass diese derartig des Geistes beraubt sind, weil ihre Seele von der Bahn der Vernunft entgleist.

24 *Ich elender Mensch, wer wird mich aus diesem Körper des Todes befreien?*
25 *Ich danke Gott durch Jesus Christus, unseren Herrn, daher diene ich nun mit dem Gemüt dem Gesetz Gottes, mit dem Fleisch aber dem Gesetz der Sünde.*

24 *Ich elender.*[16] Er beschließt die Ausführungen mit einem leidenschaftlichen Ausruf, mit dem er nicht nur lehrt, dass wir mit unserem Fleisch ringen sollen, sondern mit stetem Seufzen unser Unglück bei uns und vor Gott beklagen sollen. Er fragt aber nicht, von wem er befreit werden muss, gleich als ob er zweifle wie die Ungläubigen, die den einzigen Retter nicht kennen. Sondern es ist die Stimme des begierig verlangenden und beinahe Ermatteten, weil er nicht ausreichend Hilfe

15 Calvin bezieht sich nach Parker, 149, Anm. 26, sowohl auf Thomas von Aquin als auch auf Dionysius den Kartäuser.

16 Vgl. dazu auch Inst. IV,15,12.

Ideo et verbum ›eripere‹ posuit, quo exprimeret ad hanc liberationem opus esse non vulgari Dei potentia. ›Corpus mortis‹ vocat massam peccati vel congeriem ex qua totus homo conflatus est; nisi quod in eo tantum manebant reliquiae, quarum vinculis captivus detinebatur. Pronomen τούτου, quod ego cum Erasmo, ad corpus retuli, morti quoque apte ⟨135⟩ congruit; sed eodem fere sensu. Quia docere voluit Paulus apertos esse filiis Dei oculos, ut naturae suae corruptionem, et mortem quae inde nascitur, prudenter a Dei Lege discernant. Caeterum ›corporis‹ appellatio eadem est quae ›externi hominis‹ ac ›membrorum‹; quia Paulus vitii originem hanc esse notat, quod homo a creationis suae lege descivit, atque ita carneus et terrestris factus est. Nam etsi adhuc brutis animalibus excellit, vera tamen praestantia ei adempta est, et quod reliquum manet, innumeris corruptelis est refertum; ut merito eius anima, quatenus degener est, dicatur in corpus transisse. Sic etiam Deus apud Mosen, ›Non amplius litigabit Spiritus meus cum homine, quia ipse etiam caro est‹. Ubi hominem spirituali excellentia spolians, pecudibus probrose comparat. Insignis vero est hic Pauli locus ad conterendam omnem carnis gloriam. Docet enim perfectissimos quosque, quandiu in carne sua habitant, miseriae esse addictos, quia morti sunt obnoxii; imo dum se penitus excutiunt, nihil in sua natura praeter miseriam ipsis occurrere. Porro ne torpori indulgeant, suo exemplo ad anxios gemitus eos Paulus extimulat, iubetque quandiu in terra peregrinantur, mortem appetere, tanquam unicum mali sui remedium. Atque hic rectus est finis expetendae mortis. Profanos enim saepe desperatio ad idem votum impellit; sed praesentis vitae fastidio magis quam suae iniquitatis taedio mortem perperam appetunt. Adde quod fideles quanvis ad verum scopum colliment, non tamen effraeni impetu feruntur ad mortem optandam, sed Dei arbitrio se subiiciunt, cui vivere et mori nos oportet. Quare non fremunt indignatione adversus Deum, sed suas in eius
151 sinum anxietates | suppliciter deponunt; quia non ita in miseriae suae cogitatione subsidunt, quin acceptae gratiae memores, dolorem laetitia temperent, quemadmodum sequitur.

25 *Gratias ago*. Hanc ergo gratiarum actionem continuo subiecit, nequis eum in sua querimonia Deo contumaciter obstrepere putaret. Scimus enim quam proclivis sit, etiam in iusto dolore ad murmur vel impatientiam lapsus. Etsi ergo Paulus sortem suam deflens, ad exitum suspirat, simul tamen fatetur se acquiescere in Dei gratia. Neque enim sanctos, dum suos defectus examinant, quid iam a Deo accepe-

sieht. Daher verwendet er das Wort »erlösen«, mit dem er ausdrückt, dass zu dieser Rettung eine außergewöhnliche Gotteskraft nötig ist. »Körper des Todes« nennt er den Klumpen Sünde oder den Stoff, aus dem der gesamte Mensch gebildet ist [und] mit dessen Fesseln das, was noch in ihm übrig geblieben ist, gefangen gehalten wird. Das [griechische] Pronomen »dies«, das ich mit Erasmus auf den Körper beziehe, passt auch zu dem Tod, aber [das] hat beinahe denselben Sinn. Denn Paulus will lehren, dass die Kinder Gottes geöffnete Augen haben, um die Verderbtheit ihrer Natur und den Tod, der von dort her kommt, weise von Gottes Gesetz zu unterscheiden. Sonst steht für die Bezeichnung »Körper« die des »äußeren Menschen« und der »Glieder«; denn Paulus sieht den Ursprung der Laster darin, dass der Mensch von dem ihm schöpfungsgemäßen Gesetz abfiel und so fleischlich und irdisch wurde. Überragt [der Mensch] auch bis heute die geistlosen Tiere, ist sein Vorrang aber dennoch weggenommen, und auch was übrig bleibt, ist voll von unzähligen Mängeln, so dass seine Seele mit Recht – sofern sie entwürdigt ist – so bezeichnet wird, als ob sie ganz Leib geworden sei. So spricht Gott in Genesis [6,3]: »Mein Geist soll nicht weiter mit dem Menschen streiten, weil er selbst ganz Fleisch ist.« Wo der Mensch der geistlichen Erhabenheit beraubt ist, wird er mit dem lasterhaften Vieh verglichen. Und diese bedeutende Stelle bei Paulus muss alle fleischliche Ehre zerreiben. Er lehrt nämlich, dass auch die Vollkommensten, solange sie im Fleisch wohnen, dem Elend anhängen, weil sie dem Tod unterworfen sind; fürwahr, wenn sie sich durch und durch untersuchen, werden sie auf nichts [anderes] in ihrer Natur stoßen als auf ihr eigenes Elend. Damit [die Menschen] gegen ihren Stumpfsinn nicht nachsichtig sind, stachelt Paulus sie mit seinem Beispiel zu ängstlichem Seufzen auf und befiehlt, solange sie auf Erden wandern, den Tod zu verlangen, gleichsam als einziges Heilmittel gegen unser böses [Sein]. Dies [allein] ist die richtige Absicht, sich nach dem Tod zu sehnen. Bei den Ungläubigen verleitet nämlich oft die Verzweiflung zu jenem [Todes-] Wunsch, aber sie verlangen mehr wegen des Überdrusses am gegenwärtigen Leben als wegen einem Ekel vor ihren Unzulänglichkeiten nach dem Tod. Weiter, dass die Gläubigen, wie sehr sie auch diesem wahren Ziel entgegenstreben, sich dennoch nicht mit zügellosem Verlangen den Tod wünschen, sondern sich Gottes Willen unterordnen, dem wir – wie es sich gebührt – leben und sterben. Deswegen murren sie nicht mit Entrüstungen gegen Gott, sondern legen demütig ihre Ängste in seinen Schoß; denn sie versenken sich nicht so ins Nachdenken über ihr Leid, dass die Erinnerungen an die empfangene Gnade ihren Schmerz durch Freude lindern, wie folgt.

25 *Ich danke*. Deshalb lässt er sofort diesen Dank folgen, damit niemand glaubt, dass er in seiner Klage Gott übertönt. Wir wissen nämlich, wie leicht man auch im gerechten Schmerz ins Murren oder in die Ungeduld abrutscht. Wenn daher auch Paulus, der sein Schicksal beklagt, nach dem Tod schmachtet, wünscht er dennoch gleichzeitig, in Gottes Gnade zu ruhen. Denn auch wenn die Heiligen ihre Fehler betrachten, dürfen sie nicht vergessen, was sie schon von Gott empfangen

rint oblivisci decet. Porro haec cogitatio ad fraenandam impatientiam, fovendamque quietem sufficit, receptos se in Dei custodiam esse, ne unquam pereant; et iam primitiis Spiritus se donatos, quae certam illis ⟨136⟩ spem faciant haereditatis aeternae. Quod si promissa caelorum gloria nondum fruantur, ea tamen quam adepti sunt, mensura contenti, nunquam gaudii materia carent.

Itaque idem ego. Brevis epilogus, quo docet nunquam ad iustitiae metam pertingere fideles quandiu in carne sua habitant, sed in cursu esse, donec corpore exuantur. Mentem rursus vocat, non rationalem animae partem quam celebrant Philosophi, sed quae Spiritu Dei illustrata est ut recte sapiat et velit. Neque enim solius intelligentiae fit mentio, sed coniungitur serium cordis desiderium. Hac porro exceptione fatetur se ita esse Deo addictum, ut reptans in terra, multis sordibus inquinetur. Notabilis locus, ad convincendum illud perniciosissimum Catharorum dogma, quod hodie suscitare rursum conantur tumultuosi quidam spiritus.

haben. Um die Ungeduld zu zügeln und den Frieden zu begünstigen, reicht freilich diese Überlegung, dass wir in Gottes Obhut aufgenommen sind und niemals zugrunde gehen werden und dass wir bereits die Erstlingsgaben des Geistes erhalten haben, die sichere Hoffnung jenes ewigen Erbes schaffen. Auch wenn wir noch nicht die verheißene himmlische Ehre genießen, können wir uns mit jener schon erlangten Stufe zufrieden geben, weil [uns] niemals der Grund zur Freude fehlt. *Daher diene ich.* [Ist] ein kurzer Epilog, mit dem er lehrt, dass die Gläubigen, solange sie in ihrem Fleisch wohnen, niemals das Ziel der Gerechtigkeit erlangen, sondern auf Pilgerschaft sind, bis sie schließlich ihren Leib ablegen. Unter dem Gemüt versteht er wiederum nicht den verstandesmäßigen Teil des Geistes, den die Philosophen preisen, sondern das, was durch den Geist Gottes erhellt ist, so dass man recht versteht und will. Und er erwähnt nämlich nicht allein die Intelligenz, sondern verbindet sie mit dem ernsten Wollen des Herzens. Mit dieser Einschränkung, dass er mit vielen Fehlern behaftet ist, solange er auf Erden kriecht, weiß er sich als Gottes Eigentum. Eine bemerkenswerte Stelle, um jene gefährlichste Lehre der Katharer zu wiederlegen, welche gewisse aufrührerische Geister heute wiederum zu beleben versuchen.